제4차 산업혁명시대

# 빅데이터 경영의 이해

제4차 산업혁명시대

# 빅데이터 경영의 이해

구기동 · 김경섭 · 이기인 지음

|학|신구학원 신구문화사

## 머리말

제4차 산업혁명은 끊임없는 혁신과 변화에 따른 결과이다. 인류의 발전은 끊임없는 혁신으로 기존의 시스템을 개선하여 새로운 시스템으로 발전하였다. 시스템의 변화는 국가, 사회 그리고 제도를 근본적으로 바꾸고 있다. 사라지는 직업 속에서 새로운 직업이 탄생하고 있다. 경영학은 새로운 시대의 변화에 융합하면서 또 다른 변화로 대응하여 왔다.

초기 인류는 의식주를 해결하기 위하여 노동과 도구의 사용을 중시하였다. 농업혁명으로 인간은 정착생활을 하면서 잉여생산과 사회 형성의 계기를 마련하였다. 그리고 16세기 이후 신용화폐가 유통되면서 상업혁명이 발생하였다. 사람들도 자신의 이윤추구를 위하여 다양한 관리기법과 정보를 활용하기 시작하였다. 산업혁명으로 기계가 인간의 인력을 대체하면서 대량생산을 위한 설비의 확충에 필요한 자본이 더 중시되었다. 산업이 고도화로 직업은 더 크게 분화되었지만 노동의 잉여로 실업도 증가하였다.

컴퓨터가 인간의 반복적인 작업과정을 자동화고 디지털 정보를 축적하였다. 이러한 인간의 연산능력과 저장능력이 컴퓨터로 대체되면서 지식의 양이 폭발하는 정보혁명이 시작되었다. 그 후 인공지능이 방대한 정보를 처리할 수 있는 지능혁명을 이끌고 있다. 인간의 경험과 기억, 물리적인 저장에 의존했던 의사결정에 빅데이터가 활용되고 있다.

실천 학문인 경영학의 교육은 철학, 지식, 실습과 정체성을 조화롭게 유지해야 한다. 학습 내용은 개념과 철학, 방법, 시뮬레이션과 실무, 그리고 방향성 등이다. 경제신문은 경영의 전반적인 문제를 다루기 때문에 이론과 실무를 쉽게 익힐 수 있는 중요한 정보이다. 주요한 경영과 경제의 이슈사항을 정리하여 이론적인 이해를 돕도록 하였다.

경영은 산업혁명 이후 2000년대 초까지 사람을 중심으로 실행되었지만, 컴퓨터의 발전으로 인공지능과 빅데이터가 그 중심에 있다. 이에 따라 경영자의 역할도 기업의 지속가능성과 브랜드파워를 신장시키는데 중요하기 때문에 관리자에서 혁신가로 바뀌고 있다. 본 교재는 인공지능과 빅데이터를 기반으로 경영의 철학과 역사, 경영전략, 경영관리, 그리고 경영활동을 다루고 있다.

구기동, 김경섭, 이기인

목차

PART

# 1

# 기업과 경영의 이해

PART

# 2 경영자의 역할

PART

# 3 경영활동의 이해

# PART 1

# 기업과 경영의 이해

# 제 1 장
# 경영과 기업의 이해

## 학습목표

1. 경영학의 발전 과정을 이해할 수 있다.
2. 기업의 유형과 성장을 이해할 수 있다.
3. 경영의 과정을 이해할 수 있다.

## 학습내용

1. 경영학의 이해
2. 기업의 이해
3. 경영의 과정

## 인공지능과 빅데이터가 이끄는 제4차 산업혁명

4차 산업혁명은 현실과 가상이 인간을 중심으로 12가지(6대 디지털+6대 아니로그) 기술이 융합하는 것이다. 독일의 Industry 4.0에서 출발한 제조혁신의 4차 산업혁명은 현실과 가상이 융합된 CPS(Cyber Physical System)에서 '모든 것이 연결된 지능 사회'라는 개념으로 발전하고 있다. 새로운 4차 산업혁명의 모델은 가상과 현실을 융합하여 더 나은 세상을 만드는 O2O(Online to Offline)융합을 바탕으로 한다. 4차 산업혁명은 생산과 공급의 문제보다 소비와 분배의 과제를 해결할 거버넌스 혁명이다.

인터넷이 연결혁명(connectivity)이었다면 인공지능(Artificial Intelligence)은 지능의 혁명이다. 이제 인터넷과 인공지능이 결합한 초연결 지능(Hyper Connected Intelligence)시대로 왔다. 융합은 디지털과 아나로그의 디지로그(Digilog), 사이버와 현실의 CPS(Cyber Physical System), 그리고 제품과 서비스의 PSS(Product Service System)로 구현되고 있다.

디지털 DIY(Do It Yourself) 사회는 스스로 만들어 쓰는 사회가 아니라 지식과 자원을 공유하면서 자신의 것으로 만든다. 인류 역사상 기술혁신이 일자리를 줄인 증거는 없다. 1, 2차 산업혁명은 80%의 인구가 하던 일을 기술혁신으로 1%로 대체하고 79%에게 다른 일자리를 제공했다. 따라서 제4차 산업혁명은 일자리를 줄이기 보다 과거 산업혁명처럼 일자리의 형태를 바꾼다.

주요 국가는 전체 시스템에 의한 가치창출을 목표로 제조와 서비스를 통합하고 있다. 현실세계와 가상의 융합은 가상세계의 예측(時間)과 맞춤(人間과 空間)으로 현실 세계를 최적화한다. 특히 내비게이터는 '정적 데이터(지도) + 동적 데이터(트래픽)'로 예측하면서 맞춤 서비스를 제공한다. 또한 '오프라인 지형 + 차량'이 '온라인 지도 + GPS'로 변환되었다. 여기에 동적 데이터(교통데이터)를 결합하여 최적길을 안내한다. 빅데이터 기반의 길안내, 지능형 분산 길안내와 맞춤형 주변 예약 추천 등이 진행되고 있다.

분야별 혁신으로 아마존은 ① 사물인터넷(IoT)으로 고객의 구매정보 데이터를 수집한다. ② 클라우드와 빅데이터를 분석하여 구매 패턴을 정보화한다. ③ 인공지능(AI)을 활용하여 정보를 제공하고 구매 물품을 예상한다. ④ 기술융합의 최적화로 발주전 배송 서비스를 제공하고 유통과 물류 비용을 감소시킨다.

1, 2, 3차 산업혁명은 신규 일자리를 창출했지만 4차 산업혁명은 로봇과 인공지능으로 인력을 대체한다. 새로운 일자리도 창출하면서 개인의 자아 실현 욕망이 보완한다.

# 1. 경영학의 이해

## 1.1 경영학의 발전

경영은 인간의 욕구를 충족시키는 재화나 서비스를 생산하여 공급하는 활동이다. 경영학은 한정된 자원의 최적배분을 통하여 효율성과 효과성을 추구하거나 규모의 경제를 통하여 최대의 이익을 얻기 위한 의사결정을 추구한다. 효율성은 자원의 활용 정도로 기업의 생존과 관련이 있다. 효과성은 고객만족 또는 조직목표의 달성 정도를 의미한다. 그리고 수익성은 투입자본에 비해 이익이 클수록 좋다. 이러한 목표를 달성하기 위하여 환경을 극복해야 하기 때문에 내부환경과 외부환경(과업환경과 일반환경)을 잘 관리해야 한다.

재화나 서비스의 생산과 유통은 인류가 존재하면서 필요한 활동이었다. 원시사회의 수렵과 채집활동은 잉여생산물의 부족으로 경제적인 발전을 이루지 못했지만 정주 농경활동에 따른 생산물의 잉여로 경제적 활동을 시작하였다. 산업혁명은 공장제 기계공업을 발전시키면서 대량생산, 대량유통, 대량소비에 따른 경제활동을 본격적으로 촉진하였다. 제는 인간의 욕구를 충족하여 삶의 질을 향상시키는 것을 목적으로 한다. 와트가 증기기관을 개량하면서 제1차 산업혁명이 도래하였고 산업(industry)과 기업(firm)의 개념도 출현하였다. 근대적 생산관리는 소규모의 수공업(manufacture)에서 대규모의 기계화 공장(factory system)으로 전환하였다.

노동의 분업(Adam Smith, 1776)은 반복적인 작업을 통해 작업자의 기능(skill)을 향상시켰다. 19세기 오웬(R. Owen)은 조직에서 인간자원의 중요성을 인식한 경영자로서 인간을 존경받아야 할 인격적인 가치로 보았다. 그는 종업원에 대해 보다 많은 관심을 갖는 것이 생산의 증대를 가져다 준다고 가정하였다. 따라서 그는 좋은 작업환경, 보다 높은 최소 작업연령, 종업원 복지를 혁신하고 작업시간도 줄였다. 그리고 수학자였던 바베지(C. Babbage)는 생산의 효율성에 관심을 두었다. 그가 1832년 출판한 'On the Economy of Machinery and Manufactures'에서 노동의 분업, 설비와 재료의 효율적 이용, 그리고 문제 해결에 수학의 적용을 주장하였다. 사바리(J. Savary)의 '완전한 상인'과 스뉴(C. Seneuil)의 '기업관리론'은 경영학의 효시가 되었다. 경영학은 인간이 생활하는데 필요한 재화나 서비스를 생산하여 공급하는 활동을 대상으로 패턴이나 규칙성을 발견한다. 기업은 시장에서 위험을 부담하면서 인간의 생활에 필요한 제품 및 서비스를 생산, 공급하는 주된 경제주체이다. 기업의 활동은 인간의 효용을 증대시킬 수 있는 재화나 서비스를 생산하는 것이 일차적 활동이다. 또한 생산된 재화나 서비스를 소비자들이 사용할 수 있도록 공급하는 유통도 중요한 활동이다. 이러한 과정을 수행하기 위하여 인력을 확보하고 자본을 조달하는 재무활동 등도 경제적 활동이다. 또한 기술이 급격히 발전하면서 기술의 개발 및 획득도 중요한 의미를 차지하고 있다.

**[그림 1-1] 경영학의 구조**

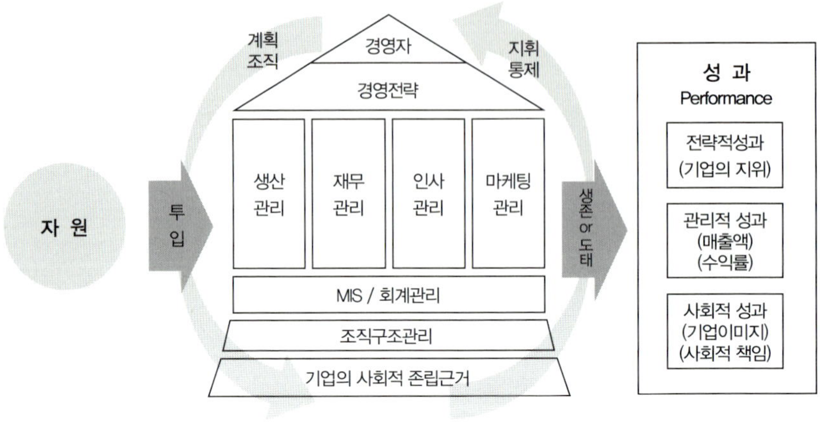

자 원
투입
계획 조직
경영자
지휘 통제
경영전략
생산 관리
재무 관리
인사 관리
마케팅 관리
MIS / 회계관리
조직구조관리
기업의 사회적 존립근거
생존 or 도태
성 과
Performance
전략적성과 (기업의 지위)
관리적 성과 (매출액) (수익률)
사회적 성과 (기업이미지) (사회적 책임)

한국의 경영학은 주로 독일 경영학의 영향을 받아서 방법론 및 자본론을 중심으로 연구하였다. 공인회계사 시험에 경영학이 응시 과목으로 채택되면서 경영학 연구에 영향을 미쳤다. 1957년 한국생산성연구소와 1957년 한국경영학회가 창설되어 본격적으로 국내 경영학이 발전하였다. 이후 국내 경영학은 미국 경영학의 영향으로 행동과학적인 특성을 가지고 있다.

## 1.2 경영학의 특징

경영은 경제주체가 인적·물적자원을 활용하여 계획, 조직, 지휘, 통제하기 위한 의사결정의 과정이다. 각 경영주체는 인적자원, 물적자원, 자본 및 정보 등을 관리한다. 그 대상은 영리조직인 기업뿐만 아니라 비영리조직인 학교, 병원, 종교단체, 국가, 도시 등도 포함한다.

기업은 사회에 존재하는 제한된 자원을 가장 효율적으로 배분하여 그 가치를 극대화시킨다. 기업은 국민경제를 구성하는 기본적 단위이며, 영리를 추구하는 독립적인 생산경제 단위이다. 기업은 고객에게 재화와 서비스를 제공하고, 고용을 창출하고, 부가가치를 창출하며, 다양한 사회적 욕구를 만족시킨다.

경영은 이윤의 극대화와 비용의 최소화로 조직의 목표를 효율적이고 효과적으로 달성하는 것이다. 효율성(efficiency)은 최소한의 자원을 투입하여 목적을 달성하는 능력을 말한다. 효과성

(effectiveness)은 조직이 적절한 목적을 설정하고 추구하는 능력이다.

경영학은 조직의 경영을 연구대상으로 하는 실천적 사회과학이다. 사회과학(social science)은 인간의 사회적 사상에 관한 모든 과학적 연구를 총칭한다. 그중에서 경영학은 일정한 목적을 달성하려는 조직과 개인의 상호관계를 연구한다. 조직과 연계된 인간행동, 의사결정자로서 인간행동, 개인으로 구성된 조직의 역동성, 조직과 개인의 상호관련성 및 구조 등이 대상이다.

현실의 경영현상을 관찰하고 가설을 검증하여 개념을 만들고, 개념간 상호 관계를 모델화하여 현실을 예측한다. 그러나 경영현상은 개인과 개인, 개인과 조직, 그리고 조직과 조직의 관계로 범위를 제한한다. 정립된 이론은 현장에 적용하여 실천하고 발생된 문제점을 개선하는 피드백(feedback) 과정을 거친다.

작업 심리에 대한 호손(Hawthorne)실험은 작업능률이 작업의 물리적 조건보다 심리적 요인과 인간관계가 더 중요하다고 제시하였다. 그리고 인공지능(artificial intelligenece)은 인간의 감정을 통제하면서 감정이 없는 로보트나 컴퓨터를 활용하고 있다.

[그림 1-2] 경영학의 인접과학

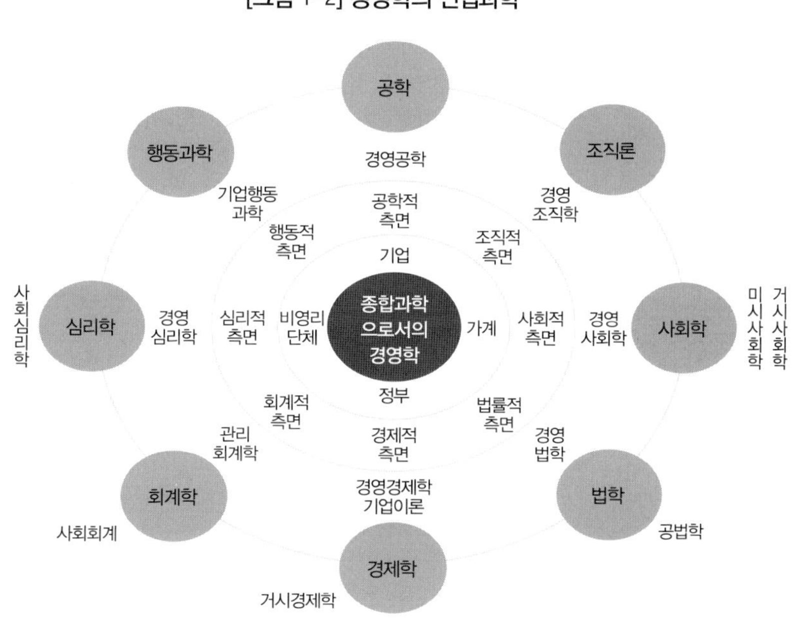


기업의 지배구조는 이윤극대화나 기업가치극대화 등의 기업 목표를 추진하는 의사결정을 감시하고 통제한다. 기업의 성장과 가치창조를 위해 다양한 이해관계자들과 기업간에 이루어지는

계약관계를 규정하고 관리한다. 각국의 지배구조는 서로 다른 역사적 배경을 바탕으로 발전해 왔다. 예컨대, 미국은 주주(shareholder) 관점의 순수자본주의, 유럽은 이해관계자(stakeholder) 관점의 수정자본주의, 일본은 노동자 관점의 집단자본주의, 한국의 경우 소유경영자 관점에서 변형자본주의가 이념적 배경이다.

회사의 소유주는 사업의 경영을 전문경영자에게 위임하는데 우수한 사업운영의 능력, 사업의 효과적 목표달성, 소유주의 위험분산, 정보수집 비용의 절감, 학습곡선과 영구조직 효과 때문이다. 주주와 경영자는 상호 이해충돌에 따른 대리인문제(agency problem)는 감시비용(monitoring cost), 확증비용(bonding cost) 및 잔여손실(residual loss)을 발생시킨다. 그리고 주주도 자본비용만 부담하고 배당을 받으면서도 투자한도에서 책임지기 때문에 도덕적해이(moral harzard)의 문제를 초래한다. 따라서 실물자산의 관리자인 경영자와 기업의 청구권자인 주주가 자본시장에서 분리되면서 주식의 매입이나 매도로 그 의사를 반영한다.

기업의 내부는 전반의 내부적인 활동에 대한 견제와 균형의 역할을 담당한다. 핵심 구성 조직 및 요소는 이사회, 주주총회, 내부감사, 노동조합 등이다. 외부의 지배구조는 기업조직의 외부에서 기업과 경영자의 경영활동을 감시하거나 통제한다. 핵심 구성 조직 및 요소는 감독기관, 외부감사, 금융기관, 주식시장 등이다.

기업은 기업을 둘러싼 이해관계자에 대한 사회책임 경영(responsible)을 다하고 기업의 고유 목표에 대한 지속가능 경영(sustainable) 및 윤리 경영(ethical)을 실시해야 한다. 그렇지만 몬산토(Monsanto)의 유전자 변형 식량, 유니언 카바이드(Union Carbide)의 환경오염, 맥도날드(Mcdonald)의 그릇된 식습관 조장 등은 전 세계적 문제점들을 나타내고 있다. 기업이 위치하는 국가의 자원과 인재를 독점하고 세상을 하나의 사업장으로 인식한다. 또한 정보통신의 발달로 전 세계를 시간대별로 조직하고 시간의 제약을 벗어나고 있다.

회사의 시장가치가 여러 가지 이유(무능한 경영진, 잘못된 경영전략, 왜곡된 정보)로 잠재/내재가치보다 낮아졌을 경우에 M&A나 위임장 경쟁(proxy fight) 등으로 경영진을 교체할 수 있다. 경영진과 주주간의 바람직한 관계를 정립하고 경영에 관한 다양한 견해를 수렴하여 경영실패를 최소화해야 한다. 경영진과 이사회는 주주들의 의견을 듣고 논의하는 주주 간담회 등의 공식적 절차를 정책화하고 그 협의 과정을 조직화할 필요가 있다.

### 1.3 제4차 산업혁명과 경영학

지식의 역사(The History of Konwledge)는 아리스토텔레스에서 데카르트까지의 과학발전, 산업혁명, 그리고 평등의 대두로 진보를 이루었다. 그 과정은 인류의 의사결정 능력을 향상시키면서 지식의 불확실성을 극복하는 시기였다. 과학과 기술은 디지털 컴퓨터의 등장으로 새로운 전환기를 맞이하였고 컴퓨터에 대한 의존을 심화시켰다. 컴퓨터는 반려 기계, 생각하는 기계, 언어의 채굴, 그리고 컴퓨터의 반란 등의 역사적인 흐름에 있다.

뉴튼과 데카르트 이후의 혁명적인 발전은 1차 산업혁명인 동력화, 2차 산업혁명인 기계화, 3차 산업혁명인 정보화, 그리고 4차 산업혁명인 지능화로 표현되고 있다. 특히 제3차와 제4차 산업혁명을 이끈 컴퓨터는 1843년 에이다 러브레이스 백작부인의 베비지의 해석기관에 대한 '주석'과 1937년 엘런 튜링의 '계산 가능한 수에 관하여'를 발표하면서 개념이 확립되었다. 1945년 폰 노이만은 'EDVAC 보고서 초안'에서 프로그램 저장식 컴퓨터를 설명하였고, 배니버 부시가 개인용 컴퓨터에 대해 기술한 '우리 생각대로'를 발표하였다. 1950년 튜링이 인공 지능테스트를 설명하는 글을 발표하였고, 1952년 그레이스 호퍼가 최초의 컴퓨터 컴파일러를 개발하였다. 그 후 전자 데이터의 생성은 1971년 이메일, 1973년 공유단말기, 1975년 마이크로소프트와 애플의 설립으로 발전하였다. 스티브 잡스는 전자출판, 스프레드시트, 인터넷을 3대발명이라 했다.

산업혁명 이후 가장 중요한 기술적 요인들은 산업화, 운송수단, 커뮤니케이션수단, 그리고 컴퓨터화이다. 인터넷(internet)은 1990년대 중반 나타나 위의 4가지보다 훨씬 빠르게 전파되고 급속도로 영향을 미치는 5번째 힘이다. 사람들이 다른 나라에서 상호 커뮤니케이션하며, 정보를 빨리 그리고 쉽게 검색할 수 있도록 하여 지리적·물리적 경계를 허물었다. 스마트폰 확산에 따른 무선인터넷 이용자가 급증함에 따라 새로운 기회를 열고 있다.

4차 산업혁명은 인공지능, 빅데이터, 사물인터넷(IoT), 생명공학기술 등 다양한 부문의 신기술들과 이들의 융합 및 사회적 파급효과를 포함한다. 소프트웨어가 혁신을 통하여 가치창출과 삶의 질을 향상시키면서 아이디어와 상상력을 실현시키고 있다. 제4차 산업혁명은 주로 소프트웨어로 문제점을 효율적으로 해결하는 사회를 이끌면서 기업과 국가의 경쟁력이 지속적으로 높아지는 세상이다. 진화하는 소프트웨어 환경에 적응하기 위하여 소프트웨어, 코딩, 컴퓨팅 사고, 문제해결 등의 능력이 필요하다.

소프트웨어는 전 산업의 부가가치 향상, 스마트화를 통한 제품의 혁신, 다른 시스템들과의 융합, 가상공간을 통한 의사소통 방식의 혁신, 콘텐츠(contents)의 생산과 유통 등에 기여하였다. 소프트웨어적 혁신이 부족한 노키아가 다른 기업에 흡수되고 창의적이고 뛰어난 소프트웨어를 갖춘 애플사가 부상하였다. 제조업과 소프트웨어의 융합을 통한 경쟁력 확보가 미래의 경영을 결정하고 있다. BMW가 무인자동차를 개발하면서 연구개발비의 90%를 소프트웨어에 투입하였고, 경쟁자인 테슬러(Tesler)와 구글(Google)도 무인자동차의 소프트웨어 개발에 전력하고 있다.

인간의 사고와 컴퓨터의 능력을 통합한 컴퓨팅 사고는 경영 문제를 해결할 수 있는 깊은 사고력으로 장차 4차 산업혁명의 핵심 요소이다. 문제 분석, 분해, 패턴인식, 추상화, 알고리즘, 평가 등의 과정으로 주어진 문제를 보다 창의적으로 해결할 수 있다. 이를 위하여 어릴 때부터 소프트웨어를 접하고 배울 수 있는 환경이 중요하며 창의적 발상의 소프트웨어 교육이 필요하다. 소프트웨어 인재 양성을 시작해야하며 '컴퓨팅 사고'를 통해 문제를 해결하는 인재를 길러내는 교육이 필요하다.

**[표 1-1] 산업의 발전과정**

| 구분 | 혁신 기술 | 생산 체계 | 사회구조 | 주요 연결 (커뮤니케이션) 방식 |
|---|---|---|---|---|
| 1차 산업혁명 | 증기 | 기계식 생산 | 생산성 | 인쇄물 등 |
| 2차 산업혁명 | 전기 | 대량생산 | 표준화, 분업 | 전화, TV, 영화 등 |
| 3차 산업혁명 | 디지털 | 다종소량생산 | 정보화, 부분 자동화 | 인터넷, SNS 등 |
| 4차 산업혁명 | 융합 | 개인화·파편화된 생산 | 자동화 | 빅데이터, AI, IoT에 기반한 초연결 |

자료: 문화콘텐츠진흥원(2017)

소프트웨어 능력이 기업의 경쟁력을 좌우한다. 소프트웨어의 힘이 점점 강해지고 그 영향력도 커지는 추세이다. 소프트웨어가 직업 선택과 관련이 깊어지면서 기존 산업의 직업군은 줄어들고, 소프트웨어 관련 직업은 증가하고 있다. 소프트웨어 로봇이 '포브스(Forbes)' 등에서 주식시황 기사를 작성하고 있다. Oxford대학교 연구팀은 인공지능의 발달로 앞으로 20년 내에 현재의 직업 중 47%가 사라질 것으로 전망하였다. 특히 텔레마케터, 운동경기 심판, 물류 직원 등은 99% 대체가 될 것으로 예상하였다.

'카카오톡'의 실시로 통신 회사의 문자서비스를 바꾸어 버렸다. 제조업체인 GE(General Electric)는 '2020년까지 소프트웨어 기업이 될 것'을 선언하였다. GE의 전문분야인 가스터빈 사업도 매출액의 75%가 소프트웨어와 관련 있다. 일반 산업에서도 소프트웨어와 융합하여 혁신을 주도하고 재난과 복지 등의 사회문제도 해결하고 있다. 소프트웨어는 점차 거대한 시장을 형성하면서 자동차, 반도체, 휴대폰 시장을 통합하고 있다. 우리나라의 연도별 소프트웨어 산업도 매년 성장 중이다.

디지털 컨버전스는 사용되는 디지털 기술과 일반 기술, 일반 기술과 콘텐츠를 융합하는 것이다. 컨버전스 제품(convergence product)은 물리적으로 두 개 이상의 디지털 플랫 폼 기술을 한 가지 형태의 제품으로 결합하고 있다. 스마트폰은 전화기, 디지털 카메라, DVD 플레이어 등을 포함한다. 시간이 지나면서 소비자요구의 변화를 따라서 여러 분야가 통합되면서 산업 간 차이가 희미해지는 추세가 확산될 것이다.

## 2. 기업의 이해

### 2.1 기업의 발전

기업(corporation)은 고대 앗시리아 상인, 중세 이탈리아 프라토 상인, 교황의 대리인 메디치가문, 식민지 관리의 동인도회사(East India Company), 유한 책임의 주식회사, 미국식 대기업의 출현, 다국적 기업의 발전, 연구개발 및 기술 중심의 벤처기업 등으로 발전하여 왔다. 세계 최장수 기업으로 서기 578년에 설립된 일본의 '곤고구미(金剛組)'라는 건설사를 꼽고 있다. 곤고구미는 백제의 목수 유중광이 일본에 정착하며 오사카에 사천왕사라는 절을 지으면서 설립되었다. 이 회사는 절과 성을 건축하고 유지보수에 특화된 건설업체로 우수한 기술력도 유명하다.

12세기 이탈리아에서 가족들이 공동출자하여 무한책임을 지는 콤파니아(Compania)를 설립하였다. 그리고 복식부기가 1340년경에 등장하였고 북부 프라토의 상인들은 모든 것을 기록으로 남겼다.

**[그림 1-3] 백제인의 기술로 만든 법륭사오중탑**

유럽에서 가장 오래된 기업은 1288년에 설립된 스웨덴 광산 회사인 스토라로 1347년 왕실의 위탁업무를 수행하였다. 스토라는 구리제품 생산에서 출발하여 1894년 화학산업, 1898년 엔소(Enso)와 합병하였다.

세계 최초의 주식회사는 북동항로를 개척할 목적으로 1555년 영국에 설립된 머스커비(Muscovy)이다. 1500년대 유럽의 상선은 높은 이윤배분을 약속하고 기금을 모았는데 리스크가 높고 투자자금의 장기 고정화의 문제점을 가지고 있었다. 주식회사는 투자자가 투자비율에 따라 이윤을 배당받은 대신에 비례하여 리스크를 공유한다. 네덜란드의 동인도회사는 1599년 설립되어 자유무역권을 보장받아서 세계적 기업으로 성장하였다. 점차 주식회사는 유한책임의 유한상장회사(public limited company)로 발전하였다.

초기 영국은 정부의 특별 허가에 의하여 주식회사 설립은 있었지만, 미국은 작은 정부의 원칙하에서 사유재산권과 계약의 자유를 보장하는 주식회사법을 제정하여 기업을 허가하였다. 근대 기업은 자연인과 동일하게 사업을 수행하는 법인의 설립, 투자자금의 매매가 가능한 지분권의 발행, 그리고 투자금액으로 책임을 제한하는 유한책임제도로 발전하였다. 그리고 제2차 세계대전 이후 미국의 기업이 발전하면서 주식회사의 전성시대를 맞이하였다. 미국 상위 200개 대기업의 자산은 1947년에서 1968년까지 국가 전체의 47.2%에서 60.9%까지 비중이 상승하였다.

독일은 국가의 경쟁력을 제고하기 위하여 경쟁보다 동업자, 노사협력을 강조한다. 기초적 경제단위를 개별적으로 인식하지 않고 국가의 일부로 간주하고, 은행은 대기업 여신에 주력하면서 중소기업을 지원한다. 그러나 미국의 기업은 생산성을 갖춘 전문화된 사업분야에 주력하였다. 1923년 GM의 사장이 된 슬론(Sloan)은 소비자들의 능력에 맞는 차를 공급(캐딜락, 뷰익, 폰티악, 시보레)한다는 판매전략으로 포드를 앞설 수 있었다. 그는 실적을 분석하여 인센티브를 지급하고 실적부진의 원인을 파악하였다. 듀퐁(Dupont)도 제품별로 독자적 사업부를 도입하고 특수한 능력을 가진 사람에게 책임을 부여하여 혁신을 제도화하였다.

자본주의 사회는 경쟁의 결과로 소득과 부의 불평등을 전제로 한다. 그러나 그 결과는 소수에게 돌아가고 효율성을 제고하기 보다 부유층과 빈곤층으로 양극화 현상을 만든다. 국내는 소득불평등에 따른 양극화, 고용없는 성장, 불공정한 시장, 재벌중심의 경제력 집중, 비정규직과 자영업자 확대의 불안정한 고용구조 등의 문제를 안고 있다. 이에 따라서 중산층이 축소되고 사회계층의 분할을 가속화하고 있다.

주요 자본주의의 특징으로 첫째, 영미식 자본주의는 주주의 권리를 중시한다. 시장에 대한 국가의 개입을 최소화하고 시장이 개인별 성과를 평가한다. 자본시장은 주주에게 강력한 권한을 부여하고 적대적 인수합병(M&A)도 사회적으로 인정한다. 금융과 실물은 별도 시장에서 독립적으로 운용된다. 또한 수시로 경영자를 교체하고 노동자의 정리해고도 자유롭다.

둘째, 독일식 자본주의는 노동자의 권리를 중시한다. 시장의 효율성과 사회연대를 중시하는 사회적 시장경제를 지향한다. 은행 중심의 간접금융이 실물을 지원하고 자본과 노동의 공동참여로 운용된다. 경영자의 수명도 장기이고 노조와 장기적 협조관계를 유지하면서 기술축적에 주력한다.

셋째, 국내 자본주의는 해방전후의 농지개혁, 농업중심의 산업과 소작농 제도 하에서 시장경제를 받아들였다. 개발경제 시대에 국제교역의 확대와 소득증대를 위하여 규제완화, 조세감면, 그리고 기업간 국제경쟁 등의 시장주의를 확대하였다. 그러나 기술개발과 경쟁력을 확보한는 과정에서 산업간의 큰 차이로 양극화 문제가 발생하였다.

### 2.2 기업의 형태

조직은 공동의 목적을 추구하기 위해 둘 이상의 사람이 모여 상호 협력하는 유기체로서 동일목적(common objective)과 상호협력(mutual cooperation)이 필요하다. 기업은 영리기업과 비영리기업으로 나눌 수 있다. 그리고 영리기업은 회사기업과 조합기업으로 구분할 수 있다. 회사기업은 사기업, 공기업 및 공사공동기업으로 구분하고, 사기업은 자연인이 주체가 되는 개인회사, 소수공동기업과 다수공동기업으로 나눌 수 있다.

개인회사(Sole Proprietorship)는 회사의 자산과 부채가 소유주 개인의 자산과 부채가 되는 형태로 무한책임을 가지지만 관리 비용이 낮다. 소수공동기업으로 합명회사(general partnership)는 친척이나 친구와 같이 극히 친밀한 사람들이 공동사업에 적합한 회사로 무한책임이다. 그리고 무한책임 사원이 이탈하면 기존 합명회사를 해체하고 신규 합명회사를 설립해야 한다. 합자회사(limited partnership)는 무한책임사원이 경영하고 자본을 제공한 유한책임 사원에게 사업에서 발생한 이익을 분배한다. 합명회사처럼 친한 사람들이 공동으로 사업하는 데 적합한 형태이다. 한편 유한회사는 유한책임사원으로 구성된다.

다수 공동기업인 주식회사(corporation)는 1인 이상의 유한책임 사원인 주주로 구성된 회사로서 독립된 실체의 자체 재산과 부채를 소유하고 계약할 수 있다. 주식회사는 민간자본을 국가정책에 이용하여 세수를 확보하려는 국가, 그리고 위험을 줄이고 배당을 확보하려는 투자자의 이해관계로 이루어졌다. 주주는 이사선임권으로 경영자에게 주식가치의 증대를 요구하지만 유한책임으로 기업의 위험에서 벗어나 있다.

주식(stock)은 주주들의 회사에 대한 지분을 표시하면서 매매를 통하여 주주의 위치를 변경할 수 있다. 현존하는 가장 오래된 증권은 최초의 주식회사인 네덜란드 동인도회사가 발행한 주식이다. 1600년대 초 네덜란드가 해외 무역활동으로 부를 축적하는 과정에서 태풍, 해일, 해적 등으로 선박이 귀환하지 못하는 일이 많았다. 이에 따라서 투자자의 위험부담을 분산시키고 출자지분에 따라서 이익을 배분하는 주식회사를 시작하였다.

주식회사 제도에서 회사의 소유주는 사업의 경영을 전문경영자에게 위임하는데 우수한 사업운영의 능력, 사업의 효과적 목표달성, 소유주의 위험분산, 정보수집 비용의 절감, 그리고 학습곡선과 영구조직 효과 때문이다. 그러나 주주와 경영자의 상호 이해충돌로 대리인문제(agency problem)는 감시비용(monitoring cost), 확증비용(bonding cost) 및 잔여손실(residual loss)을 발생시킨다. 그리고 주주도 이윤발생시 자본비용만 부담하고 배당을 받지만 투자한도 내에서 책임지기 때문에 도덕적해이(moral harzard)의 문제를 초래한다. 따라서 실물자산의 관리자인 경영자와 기업의 청구권자인 주주가 자본시장에서 분리되면서 주식의 매입이나 매도로 그 의사를 반영한다.

회사의 시장가치가 여러 가지 이유(무능한 경영진, 잘못된 경영전략, 왜곡된 정보)로 잠재/내재가치보다 낮아졌을 경우에 M&A나 위임장 경쟁(proxy fight) 등으로 경영진을 교체할 수 있다. 경영진과 주주간의 바람직한 관계를 정립하여 경영에 관한 다양한 견해를 수렴하고 경영실패를 최소화해야 한다. 경영진과 이사회는 주주들의 의견을 듣고 논의하는 주주 간담회 등의 공식적 절차를 정책화하고 그 협의 과정을 조직화할 필요가 있다.

조합기업인 협동조합(cooperative)은 상호협력으로 경제 지위를 향상시켜서 상호복리를 얻을 수 있도록 출자금에 관계없이 조합원총회에서 1인 1표의 원칙으로 운영된다. 산업혁명에 의하여 비약적으로 발전된 대기업에 대항하기 위하여 19세기 초에 형성되어서 소비자협동조합, 생산자협동조합, 직원협동조합, 다중이해협동조합 및 사회적협동조합 등으로 발전하였다. 구성원의 신용상태를 상호 점검하고 필요한 구성원에게 장기대출을 하였다. 예를 들어 스페인의 몬드라곤협동조합은 동일한 출자금을 낸 조합원들에게 총회에서 1인 1표로 이사회를 조직하고, 기업의 이익금을 균등하게 분배한다. 1개월에 1회 산업별 이사들이 모여서 합의를 통한 의사결정을 하고 있다. 모두가 회사의 주인으로 직접 중요 사안을 결정하고 다 같이 열심히 일한다.

비영리기업은 조직의 목적이 영리 추구가 아니고, 이익창출 없이 생존·성장하는 조직이다. 기관(institution)은 공공행정에 관계되는 여러 기관의 집합이다. 즉 행정조직은 행정에 관계되는 기관으로 이루어지는 그 전체를 의미하며 이러한 의미에서는 행정조직과 행정기관은 구별된다. 다만, 경우에 따라서 개개의 기관 그 자체를 행정조직으로 볼 수도 있다.

[표 1-2] 영리기업의 형태

| 구 분 | 주 체 | 종 류 |
|---|---|---|
| 사 기 업 | 자연인 | 개인기업, 조합(익명, 의명) |
| | 법 인 | 합명회사, 합자회사, 유한회사, 주식회사 |
| 공 기 업 | 법 인 | 국영기업, 지방공기업, 공사, 공단, 금고 |
| 공사합동기업 | 법 인 | 특수기업, 특수회사 |

## 2.3 기업의 성장

1960년대 초 미국의 경제 사학자인 로스토우(Rostow)는 경제가 더 큰 경제 성장으로 발달 단계의 수를 통과해야 한다고 주장했다. 모든 나라는 그 체제에 관계없이 경제발전은 전통사회, 도약준비기, 도약기, 성숙기, 고도대중소비기의 5단계를 거친다고 하였다. 구분하는 요소로 생산기술, 소비수준, 자본의 축적도, 산업구조의 고도화, 국민소득 중의 저축비율 등을 들었다. 그는 도약(Take-off)의 선행 조건으로 투자율의 증대, 노동생산성의 비약적 상승, 새로운 공업의 발전 등을 제시하였다.

기업의 규모(scale)는 정량적 기준으로 매출액, 종업원수, 자본금 등으로 대기업과 중소기업 분류하는 기준이다. 규모의 경제(economies of scale)는 기업의 규모가 커지면서 얻을 수 있는 비용 절감 효과나 생산의 확대 효과이다. 총비용과 산출량은 총비용이 증가하면 산출량도 증가하나 비율이 일정한 것은 아니다. 평균비용은 총비용을 총산출량으로 나눈 값이다. 한계비용은 어느 시점에서 추가로 한 단위를 생산하는데 들어가는 비용이다.

슘페터의 가설은 대기업이 기술혁신에 더 유리하다는 것으로 풍부한 자금력, 높은 기술인력 및 연구개발 인프라, 체계적인 연구개발관리, 투자의 불확실과 위험을 흡수할 여유가 있다. 대기업은 중소기업의 유연성, 중소기업은 대기업의 효율성을 보완해야 한다.

기업의 규모가 커질수록 증가된 생산량에 초기대규모의 설비투자 등 고정비용을 다른 부분으로 분산시킬 수 있다. 조직이 커지면 조직단위나 개인의 역할이 세분화되어 전문성, 생산성을 증대시킨다. 그리고 구매, 재고, 마케팅 등 부문 간 공동활동으로 비용을 절감한다.

기업의 범위(scope)는 기업이 수행하고 있는 다양한 경영활동, 생산 내지 판매하고 있는 다양한 제품과 서비스를 포함한다. 범위의 경제(economies of scope)는 여러 재화를 개별적으로 생산하는 비용과 공동으로 생산하는 비용의 크기를 비교하여 공동생산비용이 적을 때 나타난다. 생산자원을 공유하거나 부산물을 활용하여 비용을 축소할 수 있다.

규모의 경제와 범위의 경제를 추구하기 위하여 기업은 전문화, 다각화, 수평적 통합, 수직적 통합, 내부육성/인수·합병, 매각/폐기 등의 성장전략을 구사한다. 수직적 통합은 하나의 단계에서 여러 단계로 경영의 범위를 확대해간다. 수직의 범위는 경영활동의 첫 단계인 원자재 확보에서 마지막 단계인 유통/판매까지의 계층적 과정이다. 수평적 통합은 시장의 범위를 점차 늘려나가고 제품의 종류를 다양화시켜 나간다. 수평의 범위는 시장의 다양성과 제품의 다양성이다. 시장의 범위를 점차 늘려나가고 제품의 종류를 다양화시킨다.

국가주도의 제국주의와 달리 자본주의는 궁극적으로 규모의 경제를 추구한다. 19세기 후반부터 기업의 자본이 증가하여 대기업을 형성하면서 시장의 지배력을 확대하였다. 거대 자본의 집중은 평균생산비용을 감소시키면서 더 많은 상품을 만들어 낼 수 있다. 챈들러(Candelr)는 미국에서 자동차산업의 기업들이 거대한 생산라인으로 규모의 경제를 이루면서 대기업으로 성장하였다고 설명하였다. 규모의 경제가 시장수요를 충족할 만큼 크고 지속적이면 한 기업이 산업 전체의 생산량을 낮은 비용으로 생산할 수 있다.

또한 기업간의 담합은 기업연합(cartel), 기업합동(trust), 그리고 기업집단(konzern) 및 지주회사(holding company)의 형태로 시장의 자율적 조정 기능을 방해하고 있다. 시장에 소수의 생산자가 서로 담합을 결정하고 카르텔을 형성하여 가격과 생산량을 통제하는 독점상태를 만들면서 경쟁을 소멸시킬 수 있다. 국제항공운송협회(IATA)와 석유수출국기구(OPEC)는 업종대표 단체와 국가간 협력체로 가격을 통제하여 시장을 위협한다. 따라서 이러한 담합은 반독점법이나 경쟁법의 제정으로 금지한다.

산업조직의 측면에서 카르텔(cartel)은 생산 및 판매에 있어 경쟁을 방지하고 수익을 확보하기 위해 시장통제를 주목적으로 동종상품이나 상품군을 생산하는 독립기업들 간의 수평적 결합을 의미한다. 트러스트(trust)는 시장을 지배할 목적으로 동종 혹은 이종기업이 자본적 결합에 의해 하나의 기업이 된 형태이다. 콘체른(konzern)은 대기업이 자본지배를 목적으로 여러 산업에 속한 중소기업의 주식을 보유하거나 자금대여에 의해 금융으로 결합된 형태이다.

기업집단(business group)은 흔히 재벌(chaebol)이라고 불리며 서구의 분류로는 복합기업(conglomerate)이라고 할 수 있다. 특정 가족 집단이 소수의 지분으로 교차 또는 순환출자를 통하여 다수의 이종기업을 사실상 지배하는 형태의 기업집단을 말한다. 지주회사(holding company)는 다수의 자회사를 거느리고 있는 모회사를 말하며, 순수 지주회사와 영업 지주회사로 구분된다.

다국적 기업은 둘 또는 그 이상의 국가에서 활동하며 범세계적 조직과 정보망을 가지고 다양한 국제전략과 의사결정을 실시한다. 국내기업의 단순한 집합체가 아니라 새로운 사업모델로 초국적으로 세계를 단일시장으로 만들고 있다. 중세 이탈리아의 메디치가문, 독일의 로스차일드가문 및 중국의 화상 등도 유사한 전략을 구사하였다. 근대의 대항해시대 이후에 국가 수탁기관인 동인도회사, 영국의 철도회사, 독일의 화학회사와 전기회사가 다국적 기업으로 발전하였다. 이들 기업은 약탈경제의 제국주의적 측면도 있었지만 복지나 교육기관의 설립, 사회간접 자본의 구축 및 상호신뢰감의 조성 등에도 기여하였다.

규모의 경제에서 오는 장점을 활용하면서 다양한 자금조달 방법으로 자금조달 비용을 축소하였다. 또한 기술혁신 또는 기업경영에서 뛰어난 글로벌 경쟁력을 충분히 이용하고 있다. 그렇지만 신흥국들에게 새로운 시장과 새로운 사업의 동반자이지만 저임금의 노동력 착취의 대상으로 인식된다. 정부의 공권력과 독점권을 얻기 위하여 접대, 선물, 인맥 그리고 뇌물 등도 활용한다.

기업은 기업을 둘러싼 이해관계자에 대한 사회책임 경영(responsible)을 다하고 기업의 고유 목표에 대한 지속가능 경영(sustainable) 및 윤리 경영(ethical)을 실시해야 한다. 지속가능한 경영에 대한 평가기준으로 국제표준화기구(ISO)의 ISO 26000, 다우존스 지속가능경영지수(DJSI)가 있다. 그렇지만 몬산토(Monsanto)의 유전자 변형 식량, 유니언 카바이드(Union Carbide)의 환경오염, 그리고 맥도날드(Mcdonald)의 그릇된 식습관 조장 등은 전 세계적 문제점들이다. 거대 기업이 각 국가의 자원과 인재를 독점하고 세상을 하나의 거대한 사업장으로 인식한다.

## 3. 경영의 과정

### 3.1 경영순환

경영의 순환은 비전설정, 경영목표 결정, 경영전략 선택, 조직구성이다. 경영전략은 조직이 특정 목적을 달성하기 위한 수단으로 기업이 보유한 자원과 능력을 급변하는 환경변화 속에서 기호 및 위험과 결부시켜 기업목적을 달성하는 행동 계획이다. 전략적 개념에 다음의 세 가지의 정의가 포함되어 있다. 첫째 기업의 전체적인 목적달성을 위한 자원개발 및 행동에 관한 일반적인 프로그램, 둘째 조직의 목표와 이 목표를 달성하기 위하여 사용되는 자원, 그리고 이러한 자원의 획득·사용·처분 등을 결정하는 프로그램, 셋째 기업의 자본적인 장기목표의 결정, 행동방향의 선택 및 이들 목표를 달성하는데 필요한 자원의 배분이다.

[그림 1-4] 장단기 경영과정

경영자원은 재무자원, 공간자원, 인적자원, 물적자원, 서비스자원 등이다.

부가가치창출 활동은 연구개발, 생산, 이동, 보관, 서비스이다. 마케팅 활동은 마케팅 전략, 영업활동이다.

경영지원 활동은 재무, 인사, 회계, 평가·감사, 경영정보, 기타로 구성된다.

[그림 1-5] 마이클 포터의 일반적인 가치체인 구조

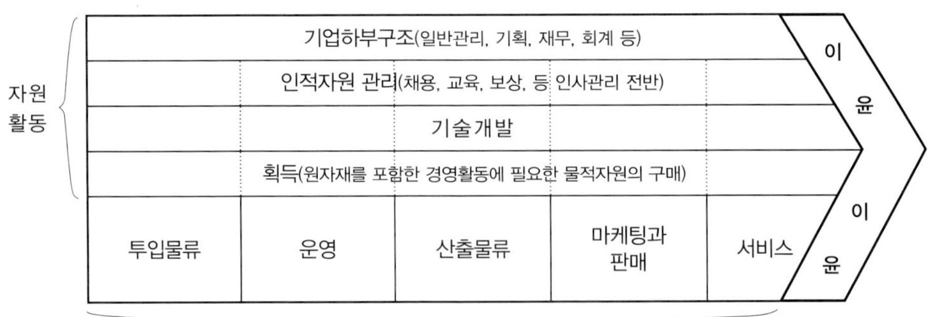

## 3.2 경영관리

경영관리는 과정관리(계획(plan), 실행(do), 통제(see))와 기능관리(생산, 마케팅, 재무, 정보관리 등)로 구성된다. 계획은 경영관리자가 장래를 전망하여 대안적인 행동노선을 발견하는 것이다. 기업목적을 효과적 및 효율적으로 달성하기 위하여 미래에 기업조직과 그 구성원이 무슨 일을 어떻게 해야 하는지 구체적인 방향을 제시한다. 핵심은 발전방향과 목표를 달성하기 위한 각종 방안을 사전에 선택한다. 계획은 세 가지 요건을 포함한다. 첫째, 기업의 미래에 대해 초점이 두어져야 한다. 둘째, 행동요소를 포함하여야 한다. 셋째, 조직과 결합되어야 하며, 이 기능을 책임을 가지고 수행할 수 있는 전문요원이나 단위가 주어져야 한다.

조직은 둘 이상의 사람들이 모여서 어떤 공통적인 목적을 달성하기 위해 협동적으로 일을 수행한다. 조직화는 계획에서 설정한 조직목표를 최상의 방법으로 실행할 수 있도록 경영자원을 배분하고 조정하는 활동이다. 조직화의 순서는 과업의 분화, 권한의 배분, 공식화이다. 기업의 목표를 달성하기 위하여 인적자원과 물적자원, 자본, 정보, 지식 등 모든 경영자원을 단위별로 나누어 배분하고 조정한다.

통제는 설정된 목표 및 계획과 실제의 성과를 비교, 감독하여 목표달성을 위해 발견되는 편차에 시정조치를 행하는 활동이다. 따라서 계획과 목표는 표준으로 측정하고 성과를 평가한다. 평가한 후에 불일치한 부분은 수정, 보완해야 한다. 통제는 기업운영의 실제결과를 과업목표나 기준과 비교한다. 기준(standards)은 이상적인 결과로 통제의 첫 단계에 설정한다. 통제는 미리 설정된 계획과 일치하는지 감독, 조정하는 기능으로 계획만 있고 통제가 없다면 계획된 활동의 과정에서 수행되는 모든 활동을 보장할 수 없다.

**[표 1-3] 계획과 통제**

| 계획(Plan) | 실시(do) | 평가(see) |
|---|---|---|
| – 목표제시<br>– 달성방법 | 실시 | – 성과측정<br>– 목표와비교<br>– 피드백 |

최종 평가는 효과성과 효율성으로 측정한다. 효과성(effectiveness)은 계획과 결과를 대비하여 시스템 운영 전에 수립한 계획이 운영이 완료된 시점에서 얼마나 달성되었는가를 측정한다.

효과성 = 최종 달성 수준 / 당초 계획 수준

효율성(efficiency)은 투입량과 산출량을 대비하여 시스템에 얼마나 많은 자원이 들어 갔으며, 이것이 나중에 얼마나 많은 결과물이 만들어졌는가를 측정한다. 생산성은 효율성과 유사한 개념이나 좀더 다양하게 평가한다. 요소생산성은 개별 투입요소의 값만 분모에 놓고 측정한다. 총생산성(total productivity)은 투입요소를 모두 합하여 분모의 값을 측정한다. 시스템의 종합적인 생산성을 측정하기 위해서 모든 투입요소를 고려하는 것이 중요하다.

효율성(생산성) = 산출량 / 투입량

### 3.3 경영업무

전통적인 기능관리는 경영활동의 기능적인 측면에서 인적자원관리, 생산관리, 마케팅 관리, 재무관리였지만 전 산업에서 정보기술을 도입하여 활용하면서 정보기술관리를 포함하고 있다.

인적자원관리는 조직의 목표를 달성하기 위해 필요한 인력을 조달하고 유지·개발·활용하는 관리활동이다. 경영관리자들이 조직목표 달성에 필요한 종업원을 선발하고 육성, 그들이 조직을 위해서 자발적으로 최선을 다해 일하도록 만드는 것이다.

생산관리는 유형의 재화(제품)와 무형의 재화(서비스)를 생산하기 위한 투입물, 변환기능, 산출물, 정보피드백을 관리한다. 이를 위하여 생산시스템의 설계와 시스템의 운영 및 통제에 관련된 의사결정을 해야 한다. 생산관리는 제조중심에서 서비스 조직의 운영관리를 포함하여 생산·운영관리로 확대되었다. 생산시스템의 설계는 제품설계, 공정설계, 생산능력결정, 입지선정, 설비배치, 작업설계/측정이다.

마케팅 관리는 개인이나 조직의 목표를 충족시켜 주는 교환을 창조하기 위해 아이디어·제품·서비스의 창안·가격결정·촉진·유통을 계획하고 실행하는 과정이다. 상품이 생산자에게서 소비자, 공급자에게서 수요자에게 이전되는 과정에서 수행되는 특화된 활동이다.

상품과 서비스의 교환을 이루는 매매는 소유권을 이전시킨다. 이러한 매매가 이루어질 때 유통(distribution)은 수요와 공급의 장소적 차이와 시간적 차이를 조절한다. 교환이나 유통이 합리적으로 수행되도록 제품을 표준화하고, 시장에 대한 정보를 제공하고, 구매를 활성화시킬 수 있도록 금융을 제공하거나 위험을 부담하기도 한다.

재무관리는 기업에 필요한 자본의 조달과 운용에 관한 재무활동을 계획하고 통제한다. 필요자본량의 산정, 주식·사채 등의 자본조달방법의 선택, 현금수지나 보관 등에 관한 재무활동을 대상으로 한다. 기업목표를 달성하기 위한 장기 재무계획과 단기 재무계획을 수립한다. 재무관리는 자금을 조달하는 재무활동, 조달된 자금을 운용하는 투자활동, 그리고 제품과 서비스를 판매하여 이윤을 창출하는 영업활동을 수행한다.

재무활동은 자금 조달의 원천과 각 원천에서 조달비용을 고려하여 최적자본구조를 결정한다. 투자활동은 조달된 자본을 어떻게 운용할 것인가를 결정한다. 그리고 배당결정은 영업활동에서 얻은 이익을 이자, 배당 또는 유보의 형태로 처리한다. 이러한 결정은 독립적이 아니라 상호 유기적인 관련성을 지니고 있다.

정보기술관리는 정보를 수집, 처리, 생산, 저장, 추출, 전송하여 관리자의 업무를 지원한다. 경영정보시스템은 기업 내외의 정보를 수집, 처리, 생성, 저장, 제공하는 기능을 수행한다. 경영자가 정형화/비정형화된 의사결정 문제를 해결할 때 경영자의 의사결정과정을 지원한다. 데이터(data)는 단순한 수치나 사실로 신문기사 등에서 볼 수 있는 내용이다. 정보(information)는 데이터를 일차적으로 가공해서 의미를 부여한 것이다. 지식(knowledge)은 자료와 정보를 가공, 분석한 후 전략적인 목적과 과학적인 방식으로 재가공한다. 그리고 데이터마이닝은 대용량의 데이터로(Data Warehouse)에서 유의한 패턴을 찾아서 경영에 활용한다.

# 요약정리

- 인간은 욕구를 충족시키기 위하여 다양한 재화와 서비스가 필요하다. 재화나 서비스의 생산과 유통은 인류가 존재하면서 필요한 활동이었다. 원시사회의 수렵과 채집활동은 잉여의 부족으로 경제활동의 발전을 이루지 못했지만 정착하여 농경활동을 하면서 생산물의 잉여가 나타나면서 경제적 활동이 시작되었다. 경영은 경제주체가 인적 물적 자원을 활용하여 계획, 조직, 지휘, 통제하기 위한 의사결정의 과정이다. 4차 산업혁명은 인공지능, 빅데이터, 사물인터넷(IoT), 생명공학기술 등 다양한 부문의 신기술들과 이들의 융합 및 사회적 파급효과를 포함한다. 그 핵심인 소프트웨어가 혁신을 통하여 가치창출과 삶의 질을 향상시키면서 아이디어와 상상력을 실현시키고 있다.

- 기업은 고대 앗시리아 상인, 중세 이탈리아 프라토 상인, 교황의 대리인 메디치가문, 식민지 관리의 동인도회사, 유한 책임의 주식회사, 미국식 대기업의 출현, 다국적 기업의 발전, 연구개발 및 기술 중심의 벤처기업 등으로 발전하여 왔다. 세계 최장수 기업으로 서기 578년에 설립된 일본의 '곤고구미'라는 건설사를 꼽고 있다. 조직은 공동의 목적을 추구하기 위해 둘 이상의 사람이 모여 상호 협력하는 유기체로서 동일 목적과 상호협력이 필요하다. 기업은 영리기업과 비영리기업으로 나눌 수 있다. 규모의 경제는 기업의 규모가 커지면서 얻을 수 있는 비용 절감 효과나 생산의 확대 효과이다.

- 경영의 순환은 비전설정, 경영목표 결정, 경영전략 선택, 조직구성이다. 경영전략은 조직이 특정 목적을 달성하기 위한 수단으로 기업이 보유 하고 있는 기업자원과 기업능력을 급변하는 환경변화 속에서의 기호 및 위험과 결부시켜 기업목적을 달성하는 행동에 관한 계획이다. 경영관리는 과정관리와 기능관리로 구성된다. 전통적인 기능관리는 경영활동의 기능적인 측면에서 인적자원관리, 생산관리, 마케팅 관리, 재무관리였지만, 전 산업에서 정보기술을 도입하여 활용하면서 정보기술관리를 포함하고 있다.

# 토론과 연습문제

1. 경영학이 추구하는 효율성과 효과성은 무엇을 의미하는가?

2. 기업의 사회적 책임, 윤리적 책임, 지속가능 책임이 지켜져야 할 이유는 무엇인가?

3. 주식회사와 협동조합간 개념상의 차이를 설명하시오.

4. 기업의 성장전략으로 규모의 경제와 범위의 경제를 차이를 비교하시오.

5. 경영관리 과정을 설명하여 보시오.

6. 경영자가 수행해야 할 전통적인 기능은 무엇인가?

## 참고문헌과 인터넷

구기동, 김홍유, 심기준(2018), 경영학의 이해, 신구문화사.

구기동, 신용인, 조철희(2016), 금융자산관리론, 청람.

문화콘텐츠진흥원(2017), 인간, 콘텐츠 그리고 4차 산업혁명: 변화와 대응, 코카포커스 17-03호, pp.7-10.

Adam Smith(1776), The Wealth Nation.

John Micklethwait, Adrian Wooldrige(2004), The Company, The Wiley.

http://openlectures.naver.com/contents?contentsId=132102&rid=2934&lectureType=paradigm

제 2 장

# 경영학 이론의 이해

### 학습목표

1. 대량생산의 배경과 발전을 설명할 수 있다.
2. 인간의 심리가 경영에 미치는 영향을 이해할 수 있다.
3. 경영시스템과 환경변화에 따른 의사결정을 할 수 있다.

### 학습내용

1. 고전이론
2. 인간관계론
3. 상황이론

### 글로벌 기업의 조직관리

세계적 기업의 리더는 두 가지를 전략을 가지고 있다. 첫 번째는 글로벌화이다. 소비자는 자국에 국한되지 않기 때문에 전세계에 동일한 제품과 서비스를 제공해야 도태되지 않는다. 둘째는 전략적 제휴에 의한 동종업종간 협력으로 기술을 개발한다. 또한 동종업종뿐만 아니라 이종업체와도 협력한다. 예를 들어 자동차의 오디오, 네비게이션 등이 제휴의 결과이다. 향후 자동차에서 전자제품이 70%를 차지하고 기존의 자동차산업은 외형만 만들게 될 것이다.

글로벌 파워를 가진 기업을 벤치마킹하고 또한 동종업체와 이종업체가 서로 협력해야 세계적인 제품을 만들 수 있다. 특히 개인이나 기업의 지식과 경험이 제한적이기 때문에 다른 경험과 지식을 가진 협력 네트워크를 구축해야 한다. 과거의 경영자는 남보다 더 열심히 일하면서 신뢰를 쌓고 물자와 시간을 관리했다. 그렇지만 현대의 경영자는 외부변화에 민감하게 반응해야 한다. 개인적인 능력에 의존하면 미래 지향의 국가적 통합 능력을 구축할 수 없다.

국가가 발전하기 위해서 개방성(open)과 투명성(clean)이 필요하다. 외국인들이 우리나라의 리더십의 안타까움으로 불투명한 사회질서를 지적한다. 사회가 원하는 변화와 혁신은 폐쇄적이고 불투명한 활동을 버리고 단순한 행동의 변화에서 시작할 수 있다. 경영자는 외부변화에 능동적으로 대처할 수 있는 미래의 리더십을 키워야 한다. 그런 능력은 유연한 사고와 유연한 가슴에서 나온다. 이러한 리더십이 지속적인 가치를 창출한다.

세계적으로 유명한 사람들의 리더십은 5가지로 요약할 수 있다. 첫째, 창조는 호기심으로 관찰에서 시작한다. 예를 들어서 BBQ라는 회사에 특이하게 닭대학이 있다. 대리점 사장들이 모여서 닭에 관한 것을 배우면 닭박사 자격증을 발급한다. BBQ는 이러한 개방성으로 신뢰를 구축하여 전세계 47개국에 프랜차이즈를 확보하였다.

둘째, 투명윤리로 공사를 구분하여 활동해야 한다. 회사 돈은 회사만을 위해서 써야 한다.

셋째, 관계중심의 계약적 관계가 아닌 연약적 관계를 가져야 한다. 기업의 직원이 단순히 그가 받는 급여만큼만 일하는 것이 아니라 진정으로 회사의 가치를 중시하고 충성해야 한다.

넷째, 지역에 대한 관심으로 사회의 보이지 않는 문제를 살펴야 한다. 돈이 없어서 공부를 못하거나 노숙하는 소외된 이웃에 관심을 가지고 지역 이슈에 반응할 수 있어야 한다.

다섯째, 어느 조직이 성공을 지향하는 가치를 가지고 있다면 이러한 가치를 존중하는 인재가 그 기업을 선택하게 될 것이다.

미래적인 리더십은 개인적인 호기심에서 출발하므로 여기에 맞는 글로벌 표준을 구축해야 한다. 예를 들어 국내 사업방식이 외국에서도 성공할 수 있다면 그것이 글로벌표준이 된다. 기업간 기술적 차이가 줄었기 때문에 기업에서 디자인과 제품가치를 핵심으로 차별화해야 한다.

# 1. 고전이론

## 1.1 전기의 산업화

산업혁명은 산업(industry)과 기업(firm) 개념을 출현시켰다. 산업혁명기에 생산 규모의 거대화, 기계화가 새로운 경영기법을 요구하였다. 근대적 생산관리는 수공업 공장(manufacturing)에서 대규모의 기계화 공장(factory system)으로 전환하였다. 생산계획, 공정관리의 효율화, 작업방식의 표준화가 이루어졌다. 노동의 분업(Adam Smith)은 반복적인 작업으로 숙련된 작업자의 기능(skill)을 향상시켰다. 한 가지 작업만 사용할 수 있는 전문도구(tool)의 사용도 촉진하였다. 20세기에 출현한 대기업도 거대한 조직을 통제하고 운영할 이론과 기술이 필요하였다.

19세기 말에서 20세기 초의 제2차 산업혁명 기간은 4대 혁신 기술의 군집효과가 시차를 두고 나타났다. 4대 발명은 전기(전기조명, 전기모터, 가전제품, 냉방장치), 내연기관(자동차, 항공기와 메트폴리탄의 교외형성, 고속도로, 슈퍼마켓), 석유와 '분자재배열' 공정(석유화학, 합성수지, 의약품), 오락·통신·정보혁신(전신, 전화, 라디오, 영화, TV, 음반, 신문잡지) 등이다. 또한 실내배관, 공공인프라(상하수도, 오물처리)를 합쳐서 다섯번 째 발명군집으로 부르기도 한다. 이러한 기술혁신이 20세기 이후의 인류생활을 근본적으로 바꿨다.

토머스 에디슨(T. Edison)은 1,093개의 특허를 등록한 발명가 및 사업가로 20세기의 혁신을 주도하였다. 무엇보다 그는 전기를 생산하는 발전소를 건설하고 모든 가정에서 저렴하게 전기를 사용할 수 있는 백열전구를 발명하였다. 그리고 세계 최대의 종합 전기 제조판매업체인 GE사(General Electric Co.)를 세웠다.

그런데 에디슨 직류 시스템(DC)은 장거리 송전시 전력손실이 발생하였기 때문에 이를 간파한 니콜라 테슬라(Nikola Tesla)가 교류 시스템를 발표하면서 전류전쟁이 발생하였다. 교류(AC)는 흐르는 방향과 크기가 시간의 흐름에 따라 주기적으로 변하는 전류다. 테슬라의 웨스팅하우스사는 오늘날 흔히 볼 수 있는 발전소에서 전기를 교류로 변압기에 송전한 후 이용하는 고압 송전 방식으로 전력손실을 최소화하였다.

교류전기가 고압으로 위험성을 가지고 있기 때문에 교류전기로 고압 송전하고, 최종소비자는 안전한 직류로 전환하여 사용하고 있다. 에디슨의 GE와 웨스팅하우스는 상호 특허를 교환하여 사용하였다. 전류전쟁이 영사기, 백열전구, 축음기(이하 에디슨)와 무선 전신기, 라디오, 네온사인, 형광등(이하 테슬라) 등의 수많은 혁신적인 창조를 이뤄냈다. 그리고 전기가 생산의 기계화와 대량생산을 견인하면서 20세기 기업의 발전과 경영학 발전의 토대를 만들었다.

19세기 말 기술과 기계화가 급속히 진전되었지만 종업원의 생산성은 낮은 수준에 머물렀다. 이에 따라 공장 내의 능률을 증진시키기 위하여 실무자들과 학자들은 경영관리를 보다 집중적으로 연구하였다. 관리자와 종업원들의 관계보다 전체 조직의 효율성을 강조하였다. Charles Babbage는 노동의 분업과 인적요소의 중요성을 강조하였다.

[그림 2-1] 전력의 송전시스템

### 1.2 테일러의 과학적 관리

테일러(Frederick W. Taylor)는 작업자와 과업의 관계를 체계적으로 연구했다. 그의 과학적 관리의 원리(Principles of Scientific Management)는 작업의 내용을 하나의 과업으로 설정하고 각각의 과업을 수행하는 방식과 절차를 규격화 및 표준화하여 생산성을 증대하려는 시도였다. 과학적 관리는 작업의 시간과 동작을 분석하여 직무를 표준화하고, 표준목표를 기준으로 초과달성한 경우와 성과가 미달한 경우에 차별적인 임율을 적용하여 작업 능률을 향상시켰다.

과학적 관리의 주요 내용은 결과에 의한 보상제도, 효율적인 작업방식에 의한 과업설계, 작업수행능력 있는 종업원의 주의 깊은 선발, 능력을 최대한 발휘할 수 있도록 종업원들을 훈련, 종업원들이 최대한 능력을 발휘할 수 있도록 하는 감독자 훈련 등이다. 경험적 관찰에 의해 보다 능률적인 작업방법의 개발에 과학적 방법이 이용될 수 있다는 것을 제시하였다.

[그림 2-2] 과학적 관리의 구조

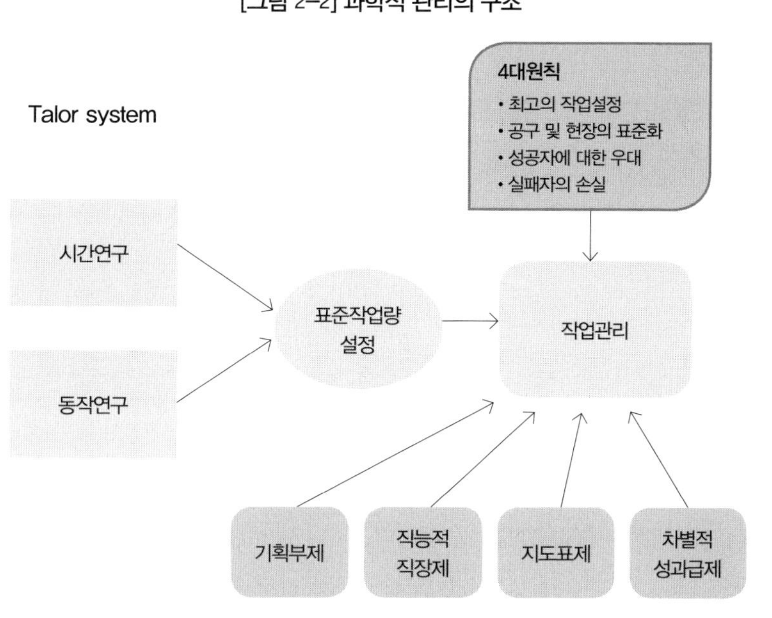


자료: 구글(www.google.com)

과학적 관리는 조직적 태업의 원인이 될 수 있는 종래의 인습적 관리(drifting Management)를 대신하여 미리 설정된 과업 중심의 관리이다. 과학적 관리법의 4대 관리원칙은 참된 과학을 발전시킬 것과 지식을 관리자에게로 집중할 것, 노무자의 과학적인 선발과 점진적 발전을 도모할 것, 노무자를 과학적으로 교육하고 발전시킬 것, 관리자와 노무자간의 친밀한 협동을 도모할 것 등이다. 이러한 원칙은 노동시간당 생산성을 증가하고 고임금과 저노무비라는 관리목표를 달성하려는 것이다. 개인이 달성해야 할 일정한 과업이 명확하게 결정되지 않으면 능률은 올라가지 않는다는 것이다.

또한 길브레스 부부(Frank & Lillain Gilbreth)의 과학적 관리법은 테일러의 과학적 관리법을 발전시켜서 사람의 동작 중에서 불필요한 동작을 찾아 이를 줄이고자 하였다. 그들은 모션픽쳐(motion picture)를 개발하여 특정 직무와 관련된 동작을 기록하고, 각 동작을 분석하여 눈으로 볼 수 없었던 불필요한 동작을 찾아내 제거하였다.

과업관리가 종래의 경험이나 직관에 의존하던 추세관리에서 체계적이며 합리적인 과학적 관리로 변경되었다. 실제로 300% 이상의 놀라운 생산성 증대가 이루어질 만큼 능률증진의 문제를 해결하는데 공헌하였다. 그러나 이러한 과업관리는 노동자를 경영자의 명령이나 과업의 할당에 의해 단순히 작업을 수행하는 하나의 생산 도구로만 보고 있다. 인간은 머신(Machine)으로 인간적인 측면을 무시하고 있다.

프랑스의 광업회사 사장이었던 페이욜(H. Fayol)은 경험을 통해 관리활동의 보편성과 관리교육의 필요성으로 최고 경영자의 관점에서 경영관리의 일반이론을 전개하였다. 경영관리의 14개 기본원칙으로 업무의 분화, 권한과 책임, 규율, 명령의 단일화, 사적 이해에 대한 공적 이해의 우선, 질서, 종업원에 대한 보상, 집중화, 공정성, 재직의 안정성, 주도성, 집단정신, 계층연쇄, 지휘일원화를 제시하였다.

그는 기업경영에 불가결한 6가지 요소로 기술적 환경(생산, 제조, 가공), 상업적 활동(구매, 판매, 교환), 재무적 활동(자본의 조달과 운용), 보호적 활동(재화와 종업원의 보호), 회계적 활동(재산목록, 대차대조표, 원가 통계 등), 관리적 활동(계획, 조직, 명령, 조정, 통제) 등을 선정하였다. 테일러가 주로 기술적 내지 생산관리 측면에서 관리원칙을 언급하였다면, 패욜은 경영의 전체적인 관리(전반관리)의 관점에서 원칙을 제시하고 있다.

막스베버(Max Weber)의 관료제 조직은 의사결정에서 관리자의 주관적 판단에 의한 조직의 불안정을 최소화하기 위하여 업무수행에 관한 규칙과 절차를 공식화하였다. 과업을 가능한 분업화하고 전문인을 양성하여 분업화된 직무를 맡겨서 업무의 능률을 극대화하려는 데 있다. 관료제의 7가지 원칙은 규칙과 절차, 과업의 분업화, 권한의 계층, 기술전문인, 직위와 소유의 분리, 비개인성, 문서화된 의사소통과 기록이다.

관리자의 개인 능력에 상관없이 조직의 지속적 안정을 유지하려는데 목적이 있다. 의사소통도 책임의 소재와 의사결정을 공식화하기 위하여 문서화를 강조하고 있다. 조직의 환경이 비교적 안정적인 정부기관이나 조직이 방대하고 구성원의 인간적 요소가 중요하지 않는 군대조직의 제도로 적절하나 시장과 기술 환경이 급변하는 기업조직에서 적합하지 못하다.

### 1.3 대량생산과 포드시스템

포드시스템(Ford system)은 제품의 표준화(Standardization), 부분품의 단순화(Simplification), 작업의 전문화(Specialization)를 기초로 컨베이어 시스템에 의한 이동조립법으로 작업의 동시관리(management by synchronization)로 생산 능률을 극대화하였다. 포드는 도축장의 모노레일에서 컨베이어 벨트 시스템의 아이디어를 얻고서 자동차 제조에 채택하였다. 컨베이어 시스템은 제조시간을 단축하여 대량생산으로 판매가격을 크게 낮추었다.

표준화는 제품의 규격, 치수, 원재료 등을 일정한 규격으로 통일하고 필요한 기준을 정함으로써 대량생산을 가능하게 하고 생산 및 유통에 소요되는 비용을 절감한다. 표준화의 대상은 규격이나, 형(type), 종류, 품질과 같은 물리적인 요소, 작업방법이나 작업조건 등과 같은 방법적인 요소, 경리나 회계 또는 판매 등과 같은 관리적인 요소 등도 포함한다.

단순화는 제품과 부분품의 낭비를 막기 위하여 불필요한 제품 종류, 품목, 크기 등의 품종을 줄인다. 일종의 품목의 표준화로서 생산수단뿐만 아니라 방법도 단순화할 수 있다. 단순화가 이루어지면 생산과 관련된 각종 비용이 절감되고 작업자의 숙련도가 향상되며 생산기간이 단축된다.

전문화는 특정제품을 전문적으로 생산하는 의미로 사용되기도 하고 다시 특정 제품생산에서 분업에 의하여 생산성 향상을 추구한다. 전문화가 이루어지면 숙련도가 높아지고 생산성이 향상된다. 원가절감 목적으로 분업이라는 전문화 방식에 의해 대량생산을 추구하는 경우에 단순화와 표준화가 먼저 이루어져야 한다.

포드자동차는 1908년에 혁명적인 T-MODEL을 825달러로 그 당시로선 파격적인 가격으로 출시하였다. 1923년에 200만 대를 생산하였고 1925년에 판매가격을 대당 260달러까지 낮췄다. T형 포드는 1927년 단종될 때까지 1,500만 대가 판매되었다. 그리고 포드는 1910년대 중반부터 1920년대 중반까지 시장점유율 40~50%로 자동차시장을 독점하였다. 여전히 자동차 생산에 컨베이어 시스템이 적용되고 있을 만큼 대단한 혁신이었다.

**[그림 2-3] 대량생산체제의 방직공장**

경쟁자였던 제너럴 모터스(GM)는 윌리엄 듀런트(William C. Durant)가 1908년에 뷰익의 지주회사로 설립되었고, 그해 말 올즈모빌을 흡수합병하였다. 1909년에 캐딜락, 엘모어, 폰티악 등을 흡수합병하였다. 그러나 채권단은 신차 판매의 부진으로 듀런트를 해고하였다. 그렇지만 윌리엄 듀런트는 쉐보레 자동차 회사를 설립하여 GM의 지분을 매입하였다. 그 뒤 윌리엄 듀런트는 제너럴 모터스의 경영권을 되찾았지만 신차 판매의 부진으로 경영에서 물러났다. 그의 후계자인 알프레드 슬로언은 단일 브랜드의 포드자동차에 맞서 다양한 브랜드로 대응했다. 그 결과세계대전 후 GM이 세계 시장을 석권하였다.

고전적 경영이론은 경제학 연구의 과학적 기반을 형성하였다. 시간, 동작분석, 작업단순화, 직무설계, 임금 인센티브 시스템, 일정계획, 작업환경의 중요성 등에 대한 개념은 현대기업에서도 사용하고 있다. 그러나 안정적이고 단순한 조직을 대상으로 기계의 집합, 개인의 기계 부품화, 작업자의 능률을 기계적 관점에서 취급하면서 조직의 외부 환경을 무시하였다.

## 2. 인간관계론

### 2.1 인간관계론과 호손 실험

개인은 생계를 위한 직업, 미래의 자아실현을 위한 경력, 그리고 전문성과 자존심을 표현하는 소명을 평생 동안 추구한다. 마르크스(K. Marx)는 한 사회의 물질적 조건이 이러한 생각과 의식을 결정한다고 주장하였다. 한 사회의 정신적 상황이 물질적 변화를 일으키는 것이 아니라 물질적 상황이 정신적 상황을 결정한다. 특히 경제적 힘이 다른 모든 분야에 변화를 일으켜 역사를 발전시킨다. 자본론에서 자본주의는 생산 과정에서 사적 생산관계를 기반으로 생산물을 소유하고 통제하는 생산양식이다.

자본주의가 기술혁신과 산업능률을 이끌어서 사회에 엄청난 양의 제품을 제공하고, 개인도 이 상품을 소유하거나 이윤을 추구하기 위하여 거래할 수 있다. 사유재산은 개인의 이익추구 기회와 시장 참여를 촉진시킨다. 따라서 사유재산의 관리 방법은 크게 3가지로 상호 신뢰와 관습을 기반으로 모든 재산을 공동으로 소유하고 각자 사용한다. 집단이 재산을 소유하고 사용한다. 그리고 개인이 재산을 소유하고 사용한다.

17세기 유럽에서 로크(J. Roke)는 개인의 재산권을 주장하였고, 칸트(Kant)는 사유재산을 개인의 정당한 표현방법이라고 하였다. 그러나 마르크스(Marx)에 따르면 사유재산은 자본가의 노동자 착취의 장치로서 노동자의 경우 모든 부와 권력을 통제하는 지배 계층에서 배제될 수 있다. 자본가나 기업가는 상품과 서비스를 생산하고 판매하여 이윤을 극대화하기 위하여 최소의 임금을 유지한다. 이러한 현상은 대기업이 규모의 경제로 이윤을 극대화하지만 중소기업은 임금을 포함한 비용을 축소하여 이윤을 얻는다.

한편 막스 베버는 경제 현상이 결코 완벽하지 않기 때문에 많은 마르크스주의적 개념들의 경우 형이상학적 사상이라고 하였다. 그는 종교의 금욕적 청교도(칼뱅주의)라는 특정한 성격이 서구의 합법적 권위, 관료제, 자본주의에 영향을 끼쳤다고 강조하였다. 특히 서유럽의 프로테스탄트 국가가 남유럽의 가톨릭 국가보다 빠르게 자본주의를 발전시키고 산업혁명을 이룩하였는지 분석하였다. 그중에서 청교도들이 모여사는 국가의 결과를 토대로 청교도인들의 소명의식을 주목하였다. 자신의 직업에 대한 충직함과 열정, 파생된 부는 천박한 것이 아니라 정당한 결과이다.

청교도 윤리는 개인의 사치나 쾌락 등을 금지하여 정당한 부가 헛된 곳으로 나갈 가능성이 거의 없었다. 이러한 정당한 부의 축적은 새로운 부를 창조하는 도구로서 근대 자본주의를 형성하는 정신적 토대가 되었다. 베버는 프로테스탄트적 윤리와 직업정신으로 합리성과 청빈주의를 동시에 추구하면서 근대 서유럽의 자본주의 태동과 산업화의 성공을 설명하였다. 이것은 근대 자본주의 태동을 '임금=노동'의 공식으로 노동착취에 따른 화폐 축적이라는 마르크스의 이론과 차이점이 있다. 또한 자본주의는 소유 관계, 기술, 지식의 발전만으로 설명할 수 없는 종교적 이상과 관념이다. 사회 전이과정이 인간의 심리적 요인에서 비롯되었음을 설명하고 있다.

**[그림 2-4] 경영이론의 발전과정**

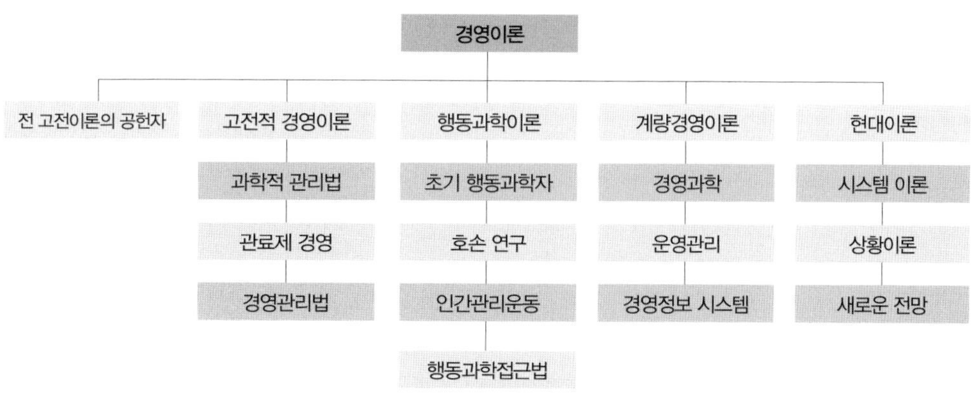


자료: Kathryn M. Bartol & David C. Martin(Management, 1994)

1920년대 과학적 관리는 사회와 인간을 능률이라는 기계적 작업의 틀로 묶으려하는 데서 많은 문제점을 노출하였다. 호손 연구는 국립 과학아카데미가 1924년에서 1932년 사이에 미국 Western Electric Co.의 호손 공장에서 실시한 메이요(Mayo)와 그의 동료들의 실험이다.

최초의 조명 실험(1924~1927)은 여러 주변의 물리적 환경이 근로자에게 미치는 영향을 실험하였다. 조명의 밝기에 따른 생산성의 변화를 실험하였지만 비교대상과 생산성의 차이가 나지 않았다.

두 번째, 계전기 조립 실험(1927~1929)은 계전기 조립에 종사하는 여공들을 6명의 소집단으로 나누고 6명 중 2명을 일단 따로 뽑은 뒤 그 2명이 같이 일할 4명을 뽑은 후, 감시원 1명을 배치하였다. 실험 중에 휴식시간, 간식제공, 임금지급의 방법, 작업시간의 단축 등 여러 조건을 변화시켰지만 뚜렷한 생산성을 변화를 찾지 못했다.

세 번째, 면접 실험(1928~1930)은 약 2년에 걸쳐 21,126명의 종업원을 면접하면서 종업원의 불평 및 불만을 조사하였다. 이 실험에서 물리적 환경보다 불만이나 감정 등의 요인이 생산량과 어느 정도 관계가 있다는 결론을 얻었다. 그리고 배전기권선 관찰 실험(1931~1932)은 배선작업을 하는 14명의 남성 노동자를 관찰하여 2개의 비공식 조직을 찾았다. 노동자 각자의 근로의욕이나 비공식적으로 합의된 규범이 작업능률과 상관관계가 크다는 것을 발견했다.

메이요(Mayo)가 근로자의 감정과 태도, 근로자간 의사 소통, 작업자그룹 등이 생산성에 영향을 미친다는 사실을 발견하였다. 그 결과 첫째, 인간은 단순히 돈만을 위해서 일하는 경제인이 아니라 감정을 지니고 남과 어울리려고 한다. 인간의 심리적 사회적 욕구의 충족을 통해서 동기부여가 이루어지고 성과가 높아진다. 둘째, 작업장은 하나의 사회적 활동영역으로 기계적 인간의 집합체가 아니라 인간관계가 이루어지는 장소이다. 비공식집단과 집단역학의 중요성도 이해하게 되었다.

호손 실험은 조직의 경영 및 관리에서 인간의 심리적 작용과 비공식적 조직 관계(사적 인간관계), 비물질적 요인과 인간의 감정적, 정서적 요인을 처음 인지한 실험이었다. 기업에 조직의 능률을 지향하는 공식조직과 감정의 논리에 따른 비공식조직이 존재하기 때문에 관리자는 양자를 조화시켜야 한다. 생산력의 증가는 임금만이 아닌 종업원의 사기와 부하에 대한 감독태도, 그리고 인간관계 등의 개선에 있다는 결론을 얻었다. 호손 실험 이후의 인간관계론은 기업경영에 적지 않은 영향을 미쳤다.

인간관계론은 인간에 대한 이해와 존중을 가능하게 한 획기적인 전기를 마련함으로써 인간중심적인 경영이론의 토대가 되었다. 그렇지만 과학적인 타당성이 결여된 가운데 집단의 중요성을 강조하면서 전체 조직과의 맥락을 소홀히 취급했다. 비공식조직이 지나치게 강조되면 공식조직을 경시할 수 있다.

### 2.2 행동과학과 인간의 욕구

1930년대부터 인간적 측면을 강조하는 새로운 경영이론이 등장하였다. 이러한 접근방법을 행동주의 경영이론, 즉 인간행동이론이라 한다. 1940~50년대에 일반화된 인간관계론 접근방법과 1950년대 후반에 일반화되어 오늘날에 이르고 있는 행동과학적 접근방법 등 두 가지가 있다. 인간관계론의 연구결과는 '행동과학'(Behavioral Science)에 계승되어 인간관계론을 발전시키게 된다. 인간은 경제적 이익을 얻는 것만을 목적으로 하는 것이 아닌 더욱 많은 욕구를 요구한다.

동기부여이론은 조직원들이 어떤 욕구나 보상에 의한 행동과 그 성과를 분석한다. 동기부여의 내용이론은 어떤 행동이 일어나기 전의 초기 단계에서 그 행동을 하게 된 '욕구'를 다룬다. 내재적 동기부여는 업무의 성취감, 도전감, 확신감이다. 외부적 동기부여는 급여, 부가급부, 승진, 감독권 위양이다.

매슬로우(Maslow)의 욕구 5단계 이론은 맞춤형 동기부여 전략을 제시하고 있다. 상위 수준의 욕구가 충족될수록 상위욕구에 대한 강도가 강해지고 충족되지 못하면 하위욕구에 대한 강도가 강해진다. 개인은 한 가지 이상의 욕구를 동시에 충족시킬 수 있다. 욕구단계설에 따라서 개인의 욕구는 생리적욕구, 안전욕구, 사회적(소속감과 애정)욕구, 존경욕구, 그리고 자아실현욕구의 순으로 동기부여된다.

[그림 2-5] 매슬로우(Maslow)의 욕구 5단계설

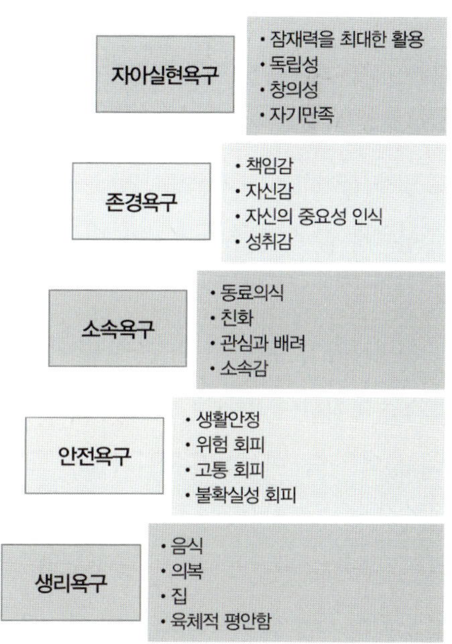


허즈버그의 2요인 이론은 동기부여를 결정하는 동기요인과 위생요인으로 구분하여 설명하고 있다. 동기요인은 제공될 경우 만족이 생기는 책임감, 존경, 자아성취 등이다. 위생요인은 제공되지 않을 경우 불만족이 생기는 임금, 통제, 작업환경 등이다. 불만족 상태와 만족 상태를 서로 다른 차원으로 설정하고 외형적인 경영환경과 내부적인 직무설계의 중요성을 인식하고 있다. 문제점은 동기부여 요인 분류의 모호성, 불만족

요인과 만족 요인의 대체성 간과 및 상황에 따른 상이한 요인 분류 기준 미비 등이다.

맥그리거(D. McGregor)는 Maslow의 욕구단계이론을 바탕으로 인간관을 두 가지로 대별하고 상이한 인간관에서 유래하는 인간관리 전략을 설명하였다. 전통적 관리체제를 정당화시켜주는 인간관을 X이론, 인간의 성장적 측면에 착안한 새로운 관리체제를 뒷받침해주는 인간관을 Y이론이라 명명하였다. X이론은 매슬로우의 욕구계층에서 주로 하위욕구이며, Y이론은 비교적 상위욕구이다.

[그림 2-6] 매슬로우의 욕구와 허즈버그의 2요인의 비교

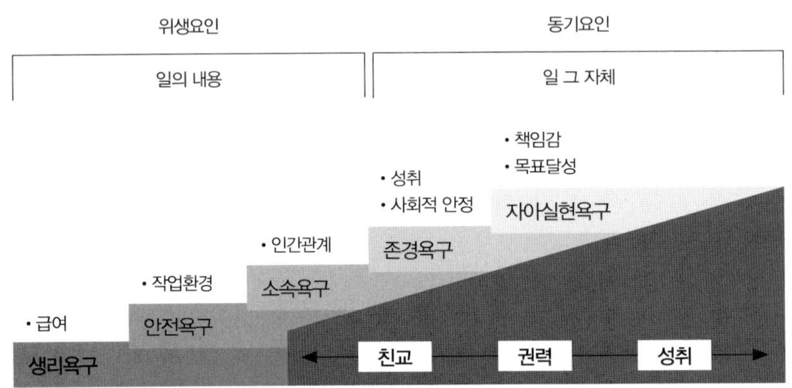


X이론은 대부분의 사람들이 일을 싫어하고, 책임을 맡으려 하지 않는다. 자기가 행동할 바를 다른 사람이 제시해 주기 바란다. 생리적 욕구나 안전의 욕구에 자극을 주는 금전적 보상이나 처벌의 위협에서 일할 동기를 얻는다는 것 등을 가정한다. Y이론은 대개의 사람들이 본성적으로 일을 싫어하거나 게으르다거나 또는 신뢰할 수 없는 존재가 아니라는 것이다. 근본적으로 자기 통제를 할 수 있으며 조건만 갖추어지면 창의적으로 일에 임할 수 있다. 자아만족, 자아실현 등 상위욕구 충족에 의하여 일할 동기를 얻는다는 것 등을 가정한다.

경영관리의 주된 임무는 조직구성원을 면밀히 감시하고 통제하는 것이 아니라 조직구성원이 스스로 노력하여 그들의 목적을 가장 잘 달성할 수 있는 조건을 형성하는 것이다. 아지리스(Chris Argyris)의 성숙·미성숙이론은 사람은 보통 미성숙·의존단계에서 성숙·독립단계로 이행해 가는 과정 속에서 7가지의 성격상의 변화를 보인다. 많은 현대 조직이 종업원들을 의존적인 상태로 둠으로써 개개인들로 하여금 자신들의 최대잠재력을 달성하지 못하게 하고 있다. 인간의 성격 형성은 유전과 환경(경험)에 영향을 받는다. 어떤 특징은 강한 유전적 요인이 작용하지만 다른

특징의 경우 경험에 기초하여 학습이 작용할 때도 있다.

[그림 2-7] 행동과학의 이론전 연결성

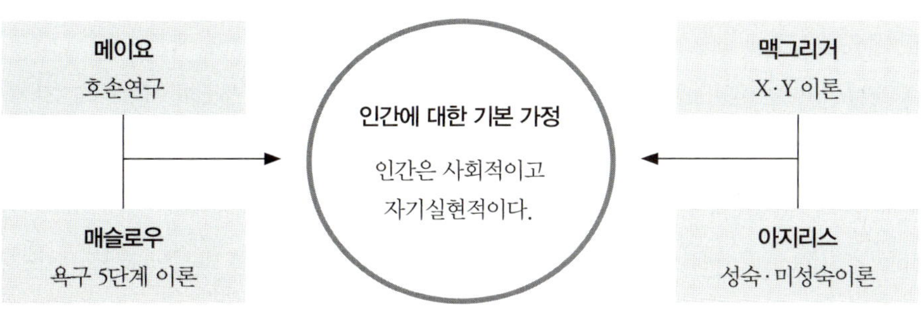


자료: Schemerhom etc.(2004), Management, Wiley.

과정이론은 행동이 일어나는 중간 단계에서 '동기'를 다룬다. 과정이론인 기대이론(expectation theory)에서 동기부여는 성과의 가치와 그 가능성에 의해 결정된다. 조직원 누구나 열심히 노력하면 성과를 낼 수 있다는 기대를 중시한다. 기대는 성과를 내면 누구나 정당한 보상을 받을 수 있다는 것과 보상에 대해 느끼는 매력 등이다.

애덤스(Adams)의 공정성 이론(equity theory)은 상대적 가치의 크기를 통한 가치의 효과를 판단한다. 공정성에 대한 반응은 비율(보상의 크기/투입량)로 측정한다. 공정한 평가와 보상이 이루어진다는 인식을 주어야만 동기부여가 가능하다. 본인의 비율이 다른 사람들의 비율보다 크면 죄책감을 나타내지만 다른 사람의 비율이 크다면 불만족을 나타낸다. 만일 동일하면 만족스러워 한다.

## 2.3 조직이론과 의사결정

개인은 다른 사람들과 집단이 지각하고 대우하는 방식에 기초하여 행동한다. 버나드(C. Barnard)에 의해 창시되고 사이몬과 마치 등에 의해 계승 발전된 조직론은 인간관계론적 조직에서는 인식되지 않았던 인간의 인지적 측면을 조직론에 최초로 도입하였으며 분석이 연역적이고도 엄밀하다는 것이 특징이다.

버나드의 연구 체계는 협동체제의 성립, 공식조직의 성립 조건, 공식조직의 균형, 의사결정 등의 문제를 포함하고 있다. 즉 인간은 자유의사에 의한 선택력, 의사결정능력을 갖지만 이것에는 한계가 있으며 개인이 자기 능력 이상으로 목적을 달성하려 할 때에는 협동체계가 형성되어야 한다고 보고 있다. 협동체계는 물적, 인적, 사회적 시스템과 이들을 결합하고 통합하는 활동시스템으로 구성되고 조직은 이러한 협동시스템을 하나의 전체적 존재가 되게끔 하는 통합요인으로 파악하고 있다.

또한 사이몬(H.A. Simon)은 조직의 의사결정과정에 관한 체계적 연구를 통해 결정의 전제적 요소를 분석하면서 조직을 해명하려 하였다. 조직에서 종업원의 의사결정과 행동이 조직에서 받는 영향을 분석함으로써 조직을 해명할 수 있다고 보았다.

또한 마치와 사이몬의 공동연구로 만들어진 조직이론은 공식조직에서의 인간행동의 본질을 해명하여 조직을 하나의 사회적 제도로 파악하고 조직에서 의사결정 과정의 특징, 정보전달의 양태를 분석하고 있다. 이들은 조직의 인간행동을 3가지 유형, 즉 수동적인 도구로서의 인간, 동기부여를 통해 조직행동의 시스템에 참가할 수 있는 인간, 의사결정자이며 문제해결자로서의 인간이라는 3가지 유형으로 나누어 조직행동을 고찰하지 않는다고 주장하였다.

[그림 2-8] 조직의 성과와 변화에 대한 Burke-Litwin 모델

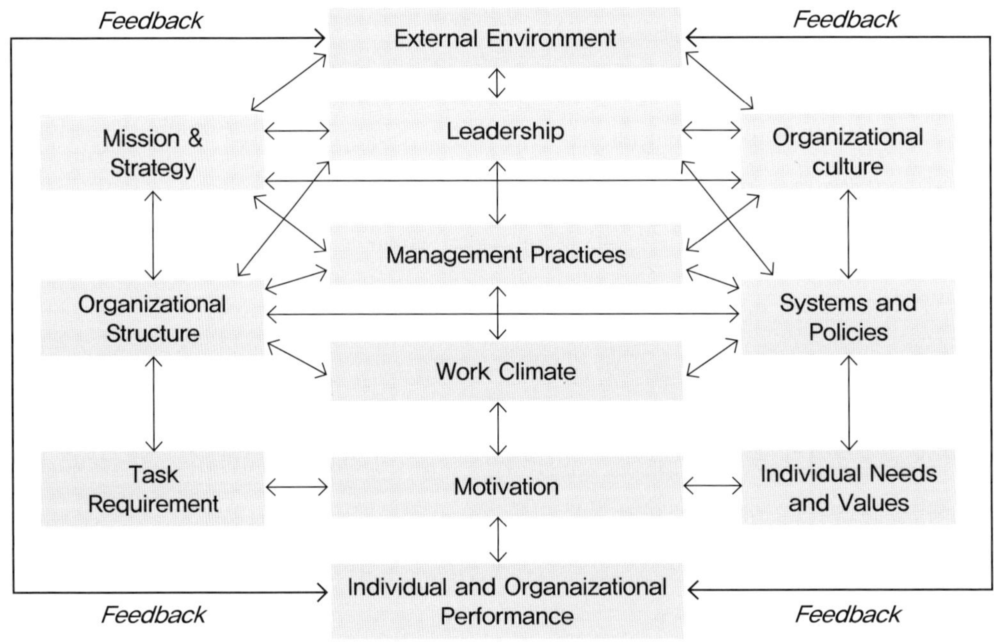


자료: researchgate.net

# 3. 상황이론

## 3.1 계량적 접근법

계량적 접근법(OR: Operation Research)은 제2차 세계대전 중에 기업들이 군대와 군장비를 이동하고 배치하는 기법들을 기업 문제 응용하면서 시각되었다. 수리적 모형을 이용하여 해결책을 제시하고 의사결정에 활용한다. 그리고, 경영과학(MS: Management Science)은 경영문제의 분석과 결정을 위하여 과학적이고 합리적인 방법론을 적용한다. 운영관리(operations management)는 제품선정과 설계, 생산능력계획, 시설입지, 시설배치, 자재관리, 일정계획, 품질관리를 포함한다. 수요예측, 재고분석, 자재소요계획, 통계적 품질관리, PERT/CPM, 네트워크 모델링 등의 계량적 도구와 기법을 사용한다. 계획을 수립하고 의사결정을 내리며 성과를 통제하는 유용한 도구를 제공한다. 그러나 경영활동을 분석하는데 필요한 폭넓은 시야를 제공하지 않는다.

**[표 2-1] 의사결정의 분류**

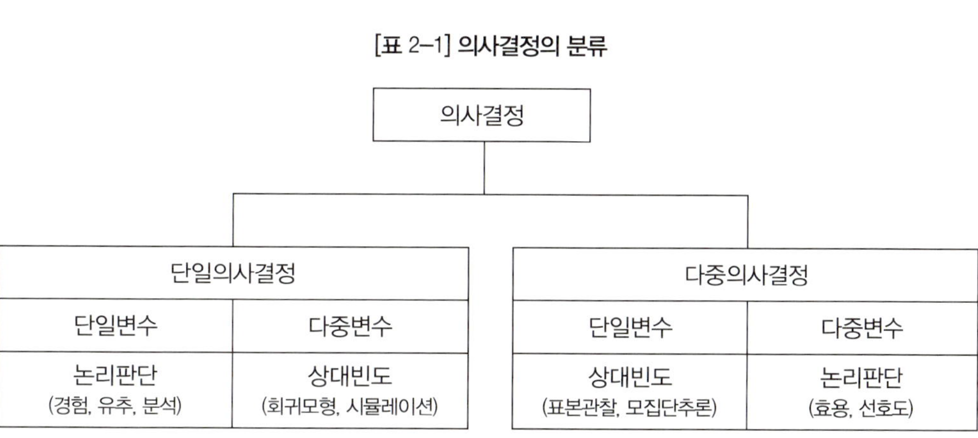


이세돌과 알파고의 싸움은 인간의 인지능력에 따른 숫자를 활용하던 시대에서 대용량의 데이터를 기반으로 확률을 추정하여 의사결정을 시대로의 변환을 의미한다. 어떤 문제가 왜 발생했는지 과거 정보를 분석하여 의사결정을 했다면, 빅데이터 분석은 정보가 자동으로 모여 지시하고 방향성까지 알려준다. 또한 예술에서 현상은 주제(subject), 기법(technique), 상징(symbolism), 공간과 빛(space and light), 역사적 스타일(historical style), 그리고 개인적인 견해(personal interpretation)이다. 경영에서 현실에 대한 합리적인 의사결정은 문제를 완벽하게 정의하고, 모든 평가기준을 빠짐없이 파악하며, 자신의 선호체계에 따라서 평가기준의 상대적 중요도를 정확하게 정의하고, 관련 있는 모든 대안을 알며, 각 대안을 각 평가기준에 따라서 정확하게 판정하며, 필요한 계산을 정확히 한 다음 가장 높은 점수의 대안을 선택한다.

그러나 모든 경우에 불확실성(uncertainty)이 존재한다. 불확실성은 미래의 실제성과와 기대성과의 차이가 발생할 가능성이며 상황이나 미래의 결과를 설명할 수 없는 리스크(risk)이다. 이것은 예측불가능한 임의성(randomness)과 의미의 명확한 경계에 대한 부족에 따른 모호성(vagueness)으로 구분할 수 있다.

인간이 완벽하지 못하기 때문에 제한된 합리성과 적정 만족을 추구하는 휴리스틱 단순화 전략을 지향한다. 그 결과 판단에 따른 편향(bias)이 발생하여 심각한 오류를 초래한다. 사람들은 주어진 진술이나 가설에 대한 반론할 수 있는 증거가 없는 경우 참과 거짓에 관계없이 받아들이는 경향을 보인다. 경영자나 투자자의 대표적인 휴리스틱(heuristics)은 대표성(representativeness), 정박효과(anchoring and adjustment), 이용가능성(availability), 그리고 과신(overconfidence) 등이다. 여기서 확증편향(confirmation bias)은 현재 믿음과 기대, 가설을 지지하는 증거를 찾고 반대되는 증거를 무시하는 현상이다.

**[표 2-2] 의사결정의 발전과정**

| 연 도 | 의사결정 방법 |
|---|---|
| BC 5세기 | 투표권 실행(아테네) |
| BC 399년 | 초기 배심원판결(아테네) |
| 9세기 | 인도-아라비아 숫자의 확산(0포함) |
| 14세기 | 경제성의 원리 제시(Occam's Razor) |
| 17세기 | 홉슨의 선택(Hobson's Choice) |
| 1620년 | 귀납적 추론(Francis Bacon) |
| 1641년 | 연역적 추론(Rene Descartes) |
| 1654년 | 도박의 확률문제(Pascal & Fermat) |
| 1738년 | 베루누이 시행(Daniel Bernoulli) |
| 1795년 | 최소제곱법과 정규함수(Carl Friedrich Gauss) |
| 1886년 | 회귀모형(Francis Galton) |
| 1907년 | 현재가치법(Irving Fisher) |
| 1944년 | 게임이론(John Von Neumann & Oskar Morgenstein ) |
| 1947년 | 제한된 합리성(Herbert Simon) |
| 1952년 | 포트폴리오(Harry Markowitz) |
| 1970년 | 의사결정지원시스템(John Little) |
| 1979년 | 전망이론(Amos Tversky & Daniel Kahneman) |

가설을 부인하는 정보가 훨씬 유용하고 중요한 경우에도 사람들은 자기의 기대나 가설을 확인해 주는 정보를 찾으려고 한다. 그 이유는 마음속에 내재된 정보를 인출하거나 정보를 탐색하는 방법 때문에 발생한다.

그리고 정박효과(anchoring effect)란 사람들이 수치화된 값을 추정할 때 초기값에 의존하는 현상이다. 아무리 많은 정보가 있어도 마음속에 있는 어떤 기준을 중심으로 문제를 해결하려고 하기 때문이다. 그 기준과 모순되는 정보에 접근하기 보다 그 기준을 설명하거나 뒷받침하는 정보만을 선택한다.

고대와 중세의 과학자들은 실험보다는 이론적 사고와 수학적 연역에 의존하였다. 심지어 갈릴레오조차도 낙하의 법칙을 실제로 실험한 것이 아니라 사고실험(thought experiment)을 하였다. 이에 대하여 베이컨(F. Bacon)은 실제로 현상이나 자연을 관찰할 뿐만 아니라 변형을 일으킬 수 있는 실험으로 기술이나 설명하는데 기여하였다. 그리고 관찰이나 실험의 결과는 인간의 추론과정을 발전시켰다. 베르누이(Jacob Bernoulli)는 어떤 사건이 발생할 가능성은 유사한 조건에서 과거의 경우와 비슷하므로 경험을 통하여 사건의 확률을 구할 수 있다고 주장하였다. 합리적인 의사결정은 그 과정에 논리성이 포함되어 있는가를 평가해야 한다.

### 3.2 시스템 접근법

시스템 이론은 대상을 다수의 하위 시스템으로 구분하기 보다 전체를 하나의 시스템으로 판단하려는 관점이다. 시스템은 조직을 전체와 부분, 내부와 외부, 상위와 하위로 구분한다. 시스템은 특정 목표를 달성하기 위하여 하나의 전체로서 기능하는 상호 관련성을 가지는 구성요소들의 집합이다. 개별 독립된 요소들은 하나의 개별 시스템을 형성하는데 이러한 시스템을 하위 시스템이라 한다.

시스템 공학은 시스템 개념을 바탕으로 조직을 설계, 분석, 운영한다. 경영시스템 내의 다양한 구성요소들의 상호작용을 이해하고 경영시스템 내부와 외부환경과의 인터페이스(interface)를 고려해야 한다. 모델(model)은 복잡한 시스템을 단순화된 표현으로 전환시켜 분석이 가능하도록 만든다.

시스템 이론은 학문들 상호간의 교류가 증진되어야 한다는 인식을 가졌던 독일의 생물학자인 베르탈란피(Ludwig von Bertalanffy)에 의해서 발표된 이론이다. 이 시스템 이론은 처음에는 과학이나 공학과 같은 제 기술분야에서 적용되어 오다가 1950년 후반부터 경영학 부분에 적용되어 20세기 후반부터는 시스템의 시대가 될 만큼 시스템 이론이 크게 보급되게 되었다.

시스템 접근(system approach)은 시스템 개념을 이용하여 주어진 문제의 해결을 시도하는 접근방법이다. 시스템 구성요소들의 개별활동과 전체 시스템의 활동을 동시에 고려한다. 부분을 전체의 일부, 동시에 전체를 부분의 종합으로 보면서 의사결정의 준거기준(frame of reference)을 제공한다. 시스템 이론은 인간행동의 영향요소간 복잡한 상호작용의 중요성을 강조한다. 시스템은 특정목적을 달성하기 위하여 여러 개의 독립된 구성인자가 상호 의존적이고 영향을 미치는 유기적인 관계를 유지하는 하나의 집합체이다.

시너지(synergy)가 시스템 이론의 기본 아이디어이다. 반환원적 사고(anti-reductionistic), 인간의 내재적 동기에 대한 관심에 대해서는 중립적이며 환경과 인간의 match에 관심을 둔다. 시스템은 투입물, 변환과정, 산출물, 피드백, 환경으로 구성된다. 시스템의 내부는 개방시스템, 하위시스템, 엔트로피, 시너지(holism), 시스템 경계 등으로 구성된다.

시스템 마인드(systems mind)는 인식과 사고의 체계로 현상, 사물에 대한 전체적 큰 그림과 부분적 작은 그림을 그리는 자세이다. 시스템 분석(systematic analysis)은 체계적이며 과학적으로 문제를 해결하고 크고 복잡한 문제를 작고 단순한 모델로 변환한 후 모델의 구조와 행동을 분석한다. 시스템 경영(systems management)은 구성요소간의 관계를 적절하게 조정·통합한다. 모든 요소들을 유기적인 네트워크로 묶을 수 있는 관리기술과 운영기준이 존재한다.

**[그림 2-9] 시스템 접근의 단계와 절차**

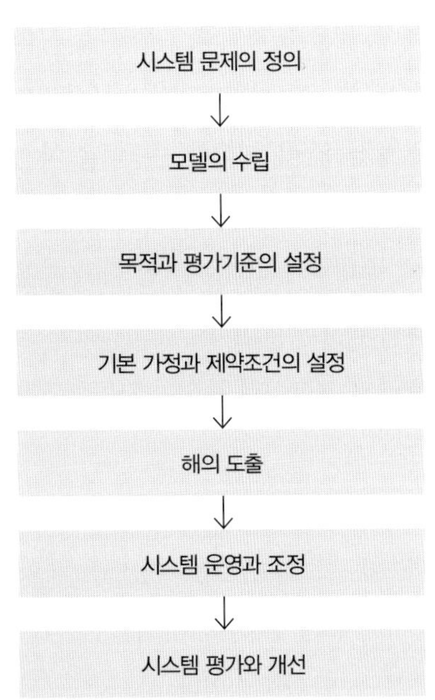


우선 문제의 성격을 정의하고 내용을 구성한다. 둘째, 시스템을 하위시스템과 구성요소로 분해하고 상징을 사용하여 분석 가능한 수준의 모델로 묘사한다. 셋째, 문제해결의 목적 제시와 결과에 대한 평가기준을 제시한다. 넷째, 시스템이 가동되기 위해서 필요한 기본 가정과 자원의 한계를 설정한다. 다섯째, 적합한 알고리즘(algorithm)을 활용하여 주어진 목적의 달성에 가장 바람직한 해(solution)를 도출한다. 여섯째, 인력이나 자원을 적소, 적시 배치 및 공급하여 시스템이 원활하게 돌아가도록 관리한다. 마지막으로 시스템 운영결과를 평가하고 문제점을 파악하여 개선한다.

조직구조를 효율적으로 설계하려면 상위시스템인 외부환경은 물론이고 경영조직 내부의 목표·가치,

기술적, 사회·심리적, 구조적, 그리고 관리적 하위시스템들과도 밀접한 연관관계를 맺으면서 형성되어야 한다. 조직은 하나의 시스템적인 개인을 포함하며 또 그 개인은 집단이나 부서에 소속되며 다시 이 집단이나 부서들은 더 큰 조직에 소속된다. 그리고 상이한 체계들 사이의 조화를 이룩하고 가능한 역기능을 명시, 제거하려는 시도에 있다. 개방체계이론은 보다 일반적으로 여러 종류의 하위체계들을 어떻게 조화시키는가를 중요시한다.

### 3.3 상황적 접근법

조직의 규모와 구조가 대형화, 복합화되고 조직을 둘러싼 외부환경이 크게 바뀌면서 상황에 따라 최적의 방식이 달라져야 한다. 경영자가 주어진 각각의 상황에서 특정한 조직의 환경에 맞게 경영활동을 적응시키는 것이 중요하다. 조직은 유기체와 같이 그 환경에 개방적이며 따라서 생존을 위해서 항상 환경과 적절한 관계를 유지해야 한다.

시스템적 접근도 환경의 불확실성에 따라서 적절한 조직형태로 달라져야 한다. 이러한 시스템 이론의 추상성을 극복하고 이를 조직이나 경영의 보다 현실적인 이론으로 변형시킨 것으로 올바른 관리기법은 어떤 보편적인 규칙이란 없고 주위의 상황에 의존한다는 생각에 기초를 두고 있다. 상황이론은 관리의 단순한 원칙을 대신하고 관리이론의 대부분을 통합하여 조직구조를 여러 상황에 적합시키는 것을 중시하고 있다. 그래서 상황이론은 조직구조, 리더십, 집단역학(group dynamics) 그리고 권력관계 등으로까지 확대되어 왔다.

상황 적합적 조직이론은 상황과 조직이 어떠한 관계를 맺고 있으며 이들 양자간에 어떠한 관계가 성립될 때 조직의 유효성이 높아질 수 있는가를 연구하는 이론이다. 이 상황 적합적 조직이론의 특징으로 과정보다 객관적인 결과 그 자체를 중시한다. 부분이 아닌 조직 전체를 분석단위로 한다. 종합적인 접근방법을 강조한다. 조직의 환경적응을 중시한다. 사회현상에 대한 보다 발전적인 통찰을 만들어 내려는 이론을 지향한다.

[그림 2-10] 경영상황과 기업목적

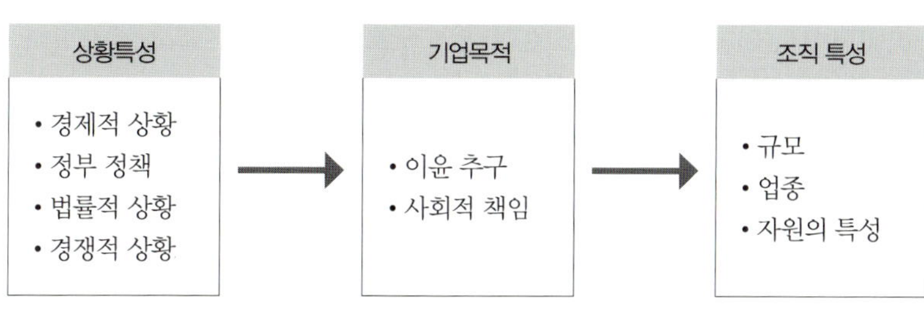

그 이론으로 기술과 조직구조는 기술혁신에 따른 직무 및 작업조직의 변화를 살펴볼 필요가 있다. 영국의 사회학자 우드워드는 South Essex지역의 100여 개 제조업을 대상으로 기술과 조직구조와의 관계에 관한 개척적인 연구를 실시하였다. 그는 기술을 복잡성의 정도에 따라 단위소량기술, 대량기술, 연속공정기술 등으로 구분하였다. 기술유형과 조직구조간의 관계를 조사해 본 결과 단위생산기술에서 연속공정생산기술로 기술의 복잡성이 증가됨에 따라 관리계층의 수가 증가되고, 전체 구성원 중에서 관리자가 차지하는 비율이 증가되며 보다 많은 관리자가 필요한 것으로 나타났다. 따라서 전반적인 조직구조형태는 대량생산기술의 경우 기계적 조직구조에 적합하고 단위소량생산과 연속공정생산기술의 경우 유기적 조직구조가 적합하다.

"기술을 인간의 지식적 신념에 따른 활동이 바람직한 결과를 생산하는데 필요한 방법이다." 라고 정의한 톰슨은 단위작업간의 상호의존성을 연합상호의존성, 연쇄상호의존성 및 교호상호의존성으로 구분하였다. 그리고 이에 따라 기술도 중개형 기술, 장치형 기술 및 집약적 기술 등으로 분류하였다. 상호의존성의 형태에 따라 각 부서의 활동을 조정하는 형태, 신축성, 커뮤니케이션 등이 각각 다른 것으로 나타나는데 기술유형에 따라 관리과정이 다르고 중개형 기술과 장치형 기술은 기계적 조직구조가 적합하고 집약형 기술의 경우에 유기적 조직구조가 적합하다.

페로우는 기술을 과업다양성(task variety)과 문제의 분석가능성에 따라 4가지로 유형화하였다. 기술유형에 따라 조직체의 행동을 비교해보면 구성원의 자질, 공식화의 정도, 집권화, 스탭의 자격, 감독범위, 의사소통, 조정과 통제 및 강조하는 목표 등에 있어서 현저한 차이를 나타냈다. 기술에 따라 조직특성이 각각 다르기 때문에 이 특성에 적합한 조직구조를 설계해야 한다.

그리고 환경과 조직에 관하여 번즈와 스탈커는 영국과 스코틀랜드의 20개 산업조직을 대상으로 조직구조와 관리행동이 상이한 환경조건에 따라서 어떻게 달라지는가를 연구하였다. 여기서 그들은 상황변수를 환경의 동태성으로 보아 환경을 안정적인 환경과 동태적인 환경으로 나누었는데, 동태적인 환경 아래서 경영활동을 전개하고 있는 조직들의 조직구조유형은 안정적인 환경 아래에서 경영활동을 전개하고 있는 조직구조와는 분명히 다르다는 결과를 얻었다. 가장 효과적인 조직구조는 환경의 요구에 적응해 나가는 구조라고 주장했다. 곧 안정적인 환경에서 기계적인 조직구조가 적합하고 동태적인 환경에서 유기적인 조직구조가 적합하다고 주장하였다.

하버드대학교의 교수였던 로렌스와 로쉬는 조직구조의 상황변수를 환경의 불확실성으로 보고 컨테이너산업, 식품산업, 플라스틱산업 등을 중심으로 환경 불확실성에 따른 조직체 행동과 조직체 성과에 관한 연구를 하였다. 그 결과 환경의 불확실성이 높을수록 조직체를 구성하고 있는 여러 집단들 사이의 행동의 차이로 분화가 보다 많이 이루어진다.

# 요약정리

- 제2차 산업혁명 기간은 4대 혁신 기술의 군집효과가 시차를 두고 나타났다. 4대 발명은 전기, 내연기관, 석유와 '분자재배열' 공정, 오락·통신·정보혁신 등이다. 또한 실내배관, 공공인프라(상하수도, 오물처리)를 합쳐서 다섯번 째 발명군집으로 부르기도 한다. 테일러는 작업자와 과업의 관계를 체계적으로 연구했다. 그의 과학적 관리의 원리는 작업의 내용을 하나의 과업으로 설정하고 각각의 과업을 수행하는 방식과 절차를 규격화 및 표준화하여 생산성을 증대하려는 시도였다. 포드시스템은 제품의 표준화, 부분품의 단순화, 작업의 전문화를 기초로 컨베이어 시스템에 의한 이동조립법으로 작업의 동시관리를 꾀하여 생산 능률을 극대화하였다.

- 호손 연구는 1920년대 과학적 관리는 사회와 인간을 능률이라는 기계적 작업의 틀로 묶으려하는 데서 많은 문제점을 노출하였다. 과학적 관리론이 경영에서 인간에 대한 인식을 결여하면서 경영에 인간을 중시하는 인간관계론이 제시되었다. 인간관계론의 연구결과는 '행동과학'에 계승되어 인간관계론을 발전시키게 된다. 인간은 경제적 이익을 얻는 것만을 목적으로 하는 것이 아닌 더욱 많은 욕구를 요구한다. 버나드에 의해 창시되고 사이몬과 마치 등에 의해 계승 발전된 인간관계론적 조직은 인식되지 않았던 인간의 인지적 측면을 조직론에 최초로 도입하였으며 분석이 연역적이고도 엄밀하다.

- 계량적 접근법은 대규모의 작전을 효율적으로 수행하기 위한 과학적 기법을 연구하여 방어전략이나 수송전략과 같은 군사작전, 그리고 크고 복잡한 문제의 수리적 설계와 최적해도출에 활용한다. 시스템 접근은 조직을 전체와 부분으로, 내부와 외부로, 상위와 하위로 나눈다. 경영시스템 내의 다양한 구성요소들의 상호작용을 이해하고 경영시스템 내부와 외부환경과의 인터페이스를 고려해야 한다. 모델은 복잡한 시스템을 단순화된 표현으로 전환시켜 분석이 가능하도록 만든다. 조직의 규모와 구조가 대형화, 복합화되고 조직을 둘러싼 외부환경이 크게 바뀌면서 상황에 따라 최적의 방식이 달라져야 한다. 상황적합이론은 특정한 조직의 환경에 맞게 경영활동을 적응시키는 것이 중요하다.

# 토론과 연습문제

1. 전기의 출현이 제조업에 미친 영향을 예를 들어 설명하시오.

2. 테일러 과학적 관리법과 포드의 동시관리의 차이는 무엇인가?

3. 호손 실험에서 작업의 능률을 향상시키는 요인은 무엇인가?

4. 매슬로우의 욕구단계설을 허즈버그의 동기요인과 위생요인으로 나누어 보시오.

5. 의사결정의 계량적 접근법이 가지는 한계점은 무엇인가?

6. 시스템의 변화로 상황이 바뀔 경우 경영자는 환경변화에 어떻게 대응해야 하는가?

## 참고문헌과 인터넷

구기동, 김홍유, 심기준(2018), 경영학의 이해, 신구문화사.

Hellriegel & Slocum(2007), Organizational Behavior, Thomson South-Western.

Kathryn M. Bartol & David C. Martin(1994), Management, McGraw-Hill Inc.

제 3 장

# 스마트창업과 사업평가

## 학습목표

1. 모험정신으로 비지니스모델을 만들어 창업을 계획할 수 있다.
2. 창업에 따른 시작, 진행, 성장을 위한 사업계획서를 작성할 수 있다.
3. 기업에 대한 신용분석, 사업분석과 기술평가를 실시할 수 있다.

## 학습내용

1. 모험정신과 창업
2. 아이디어의 사업화
3. 사업 및 기술평가

## 컴퓨터가 바꾼 세상

1967년 한국에 컴퓨터가 도입되어 20년 걸릴 인구조사 기간을 1년 8개월로 단축하였다. 그때의 메모리는 8K 수준으로 단지 컴퓨팅을 위한 도구였지만 사람이 할 일을 자동화하기 시작하였다. 80년대 개인용 컴퓨터가 도입되면서 개인의 생활과 일하는 방식을 바꾸고, 90년대 인터넷이 흩어진 지식을 한군데로 모았다. 그리고 가상현실 기술이 사회와 국가를 바꾸고 있다.

IBM은 초기 하드웨어로 사업을 시작했지만 40년이 지난 후 솔루션을 기업에 제안하는 곳으로 변화하였다. 미국은 21세기에도 초강대국으로 남으려 한다. 혁신은 기술적 발명과 활용, 그 기술을 현실세계에 접목시키는 통찰력에서 시작된다. IBM리서치 연구소에서 혁신이 이루어질 제품을 조사하였다. 첫째는 스마트 오브젝트로 지능이 있는 사물이다. 사물의 지능 단위는 트렌지스터로 컴퓨터뿐만 아니라 핸드폰, 오디오, 자동차 등의 모든 사물에 장착되고 있다. RFID Tag는 바코드처럼 지능이 없는 사물에 칩을 설치하여 생산 시기와 유통과정의 정보를 확인한다. 모든 물품에 지능이 있고 이 지능을 한군데로 모으면 정보가 된다(IOT). 두 번째, 사람이 인터넷에 접속하는 것이 아니라 기계가 인터넷을 연결한다. 사물이

지능을 갖기 때문에 사람이 연결할 필요 없이 사물 자체가 인터넷을 연결한다. 세 번째, 슈퍼컴퓨팅의 발전이다. 슈퍼컴퓨팅의 활용은 지금까지 알지 못했고 불가능했던 문제를 해결할 수 있게 해준다. 캘리포니아주는 100년의 기상관측자료를 슈퍼컴퓨터에 입력하여 소방관 고용을 예측한다.

지구상에 존재하는 정보는 11시간마다 2배씩 증가한다. 사람이 스마트 오브젝트가 달린 물건을 사용하면서 정보를 만들 수 있다. 이 사람이 어디에 가고, 무엇을 구입하며, 어떤 일을 하는지 자료를 얻을 수 있다. 기업은 흩어져 있는 정보를 모아서 사업 아이템을 찾아 새로운 부가가치를 창출할 수 있다.

세상을 바꾸는 혁신은 지식을 가진 인력에서 나온다. 사람이 일하는 범위가 넓어지면서 그 경계가 국가와 지역을 넘어섰다. 예를 들어 Java(시스템 구축 프로그램) 프로그래머의 인건비는 국가에 따라서 차이가 있다. 한국 프로그래머가 6,000원이고 인도 프로그래머가 1,000원이다. 글로벌 기업은 당연히 인도 사람을 채용한다. 예전에 일이 있는 곳에 사람이 머물렀지만 이젠 사람이 있는 곳으로 일을 보낸다.

정부가 시민을 선택하는 것이 아니라 시민이 정부를 선택할 수 있다. 네덜란드는 이중국적을 허용하기 때문에 소속된 국가 중에서 세금이 저렴한 나라에서 세금을 낼 수 있다. 노동자가 나라를 선택하여 조세 혜택을 얻도록 보장하고 있다. 대주주가 기준이라면 좋은 기업의 주식 보유자는 대부분 외국인이다. 일하는 사람들이라면 우리나라 외국인은 대부분 10명 내외이다.

글로벌 기업의 국적은 구분이 쉽지 않다. 삼성전자의 비지니스 중 70% 이상이 해외에서 이루어진다. 기업과 개인이 경쟁력을 바탕으로 세계시장에 진출하면 할 일이 더 많아지고 선택의 폭이 넓어진다. 국내는 네이버, 싸이월드, 판도라 TV 등의 기술을 먼저 시행했지만 구글, 마이스페이스, 유튜브 등의 글로벌 기업에 뒤지고 있다. 처음부터 한국에만 집중하여 사업을 진행하였기 때문이다. 기술을 소유하여 성공하는 것이 아니라 기술을 활용하여 성공하는 시대가 오고 있다. 혼자서 혁신하면 사고의 틀에 갇히므로 여러 사람이 같이 생각하고 문제를 풀 수 있는 협업을 해야 한다.

# 1. 모험 정신과 창업

## 1.1 산업구조와 벤처기업

산업은 경제가 발전하면서 산업간 성장속도의 차이를 보이면서 변화한다. 산업간 성장속도는 제품의 수요 변화, 신기술 및 신제품의 개발, 그리고 경제정책 및 여건의 변화 등에 따라서 발생한다. 산업사회는 농업사회와 다르게 격심한 경제의 변동성을 갖는다. 이러한 변동성은 경제적 변화에 의하여 투자자의 삶을 심각하게 위협한다. 산업은 개별 분야에 따라서 위험과 수익성, 성장전망 등에서 차이를 가지고 있다.

경기순환 과정에서 매출액 민감도는 둔감업종(음식료, 의약, 담배) 및 민감업종(자동차, 기계) 등으로 구분한다. 영업레버리지의 비율이 크면 민감하고 비율이 작으면 둔감하다. 그리고 부채는 기업의 성과에 관계없이 지급하고 이자와 원금상환의무를 가진다.

수명주기별 산업분석은 주력제품이 수명주기상 어느 단계인지를 파악하여 산업의 성장가능성을 파악한다. 첫째, 제품의 도약기는 소득수준이 높고 연구개발 인력이 풍부한 선진국에서 개발한다. 제품을 개발한 선진국이 생산하여 개발도상국에 수출한다. 기업은 매출액이 빠르게 증가하면서 수익성이 매우 높으며 주당순이익도 급속히 성장한다. 투자의 증가로 생산성은 높지만 배당성향은 낮고 높은 수익성으로 경쟁기업도 출현한다. 사업의 위험은 크지만 시장에서 제품이 속한 산업이 주목을 받는다.

둘째, 성장기는 제품에 대한 소비자의 인정으로 수요가 증가하면서 제품 생산을 개도국으로 이전한다. 기업간 경쟁이 점점 치열해지면서 수익성과 이익규모도 둔화된다. 투자가 감소하면서 배당성향이 높지만 주당 배당 성장률은 둔화된다. 그러나 매출액의 증가로 관련비용을 충분히 흡수하여 이윤을 창출한다.

셋째, 성숙기는 생산공정의 표준화로 제품을 개발한 선진국의 기술 우위도 소멸하고 제품을 저임금의 개도국에서 생산하여 선진국으로 수출한다. 기업은 핵심분야에 주력하면서 주당순이익의 성장, 배당성향, 그리고 주가상승 등의 안정을 지속한다. 그리고 기업은 차입금 등을 상환하고 새로운 업종에 진출하거나 전환을 모색한다.

넷째, 쇠퇴기는 매출이 안정적이지만 대체품의 출현으로 매출이 감소한다. 기업은 유동성이 풍부하지만 철수 또는 업종전환 등의 방향전환을 찾는다.

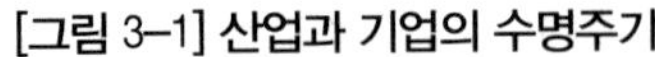

[그림 3-1] 산업과 기업의 수명주기

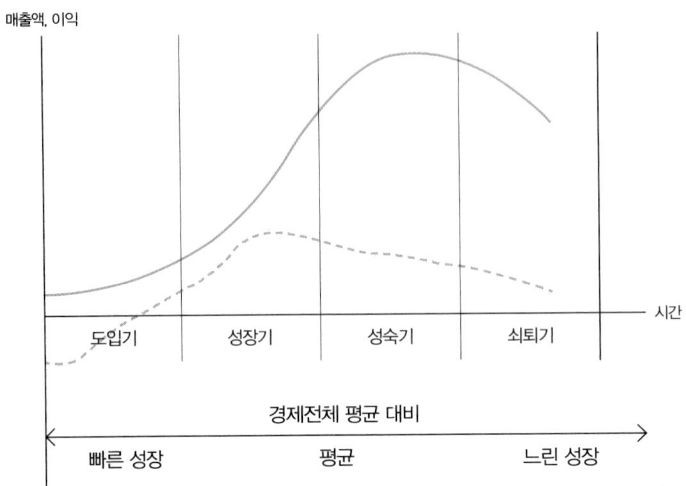


따라서 선진국은 도입기와 성장기에 비교우위로 수출하지만 성숙기에 생산공정을 표준화하여 역으로 개도국에서 제품을 수입한다. 따라서 성숙기의 상품은 경쟁력의 확보를 위하여 기술혁신이나 신제품으로 재도약을 해야 한다. 산업분석 요인으로

1) 사업의 성격과 전망으로 가장 유망한 산업을 선별하여 최고의 기업을 선택한다. 과거 실적은 수익성에 영향을 미치는 산업의 매출액과 수익률로 평가한다. 그 실적은 유행을 따르지 않으면서 충분한 근거를 가질 때 유효하다.

2) 경영조직 및 경영능력으로 기업의 규모가 커질수록 조직의 분화로 위기대처 능력이 높다. 경영정보시스템은 주요사항(현금흐름, 제품수익성, 경영자 성과 등) 보고, 경영자의 경영목표와 지시사항을 효율적으로 전달한다. 경영자의 능력은 경영철학, 경영진의 구성, 경영진의 건강 등이 중요하다.

3) 기업제품과 서비스의 시장점유율과 성장률로 경쟁력을 결정한다. 제품은 시장수요의 변화, 제품의 경기순환성, 시장의 안정성 등에 주의해야 한다. 기타요인으로 대정부 관계, 연구개발 활동, 신제품 개발, 기존제품 생산공정 개선 등도 분석한다.

4) 재무적 융통성으로 자산에서 외상매출금의 회수가능성, 재고자산의 현금화 가능성, 고정자산의 재무적 융통성(담보, 처분가치 등)을 분석한다. 자본조달능력은 부채의 크기, 채권의 우선순위, 우발채무 크기 등이다. 또한 안전마진으로 침체기에도 재무구조가 우수하면서 평균이익을 실현할 수 있어야 한다. 안정적 기업은 사회 수요가 뚜렷한 공기업, 대중소비재 기업, 대규모 체인망의 소매기업 등이 해당한다.

[표 3-1] BCG모형

| 국면 | 명칭 | 성장성 | 수익성 |
|---|---|---|---|
| 1 | Barking Dog(포기 또는 사양화가 임박) | 낮음 | 낮음 |
| 2 | Cash Cow(성장성은 낮으나 자금조달원) | 낮음 | 높음 |
| 3 | Rising Star(성장성과 수익성이 모두 높음) | 높음 | 높음 |
| 4 | Question Mark(성장 가능성은 있으나 수익력이 낮음) | 높음 | 낮음 |

벤처기업은 기업가 정신을 바탕으로 첨단 기술이나 새로운 아이디어를 개발하고, 외부의 자본을 조달하여, 위험성은 매우 높지만 성공할 경우 큰 수익이 기대되는 틈새시장을 개척해 나가는 신생기업이다. 기술기반의 신생기업(Net Technology-Based Firm: NTBF)으로 첨단기술의 소기업(High-Technology Small Firm: HTSF), 연구개발 집약기업(high R&D-intensity firm), 벤처자본 투자기업(high venture capital ratio firm) 등으로 구분할 수 있다.

새로운 아이디어와 기술을 가지고 사업에 도전하는 모험적 중소기업이다. 모험기업, 신기술기업, 기술집약기업, 지식집약적 중소기업, 연구개발형 기업, 하이테크기업 등으로 불린다. 미국에서 위험성이 크나 성공할 경우 높은 기대수익이 예상되는 신기술 또는 아이디어를 기반으로 영위하는 신생기업을 말한다. HTSF(high technology small firm), NTBF(new technology based firm)라고 부른다. 일본은 독자의 우수한 기술과 경영 노하우를 무기로 경영을 확대하고자 하는 기업가정신이 왕성한 독립형의 중소기업 또는 중견기업을 말한다.

우리나라는 기업가정신을 바탕으로 위험이 많은 첨단기술 개발에 과감히 도전하여 새로운 시장을 개척하는 사업 또는 높은 위험성에도 불구하고 성공 가능성을 보고 이에 과감히 도전하는 기업을 말한다. 혹은 기술수준이 높은 신규기술의 기업화를 위해 기업가정신이 강한 기술 창업자 또는 기존 기업인이 창업하거나 점진적 기술 축적을 통해 위험부담은 높으나 성공시 기대수익이 큰 사업을 운영하는 중소기업을 의미하기도 한다.

[표 3-2] 창업 기회의 평가 기준

| 중점요소 | 세부요소 | 긍정적 기준 | 부정적 기준 |
|---|---|---|---|
| 성장성 | 잠재수요 | 명확(identified) | 모호(unfocused) |
| | 성장률 | 30 % 이상 | 10 % 이하 |
| | 수명주기 | 도입기 | 성숙기 |
| | 시장점유율 | 20 % 이상 | 5 % 미만 |

| 중점요소 | 세부요소 | 긍정적 기준 | 부정적 기준 |
|---|---|---|---|
| 수익성 | 투자회수 | 초기투자 이상(plus) | 초기투자 이하(minus) |
| | 손익분기 | 2년 이내 | 3년 이상 |
| | 매출액 이익률 | 40 % 이상 | 20 % 이하 |
| | 내부수익률 | 20 % 이상 | 10 % 이하 |
| 시장구조 | 경쟁형태 | 불완전(imperfect) | 완전(perfect) |
| | 진입장벽 | 저(low) | 고(high) |
| | 시장철수 | 선택적(optional) | 비선택적(rigid) |
| 경쟁우위 | 자본조달 | 가능(fundable) | 불가능(unfundable) |
| | 4P 통제력 | 강(strong) | 약(weak) |
| | 독점권 | 강(exclusive) | 약/무(none) |
| 조직구조 | 경영진 | 전문적/신축적 | 비전문적/경직적 |
| | 팀웍 | 강(strong) | 약(weak) |
| | 조직화 | 조직화(organized) | 개인화(solo) |

**[표 3-3] 벤처기업의 자금수요**

| 기업단계 | 창업기업(start-up) | 성장기업(growth) | 성숙기업(mature) |
|---|---|---|---|
| 자금수요 | - 아이디어 개발, 연구개발을 위한 소규모 자금<br>- 제품개발과 초기 마케팅을 위한 창업 자금<br>- 상업화를 위한 초기제품 생산을 위한 자금 | - 생산시설의 일차확장을 위한 자금<br>- 수요증가에 따라 생산시설의 본격적 확장을 위한 자금<br>- 기업상장을 앞둔 단계의 자금 | - 조직 개편을 위한 자금<br>- 차입매수(LBO) 자금수요<br>- 기업합병이나 민영화를 위한 자금 |

창업기는 위험을 해결할 수 있는 내부의 경영시스템과 외부의 지원 조직 설계를 주로 한다. 성장초기는 추가적인 위험 요인들의 관리하고 성장중기에 시스템적 경영 관리를 한다. 성장후기는 기업 규모에 맞는 조직 구조와 관리 기준을 도입한다. 성숙기는 성장의 동력을 유지하고 관료화로 인한 폐해를 극복하기 위한 노력을 한다.

[표 3-4] 한국표준산업분류(2008년 기준)

| | | |
|---|---|---|
| A 농업, 임업 및 어업<br>01 농업<br>02 임업<br>03 어업<br>B 광업<br>05 석탄,원유 및 천연가스 광업<br>06 금속광업<br>07 비금속광물 광업<br>08 광업지원 서비스업<br>C 제조업<br>10 식료품 제조업<br>11 음료 제조업<br>12 담배 제조업<br>13 섬유제품 제조업<br>14 의복, 모피제품 제조업<br>15 가죽, 가방, 신발 제조업<br>16 목재 및 나무제품 제조업<br>17 펄프·종이·종이제품 제조업<br>18 인쇄 및 기록매체 복제업<br>19 코크스·연탄·석유정제품 제조업<br>20 화학물질·화학제품 제조업<br>21 의료용 물질·의약품 제조업<br>22 고무·플라스틱제품 제조업<br>23 비금속 광물제품 제조업<br>24 1차 금속 제조업<br>25 금속가공제품 제조업<br>26 전자·컴퓨터·통신장비제조업<br>27 의료·정밀·광학기·시계 제조업<br>28 전기장비 제조업<br>29 기타 기계 및 장비 제조업<br>30 자동차·트레일러 제조업<br>31 기타 운송장비 제조업<br>32 가구제조업<br>33 기타 제품 제조업 | D 전기·가스·증기·수도 사업<br>35 전기·가스·증기·공기조절 공급업<br>36 수도사업<br>E 하수·폐기물처리 및 환경복원업<br>37 하수·폐수·분뇨 처리업<br>38 폐기물 수집·처리·원료재생업<br>39 환경정화 및 복원업<br>F 건설업<br>41 종합건설업<br>42 전문직별 건설업<br>G 도매 및 소매업<br>45 자동차 및 부품 판매업<br>46 도매 및 상품중개업<br>47 소매업<br>H 운수업<br>49 육상운송·파이프라인 운송업<br>50 수상운송업<br>51 항공운송업<br>52 창고 및 운송관련서비스업<br>I 숙박 및 음식점업<br>55 숙박업<br>56 음식점 및 주점업<br>J 출판·영상·방송통신·정보서비스업<br>58 출판업<br>59 영상 기록물제작 및 배급업<br>60 방송업<br>61 통신업<br>62 컴퓨터·시스템통합 및 관리업<br>63 정보서비스업<br>K 금융 및 보험업<br>64 금융업<br>65 보험 및 연금업<br>66 금융 및 보험관련 서비스업 | L 부동산업 및 임대업<br>68 부동산업<br>69 임대업<br>M 전문, 과학 및 기술서비스업<br>70 연구개발업<br>71 전문서비스업<br>72 건축기술 및 과학기술서비스업<br>73 기타 전문·과학 기술서비스업<br>N 사업관리 및 사업지원서비스업<br>74 사업시설관리 및 조경서비스업<br>75 사업지원 서비스업<br>O 공공행정·국방·사회보장 행정<br>84 공공행정·국방·사회보장 행정<br>P 교육서비스업<br>85 교육서비스업<br>Q 보건업 및 사회복지서비스업<br>86 보건업<br>87 사회복지서비스업<br>R 예술·스포츠·여가관련 서비스업<br>90 창작·예술·여가관련 서비스업<br>91 스포츠·오락관련 서비스업<br>S 협회, 수리·기타 개인서비스업<br>94 협회 및 단체<br>95 수리업<br>96 기타 개인 서비스업<br>T 자가소비 생산활동<br>97 가구내 고용활동<br>98 달리 구분되지 않는 자기소비를 위한 가구의 재화·서비스 생산활동<br>U 국제 및 외국기관<br>99 국제 및 외국기관 |

## 1.2 자금조달과 세무

벤처기업의 자금 흐름은 변동의 폭이 크고 변동 속도가 빠르다. 제한적인 자본 시장의 범위와 자본 조달 방식을 이용한다. 자금 조달 방법으로 내부금융과 외부금융을 이용할 수 있다. 외부금융에서 직접금융은 신주발행을 통한 자금 조달, 기업 공개를 통한 대규모 증자 자금 조달, 기업인수합병(M&A)을 통한 자금 조달 등을 한다. 간접금융은 정부의 점책금융으로부터의 자금 조달, 일반금융으로으로부터의 자금 조달, 사채 발행을 통한 자금 조달이다. 그리고 엔젤(angel)은 신생 벤처기업의 창업 단계나 기업화 초기단계에 필요 자금을 제공하고 경영지도를 해주는 개인 투자자 또는 벤처 캐피탈리스트의 자금조달이다.

기술평가는 기술금융 공급자와 수요자간 정보 비대칭성과 불확실성을 해소한다. 창업(준비) 단계부터 위기/재도전 단계에 걸친 다양한 성장단계별로 기술금융이 필요하다. 기술보증기금의 보증대출은 운전·시설자금, R&D 자금, 창조기업 지원자금, 기술이전·M&A 자금, 콘텐츠 제작 자금, 지식재산(IP) 사업화자금, 예비창업자 준비자금 등이다. 기술평가인증대출은 평가결과(평가등급, 의견 등)를 기재한 기술평가인증서를 제공하면, 금융기관이 이를 참고하여 신용대출을 실행한다. 투자유치는 기술보증의 평가결과(평가등급, 의견 등)를 제공하면, 창투사 등이 투자대상기업 발굴 및 투자심사에 활용한다.

정책자금은 우리나라가 OECD에 가입한 이후 직접적으로 정부는 기업에 보조금을 지급하는 것이 불가능하기 때문에 과제와 융자의 형태로 지급하는 일종의 보조금이다. 정책 자금은 크게 3가지로 구분할 수 있다.

1) 정부 출연금은 정부 과제 사업에 선정된 기업(기관)에게 무담보, 무이자로 지원되는 현금으로 과제 성공시 일부(기술료)를 상환함을 원칙으로 지원하는 자금이다.

2) 융자 지원금은 정부 과제 사업에 선정된 기업에게 기술 또는 신용을 담보로 지원되는 현금으로 일정 기간 내 원금과 이자를 상환하는 자금이다.

3) 창업 지원금은 예비 창업자 및 창업자, 중소 벤처를 지원하기 위해 정부 출연금 및 융자 지원금 중 일부 요건을 만족하는 기업에게 지원하는 자금이다.

초기 자금 조달은 조달하는 방법에 따라 세금문제가 발생한다. 첫째, 본인의 자금을 활용하는 방법이다. 본인의 자본금을 100%로 한다면 지분에 있어서 안정적이다. 그러나 자기자본에 대한 이자비용이 인정되지 않는다. 자기자본에 대한 자금 출처조사에 대비할 필요가 있다.

둘째, 가족애게 증여를 받는 방법이 있다. 증여금액의 일정액은 증여세를 부담하지 않지만 10년간 합산되는 금액이다.

셋째, 지분인수에 참여한 주주들은 출자금을 납입하고, 주주총회에서 지분율에 해당되는 만큼 의결권을 행사할 수 있다. 회사의 이익은 지분율에 비례하여 배당을 받지만 배당소득세를 납부해야 한다.

[표 3-5] 기술보증기금의 기술금융과 기술평가·컨설팅

| 구분 | 창업준비 단계 | 도약 단계 | 성장·성숙 단계 | 위기·재도전 단계 |
|---|---|---|---|---|
| 기술금융 | 예비창업자 사전보증 | 고부가서비스프로젝트 보증 | 이노비즈기업 협약보증 | 긴급경영안정보증 |
| | 청년창업 특례보증 | 예비스타벤처기업 육성특례 보증 | 금융기관 특별출연 협약보증 | 경영개선지원보증 |
| | 맞춤형 창업지원 프로그램 | 기술·산업융합 보증* | | 유동성지원(Fast-Track) |
| | 특허창업 특례보증 | 지식재산(IP) 금융지원* | | 프로그램 공동워크아웃기업 보증 |
| | R&D 개발자금 / R&D사업화 준비자금 | R&D 사업화 자금* | | 재창업 재기지원보증* |
| | 일자리 창출기업 지원* | | | 재도전기업주 재기지원보증 |
| | | 문화산업완성보증 | 상생협약보증 | |
| | 보증연계 투자 | | | |
| | 투자옵션부보증(4월) | 시설자금 특례보증 | | |
| | 전문인력 창업보증(6월) | 수출중소기업에 대한 우대보증* | | |
| | | | 유동화회사보증 | |
| | | | 우선상환조건부 프로젝트 보증(10월) | |
| 기술평가·컨설팅 | 새싹기업 성공창업강좌 | 벤처기업확인 평가 | 기술이전·M&A중개 | 중소기업 건강관리 프로그램 |
| | | 이노비즈기업 확인평가 | | |
| | 벤처창업교실 | 기술가치 평가(기술이전·거래) | | |
| | 창업멘토링 프로그램 | 기술평가 인증(투·융자 참고용) | | |
| | | 녹색인증평가 | | |
| | | R&D과제의 경제성·사업성 평가 | | |

자료: www.kibo.or.kr/src/tech/kbb100.asp

넷째, 차입할 경우 경영권에 침해가 되지 않고 지급이자를 비용으로 처리할 수 있다.

## 1.3 창업과 개업

창업은 시장에 대한 이해를 바탕으로 개인의 경험, 지식 등을 활용하여 개인의 유, 무형의 자산 등을 투입하고 극대화하여 이윤 등을 추구하는 것이다. 근본적으로 창업은 이윤획득을 목표

로 하여 기업가가 사업 아이디어를 가지고 사업자금을 투자 또는 조달하여 수익을 창출하는 사업체를 결성하는 행위이다. 이에 비하여 개업은 미래의 불활실성을 무릅쓰고 기존 사업영역에서 처음 영업을 시작하는 것으로 전혀 새로운 분야를 시작하는 창업과 차이를 가지고 있다. 신장개업은 이미 사업을 시작하여 기득권이 보장된 사업을 새로 시설로 단장하여 제2의 개업을 하는 것이다.

도전적 기업가 정신이 학내 벤처, 창조적 도전을 통한 사내 벤처, 아이디어로 창업하는 창조 벤처, 새로운 제품과 서비스를 제공하는 창업 벤처를 이룰 수 있다. Entrepreneur(혁신적 기업가)는 창업의 주역이자 신생기업의 관리자이다. Entrepreneur의 특성은 높은 성취욕, 목표 지향성, 사업기회 포착 안목이며, 특성을 정형화하기 어렵다. 빌 게이츠는 개인용 컴퓨터를 위한 윈도 체제를 전 세계에 보급하여 소프트웨어 시장을 석권하였다. 스티브 잡스는 애플사를 설립하여 세계 IT 산업을 주도하였다. 그는 '포춘'지가 선정한 '최고의 CEO'에 두 차례나 이름이 올랐다. 그리고 1984년생인 마크 주커버그는 '차세대 빌 게이츠'로 불리며 '페이스북'을 설립하였다.

[그림 3-2] 창업가의 유형

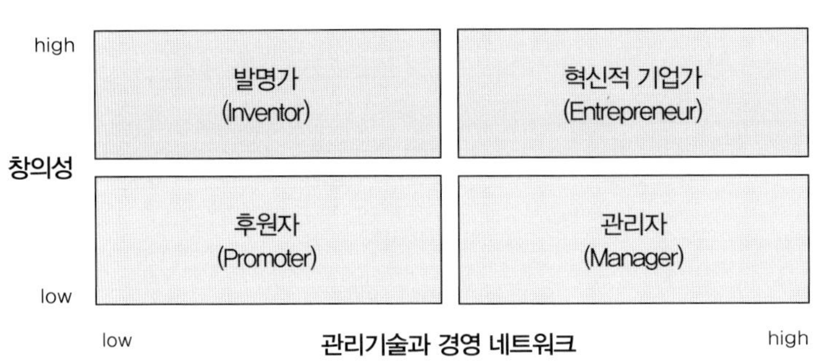


창업동기는 보다 나은 삶 영유, 독립적인 사업경영, 가업마련과 자녀에게 전수하려고, 스스로의 취미와 특기를 활용한 열정적인 도전 등으로 다양하다. 일반적으로 창업가는 이윤추구, 자아실현, 사회적 책임, 새로운 아이디어 사업화 등을 목표로 한다. 창업의 특성으로 창업의사결정은 보통 위험이 따르는 불확실성 하에서 이루어진다. 창업 시 다양한 종류의 자원이 필요하다. 창업은 본래 위험 부담적 속성을 지니고 있는데 이는 불확실성과 위험 하에서 의사결정이 이루어지는 과정을 거치기 때문이다.

창업의 방법으로 신설창업(starting a new business)은 새로운 아이디어로 독자적으로 설립한다. 기업 인수(purchasing an established business)는 이미 운영되고 있던 독립 사업이나 프랜차이즈 대리점을 인수하는 인수창업이다. 독립창업은 아이템 선정부터 상권분석, 입지선정 등을 창업자가 스스로 해결한다. 소호(SOHO)창업은 자택, 소규모 점포에서 자신의 경험, 지식 등을 활용한다. 그리고 프랜차이즈(franchise)창업 등이 있다.

창업의 성공조건으로 창업시기는 불황기를 활용하여 성숙분야, 성장초기분야에 진출한다. 창업자금은 자기자본으로 감당하고 핵심역량이 중요하다. 창업 아이디어와 시장성은 효용가치가 화폐가치보다 클 때 소비자들이 구매한다. 제품은 기능, 용도, 편리성, 경제성이 있어야 한다. 판매가격은 원가보다 커야 사업을 유지할 수 있다. 주변환경에 주목하여 문제를 발견하고 해결책을 강구해야 한다. 창업자금의 조달과 테스트마케팅을 거쳐서 창업이 진행된다.

일반적으로 창업성공 및 실패사례를 통해 사업타당성을 점검하고 그 이후에 아이템을 선정한다. 상권분석을 통해 점포선정을 준비한다. 상권분석은 상권의 범위를 설정한 후 교통, 유동인구, 대규모 상업시설 등을 기준으로 환경, 성장성을 분석하여 점포입지를 정한다. 아이템 결정과 점포입지선정 완료 이후에는 소요자금의 규모를 결정하고, 자금조달, 자금집행 등 자금준비를 한다.

창업은 직장생활에서 누릴 수 없는 경제적인 이득을 얻을 수 있고 정년없이 오래 근무할 수 있다. 또한 자신이 결정할 수 있는 일이 많아져 주도적인 생활을 할 수 있다. 그렇지만 직장에서 일할 때보다 많은 시간을 투자해야 하며 병가, 휴가, 공휴일 등의 휴식은 당분간은 기대하기 어렵다. 또한 사업이 잘 되지 않으면 경제적인 타격을 크게 받는다.

## 2. 아이디어의 사업화

### 2.1 사업계획

성공한 사업은 활용 가능한 자원을 최대한 동원하여 투자자를 모으고 아이디어를 수익으로 전환하였기 때문이다. 창업시장의 분석과 이해를 통해 사업구상을 진행하도록 한다. 창업시장은 살아남기 위한 치열한 생존경쟁의 체제로 변화하고 있다. 때문에 전문적이고 세밀하게 사업구상을 해야 한다. 창업자는 본인의 특성과 경험에 적합한 사업아이템을 선정하고 유망한 산업이나 유행을 분석한다. 그리고 조달 가능한 창업자금의 규모 안에서 창업에 대한 구상을 진행한다.

좋은 창업을 위한 규칙으로 1) 목표를 설정한다. 2) 위험 요인을 사전에 파악한다. 3) 이해가능한 분야에 집중한다. 4) 충분한 자금을 확보한다. 5) 최고의 전문가에게 자문을 구한다. 6) 최신 유행을 따른다. 7) 일정계획과 자본예산으로 비용을 관리한다. 8) 열정과 인내심으로 실행한다. 9) 정보에 기초하여 아이템을 관리한다. 10) 사업포트폴리오의 균형을 맞춘다.

창업자가 희망하는 아이템, 입지선정, 자금계획의 준비가 완성되었다면 마지막으로 창업을 실행한다. 만일 소자본 창업이라면 점포 계약시 신고업종·허가업종 인지의 유무, 상가임대차보호법 및 민법 등의 숙지, 식품접객업 창업 시 신고, 인허가 사항 숙지 및 구비서류 완비 여부 등의 인허가 사항을 체크한다. 관련 인허가를 무시하고 사업을 강행하는 경우 사업자등록을 하지 못할 수도 있다. 관리매뉴얼은 인력운용 계획, 목표관리 등을 포함해야 한다.

세금관련 내용 준비를 한다. 사업자가 납부하는 세금은 사업소득세와 부가가치세가 있다. 그 중에서 부가가치세는 사업유형이나 매출액 기준으로 일반과세자와 간이과세자로 구분한다. 사업소득은 당해년 기준으로 익년 5월 31일까지 완료·납부해야 한다. 부가가치세는 기간에 따라 분기와 반기로 나뉘어지는데 예정신고 및 확정신고를 하고 해당분기 익월 25일까지 신고·납부하여야 한다.

**[그림 3-3] 기업의 설립절차**

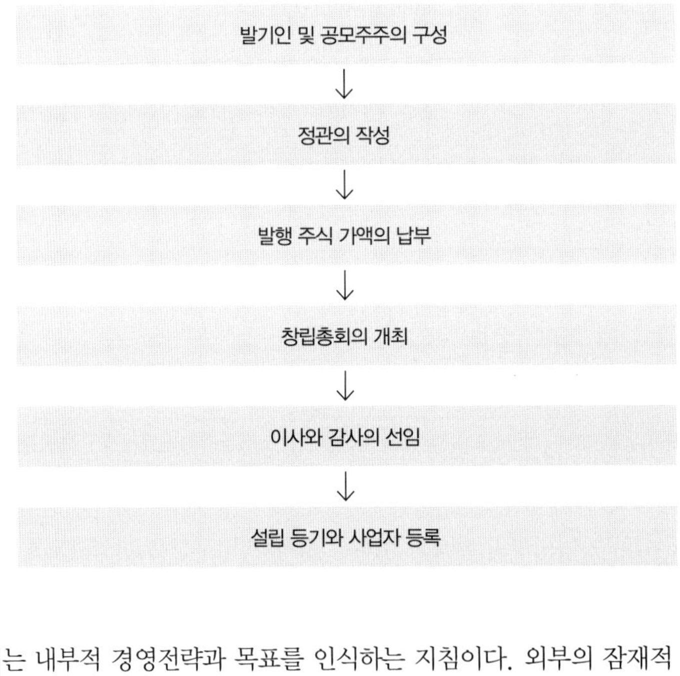

발기인 및 공모주주의 구성

↓

정관의 작성

↓

발행 주식 가액의 납부

↓

창립총회의 개최

↓

이사와 감사의 선임

↓

설립 등기와 사업자 등록

사업계획서는 내부적 경영전략과 목표를 인식하는 지침이다. 외부의 잠재적 투자자 및 고객의 투자유치나 시장개척을 위한 홍보자료이다. 사업계획서 작성 시 유의사항으로 고객과 투자자의 관점에서 쉽고 명료하게 작성, 반드시 필요한 핵심 정보만 포함, 현실적이고 합리적인 관점에서 작성한다.

소비자 및 고객, 관리자, 은행 또는 채권자들이 사업을 평가한다. 기업의 목표와 운영방법 등에 대해 고객 및 종업원들과 의사소통한다. 기업자산 및 부채의 체계적 관리, 경쟁적 시장상황의 설명, 설비와 재무상황의 확인, 문제예측, 적절한 해결방안의 강구, 성공적인 기업의 전략과 전술을 확인한다.

[표 3-6] 사업계획서의 내용

| 주요사항 | 세부내용 |
|---|---|
| 사업계획서 요약문 | 사업개념 및 사업배경, 기업 및 제품에 대한 개요, 틈새 및 기회, 경쟁우위, 수익성, 성장전망 및 비전, 사회 공헌도 등 |
| 기업 및 산업 개요 | ① 기업개요(기업명, 기업이념, 목표, 성격 등), ② 사업개념(사업내용과 목표 상품), ③ 사업배경(현황 및 전망, 성장추이, 기회 등) |
| 사업 및 제품(서비스) 개요 | ① 제품(서비스)의 특성 및 용도, ② 기술인력 및 제품(서비스) 개발 계획, ③ 경쟁제품(서비스)과 차별성 |
| 시장환경분석 | ① 목표시장, ② 시장규모 및 성장추이, ③ 경쟁 및 경쟁우위 전략, ④ 시장진입 및 성장전략, ⑤ 예상매출규모, ⑥ 수익잠재력, ⑦ 차기아이템 |
| 마케팅계획 | ① 주요 마케팅 전략, ② 제품전략, ③ 가격전략, ④ 유통전략, 촉진전략 |
| 생산계획 | ① 생산전략, ② 원자재수급계획, ③ 설비 및 필요 기자재, ④ 운영주기, ⑤ 공장입지 및 법적 규제 |
| 재무계획 | ① 채산성 분석, ② 추정재무제표(3~5년), ③ 비용관리계획, 자금조달계획 |
| 조직 및 인적자원 | ① 조직도, ② 핵심창업인력, ③ 경영능력, ④ 인사정책 및 계획, ⑤ 외부자문 및 지원인력 |
| 위험요소 및 대책 | |
| 사업추진일정 | |

## 2.2 창업관리

성공 벤처비지니스의 성공요인으로 첫째, 확실한 아이템 확인이다. 수익성과 성장성이 기대되는 확실한 아이템을 선정한다. 성공 벤처들은 정보통신과 반도체 분야 등의 성장성을 파악한 후 이와 연관된 아이템을 선택한다. 기술 트랜드와 일치하고 지속 성장이 보장되는 아이템을 채택한다. 반도체장비, 통신용 S/W 등과 같이 제품의 전개방향이 예측 가능한 아이템을 미리 선정하여 위험을 줄이면서 기회를 선점한다. 예를 들어 미래산업(반도체 장비)은 반도체의 성장성을 미리 예측하여 성공한 사례이다. 특히 미래산업은 반도체산업의 발전방향을 사전에 읽고 메모리 테스트 핸들러를 주력으로 육성한 것이 적중하였다.

둘째, 조직 구성원들의 강한 결속력이다. 조직 구성원들의 일에 몰입하는 매니아적 근성을 발휘한다. 창업자와 동업자가 일에 몰두하여 강한 동질성과 특정 문제에 집중하는 경향을 보였으며 보상보다는 일 자체에 흥미를 가진다. 조직원간 동일한 목표를 향해 결속한다. '한글과 컴퓨터'는 개성이 강한 세 사람이 한글워드 개발이라는 하나의 문제에 집중해서 개발에 성공하였다.

셋째, 틈새시장의 공략이다. 대기업이 시장이 작거나 특수한 기술로 진출하지 않는 시장에 집중한다. 국내시장에서 기반을 확보한 후 세계시장에 진출한다. 한아시스템은 시스코와 스리콤이 독점하고 있던 네트워크장비의 국산화에 도전하여 성공하였다. 이 회사는 네트워크장비 개발에 전념하여 1995년 터미널 프린트 서버, 98년 네트워크 메니지먼트 시스템(NMS)으로 각각 신기술(KT) 인증을 획득하였고, 소형 라우터 부문에서 세계시장 점유율 50%를 실현하였다.

넷째, 적극적인 아웃소싱 활용이다. 외부자원을 활용하여 경영효율을 높이고 비용을 절감한다. 벤처기업을 필요한 경영자원을 제대로 갖출 수 없기 때문에 외부자원을 활용하는 것이 유리하고 기술 이외에 인력관리 등도 외부에 의존하는 추세이다.

다섯째, 카리스마적인 기업가이다. 성공한 벤처에는 강한 성취욕구, 기술적 안목, 리더십을 갖춘 기업가가 존재한다. 불확실한 기술과 사업 아이디어를 사업화하는 과정에서 기업가의 비전과 카리스마가 성패를 좌우하는 결정적 요소로 작용한다.

예비창업 단계는 신규사업아이템 검증, 초기 창업자금 확보, 팀구축을 한다. 스타트업의 성장 단계는 예비창업 단계로 기술 사업화 역량을 위해 아이디어를 검증하고 사업계획서를 작성한다. 또한 정부 창업 지원, 공모전을 통한 초기 창업 자금을 모집해야 한다. 인큐베이터, 엑셀러레이터 프로그램에 지원하여 자기 자금을 확보하는 노력이 필요하다. 다양한 창업 프로그램에 참여하면서 네트워크와 팀을 구축할 때 활용한다.

초기 기업가치는 지적재산권과 사업 파트너의 확보를 중시해야 한다. 기업의 성과는 매출액으로 판단하지만 기술이나 특허도 판단대상이다. 소규모 정책자금은 스타트업이 6개월 정도 버틸 수 있는 자금인데 6개월은 제품과 서비스를 구축할 수 있다.

초기 도약단계는 제품 기획 및 개발, 1차 자금조달(벤처캐피탈/정책자금), 매출발생과 함께 고객을 확보한다. 이때는 세무, 회계 등의 경영을 학습하면서 제품/서비스를 만들고 개선해 나가야 한다. 벤처캐피탈에서 1차 자금조달을 받거나 정부에서 연구개발 지원과 같은 창업 과제를 수행하여 자금을 지원받는다. 벤처기업 인증과 연구소 설립이 필요하다. 목표를 정한 후 매출이 계속하여 발생하도록 고객을 확보한다.

벤처기업 인증과 연구소 설립은 세금 감면을 받을 수 있는 기회를 제공한다. 다만 창업 초기

[표 3-7] 기업의 성장과정

| 구분 | 창업기 (startup) | 초기성장기 (initial growth) | 고도성장기 (high growth) | 성숙기 (maturity) |
|---|---|---|---|---|
| 정의 | 창업과 사업화 | 매출의 발생 | 사업확대성장 | 안정적 수익지속 |
| 기준 | 회사 설립 | 독자적 성공제품 | 제품/시장다각화 | 주식시장 상장 |
| 활동 및 특징 | - 회사설립<br>- 용역, 프로젝트 등을 수행하며 생존<br>- 성공적인 자사제품 개발 노력<br>- 개인적 관계 중심 비공식 조직<br>- 정부, 대학의 지원프로그램 활용<br>- 창업가, 친인척, 지인자금 활용 | - 생산/영업/유통이 경영의 관심사<br>- 창업가는 경영자로 역할 변화<br>- 기능적인 조직 구조화<br>- 투자자들의 관심 증가와 외부 투자 유치<br>- 장외시장에 주식공개(IPO) | - 잠재력이 있는 제품/시장으로 진출<br>- 최고경영자의 비전 제시, 조직관리, 네트워크활동<br>- 새로운 조직구조 및 관리시스템 구축<br>- 성장에 필요한 외부 투자유치 | - 주식시장 상장<br>- 최고 경영자의 매니저 역할<br>- 재무 관리 능력 중요<br>- 혁신적인 기업가 정신 유지 |

단계에 혜택이 집중되기 때문에 그 시점이 중요하다. 한편, 창업 1년 미만일 경우 대출은 신청하지 않는다. 만일 대출이 부득이 필요하면 금융중개인을 이용하지 말고 자신이 직접 융자를 받는다. 창업 초기에 문제를 해결한 경험이 많을수록 사업을 빠르게 진행할 수 있고 응용할 수 있다.

창업보육센터는 기술과 사업성은 있으나 자금, 사업장 및 시설확보의 어려움이 있는 창업자 또는 예비 창업자에게 개인 또는 공동작업장 등의 시설을 저렴하게 제공한다. 아울러 경영, 세무, 기술지도 등을 통하여 창업에 따른 위험부담을 줄이고 원활한 성장을 유도한다. 따라서 그 목적은 창업을 촉진하고 창업성공률을 높이는 것이다.

## 2.3 출구전략

성공하는 벤처기업은 시장을 중시하는 탁월한 리더가 독창적 기술개발 또는 틈새기술경쟁을 한다. 시장 진입에 성공하는 국내 단계는 성장 벤처-이노비즈를 지나 세계 시장에 진입하는 글로벌 벤처로 성장할 수 있다. 벤처캐피탈은 투자의 기회를 확인하고 투자 후 성공에 따른 수익을 얻는다.

투자는 산업에 대해서 top-down research를 해서 투자기회들을 찾기도 하고, 업계의 전문가들로부터 투자기회를 소개 받는다. 이러한 Deal soucring을 잘 하기 위해서 전문가 네트워킹이 필요하다. 소개를 받은 회사의 경영진과 미팅을 진행하고 투자 검토(due diligence)를 진행한다. 이 과정에서 각종 보고서, 증권보고서, 전문가 의견을 확인한다. 거래에 대한 확신이 차면 투자를 결정하고 계약서를 작성한다. 투자가 결정되면 변호사/회계사들과 함께 회사의 '문제'가 없는지 실사를 진행한다.

투자 후 사후관리(Portfolio Management)는 회사의 중요 이슈들, 향후 계획, 경영자 입장에서 의사 결정을 내려야 하는 안건들에 대해서 논의하고 의사 결정을 한다. 투자한 회사와 수시로 지속적으로 커뮤니케이션을 한다. 투자에 따른 자금회수는 주로 국내의 경우 기업공개(IPO)를 선호하고 해외의 경우 인수합병(M&A)전략을 활용한다.

기업공개(Initial Public Offering)는 주식을 신규로 상장하기 위하여 증권거래법에 의한 모집 또는 매출의 방법으로 주식을 새로이 발행하거나 이미 발행된 주식을 매도하는 것이다. 주식회사가 발행한 주식을 일반 대중에게 균일한 조건으로 공모하거나 이미 발행되어 대주주가 소유하고 있는 주식의 일부를 매출하여 주식을 분산시키고 재무내용 등 기업의 실체를 알린다.

기업공개는 증권시장(증권선물거래소)에서 자유롭게 거래될 수 있게 함으로써 직접금융방식에 의한 기업의 자금조달을 원활하게 한다. 자본과 경영권을 분리하여 경영합리화를 도모할 수 있다. 기업의 건전한 발전을 통한 경쟁력 강화와 사회적 책임을 다할 수 있게 한다. 특히 중소기업의 경우 적정한 자금조달을 통하여 경쟁기업의 출현 및 관련산업 정체에 따른 기업의 한계를 극복하고, 새로운 사업진출을 실현할 수 있는 자본을 확보할 수 있다.

[그림 3-4] 기업공개(IPO)의 기본구조

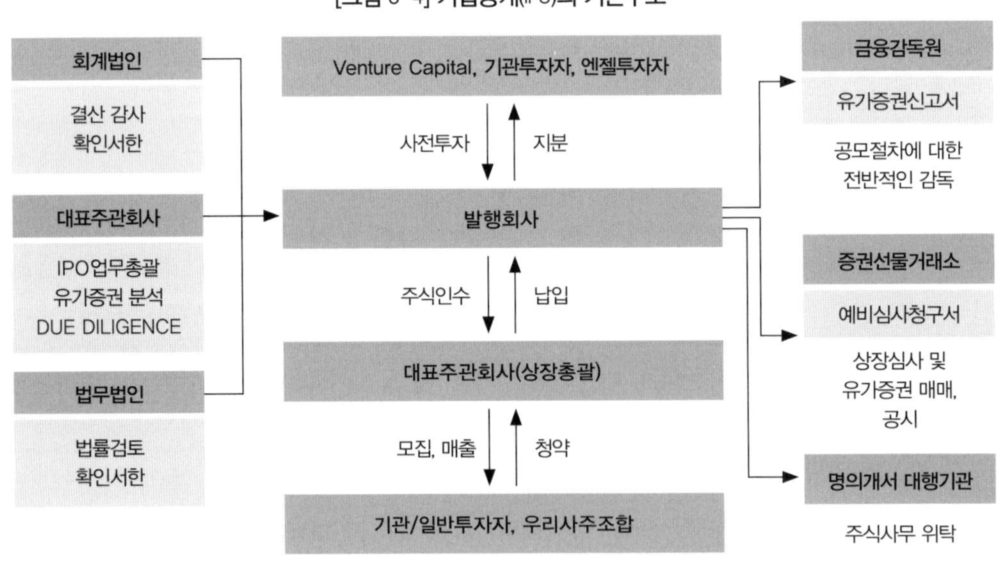


자료: 전경련중소기업협력센터

또한 상장규정에서 정하는 다양한 방법(기업분할제도, 지주회사제도, 장내매매를 통한 M&A)을 통해 구조조정과 관련된 경영합리화 정책 및 사업다각화가 가능하다. 대기업은 중소기업의 기술에 대하여 가치를 지불하기 보다 복제하여 기술을 탈취하는 사례가 많다. 투자회수가 불가능하거나 상장까지 걸리는 시간이 길다.

초기 M&A 모델로 투자를 한 회사들의 경우에 회사에 대한 주요 내용을 담은 정보를 제공하면서 중간에서 중재자 역할을 한다. 회사가 좋은 가격과 조건으로 M&A 될 수 있도록 전면에 나서서 대신 협상을 한다. 미국의 경우 기업 초기에 기술과 서비스가 고객들을 만족한 회사가 되면, 대기업들은 인수/합병(M&A)을 제안한다. 마이크로소프트, 시스코, 오라클, 구글, 야후 등은 인수/합병을 통해 새로운 기술을 계속 편입시켜 회사의 성장을 이뤘다. 상장보다 회사 매각이 훨씬 쉽고 가능성도 높다.

기업은 설립 후 일정한 성장단계를 거치는데 도약기, 성장기, 성숙기, 쇠퇴기(워크아웃, 법정관리, M&A, Spin off)의 과정을 거친다. 기업은 규모의 경제(economy of scale)나 범위의 경제(economy of scope)로 효율성을 확보하고, 전후방 또는 수평 통합으로 경쟁력과 성장을 추구한다.

**[그림 3-5] 기업의 통합적 성장전략**

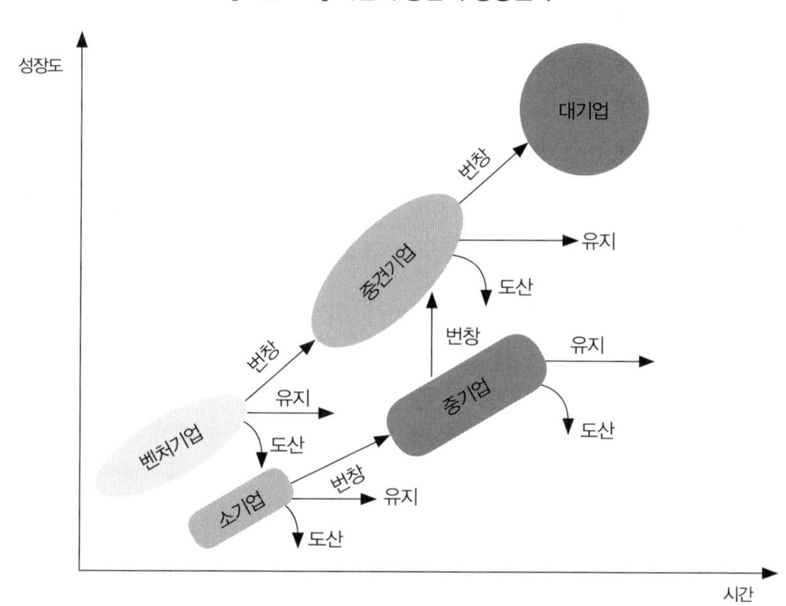


인수합병(Merger & Acquistion)은 기업에서 신기술 개발이나 사업부의 신설에 오랜 시간이 소요될 때 사업화를 쉽게 할 수 있다. 인수대상 기업은 기술력, 경영능력 및 시장점유율 등을 사전에

충분히 분석하여 실행한다. 국내 벤처기업들은 기업상장(IPO)에는 긍정적인 의견을 갖고 있으나 M&A에 대해 다소 부정적이다. 벤처기업뿐만 아니라 벤처캐피탈도 M&A보다 상장을 선호하고 있다. 국내와 달리 미국, 유럽 등 해외 주요국의 벤처캐피탈은 상장보다 M&A를 통해 투자금을 회수하고 있다. 글로벌 회계컨설팅기업인 언스트앤영의 보고서에 따르면 세계 주요국 벤처캐피탈의 투자회수에서 M&A가의 비중은 유럽 91.3%, 미국 85.5%, 중국 57.1%였다.

## 3. 사업 및 기술평가

### 3.1 기업신용분석

신용등급(credit rating)은 발행 주체의 이자와 원금에 대한 지불 능력을 평가한다. 어떤 기업이 3년 만기 회사채를 발행할 경우 3년 후 지불이 불가능한 정도를 평가한다. 국제 신용평가회사로 무디스사는 정부기관과 사업체에 대한 금융 연구 및 분석 업무를 하는 무디스 투자자 서비스(Moody's Investors Service)의 지주회사이다. 기준 평가 척도를 이용하여 차입기관에 대한 신용 등급을 산정한다. 스탠다드푸어스사는 맥그로-힐 출판사의 사업부문으로 1860년 창립하여 미국 뉴욕에 본사를 두고 있다. 금융시장 정보(신용등급, 지표, 투자연구 및 위험평가)를 전 세계 투자자들에게 제공한다.

또한 미국 S&P 500, 호주 S&P/ASX 200, 캐나다 S&P/TSX, 이탈리아 S&P/MIB 등의 주가지수를 산출한다. 피치사는 미국 뉴욕과 영국 런던에 이중 본사를 두고 있는 국제신용평가기관이다. 1913년 12월 24일 존 놀스(John Knowles)가 뉴욕 시에서 피치 퍼블리싱 컴퍼니라로 출발하였다. 1997년 영국 런던의 IBCA 유한회사와 합병하였다. 2000년에 미국 시카고의 Duff & Phelps Credit Rating Co.와 Thomson BankWatch를 인수하였다.

국내평가회사는 한국기업평가, 한국신용평가, NICE신용정보이다. 기업 평가뿐만 아니라 국가도 하나의 경제주체로서 국가신용등급은 개별 국가의 외채상환능력과 이해할 의사가 어느 정도인지 표시한다. 또한 1980년대 밀켄(M. Milken)은 드렉셀 번햄 램버트사(Drexel Burnham Lambert)를 설립하여 벤처기업의 투기등급채권(정크본드)시장을 활성화시켰다. 정크본드(Junk Bond)는 신용도가 낮은 기업에서 발행하는 신용등급 BB이하의 채권이다. 그리고 현재 신용등급은 낮지만 성장성있는 벤처기업의 채권과 인수·합병 시 매수대상 기업의 자산을 담보로 발행한 채권 등도 포함한다. 신용등급은 기업이익대비 고정비비율, 레버리지비율, 유동성비율, 수익성비율, 현금흐름 대 부채비율 등을 기초로 한다.

장기신용등급은 장기채무의 상환능력 및 상환불능위험, 투자자의 법적 보호정도 등을 표시한다. 신용등급은 AAA, AA, A, BBB, BB, B, CCC, CC, C, D 등으로 나누고, 보통 B등급까지 AA+, AA, AA−의 3단계로 더욱 세분화한다. 통상 AAA로부터 BBB까지 투자등급이라 하고 그 이하를 투기등급이라 한다. D는 부도나 화의 등으로 이미 채무불이행 상태이다. 저등급은 위험의 증가로 그 보상 이자율도 높다.

**[표 3-8] 장기신용등급의 분류**

| 구분 | 국내 | S&P, Fitch | 등급평정기준 |
|---|---|---|---|
| 고등급 | AAA | AAA | 원리금 지급능력이 최고 수준 |
| | AA | AA+, AA, AA− | 원리금 지급확실성이 매우 높으나 AAA에 비해 다소 열등 |
| 중간 등급 | A | A+, A, A− | 원리금 지급확실성은 높지만 장래 환경변화에 따라 다소 영향을 받기 쉬움 |
| | BBB | BBB+, BBB, BBB− | 원리금 지급확실성은 인정되지만 장래 환경변화에 따라 저하 가능성 |
| 저등급 | BB | BB+, BB, BB− | 원리금 지급능력에 문제가 없으나 장래 안전성을 보장할 수 없음 |
| | B | B+, B, B− | 원리금 지급능력에 문제되고 투기적 면이 강함 |
| | CCC | CCC+, CCC, CCC− | 채무불이행이 발생할 위험요소 내포 |
| 초저 등급 | CC | CC | 채무불이행이 발생할 위험이 큼 |
| | C | C | 이자지급이 연기되고 채무불이행 위험이 매우 높음 |
| | D | D | 원리금 또는 이자의 지급불능상태 |

자료: 한국신용평가, 한국신용정보

한편 채권의 신용등급은 수익률을 결정하는 요소로 채권평가회사에서 부여한 평가 등급을 활용한다. 일반적으로 포트폴리오는 신용등급 채권 A−이상, 어음 A2−이상이거나 안전자산인 국공채, 통안채, 은행채를 중심으로 구성한다.

단기신용등급은 상환기간이나 만기가 짧기 때문에 위험이 낮아져서 장기채권이나 국가채무와 다른 평가등급을 부여한다. 기업어음(CP)은 해당기업의 재무적 항목과 비재무적 항목을 분석하여 평가한다. 그리고 기업어음은 채권보다 채무상환시 우선순위로 채권의 등급체계보다 작은 구간의 분류체계를 가지고 있다.

국내 채권시장의 미발달로 개인(또는 대부분 기관 제외 법인)의 경우 채권 투자시 만기 보유를 하기 때문에 유통수익률과 채권 발행회사의 신용등급 및 신용보강(보증 및 담보 또는 매입약정 등)을 점검해야 한다. 또한 자금시장이 원할하지 않으면 채권가격은 하락하고, 발행기관의 상황이 호전될 경우 가격도 상승한다.

**[표 3-9] 국내 단기신용등급의 분류**

| 구분 | 평가등급 | 등급정의 |
|---|---|---|
| 투자적격 | A1 | 적기상환능력 최고, 장래환경의 영향도 받지 않음 |
| | A2+, A2, A2− | 적기상환능력 우수, 안정성은 A1보다 다소 열등 |
| | A3+, A3, A3− | 적기상환능력 양호, 안정성은 A2보다 다소 열등 |
| 투자주의 | B+, B, B− | 적기상환능력 적정, 안정성에 투기적 요소 내포 |
| | C | 적기상환능력 및 안정성에 투기적 요소가 큼 |
| 투자부적격 | D | 현재 채무 불이행 상태 |

## 3.2 사업가치평가

기업가치평가는 경영자와 종업원들에게 어떤 활동이 기업가치를 증가시키는지 제시하는 역할을 한다. 기업가치를 구성하는 요인들을 분해하면 그 속에서 중요한 요인을 찾아서 적절한 전략을 도출할 수 있다. 기업가치평가는 가치창출 프로세스의 운영방향을 제시하여 내부경영의 효율화에 기여한다. 외부투자자들은 항상 경영자들에게 더 높은 가치창출을 독려하는 압력자의 역할을 수행하며, 실적이 부족할 경우 주주총회 또는 채권자회의에서 최고경영층을 교체한다.

기업가치의 내재가치(intrinsic value)는 주로 기업의 미래 예상현금흐름 또는 기업의 특성, 평가모형에 따라 달리 측정될 수 있다. 기업이 시장에서 매매되는 가격을 시장가치(market value)라 한다. 예를 들어, 기업의 주식이 증권시장(예: 증권거래소, 코스닥시장, 장외시장 등)에서 거래되는 가격이 시장가격(주가)이다. 이때 증권시장의 1주당 가격에 총발행주식수를 곱하여 계산한다. 그 기업이 발해한 주식수와 1주당 시장가격을 곱하면 기업의 전체 시장가치인 시가총액(market capitalization)을 계산할 수 있다. 증권시장에서 주식이 거래되지 않는 기업은 기업 전체 또는 일부의 주식을 제3자에게 매각하는 경우에 시장가치를 파악할 수 있다.

이론적으로 내재가치와 시장가치는 일치하여야 한다. 외부투자가들도 내재가치 평가방법에 의하여 기업을 평가하고 그 평가결과가 시장가격이다. 이렇게 내재가치와 시장가격이 일치하는 경우 적정한 평가라 할 수 있다. 대개 경영자들은 내재가치를 창출하면 시장가치도 증가할 것으로 예상한다.

**[표 3-10] 내재가치와 시장가치의 비교**

| 기업가치 | 평가방법 | 파악여부 |
|---|---|---|
| 내재가치 | 가치평가모형에 의한 주관적 가치 | 관찰불가능 |
| 시장가치 | 자본시장에서 거래되는 객관적 가치 | 관찰가능 |

현재가치(Present Value: PV)는 화폐가치의 평가시점을 동일하게 통일하여 서로 비교가능하도록 한다. 할인율(discount rate)은 미래의 화폐가치를 현재가치로 전환시킬 때 사용하는 이자율이다.

가중평균수익률은 시간가중평균수익률(time-weighted rate of return)과 금액가중평균수익률(dollar-weighted rate of return)로 나눌 수 있다. 시간가중수익률은 각 연도의 수익률을 구하여 단순평균하고 각 기간의 자산보유 비중을 무시한다. 미국의 CFA협회 등에서 가장 보편적으로 사용하며 투자금액이나 시점을 마음대로 조정할 수 없을 때 적합하다.

**[표 3-11] 금액가중수익률과 시간가중평균수익률의 비교**

| 구분 | 금액가중평균수익률 | 시간가중평균수익률 |
|---|---|---|
| 정의 | 투자금액의 평균수익률 | 투자 1 단위당 수익률 |
| 자산유출입 | 크기와 발생시기에 영향을 받음 | 크기와 발생시기에 영향을 받지 않음 |
| 적용수익률 | 포트폴리오의 수익률 평가 | 펀드 매니저의 운용능력 평가 |
| 투자순서 | 특정 현금흐름(CF)은 $(1+R)^n$으로 할인되어 투자패턴 순서의 영향을 받음 | 기간별 수익률을 기하평균하기 때문에 투자패턴의 순서에 영향을 받지 않음 |
| 단점 | 수익률 계산이 복잡 | 현금흐름이 빈번할 경우 성과 재평가 |

금액가중수익률 또는 내부수익률(IRR : Internal Revenue Rate)은 투자에서 발생하는 미래 현금흐름의 현재가치와 투자금액의 가치를 동일하게 만든다. 초기 및 기말의 자산규모, 신규자금의 유출입 시기에 따라서 수익률이 영향을 받는다. 그리고 복수의 내부수익률이 존재하여 한 개 이상의 할인율이 투자의 순현가를 0으로 만들 수 있다. 예를 들어 최초 주식 1주를 50,000원에

매입하고 기말에 1,000원의 배당금을 받았다. 2년초 60,000원이 유입되어서 주식 1주를 추가 매입하고, 2년말 1,500원의 배당금을 받았다. 그리고 2차년말 모두 매각하여 최종 110,000원의 현금을 수령하였다.

[표 3-12] 포트폴리오수익률의 계산

| 시점 (기간말) | 자금증감 | 투자규모 | 1주당시장가격 | 1주당배당금 | 총배당금 | 주식수 |
|---|---|---|---|---|---|---|
| 0 | 50,000 | 50,000 | 50,000 | 0 | 0 | 1 |
| 1 | 60,000 | 110,000 | 60,000 | 1,000 | 1,000 | 2 |
| 2 | 자금회수 | 자금회수 | 110,000 | 750 | 1,500 | – |

이와 같은 사례에서 금액가중수익률은

$$P_0 = \frac{C_1}{(1+R)} + \frac{C_2}{(1+R)^2} + \cdots + \frac{C_n + P_n}{(1+R)^n}$$

$$50{,}000 + \frac{60{,}000}{(1+R)} = \frac{1{,}000}{(1+R)} + \frac{(1{,}500 + 220{,}000)}{(1+R)^2}$$

$$0 = -50{,}000 + \frac{1{,}000 - 60{,}000}{(1+R)} + \frac{(1{,}500 + 220{,}000)}{(1+R)^2}$$

1기간 평균수익률 60%, 2기간 총수익률 156%일 때 시행착오법을 사용하여 투자금액과 미래 현금흐름의 현재가치를 일치시키는 할인율을 찾는다. 내부수익률(IRR)은 최저 요구수익률로 자본자산가격결정모형의 체계적 위험($\beta$)을 반영한 위험프리미엄으로 결정할 수 있다.

$$K = E(R_i) = R_f + [E(R_m) - R_f] \times \beta$$

요구수익률 = 무위험자산수익률 + 체계적위험 × 시장위험프리미엄

예를 들어 무위험이자율 8%, 기대수익률($E(R_M)$) 16%, 베타 1.3, 그리고 예상 내부수익률이 19%인 사업을 검토하고 있다. 이 경우 요구수익률은

$$K = R_f + [E(R_m) - R_f] \times \beta$$
$$= 0.08 + (0.16 - 0.08) \times 1.3$$
$$= 0.184$$

내부수익률(IRR)이 19%로서 요구수익률 18.4%보다 높아서 투자할 가치가 있다. 또한 할인율은 항상성장모형에서 배당수익률과 자본수익률로 대용할 수 있다.

$$K = D_1 / P_0 + g$$

EBO(Edwards-Bell-Ohlson)모형은 기업가치를 기업이 보유한 자산가치와 수익가치의 합으로 정의한다. 주식시장에서 주식이 거래되지 않는 비상장기업은 시장가치가 존재하지 않기 때문에 이 모형에 의존한다. 자산가치는 기업이 현재보유하는 공정가치(교환가능 또는 판매가능가치)에서 기업의 실제 부채를 뺀 금액이다. 수익가치는 기업이 미래에 벌어들일 것으로 예상되는 초과이익흐름의 현재가치이다. 초과이익(abnormal income)은 자기자본의 사용대가(자기자본비용)를 초과하는 이익이다. 그리고 상대적 순위 모형은 대안의 상대적 가치에 순위를 매긴 후 그 순위에 따라 대안들의 경제성을 평가한다.

경제적 가치 모형은 대안들에 대해 절대적 가치를 측정한 후 그 값의 차이에 의해 대안들의 경제성을 평가한다. 결과치가 절대적 경제가치로 대안들 간의 차이를 명확히 알 수 있다. 그렇지만 미래 현금흐름의 추정이 어려울 수 있다. 대표적 기법은 자본예산 모형, 비용-효익 모형, 경제성지표 모형, 의사결정 이론 모형, 수리계획 모형 등이다.

파급효과 분석 모형은 특정 대안의 경제사회적 파급효과를 분석하는 것을 목적으로 한다. 하나의 대안이 있을 때 그 대안이 가져올 파급효과가 어느 정도인가를 측정하여 그 대안의 경제성을 판단한다. 대표적 기법은 투입-산출분석 모형, 교차영향분석 모형, 생산함수분석 모형, 비용함수분석 모형 등이다.

### 3.3 기술가치평가

기술가치평가는 특정기술 자체의 가치 또는 기술로 창출된 관련기술의 경제적 가치를 평가한다. 공공 기관은 연구개발 과제의 평가와 선정, 정책자금 지원 대상 선정, 연구결과의 실용화 및 기술이전을 활용한다. 민간 부문은 기술자산의 가치평가와 투자, 첨단 기술의 거래, 기술도입 및 라이센싱(licensing)을 실시한다. 그러나 기술가치는 무형적 특성, 수요와 공급의 불균형, 시장의 불확실성, 기술의 패키지화, 산업상 가치 변화로 평가에 어려움이 있다.

정성적 평가방법은 직관, 인터뷰, 현장 조사를 통하여 기술가치 정량화가 어려운 부분을 실시한다. 정량적 방법은 평가지표를 계량화하여 실시한다. 그리고 정성적인 방법으로 비용접근법은 기술이 보유한 가치와 동일한 수준의 가치를 얻는데 필요한 금액을 산출하여 해당 자산의 미래이익을 측정한다. 기술이 보유한 가치는 재생산원가, 대체원가로 평가한다. 이 방법은 회계자료나 시장 자료가 확보될 경우에 용이하지만 미래의 경제적 이익과 유지 기간을 반영하지 못할 수 있다. 미래의 경제적 이익에 관한 추세나 변화요인, 기대수익의 획득에 수반되는 위험을 고려하지 못한다.

시장접근법은 평가대상의 기술과 동등하거나 유사한 기술자산이 실제로 거래되는 가치를 기준으로 기술가치를 평가한다. 시장에 정보가 많고 거래과정이 투명한 경우에 유용할 수 있다. 그렇지만 유사 거래의 빈도가 낮고 관련 정보가 부족하거나, 평가 대상간의 이질성이 높고 호환성이 낮으면 사용하기 어렵다.

[표 3-13] 기술가치의 정량평가법의 비교

| 평가기법 | 측정기준 | 세부내용 |
|---|---|---|
| 프로파일법 | 쌍대비교(comparison) | 쌍대비교(paired)를 토대로 주요항목에 대한 비교대상 기술간의 우열을 시각적으로 표현 |
| 벤치마킹법 | 비율(ratio), 격차(gap) | 선도기술(최고수준)에 대한 기준점을 설정한 후 선도기술과 비교한 평가대상기술의 수준을 비율 또는 격차로 표현 |
| 지표법 | 지표(index) | 기술가치를 종합적으로 측정할 수 있는 지표를 개발한 후 주요항목에 대한 평가대상기술의 값을 대입하여 종합적인 지표의 값을 산정 |
| 평점법 | 점수(score) | 기술가치를 설명할 수 있는 주요항목을 설정한 후 각 항목별로 평가대상기술의 점수를 부여한 후 이를 합하거나 곱하여 종합적인 평점을 산정 |
| 금액법 | 화폐가치(monetary) | 기술가치를 직접적인 화폐가치로 산정(비용접근법, 시장접근법, 수익접근법) |

수익접근법은 기술수명기간(life cycle)에 거둘 수 있는 경제적 이익의 현재 가치를 평가한다. 순현가법(NPV)과 내부수익률법(IRR)을 많이 사용한다. 실용적이고 현실적이지만 위험의 산정, 기술자산의 기여도 파악, 미래의 현금흐름에 관한 크기와 시기를 예측하기 어렵다.

기술가치평가법은 소득접근법(현금흐름할인 모델, 실물옵션 모델), 시장접근법(로열티절감 모델, 이익배분 모델, 거래사례비교 모델), 그리고 비용접근법(시장대체원가 모델, S/W가치평가 모델)이 활용되고 있다.

소득접근법은 기술 또는 무형자산의 가치를 당해 자산의 내용기간 동안 창출할 수 있을 것으로 추정되는 경제적 이익을 평가시점의 현재가치로 환산하여 평가한다. 평가대상기술의 경제적 수명 동안 기술사업화로 인해 발생될 경제적 이익을 추정한 후 할인율을 적용하여 현재가치로 환산한다.

1) 현금흐름할인법(Discounted Cash Flow: 이하 DCF)은 대상기술이 기대되는 경제적 수명 동안 발생할 잉여현금흐름의 현재가치에 기술요소(Technology Factor: T.F.)를 곱한 값을 최종 기술가치 평가액으로 결정하는 방식으로서 기본적인 계산방식은 다음과 같다.

$$V = \sum_{t=1}^{n} \frac{FCF_t}{(1+r)^t} \times T.F.$$

여기서, V = 최종 기술가치평가액, n = 수익발생기간, r = 할인율, T.F. = 기술기여도

잉여현금흐름(Free Cash Flow : FCF)은 세후 영업이익에 감가상각비를 더하고 자본적 지출과 순운전자본증감을 차감한다.

$FCF_t$ = 세후 영업이익 + 감가상각비 – 자본적지출 – 순운전자본증감

여기서, 감가상각비 = (판관비 감가상각비 + 무형자산상각비) + (제조원가명세서 감가상각비)

자본적지출 = 유무형자산 증감 + 감가상각비

순운전자본증감 = 매출채권 + 재고자산 – 매입채무

현금흐름을 추정하는 방식은 크게 사업주체의 사업계획에 따른 직접 입력 방식, 유사기업 및 해당업종의 재무정보를 활용하여 현금흐름을 추정하는 방식의 3가지로 구분된다. 특히, 대상 기술이 초기 단계이거나 아직 사업 주체가 없어 평가자가 현금흐름의 요소 일부 또는 모두를 추정하기 어려운 경우, 유사기업 또는 유사 기반의 간접 추정 방식을 활용한다.

2) 실물옵션 모델은 실물옵션(Real Option)에 의해 불확실성에 의한 미래가치를 반영하여 기술가치를 산출하는 방식이다.

[그림 3-6] 실물옵션 가치평가 과정

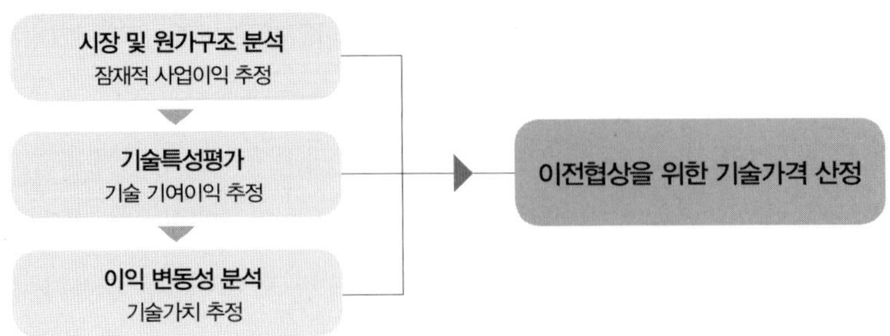


시장접근법은 자발적 의사로 기술 또는 무형자산을 거래하는 매수자와 매도자 사이에서 교환되는 자산의 가격을 비교하여 유사한 기술자산의 가치를 추정하여 평가한다. 시장에서 결정되는 기술의 시장가격으로 기술의 가치를 간접적으로 추정한다.

첫째, 로열티절감 모델은 유사 기술자산 거래(라이센싱) 사례를 통해 평가대상 기술의 적정 로열티율을 결정하여 기술가치를 산출하는 방식(Royalty Payment Saved)이다.

$$V = \sum_{t=1}^{n} \frac{S_t \times R - C_t}{(1+r)^t}$$

여기서, V = 기술가치, n = 기술의 경제적 수명, $S_t$ = t기의 매출액

r = 할인율, R = 로열티율, $C_t$ = t기의 법인세

둘째, 이익배분 모델은 특허기술이 기여하는 이익을 거래당사자 간에 배분하기 위해 경험법칙(Rule of Thumb)을 적용하여 기술가치를 산출한다.

$$V = \sum_{t=1}^{n} \frac{P_t \times 0.25 - C_t}{(1+r)^t}$$

여기서, V = 기술가치, n = 기술의 경제적 수명, Pt = t기의 세전 영업이익

r = 할인율, Ct = t기의 법인세

# 요약정리

- 벤처기업은 기업가 정신을 바탕으로 첨단 기술이나 새로운 아이디어를 개발하고, 외부의 자본을 조달하여, 위험성은 매우 높지만 성공할 경우 큰 수익이 기대되는 틈새시장을 개척해 나가는 신생기업이다. 외부금융에서 직접금융은 신주발행을 통한 자금 조달, 기업 공개를 통한 대규모 증자 자금 조달, 기업인수합병(M&A)을 통한 자금 조달 등을 한다. 간접금융은 정부의 정책금융의 자금 조달, 일반금융의 자금 조달, 사채 발행을 통한 자금 조달이다. 창업은 시장에 대한 이해를 바탕으로 개인의 경험, 지식 등을 활용하여 개인의 유, 무형의 자산 등을 투입하고 극대화하여 이윤 등을 추구한다. 이에 비하여 개업은 미래의 불활실성을 무릅쓰고 기존 사업영역에서 처음 영업을 시작하는 것으로 전혀 새로운 분야를 시작하는 창업과 차이를 가지고 있다.

- 사업계획서는 내부적 경영전략과 목표를 인식하는 지침이다. 외부의 잠재적 투자자 및 고객의 투자 유치나 시장개척을 위한 홍보자료이다. 예비창업 단계는 신규사업아이템 검증, 초기 창업자금 확보, 팀구축을 한다. 스타트업의 성장 단계는 예비창업 단계로 기술 사업화 역량을 위해 아이디어를 검증하고 사업계획서를 작성한다. 또한 정부 창업 지원, 공모전을 통한 초기 창업 자금을 모집해야 한다. 성공하는 벤처기업은 시장을 중시하는 탁월한 리더가 독창적 기술개발 또는 틈새기술경쟁을 한다. 시장 진입에 성공하는 국내 단계는 성장 벤처-이노비즈를 지나 세계 시장에 진입하는 글로벌 벤처로 성장할 수 있다. 벤처캐피탈은 투자의 기회를 확인하고 투자 후 성공에 따른 수익을 얻는다.

- 신용등급(credit rating)은 발행 주체의 이자와 원금에 대한 지불 능력을 평가한다. 어떤 기업이 3년 만기 회사채를 발행할 경우 3년 후 지불이 불가능한 정도를 평가한다. 기업가치평가는 경영자와 종업원들에게 어떤 활동이 기업가치를 증가시키는지 제시하는 역할을 한다. 기업가치를 구성하는 요인들을 분해하면 그 속에서 중요한 요인을 찾아서 적절한 전략을 도출할 수 있다. 기술가치평가는 특정기술 자체의 가치 또는 기술로 창출된 관련기술의 경제적 가치를 평가한다. 공공 기관은 연구개발 과제의 평가와 선정, 정책자금 지원 대상 선정, 연구결과의 실용화 및 기술이전을 활용한다. 민간 부문은 기술자산의 가치평가와 투자, 첨단 기술의 거래, 기술도입 및 라이센싱(licensing)을 실시한다.

# 토론과 연습문제

1. 산업수명주기를 이용하여 우리나라의 조선업을 설명하시오.

2. 창업과 개업의 차이는 무엇인가?

3. 사업계획서 작성시 포함해야 할 사항은 무엇인가?

4. IPO전략과 M&A전략의 차이는 무엇인가?

5. 장기신용등급으로 '갑'기업 BBB등급, '을'기업 C등급을 받았다. 외부에서 자금을 조달할 때 어떤 기업이 더 저렴한 이자율로 자금을 조달할 수 있는가?

6. 기술가치평가에서 시장접근법을 설명하시오.

## 참고문헌과 인터넷

구기동, 김홍유, 심기준(2018), 경영학의 이해, 신구문화사.

구기동, 신용인, 조철희(2016), 금융자산관리론, 청람.

Joseph Touchill, Gregory J. Touchill(2008), Commercialization of Innovation Technologies, John Wiley & Sons, Inc.

http://www.starvalue.or.kr/itechvalue/wsp/main/main.jsp

## 제 4 장

# 비지니스 모델과 기업시스템

### 학습목표

1. 경영시스템을 제조업, 서비스 및 사이버로 구분할 수 있다.
2. 전통적 비지니스의 체계를 확인할 수 있다.
3. 사이버 비지니스의 구성을 설계할 수 있다.

### 학습내용

1. 비니지스 모형
2. 과학, 공학, 그리고 시스템
3. 운영관리시스템

### 한국경제의 발전과정

세계경제는 영국의 산업혁명까지 크게 성장하지 못했다. 영국이 산업혁명을 일으켜서 세계 GDP 107억 달러에서 1,000억 달러로 10배의 성장을 170년 동안 이루었다. 미국이 남북전쟁 이후 1870년부터 그 후 70년 동안 GDP 1,000억 달러에서 1조억 달러로 10배의 성장을 달성하였다. 일본은 1913년부터 1970년까지 60년 동안 700억 달러에서 1조억 달러로 14배 성장했다. 우리나라는 50년 동안 300억 달러에서 1조억 달러로 33배 성장했다.

국가의 경제발전은 사람, 기술, 자본이 원동력이다. 국민이 근면성실하고 교육열이 높으며 유학도 많이 가고 야근을 하면서까지 열심히 일을 했다. 기술은 모방하면서 자체 기술개발을 하여 첨단기술까지 개발하였다. 자본은 외국에서 도입하고 저축을 열심히 하여 기간산업을 육성하였다.

우리나라의 50년간 경제발전은 크게 세 단계로 정부주도의 개발연대, 80년대(전두환, 노태우, 김영삼 정부)부터 IMF 이전과 IMF 이후로 나눌 수 있다. 박정희 정부 때는 정부주도로 경제성장정책을 하면서 물가는 다소 상승하더라도 성장 제일주의를 지향하였다. 수출주도, 경공업(가발, 신발, 섬유 등)으로 시작하였다가 중화학공업으로 발전하였다.

1980년대 시장경제로 이행하면서 공정거래법을 제정하였다. 기업들이 자신의 연구소에서 제품 차별화를 위해 기술을 개발하였고 자신의 상표를 부착하였다. 1993년 김영삼 정부, 문민정부가 탄생하면서 신경제 100일 계획으로 경기부양책을 추진하였다. 1995년 1인당 국민소득이 1만 달러를 돌파하면서 OECD에 가입하였지만 구조개혁의 지연으로 IMF 외환위기를 맞이했다.

외환위기 가운데 출범한 김대중 정부는 IMF 경제체제 하에서 4대 부문의 경제개혁을 추진하였다. 후반기에 경기부양을 위해 신용카드 규제를 완화하면서 가계부채가 크게 늘어났다. 복지 분야의 투자가 확대되었고 벤처기업이 많이 육성되었지만 성공한 기업은 소수에 불과하였다. 노무현 정부의 최대 문제는 가계부채, 심화된 양극화, 저출산, 그리고 고령화였다. 부동산 가격이 크게 상승하여 부동산에 대한 종합과세제도를 시행했다. 행정복합도시인 세종시 건설을 추진하였고 공기업을 지방으로 이전하는 혁신도시를 건설하였다.

미국의 서브프라임 모기지 사태로 촉발된 금융위기가 경제위기로 전이되었다. 이에 대응하여 대규모 적자재정으로 경기를 부양하여 금융위기를 극복하였고 경기를 살리기 위해서 감세정책도 추진하였다. 저성장이 지속되자 창조경제를 내세워 ICT융합으로 일자리 창출을 추진하였다. '남을 따라가는 것이 아니라 앞서가는 것을 하겠다'라고 과학기술비전 전략을 세웠다.

전등의 덕분으로 밤에도 일하면서 시간의 문제가 정복되었다. 자동차가 생기면서 공간이 정복되었고 통신이 발전되면서 정보를 누구나 보유할 수 있었다. 이에 따라 노동과 자본의 투입뿐만 아니라 기술, 창의 혁신을 통한 생산성 제고가 중요하다. 투입을 통한 성장은 한계에 다다랐기 때문에 생산성 향상을 위해 기술혁신과 창의적인 인재양성이 중요하다. 창조성과 도전성이 낮은 사람은 현상유지만 한다. 도전성만 있는 사람은 무모한 도전만 하고 창조성만 있는 사람은 꿈만 꾼다.

# 1. 비지니스 모형

## 1.1 비지니스 모형

현실과 가치는 서로 독립적이며 경제적 가치는 수요와 공급의 상호관계를 통하여 주관적 가치도 객관화될 수 있다. 경제활동은 이러한 상호간의 관계에서 불일치를 극복하려는 행위이다. 즉, 교환은 대상을 순수하게 주관적인 가치에서 객관적 가치로 전환시킨다. 개관적이라고 생각하는 진리나 가치도 실제로 주관적 요소이다. 화폐는 욕망의 객체를 경제적 객체로 만드는 교환관계를 그리고 사물들의 대체 가능성을 가장 독립적으로 표현한다. 화폐는 보편적인 존재 형식의 실체화이며 이에 따라 사물들은 그 상호 관계 속에서 공통적인 의미를 발견한다. 그리고 실물가치를 화폐가치로 변화시키거나 인격적 활동도 화폐등가물로 전환할 수 있다. 노동이 화폐로 전환되어 자본화될 수 있다.

개별적인 상품과 개별적인 화폐량 간의 직접적인 등가 관계를 통하여 두 비율을 동일하게 변화시킨다. 한 비율은 개별 상품과 한 시점에 유효한 총상품량 간의 비율이고, 다른 비율은 개별 화폐량과 그 시점에 유효한 총화폐량 간의 비율이다. 그러나 이러한 화폐의 등가적 속성은 어느 단계를 넘어서면 순수한 상징적 성격으로 발전한다. 때로는 화폐의 고유한 가치가 화폐와 상품 간의 관계를 정확히 인식하지 못할 경우도 있다. 그리고 화폐의 상징적인 가치는 무제한적으로 증가할 수 있다. 이와 같이 화폐가치는 고유한 가치와 상징적 가치로 표현될 수 있지만 현실적인 제약사항을 수반하기 때문에 제한될 수 있다. 화폐거래는 수요자와 공급자의 사회적인 약속을 전제조건으로 한다. 화폐의 기능은 거래의 용이성, 가치척도의 안정성, 가치의 이동과 축적 등이다.

거래행위는 수요자와 공급자의 의식적인 상호작용이다. 이 과정에서 화폐는 가장 순수한 도구로 활용된다. 화폐의 무한한 이용가능성은 화폐가치를 증가시키면서 화폐의 축적에 따라서 프리미엄(이자, 배당, 지대 등)을 제공한다. 보유한 화폐량이 많은 경우와 작은 경우의 개별 상황에서 소비할 수 있는 가격의 한계를 결정한다. 가치를 측정하는 수단으로 사회인들이나 직장인들의 활동영역을 선택하도록 한다. 화폐에 대한 생각은 극단적으로 금전욕구, 인색, 낭비, 금욕적 빈곤, 냉소주의, 그리고 둔감 등의 형태로 나타나기도 한다. 보유한 화폐량이나 상대적인 교환비율이 화폐의 질을 결정한다. 또한 이들의 양적인 변화는 질적인 결과를 변화시킨다.

문화의 발전은 사람 상호간의 의존관계를 증가시키면서 개인간의 결합을 약화시킨다. 화폐는 사람들 사이의 관계를 연결하거나 보증하는 담보물로서 개인의 자유를 보장하거나 제한할 수 있다. 사람간의 의존성도 해체할 수 있는 속박적 성격을 가지고 있다. 이때 대부분의 개인은 화폐 소유에 대하여 무조건적인 순응자가 되지만 일부 조건적인 순응자가 되기도 한다. 이것은 인격과 화폐의 소유를 동시에 추구하는 사람과 별개로 인식하는 사람간의 관계일 수 있다. 분업에 의하여 노동도 주관적 요소와 객관적 요소로 분화되었다. 이에 따라서 인격의 일부가 사물화되는 과정에서 신용(credit)과 기술(technology) 등의 요소를 생성하였다. 이때 화폐가 새로운 형식의 결합체, 예를 들어 신탁회사, 주식회사, 펀드 등을 만들기도 한다. 한편 화폐의 발전으로 인격이나 인간 본성의 문제조차도 금전적으로 해결하려는 벌금형이나 보석 등이 증가하고 있다. 그리고 매매혼, 계약결혼, 지참금, 성의 상업화 및 뇌물 등의 부작용도 만연하고 있다. 현대 사회는 화폐를 매개로 계산적 속성의 문화에 익숙하다.

비지니스 모델은 고객에게 가치를 전달하고 이를 통해 수익을 창출하는 시스템으로 다양한 사업 참여자들의 정의 및 역할을 설명하고, 제품 및 서비스의 흐름 구조를 알려주며, 참여자들의 수익 원천이 표현된다. 기업간 거래(B to B), 기업과 소비자(B to C)거래, 소비자와 소비자(C to C) 거래 등을 결정한다. B2B(Business−to−Business)는 기업과 기업의 거래를 기반으로 하는 비지니스 모델이다. 어떤 기업이 다수의 개인을 상대하면 B2C(Business−to−Customer)이다.

B2B는 모든 거래의 대상이 기업으로 일반 매체를 통한 광고나 소매점 관리, 전자상거래 수단 등이 불필요하다. 따라서 B2B 기업은 그 규모가 커도 일반인들에게 잘 알려져 있지 않다. 같은 업종에서도 비지니스 모델이 B2B인지 B2C인지에 따라 사업의 형태가 달라진다. 예를 들어 IBM은 기업을 대상으로 한 소프트웨어 및 하드웨어 솔루션을 주 사업으로 삼는 반면, 애플은 일반 소비자를 대상으로 한 소프트웨어 및 하드웨어 솔루션을 주 사업으로 삼는다. IBM의 비지니스 모델은 B2B이고, 애플의 비지니스 모델은 B2C이다.

[그림 4-1] 사업주체에 의한 분류

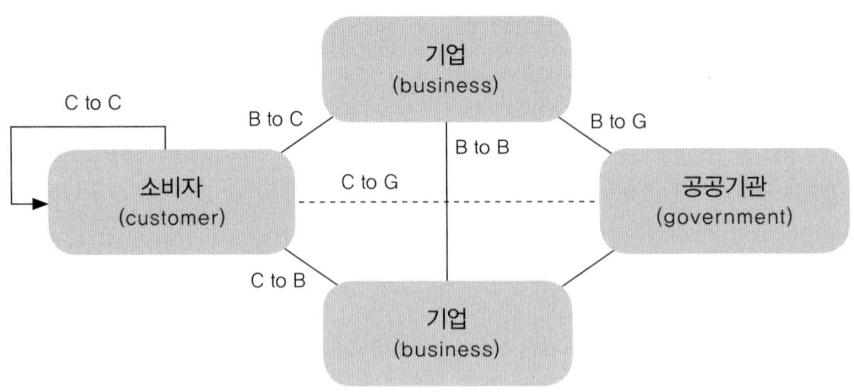

B2B의 value proposition은 업체들이 B2B 플랫폼에 회원으로 등록하여 거래비용을 절감한다. 구매자 입장에서 B2B 플랫폼은 쉽게 구매자를 찾을 수 있다. 또한 구매하는 분야의 시장상황 등의 정보를 얻을 수 있으며, 저렴하게 제품을 구매할 수 있다. 판매자도 새로운 구매자를 찾을 필요없이 B2B 플랫폼에서 구매자를 찾아 제품을 판매할 수 있다. 거래가 이루어지면, 거래량에 비례하여 일정 수수료를 부과할 수 있다. B2B의 최대 수익을 올리기 위해서 B2B 플랫폼의 성공요인을 파악해야 한다.

B2B나 C2C의 직거래는 우선 회원이 많아야 한다. 프리마켓(freemarkets)은 초기에 구매자에게 일정 수수료를 부과하였지만 수수료 부과를 폐지하였다. 어떤 거래가 이루어진 경우 판매자에게 거래량의 일정 부분을 수수료로 부과한다.

B2B 플랫폼은 두 가지 종류가 있다. 수직적 시장은 구입자와 판매자의 관계가 일 대 다 관계이다. 그리고 판매제품은 동일하지만 그 구매자들이 서로 다른 업종일 경우 수평적 시장이다. 온라인에서 업체에게 비지니스 서비스를 제공하는 웹사이트를 말한다.

전자상거래(Electronic Commerce)는 전자적으로 이루어지는 모든 비지니스로 인터넷과 같은 개방된 네트워크를 통하여 일어나는 상업적 거래의 집합이다. 재화나 용역의 거래에 있어 전부 또는 일부가 전자문서의 교환 등 전자적 방식에 의해 처리되는 거래이다.

**[표 4-1] 전자상거래의 수익모델**

| 비지니스 모델 | 수익의 원천 | |
|---|---|---|
| | 주요수익 | 세부 적용 수익 |
| 중개형 모델 | 거래수수료 | 판매자 입점시에 상점개설 대행 수익, 제품 추가시 리스트 게재 수익 |
| 광고형 모델 | 광고수익 | |
| 정보중개형 모델 | 고객정보판매 | |
| 상인형 모델 | 제품판매수익 | |
| 제조업체형 모델 | 제품판매수익 | |
| 제휴형 모델 | 고객/매출 유도로 인한 일정 수수료 | |
| 커뮤니티형 모델 | 광고수익, 고객정보판매 | 스폰서(sponsorship) |
| 구독형 모델 | 회원 가입비, 종량 요금(pay per use) | |
| 실용성 모델 | 서비스 이용료 | |

자료: Rappa(2004)

전자상거래는 전체적으로 새로운 사업기회를 창출한다. 인터넷이 효율적인 광고 수단, 물류

수송 분야의 성장, 정보의 중개기능을 수행하기 때문이다. 판매자 입장에서 판매공간의 제약 제거, 판매시간의 제약 제거, 비용과 가격의 비교우위를 확보할 수 있다. 구매자 입장에서 많은 양의 구매정보 획득이 용이, 시간적, 공간적 제약을 제거할 수 있다.

그러나 상품 정보의 신뢰성 문제, 거래 내용에 대한 신뢰성 문제, 대금 결제의 안정성과 정확성 문제, 보안성의 문제에 취약하다. 일반 소비자의 인식이 부족한 경우 소비자가 외면하면서 활성화되지 못하는 현상을 보인다.

기업과 소비자간의 전자상거래는 인터넷상의 가상 상점을 통하여 거래한다. 소비자는 컴퓨터로 컴퓨터통신망이나 인터넷의 가상 상점에 들어가 매장을 돌아다니며 진열된 상품 가운데 원하는 것을 고른다. 필요한 상품을 고른 소비자가 거래 신청서를 통해 가상 상점 운영자에게 팔 것을 요청한다. 운영자는 인증기관이 거래 요청자가 본인이고 믿을 만한 사람인지를 확인해준다. 그리고, 인증기관은 가상 상점 운영자와 소비자의 정당성과 신용을 법적으로 보증한다.

쇼핑몰 운영자는 소비자의 거래 요청을 승낙한 뒤 대금을 지불을 요구한다 물품 대금 지불은 전자이체나 신용카드 등을 이용하여 지급된다. 일반적인 과정을 정리하면 구매자의 신용이 확인되고 대금 지불에 대한 결제가 이루어진다. 네트워크에 의해 공급자에게 통보되고 공장에서 제품이 생산된다. 그리고 배송시스템에 의해 구매자에게 제품이 도착되는 형태로 이루어진다.

인터넷 경매는 하나의 대상물을 놓고 여러 구매자가 인터넷에 접속해 가격을 제시하여 정해진 시간에 최고 가격을 제시한 구매할 수 있다. 소비자간 거래가 주를 이루어지며 1:1 경매가 활성화되어 있다. 중간상을 통한 경매 지원 시스템을 이용하는 경우는 판매자와 구매자가 2인 이상인 경우를 말하며, 판매자는 경매에 거래될 상품을 중개상에 등록하고 구매자는 등록된 상품 중에서 구매하는 일종의 경쟁 계약이다.

기업은 판매하는 물건의 가격을 책정하는 과정에서 각종 비용과 예상되는 수요량, 목표 수익 등을 바탕으로 가격을 책정한다. 기업의 가격책정 과정은 경쟁사와의 치열한 눈치싸움이기도 하며 동시에 소비자들과의 밀고 당기기라고도 할 수 있다. 이러한 가격 책정 방식 중에서도 가장 독특하면서도 드라마틱한 요소를 가지고 있는 것이 바로 경매다.

경매는 보통 대상의 독특한 특성으로 수요와 공급에 의한 가치 분석이 어려운 물건, 예를 들면 예술품 등에 사용되는 가격책정 방식이다. 경매의 유형으로 영국식 경매(English Auctions)는 공급자가 생각하는 최저 가격에서 시작하여 참가자들이 스스로 점차 가격을 높여 나가서 최고가를 부른 사람에게 낙찰시킨다. 참가자들은 팻말이나 손을 들어 진행되는 최고가보다 더 높은 가격을 부르면서 경매가 진행된다. 예술품의 경매에 많이 사용한다. 인터넷 경매는 대부분 영국식 경매를 택하고 있다.

네덜란드식 경매(Dutch Auctions)는 경매가 시작되면 진행자가 시작가를 알리고 이 가격에 구매가 있는 사람들이 참가한다. 진행자는 점차 가격대를 높여가면서 구매할 사람을 찾는다. 가격이 높아질수록 참가자는 축소되고 최종 참가자만 남는다. 진행자는 최종 가격을 3번 외친 후 더 이상 참가자가 없으면 경매를 종료한다. 주로 농산물 거래에 많이 쓰인다.

비공개 입찰경매(Sealed-bid Auctions)는 참여자들은 남들이 볼 수 없는 종이 쪽지에 가격을 적어서 입찰함에 넣는다. 경매의 참여자들은 다른 참여자들의 가격을 알 수 없다. 제출된 가격에서 입찰조건을 충족한 가격을 대상으로 낙찰시킨다. 이 경매의 진행은 판매자보다 구매자인 경우가 많다. 예를 들어 기업의 M&A나 건설수주 등에 이용되고 있다.

## 1.2 플랫폼 경제

플랫폼은 여러 참여자가 공통된 사양이나 규칙에 따라 경제적 가치를 창출하는 토대이다. 플랫폼은 플랫폼 공급자와 플랫폼 후원자가 만드는 네트워크 효과를 창출한다. 비지니스 플랫폼은 크게 제품 플랫폼, 고객 플랫폼, 거래플랫폼으로 구분할 수 있다.

컴퓨팅 분야의 플랫폼은 다른 모든 소프트웨어를 구동시키기 위한 하드웨어와 소프트웨어의 결합으로 컴퓨터 아키텍처, 운영체제(Operating System), 프로그래밍 언어 및 관련 유저 인터페이스를 포함한다. 플랫폼이 여러 분야에서 사용되면서 플랫폼에 대한 개념도 확장되어 개별 애플리케이션도 하나의 플랫폼으로 성장하였다.

사용자간 거래에 필요한 컴포넌트(Component)와 이를 관리하는 규칙(Rule)이 필요하다. 컴포넌트는 하드웨어, 소프트웨어, 서비스 모듈과 이를 포괄하는 아키텍쳐를 포함한다. 규칙은 네트워크 참여자(Network Participant)를 조정하고, 사업자는 플랫폼 스폰서가 되면서 초기 플랫폼 공급자와 이해관계를 형성한다. 즉, 플랫폼 공급자가 구성한 컴포넌트를 재사용 또는 응용하여 새로운 이해관계자들이 부가가치를 창출한다.

**[표 4-2] 플랫폼의 구분**

| 종류 | 제품 플랫폼 | 고객 플랫폼 | 거래 플랫폼 |
|---|---|---|---|
| 정의 | 다양한 최종 제품의 생산에 활용하는 공통부분 | 기업이 목표로 하는 핵심 고객 집단 | 외부 공급자와 거래 관계를 맺는 인프라 |
| 목적 | 비용절감<br>(추가 모델개발 및 생산 비용의 하락) | 수익증대<br>(판매 품목 다양화로 매출 증대) | 산업주도(고객 고착화, 협력관계를 통한 세력 확장) |

플랫폼의 가치는 얼마나 많은 외부 참여자가 참여하는가를 통해 결정한다. 따라서 플랫폼 제공자는 플랫폼 자체의 기술보다 충분한 외부사업자를 확보하는데 노력해야 한다. 그 자체의 완성도보다 플랫폼에 참여한 모든 기업이 만든 가치의 총합에 비례하여 평가받는다. 스마트 시장에서 도태된 HP의 WebOS나 추락한 노키아의 심비안 플랫폼은 충분한 참여자를 확보하지 못하여 실패하였다.

아마존/지마켓 등과 같은 소위 오픈마켓 서비스, 우버/배달의 민족과 같이 서비스 제공자 그룹과 이용자 그룹이 존재하는 서비스이다. 광고주는 사용자를 필요로 하지만 사용자는 광고주를 필요로 하지 않는다. 한 그룹 내의 사용자가 많아지면 연결 대상이 되는 다른 그룹의 사용자들의 연결 가능성이 높아져 네트워크 가치도 높아진다. 아마존에서 구매자가 많아지면 판매자가 판매할 대상이 많아지기 때문에 네트워크 가치가 높다. 반대로 판매자가 많아지면 구매자는 구매할 대상이 많아져서 네트워크 가치가 높다.

**[그림 4-2] 플랫폼 성장의 선순환 구조**

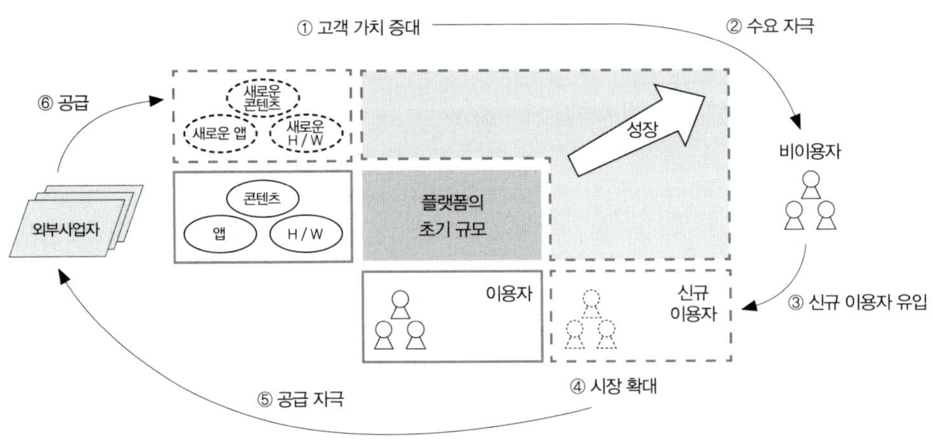


## 1.3 스마트 비지니스

성공적인 인터넷 비지니스는 비지니스 모델을 정확히 규정하여 시작하는 것이다. 디지털 경제에서 사업 모형은 사업 수립에서 구현까지 기간이 매우 짧고 비용이 상대적으로 적다. 경쟁업체가 사업 모형을 모방하기가 매우 쉬워서 사업 모형의 수명이 더욱 빨라질 수 있다. 또한 새로운 사업을 시작하면서 다른 사업을 준비하여 새로운 모델을 개발하여야 한다. 그리고 가치를 부여하는 곳에 핵심 역량을 집중시키고 타 부분은 아웃소싱해야 한다.

[표 4-3] 온라인과 오프라인 비교

| 구분 | 온라인 서비스 시스템 | 오프라인 서비스 시스템 |
| --- | --- | --- |
| 서비스 접점 | 컴퓨터 화면 통한 간접접촉 | 고객과 제공자의 직접접촉 |
| 운영시간 | 항시 | 영업시간 내 |
| 접속 | 어디에서든 인터넷 접속 | 점포까지 이동 |
| 시장영역 | 전세계적 | 지역적 |
| 환경 | 전자적 인터페이스 | 실제적 환경 |
| 경쟁력차별화 | 편의성 | 개인화 |
| 개인보호 | 익명 | 사회적인 상호작용 |

인터넷 쇼핑몰은 재화 또는 용역을 이용자에게 제공하기 위하여 컴퓨터 등 정보통신 설비를 이용하여 재화/용역을 거래할 수 있도록 설정한 가상의 영업장이다. 가상매장을 인터넷상에 구축하여 이용자들이 검색을 통해 상품정보를 얻고 신용카드 등을 통해 대금을 결제하여 상품을 배달받는 형태를 말한다. 자신의 점포를 별도로 갖지 않는 가상점포로서 생산자와 최종소비자의 중간에서 그 매개역할을 담당하면서 수익을 창출한다.

인터넷상의 사이버 쇼핑몰에서 고객들이 구매하고자 하는 상품의 모습 및 상품정보를 컴퓨터 화면을 통하여 볼 수 있도록 진열하여 놓는다. 고객들이 원거리에서 네트워크를 통하여 이러한 상점 사이트를 방문하여 원하는 물건을 찾고 주문을 한다. 주문 결과에 대한 결제를 진행하면, 주문 상품이 고객에게 배달된다.

인터넷 쇼핑몰의 구매과정은 일반적으로 상품 검색부터 배달까지 8단계를 거쳐 이루어진다. 첫째, 소비자는 인터넷 쇼핑몰에서 검색기능을 이용하여 상품을 선택한다. 둘째, 필요한 상품을 고른 고객은 주문신청서를 통해 사이버 쇼핑몰에 구매를 요청한다. 셋째, 쇼핑몰 운영자는 인증기관에 구매자에 대한 인증을 요청한다. 인증기관은 사이버 쇼핑몰과 고객의 정당성을 보증해주는 곳이며, 인증기관에서 고객에 대한 정당성이 인증된다. 넷째, 쇼핑몰 운영자는 고객의 구매 요청을 승인한 뒤 고객에게 대금 지불을 요구한다. 다섯째, 고객이 신용카드, 계좌이체, 전자화폐 등 가능한 방식으로 상품 대금을 지불한다. 여섯째, 쇼핑몰은 Payment Gateway를 통해 은행이나 신용카드사에 고객의 신용 및 금융정보를 확인한다. 일곱째, 고객의 대금 지불에 하자가 없으면 상품 창고 또는 물류센터에 상품 배달을 발주한다. 여덟째, 상품이 고객에게 배달된다.

[그림 4-3] 쇼핑몰의 이용 과정

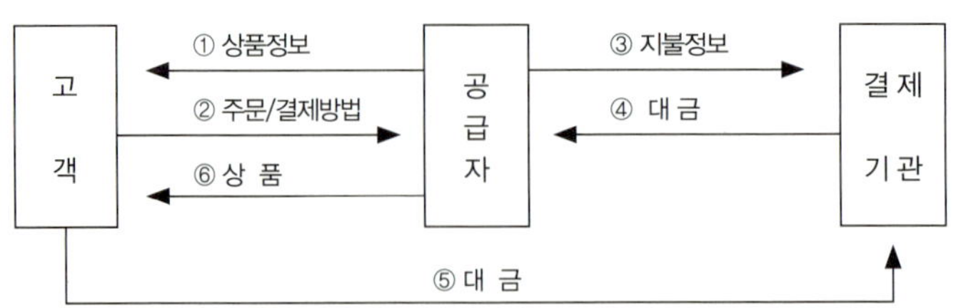


쇼핑몰의 모니터상에 보여줄 수 있는 상품은 제한적이기 때문에 많은 상품을 진열하는 방법에 따라 달리 보여줄 수 있다. 상품 카탈로그(상품 디렉토리)는 상품을 가전제품, 음식류, 의류 등으로 구분하고 세분하여 계층 구조로 보여준다. 상품 검색엔진은 고객이 자신이 찾고자 하는 상품명을 입력하면 해당하는 상품들의 목록을 디스플레이 해준다.

스마트 쇼핑(mobile shopping)이 소비자들의 일상적인 구매 행동으로 자리 잡고 있으며, 따라서 대다수 유통 기업들은 모바일 트렌드에 대해 적극적으로 대응하고 있다.

## 2. 과학, 공학, 그리고 시스템

### 2.1 뇌과학

뇌과학은 뇌를 포함한 신경계를 연구하는 생물학의 한 분야이다. 뇌는 기억, 생각, 감정, 언어, 감각에서 중요한 역할을 담당한다. 뇌과학은 눈으로 볼 수 있는 뇌를 연구한다는 점에서 심리학 및 인지과학과 다르다. 뇌과학은 마음에 긴밀하게 연관된 기관인 뇌를 연구해서 인간을 이해한다. 뇌과학의 목표는 창조력과 학습을 통해 지식을 축적하고, 정서, 추론, 학습능력을 갖춘 인공지능이다.

인간이 동물과 차별되는 특징을 호모사피엔스(지혜있는 사람), 호모루덴스(유희하는 사람), 호모파베르(도구를 만드는 사람), 호모에렉투스(서서 걷는 사람), 호모하빌리스(손을 쓰는 사람)로 표현한다. 뇌과학은 이러한 뇌의 차이에서 비롯된 뇌의 신비를 밝혀 인간의 물리적, 정신적 기능을 탐구한다.

뇌과학 초기에 죽은 사람의 뇌를 쪼개 해부하고, 설문조사와 행동양식을 관찰하고 얻은 정보를 연구했다. 그 후 전자공학으로 만들어진 기능성 자기공명장치(fMRI), 양전자방출단층촬영(PET), 단일광자단층촬영(SPECT), 뇌파기기(EEG) 같은 장비로 뇌를 관찰할 수 있었다. 연구 주제는 뇌의 감각정보에 대한 인식, 학습방법, 문제해결능력 등을 연구한다. 그리고 연구결과를 공학에 접목하여 인공지능시스템을 구현한다. 인공지능은 1980년 중반까지 논리추론에 따라 '법칙기반 방식'을 설계했고, 그 뒤로 사람의 뇌를 모델링해 회로를 구성하는 '신경회로망 방식'을 연구했다.

뇌과학은 생명과학, 신경과학, 인지과학, 공학, 의학등 다양한 학문의 융합이 필요하다. 미국과 유럽은 각각 1990년과 1991년 '뇌의 10년'을 선포했고, 일본도 21세기를 '뇌의세기'로 명명하여 투자하고 있다. 국내도 1998년 6월 '뇌연구촉진법'을 입법화해 21세기 프론티어 사업으로 선정하였다.

2006년 미국생명공학회사 사이버키네틱스와 브라운대, 시카고대 공동연구팀은 '브레인게이트'라는 시스템을 개발했다. 연구팀은 사고로 목아래가 마비된 청년의 뇌에 초소형칩을 이식했다. 그는 이칩에서 나온 신호를 받은 외부장치로 간단한 게임을 하거나 전등을 켜고 끄는 일을 할 수 있었다. 또한 뇌과학을 통해 잃어버린 시각을 되찾을 수도 있다. 2002년 미국옵토바이오닉스사와 존스홉킨스대는 카메라로 입력한 영상을 시각장애자의 망막에 이식된 칩에 전달하여 사물의 형체와 움직임을 분간하는 '전자눈'을 개발했다.

미국 국립보건원(NIH)은 NIA(National Instituteon Aging)를 설치해 치매 연구를 수행하고 있다. 단백질이 신경신호를 방해하기 때문에 치매를 일으키는 것으로 알려져 있다. 일본의 자류타가와 시마는 두뇌의 나이를 측정하고, 두뇌를 훈련시키는 '뇌 나이'라는 게임을 고안했다. 이 게임을 통해 자신의 두뇌연령을 측정하고, 뇌연령에 따라 수준별로 치매예방을 위한 게임을 할 수 있다.

다양한 뇌반응을 마케팅에 활용한 것을 '뉴로마케팅'이라고 한다. 어떤 광고가 소비자들에게 호감을 주는지 알려준다. 광고주는 소비자가 구매욕을 느끼도록 모델의 용모나 시선 처리, 상품 배치를 결정한다. 뇌영상만으로 구매자가 물건을 구매할지 하지 않을지 알 수 있다. 구매할 때는 뇌의 측좌핵이 활성화되고, 가격이 비싸다고 생각하면 섬영역이 활성화되면서 전전두엽이 불활성화된다.

도박은 그 욕망을 억제하지 못하여 반복적으로 하다보면 만성 중독에 이를 수 있다. 도박 중독은 술·마약처럼 한번 중독되면 치료하기 힘든 정신질환이다. 게임 도박과 중독 도박의 구분은 내성과 금단 증상으로 파악한다. 뇌의 쾌락 중추는 특정한 자극이 오면 다량의 쾌락물질을 분비하는데 항상 더 강력한 자극을 찾는다. 이 회로에 작용하는 도파민 등 여러 신경전달물질이 불균형을 이루면 도박 중독에 빠진다. 따라서 도박 중독은 일종의 뇌기능 장애로 도박을 하지 않으면 초조, 불안 및 집중력 저하 등의 금단증상을 보인다. 케임브리지대학의 실험에서 도박을 할 때 인간의 뇌에서 쾌락, 중독, 보상 등과 관련 있는 내측전두엽(medial frontal cortex), 복측선조체(ventral striatum), 그리고 뇌섬엽(anterior insula)의 활발한 활동을 발견하였다. 슬롯머신 그림 중 3개를 다 맞추는 게임에서 간발의 차이로 빗나갈 때 크게 활성화되었다. 이들 부위가 활성화되는 사람일수록 도박에 빠진다.

### 2.2 뇌공학

뇌공학은 뇌의 정보처리 구조와 원리를 이해하고, 이를 실세계와 지능적으로 상호작용하는 인공 시스템에 구현하는 분야이다. 이러한 기술은 인지로봇, 실버산업, 뇌 질환 진단 및 예측, 게임, 엔터테인먼트, 뉴로 마케팅, 재활 산업, Mind-Reading기술 등에서 활용되고 있다.

골 전도 기술(bone conduction technology)은 사람의 뼈를 진동해 소리를 전달하는 하드웨어와 소프트웨어를 개발한다. 귀의 달팽이관은 공기 진동을 전기 신호로 바꾸어 뇌로 보낸다. 신체의 다른 부위를 통해 뼈를 진동해서 직접 뇌로 소리를 전송한다. 골 전도 기술을 사용하면 헬멧 또는 손가락을 통해 소리를 들을 수 있는 놀라운 통신 기술을 사용하게 된다.

마크 저커버그는 "10~15년 안에 VR·AR 기술이 컴퓨터 플랫폼을 지배하고, 증강현실이 TV처럼 일상화될 것"이라고 예측했다. 페이스북은 VR 전문회사 오큘리스를 인수하여 별도 기계장치 없이 스마트폰만으로 가상현실(VR)·증강현실(AR)을 구현하는 서비스를 개발하고 있다. 만약 뼈를 진동해 소리를 뇌에 전달할 수 있다면 VR·AR 공간에서 뇌가 직접 기계와 소통할 수 있다.

미 국방부 산하 국방첨단연구계획청(DARPA)은 외골격을 장착하여 전쟁에서 무소불위의 힘을 발휘할 수 있는 인간 한계를 넘는 '트랜스 휴먼'을 연구하고 있다. 뇌졸중 환자 재활에 외골격을 활용하는 기술은 물리치료사가 뇌졸중 환자의 신체를 계속 움직이게 하여 치료를 도왔지만, 외골격이 그 역할을 대신한다. 뇌파를 통해 마음을 읽는 장치가 팔 마비 뇌졸중 환자의 의도를 파악하여 팔을 뻗게 해줄 수도 있다.

스위스 로잔연방공과대는 2017년 11월 척수 손상으로 오른쪽 다리를 사용할 수 없는 원숭이를 걷게 하는데 성공했다. 심도 뇌파를 읽는 센서와 척수에 심은 전기 자극 장치를 이용해 인공 기계 다리를 장착하지 않고 원숭이가 걸을 수 있게 해 주었다. 손상된 척수를 복원하는 방법은 없었다. 그런데 사이배슬론(Cybathlon)은 로봇공학 기술을 이용하여 장애인 스포츠 선수가 컴퓨터 자동차 게임, 전기 자극을 이용한 자전거 경주, 전동 휠체어 경주, 로봇 의족 달리기, 로봇 의수 경주, 로봇 슈트 걷기 등을 실현하였다.

[그림 4-4] 외골격의 구조

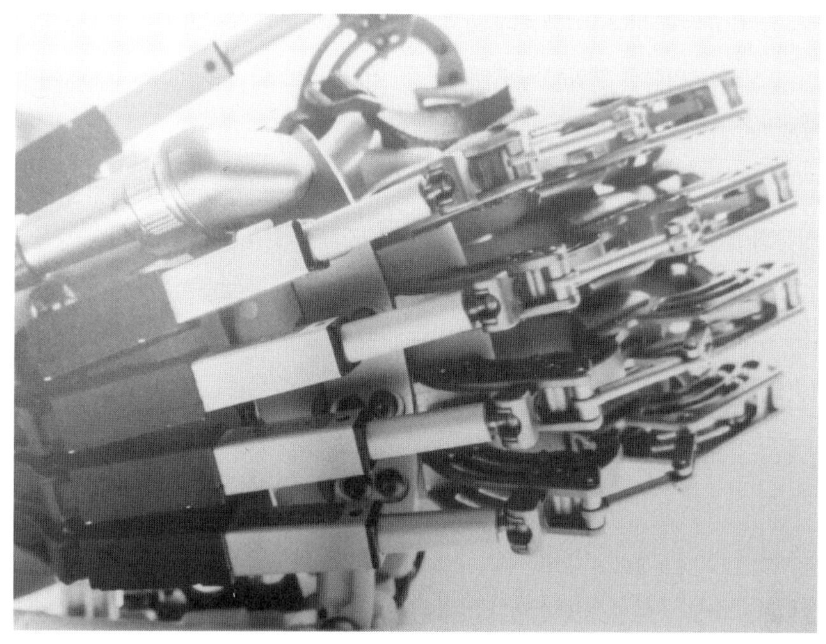

과거 뇌공학에서 상용화된 비지니스 모델이 없었다. 그러나 미국 '루모시티'라는 두뇌 훈련 게임은 치매를 예방하는 스마트폰 앱을 제공한다. 영국 코그메드(Cogmed)는 청소년의 집중력과 학습 능력을 향상할 수 있는 게임이다. 이스라엘의 뉴로닉스(Neuronix)는 알츠하이머 환자의 지적 능력을 향상하는 게임을 제공한다. 이러한 게임은 기억력이나 주의력, 언어 능력, 논리력 등의 다양한 두뇌 능력을 측정하고 상승효과를 만들어내기 위해 정교하게 디자인되어 있다.

일류 스키점프 선수들은 점프 직전에 시속 100㎞가 넘는 속도를 내기 때문에 고도의 균형 감각과 근력이 필요하다. 전미스키·스노보드협회(USSA)는 샌프란시스코의 헤일로 뉴로사이언스(Halo Neuroscience)와 함께 선수의 뇌에 전기 자극을 가해 실력을 향상하려 하고 있다. 헤일로는 전기 자극이 뇌의 운동 영역에 새로운 연결을 만들어 기술을 빠르게 익히고 효율을 증대시키는 데 도움을 준다고 주장한다. 이들은 올림픽 대표를 포함해 노르딕 스키 점프 선수들을 훈련했는데, 경두개 직류전기자극(tDCS)을 받은 선수들은 대조군보다 점프력 70%, 균형 감각 80% 정도 더 상승했다고 한다.

영국 켄트대 스포츠 생리학자 렉스 모거는 tDCS가 운동선수의 피로감을 줄여준다는 연구 결과를 발표하기도 했다. 운동 영역 중 하체 기능을 담당하는 영역에 전류를 흘려줌으로써 사이클 선수가 피로감 없이 더 오래 페달을 밟을 수 있었다.

유튜브에는 뇌에 전류를 가하는 DIY(do it yourself) 장치들이 등장했다. 손쉽게 뇌에 전극을 붙이고 전류를 가하는 장치다. 이를 이용해 집중력을 높이거나 운동 효과를 증가시킬 수 있다는 것이다. 이런 실험은 위험한 결과를 낳을 수 있다. 이른바 브레인 도핑(brain dopping)이 일상화될까 우려스럽다.

뇌공학 기술이 안정성을 충분히 테스트받고 과대 포장된 효과의 거품을 걷어내는 것이 뇌공학 기술 상용화에 도움이 된다. 뇌에 대한 실험이나 제품 개발은 각별히 윤리 규정을 만들어 관리할 필요가 있다. 그렇지 않으면 생명이나 인지 기능에 위험을 초래할 수 있기 때문이다. 우리 사회도 실험실의 연구가 제품으로 쏟아지기 전에 각별한 준비가 필요하다.

### 2.3 뇌지도

뇌인지는 언어처리, 감정, 지각, 사고 등의 과정을 뇌영상, 신경회로의 활성과 패턴을 통해 이해한다. 뇌지도(Brain Mapping)는 뇌의 구조적·기능적 연결성을 수치화, 시각화한 DB로 다양한 뇌지도 작성기술을 이용하여 유전자/단백질, 뇌구조, 뇌 기능 등의 정보를 macro, meso, micro 수준의 해상도로 작성한다.

인간의 심오한 마음 행동의 이해와 뇌질환 진단, 극복을 위해서 뇌의 구조와 기능적 연결성, 작동원리에 대한 정밀하고 종합적 이해가 필요하다. 뇌지도는 뇌에 대한 작동원리, 현상규명과 뇌질환에 대한 맞춤형 정밀의학 등 차세대 뇌연구를 위한 필수 정보를 제공한다.

**[그림 4-5] 뇌지도의 활용**

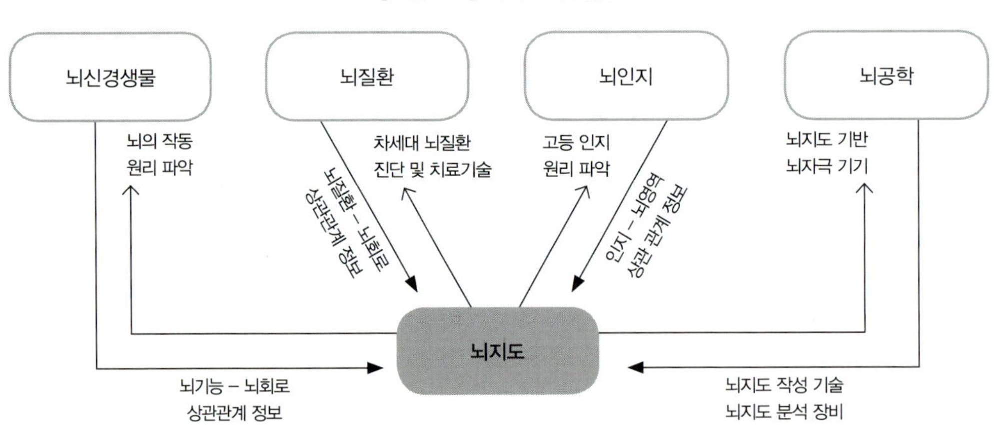


자료: 미래창조과학부(뇌과학발전전략, 2016)

뇌 연구의 결과를 인공신경망 모델링 및 우수 알고리즘 개발에 활용하여 보다 효과적인 뇌 유사 컴퓨터 시스템 구현할 수 있다. 인공지능 기술의 도약을 위해서 인간의 다양한 뇌기능을 매개하는 신경회로와 네트워크를 이해해야 한다. 인공지능 연구는 대부분 딥러닝 기반의 학습과 의사결정 연구에 집중하고 있다.

인간 뇌의 작동원리 연구를 통한 자연지능(N.I. : Natural Intelligence)과 인공지능(A.I. : Artificial Intelligence) 연결이 필요하다. 또한 뇌모사 시스템 개발을 위하여 뇌 신경구조의 연결구조와 시냅스 활동원리를 인공지능에 접목시키는 심층적 융합연구를 해야 한다. 학습에 치중되어 개발된 인공지능 시스템의 약점을 감성, 감각, 지각판단을 담당하는 인간 뇌회로 연구의 접목을 통해 극복해야 한다.

[그림 4-6] 인간지능과 인공지능의 비교

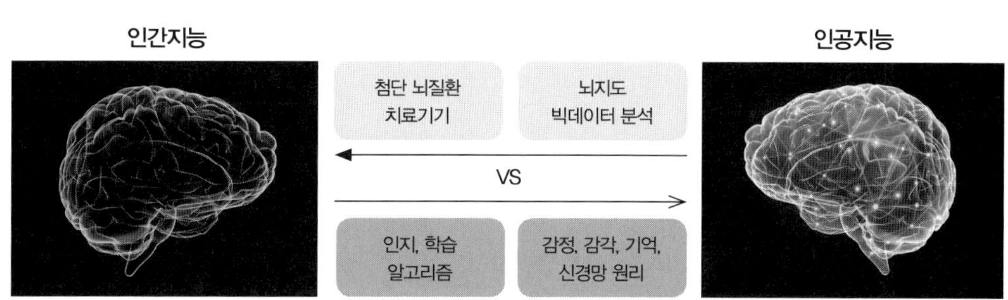


자료: 미래창조과학부(뇌과학발전전략, 2016)

뇌 연구를 통한 인간에 대한 이해의 증대는 소비행태, 영화산업, 건축 및 디자인 등 우리 생활의 전반에 긍정적인 영향을 미친다. 뇌반응 측정을 통한 브랜드 마켓팅 전략(디자인, 화장품 색조, 광고시간 등)도 활성화되고 있다. 인공지능, ICT, 로봇공학 등을 융합하여 삶의 방식을 혁신할 수 있는 신경컴퓨터, 감성 및 재활로봇 개발 등 본격화되고 있다.

지각판단 회로는 인간의 지각판단 신경회로를 분석하여 인공지능의 모델링 및 패턴인식을 지원한다. 인간의 정보수집 및 지각과 판단에 관련된 신경회로에서 시각정보의 수집단계, 시지각(visual perception) 인식단계(도형, 패턴 등), 시각적 의미표상의 도출(문자, 얼굴 등)로 단계별 접근하여 시지각 작동원리 요소를 도출한다. 또한 인간의 지각, 판단 신경회로의 작동 형태를 현재의 인공지능 패턴인식 알고리즘과 비교하여 새로운 인공지능 패턴인식 알고리즘을 개발한다.

국가별로 뇌인지는 가상현실 기술을 이용하여 동물 행동분석 기술 개발(2010, 미국), 전기자극을 이용한 기억증강기술의 성공(2011, 미국), 그리고 생쥐모델에서 가상기억생성 성공(2013, 미국)이다. 국내의 경우 가상현실 기술을 이용하여 위치인식 신경망 분석(2014), 억제성 신경회로에 의한 공포기억이 조절되는 기전 발견(2015), 공포기억을 기록하는 신경세포 앙상블 발견(2014)으로 발전하였다.

# 3. 운영관리 시스템

## 3.1 제조업 시스템

시스템은 특정 목적을 위하여 투입을 받아들여서 체계적인 변환을 통해 산출하는 과정에서 구성요소들이 유기적으로 상호작용하는 집합체이다. 모델(model)은 복잡한 시스템을 단순화하여 분석이 가능하도록 만든다. 시스템은 환경변화에 민감하게 반응할 수 있기 때문에 민감도 분석(sensitivity analysis)을 실시해야 한다. 민감도 분석은 다른 조건이 일정하고 일부 구성요소 값이 바뀔 때 전체 시스템의 변화를 측정한다. 모델은 이러한 조건을 바꾸어가면서 시스템의 변화에 대한 실험을 반복할 수 있다.

경영의 구성요소는 투입요소, 변환과정, 산출요소로 구분하는데 산출요소와 투입의 형태에 따라서 재화와 서비스로 구분한다. 제조업 시스템은 전체, 구성하는 부분, 그리고 개체와 부분들 간의 상호연관성으로 구성된다. 시스템은 외부환경과의 상호작용여하에 따라서 폐쇄체계(closed system)와 개방체계(open system)로 나눌 수 있다. 폐쇄체계는 시스템이 존재하는 환경에서 격리되어 있다. 시스템의 구성부분만 존재하고 그 자체로 모든 것이 충족된다고 가정한다. 환경의 영향은 무시되거나 중요성하지 않은 것으로 간주한다. 개방체계는 시스템의 경계를 넘어서 시스템의 구성부분이 외부환경과 끊임없이 상호작용한다고 가정한다. 따라서 개방체계는 관련요소가 많아져서 복잡하다. 개방체계는 자원, 에너지, 정보를 받아들이고 이를 전환시켜서 재화와 서비스를 산출한다. 이때 피드백(feedback)이 지속적으로 이루어져서 환경의 균형상태를 유지한다.

두 가지 체계는 하위시스템간의 유기적인 상호관련성을 설명하지 못하는 한계를 가지고 있다.

카스트와 로젠즈웨이그는 복잡한 조직을 보다 잘 이해하고 조직 내의 제 문제를 잘 해결해 나가기 위해서는 조직을 다섯 가지 하위시스템으로 분류하였다. 첫째, 목표-가치시스템은 경영조직에 사회와 문화의 가치를 반영시키며 경영조직의 모든 활동을 지배한다.

둘째, 기술시스템은 조직에 투입된 투입물을 산출물로 전환시키는 지식, 방법, 기법 등의 모든 기술과 설비를 포함한다.

셋째, 사회-심리시스템은 외부환경과 내부시스템이 상호작용을 할 때 경영조직의 전체성과에 매우 중요한 작용을 한다.

넷째, 구조적 시스템은 조직구조, 권한관계 조직과업의 분화, 이들의 조정에 필요한 통합, 방침과 규율, 커뮤니케이션, 그리고 작업 흐름 등의 모든 공식적 측면을 포함한다.

다섯째, 관리적 시스템은 모든 하위시스템을 통합하여 외부환경과 경영조직에 일관성 있는 목적을 설정하고 이를 달성하는데 필요한 행동을 계획, 조직 및 통제한다.

**[그림 4-7] 제조업 시스템**

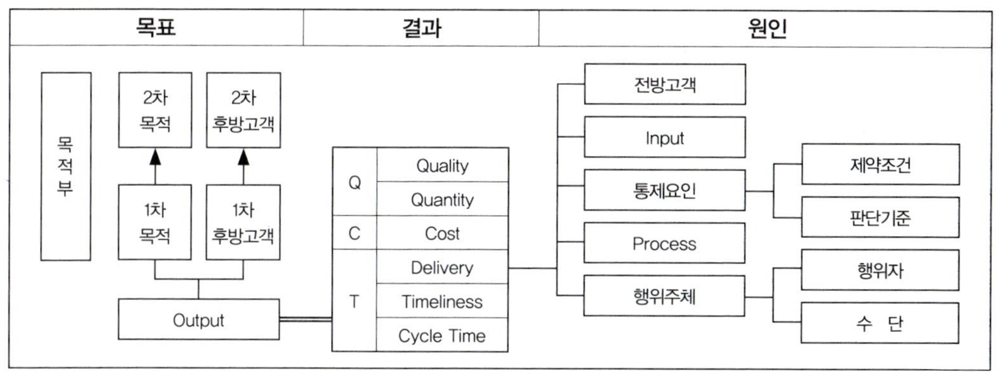


## 3.2 서비스 시스템

서비스는 고객에게 개인, 설비 또는 시설을 활용하여 제공하는 행위로 수행과 소비가 동시에 발생하여 소유하거나 저장할 수 없다. 생산과 소비의 동시성으로 서비스는 재고 유지를 할 수 없으므로 제공하는 서비스의 질을 개선하여 반복구매를 유도해야 한다. 전 세계적으로 서비스 산업의 비중이 확대되면서 새로운 형태의 서비스, 서비스관리도 발전하고 있다. 서비스 과학(service science)은 서비스 시스템과 서비스 프로세스의 설계, 서비스 시스템의 효율성과 생산성 제고, 서비스 전략과 서비스 마케팅, 새로운 서비스의 개발과 비지니스 모델의 설계를 분석한다.

서비스 시스템은 전체 시스템을 프로세스에 따라 개별 기능에 따라 세분화할 수 있다. 그리고 전체 시스템을 업무 특성과 목적에 따라 높은 접촉도 영역과 낮은 접촉도 영역으로 분리할 수 있다. 접촉이 낮은 시스템은 배후 공간(Back office)에 배치하여 생산라인 방식으로 설계하고, 핵심기술은 배후 공간에 배치하여 공개하지 않는다. 접촉이 높은 시스템은 전진배치(front office),

서비스라인(service line) 방식으로 설계하여 고객과 접촉 있는 서비스를 전면 공간에 배치한다.

서비스의 특성은 첫째, 비유형성(Intanglibility)으로 서비스제공자는 소비자들에게 가치 있는 무언가를 제공받는다는 느낌을 갖도록 노력한다. 제공되는 서비스는 광고 모델을 활용하여 유형화한다. 볼 수 없고 만질 수 없기 때문에 고객은 구매 전에 서비스의 효용을 알기 어렵다. 저장이 불가능하고 특허를 통한 서비스 보호가 불가능하며 진열 및 커뮤니케이션을 할 수 없다. 따라서 서비스를 제공할 때 사용하는 유형적인 단서로 정보 제공에 사용한다. 구전 커뮤니케이션의 활성화로 강력한 기업이미지를 창출한다. 종업원을 고객과 직접 접촉하도록 권장하고 서비스 사용에 따른 효익을 강조한다.

둘째, 비표준화(Variabillity)는 사람에 의존하여 일관된 표준화 서비스를 제공할 수 없다. 따라서 품질은 서비스 표준의 설계, 고객들에게 인지된 패키지 서비스, 품질관리를 위해 서비스의 기계화 산업화, 개별 고객 맞춤화, 서비스 제공자의 선발과 교육, 기계활용 등을 활용한다.

셋째, 소멸성(Perishability)으로 판매할 때까지 저장할 수 없다. 좌석은 재고로 저장할 수 없으며, 채워지지 않은 좌석은 그대로 사라진다. 그러나 수요가 지속적이고 안정적이면 서비스의 소멸성은 문제되지 않는다. 수요의 변동이 심할 경우에 서비스제공자는 최적의 자원배분을 위해 수요와 공급의 특성을 분석한다. 서비스 수요는 서비스가격의 차별화, 비성수기 수요의 개발, 보완 수요의 개발, 보완 서비스의 제공, 그리고 예약시스템의 도입 등을 활용한다.

**[표 4-4] 서비스 시스템 설계의 핵심 요소**

| 설계 요소 | 높은 접촉 시스템 | 낮은 접촉 시스템 |
|---|---|---|
| 조직 목표 | 효과성 극대화 | 효율성 극대화 |
| 설비 입지 | 수요자 인접 지역 | 자원/하부구조 인접지역 |
| 설비 배치 | 공정중심 배치 | 제품중심 배치 |
| 인력 특성 | 고급기능과 다양성 | 표준기능과 획일성 |
| 공급능력 계획 | 최대수요 만족 | 평균수요 만족 |
| 계획수립 전략 | 신축적 전략 | 안정적 전략 |
| 경쟁 우위 | 품질, 디자인 | 가격, 유통 |

### 3.3 스마트시스템

인터넷은 미·소 냉전 상태에서 미국 국방부의 통신 통제센터의 파괴로 인한 통신마비를 해결하기 위해 분산통신망에 근거한 새로운 통신망을 개발하면서 시작되었다. 1969년에 미국 국방부의 첨단연구 프로젝트국(ARPA)과 스탠퍼드, UCLA 등 4개 대학이 개발한 통신망을 서로 연결한 알파넷트(ARPANET)가 탄생하였다. 그 후 미소 냉전의 종식과 함께 TCP/IP(Transmision Control Protocol/Internet Protocol)라는 약속된 통신규약만 사용하면 누구나 이 통신망에 접속할 수 있게 되었다. 전세계의 인터넷을 조정하고 협력하는 인터넷 소사이어티(www.isoc.org)는 세계 각국에서 선출된 19명의 위원으로 구성된 비영리 민간단체이며 인터넷에 연결된 호스트 컴퓨터를 관리하고 도메인을 부여한다.

또한 하부 기관인 대륙별 망정보센터(Network Information Center)가 대륙간 조정업무를 수행한다. 아시아-태평양 통신망정보센터(APNIC)는 아시아 지역의 인터넷주소 할당과 도메인 등록을 담당한다. 한국 인터넷 소사이어티는 한국전산원(NCAA)의 지원하에 한국전산망협의회(KNC)를 통해 국내 전산망의 주소할당과 표준제정 등을 결정한다. 각국의 인터넷 관련기관이나 인터넷 서비스 회사에서 각 대륙망정보센터로 회비와 수수료를 내면 각 대륙망정보센터가 미국의 인터넷 소사이어티에 납부한다. 유럽과 일본은 대륙 정보망 센터의 회원가입비와 도메인 등록수수료를 별도로 납부한다. 아시아-태평양 망정보센터는 일본의 통신사업자 NTT와 일본망센터(JPNIC)의 후원금으로 운영되고 있다.

앱시장은 아이폰의 애플리케이션과 안드로이드의 애플리케이션으로 양분하고 있다. 애플의 iOS는 아이폰, 아이팟터치, 아이패드 등 애플의 제품에만 탑재되고 있으며 타회사에 전혀 라이선스를 제공하지 않는다. 안드로이드는 오픈소스 기반으로 누구나 무료로 운영체제를 가져다 자신의 기기에 탑재해 쓸 수 있다. 그러나 안드로이드는 호환성이 부족하기 때문에 어떤 기기에서 구동되는 애플리케이션이 다른 기기에서 구동되지 않을 수 있다. iOS는 애플에 의해 강력히 통제되어 호환성 문제가 발생하지 않는다.

소셜커머스(social commerce)는 소셜 미디어를 활용하여 이루어지는 상거래(commerce)로 일반적인 공동 구매(group buy)를 비롯해 플래시 세일, 소셜 큐레이션 등을 진행한다. SNS(Social Networking Service)는 웹 상에서 지인과의 인맥을 쌓으며 폭넓은 인적 네트워크를 형성할 수 있는 서비스이다. 개인의 정보를 공유하고 의사소통을 도와주는 1인 미디어, 1인 커뮤니티를 형성한다. 대표적으로 카카오, 트위터, 페이스북, 미투데이 등이 있다. 초기의 친목도모와 엔터테인먼트의 용도가 비지니스와 각종 정보공유 등으로 발전하였다.

특히 위치기반서비스(LBS)는 휴대폰이나 PDA와 같은 이동통신망과 IT기술을 활용하여 위치정보 기반의 서비스를 제공한다. 제공되는 서비스는 고객의 위치정보를 기초로 상품정보뿐만 아니라 교통정보, 위치추적 정보 등의 다양한 정보를 제공한다. 기업이 목표 고객층을 위한 광고를 배치할 장소나 매장설치 장소 선정에 유용하다.

스마트 디바이스는 스마트폰에서 스마트패드, 스마트TV, M2M로 발전하였다. 항상 무선인터넷과 연결되면서 환경을 확장한다. 소셜 미디어는 블로그, 유튜브에서 facebook, twitter로 확장하여 사람 관계를 통해 만들어지고 연결되는 새로운 가치를 창출한다. 그리고 클라우드 컴퓨팅은 저장공간 관리없이 편리한 컴퓨팅 환경을 제공하여 입력장치에 구애받지 않는 '콘텐츠 독립' 모바일 비지니스를 실시한다.

# 요약정리

- 비지니스 모델은 고객에게 가치를 전달하고 이를 통해 수익을 창출하는 시스템이다. 비지니스에 참여하는 다양한 사업 참여자들의 정의 및 역할을 설명하고, 제품 및 서비스의 흐름 구조를 알려주며, 참여자들의 수익 원천이 표현된다. 기업간 거래(B to B), 기업과 소비자(B to C)거래, 소비자와 소비자(C to C) 거래 등을 결정한다. 전자상거래는 전자적으로 이루어지는 모든 비지니스로 인터넷과 같은 개방된 네트워크를 통하여 일어나는 상업적 거래의 집합이다. 플랫폼은 여러 참여자가 공통된 사양이나 규칙에 따라 경제적 가치를 창출하는 토대이다. 인터넷 쇼핑몰은 재화 또는 용역을 이용자에게 제공하기 위하여 컴퓨터 등 정보통신 설비를 이용하여 재화/용역을 거래할 수 있도록 설정한 가상의 영업장이다.
- 뇌과학은 뇌를 포함한 신경계를 연구하는 생물학의 한 분야이다. 뇌는 기억, 생각, 감정, 언어, 감각에서 중요한 역할을 담당한다. 뇌과학은 눈으로 볼 수 있는 물리적 대상인 뇌를 연구한다. 또한 뇌공학은 뇌의 정보처리 구조와 원리를 이해하고, 이를 실세계와 지능적으로 상호작용하는 인공 시스템에 구현하는 분야이다. 그리고 뇌 연구의 결과를 인공신경망 모델링 및 우수 알고리즘 개발에 활용하여 보다 효과적인 뇌 유사 컴퓨터 시스템 구현할 수 있다. 세계적인 메가트랜드인 인공지능 기술의 도약을 위해서 인간의 다양한 뇌기능을 매개하는 신경회로와 네트워크를 이해해야 한다.
- 시스템은 특정 목적을 위하여 투입을 받아들여서 체계적인 변환을 통해 산출하는 과정에서 구성요소들이 유기적으로 상호작용하는 집합체이다. 서비스는 고객에게 개인, 설비 또는 시설을 활용하여 제공하는 행위로 수행과 소비가 동시에 발생하여 소유하거나 저장할 수 없다. 생산과 소비의 동시성으로 서비스는 재고 유지를 할 수 없으므로 제공하는 서비스의 질을 개선하여 반복구매를 유도해야 한다. 인터넷은 미·소 냉전 상태에서 미국 국방부의 통신 통제센터의 파괴로 인한 통신마비를 해결하기 위해 분산통신망에 근거한 새로운 통신망을 개발하면서 시작되었다.

# 토론과 연습문제

1. 영국식 경매와 네덜란드식 경매를 비교하여 보시오.

2. 스마트 플랫폼 경제가 가져올 장점과 문제점은 무엇인가?

3. 과학과 공학의 차이는 무엇인가?

4. 뇌지도를 작성할 경우 파급되는 산업적 효과는 무엇인가?

5. 제조업 시스템과 서비스 시스템의 차이는 무엇인가?

6. 스마트 시스템이 고용에 미치는 영향을 논의하시오.

## 참고문헌과 인터넷

구기동, 김홍유, 심기준(2018), 경영학의 이해, 신구문화사.

구기동, 신용인, 조철희(2016), 금융자산관리론, 청람.

미래창조과학부, 뇌과학 발전전략, 2016.05.26.

정재승(2018), [정재승의 퍼스펙티브] 인간 능력 뛰어넘는 '아이언맨' 조만간 현실화된다, 중앙일보, 2018.10.18.

한국과학기술원(2007), KAIST비전, 2007 Summer.

# PART 2

# 경영자의 역할

제 5 장

# 경영자의 이해

### 학습목표

1. 경영자의 역할, 자질, 책임을 기술할 수 있다.
2. 경영층을 최고경영층, 중간경영층, 하위경영층으로 구분할 수 있다.
3. 경영자의 리더십과 구성원의 팔로십을 설명할 수 있다.

### 학습내용

1. 경영자란?
2. 기업가와 경영자
3. 리더십과 갈등관리

### 모험형 창업가에서 4세대 기업가의 시대

이수만은 고전적인 비지니스였던 대중가요 산업을 엄청난 비지니스로 바꾸었다. 과거 유명한 DJ였던 이종환이 음반을 내고 사업활동했는데 그는 기업가가 아니라 예술가였다. 그가 이수만을 레코드회사에 소개하여 음반도 내고 수입을 발생시켰다. 이수만은 완전한 형태의 비지니스로 CT(Culture Technology)라는 체계를 개발하였다.

우리나라의 기업가들은 4세대로 분류할 수 있다. 1세대 기업가는 관제 상인인 임상옥, 제주도의 거상 김만덕, 육의전 상인인 백윤수 등이다. 2세대 기업가는 장사가 본격적으로 허용되는 시기에 경성방직의 김성수, 삼양사의 김연수, 화신백화점의 박흥식 등이다. 3세대 기업가들은 70년대와 80년대 해외시장이 열리면서 글로벌 시장을 활용한 정주영, 이병철, 구인회 등이다. 그리고 4세대 기업가는 비지니스가 아니라고 생각되던 분야에서 세계적인 기업가로 성공한 이수만, 농기업 하림과 STX팬오션의 김홍국, 제빵 비지니스로 맥도날드를 넘겠다는 허영인 등이다.

이수만은 1977년 MBC 10대 가수상을 수상하였다. 그가 컴퓨터공학을 공부하기 위해 미국유학을 갔다. 그 당시 미국 MTV는 음악방송인지 패션방송인지 알 수 없는 이상한 방송으로 미국 젊은이들을 열광시켰다. 더 이상 음악은 듣는 것이 아니라 보는 것으로 립싱크도 장르로 정리하였다.

이수만은 1989년 SM기획을 설립하고 본격적으로 보는 음악, 흑인음악을 시작하였다. 서태지와 아이들은 '난 알아요'라는 흑인 갱스터 스타일의 음악을 불러서 대한민국을 흔들었다. 10대가 바로 고객이라는 사실을 터득하고 그 고객을 만족시키기 위해 'H.O.T'라는 그룹을 기획하였다.

그때 일본에서 유명한 '아무로 나미에'라는 가수의 컨셉으로 가수를 키웠다. '보아'를 일본으로 보내서 일본어 교육을 시켰다. 2000년 H.O.T의 베이징 공연이 성공하고 코스닥시장에 등록하였다.

수십 명의 연습생 중에서 서로 어울리는 13명의 연습생을 묶은 '슈퍼주니어'가 탄생하였다. 9명을 한 팀으로 '소녀시대'라는 여자 그룹을 만들었다. '동방신기'로 중국시장에서 성공하자 중국사람들이 좋아할 '소녀시대'라는 그룹명을 선택하였다. 그 당시 'Wonder Girls'의 인기로 만족스러운 성적은 내지 못했다. 그런데 'Wonder Girls'가 미국으로 진출하면서 소녀시대가 성공하였다.

이수만은 4세대 기업가의 대표주자로 K-POP이라는 새로운 분야를 정립하였다. 그는 듣는 음악을 보는 음악으로 만들었고, 국내 산업에서 글로벌 산업으로 전환시켰다. 즉흥적인 예술인 노래가 장기적인 훈련과 투자, 소비자의 취향을 미리 예측하여 계획적으로 접근하는 산업으로 전환시켰다. 그리고 청소년들이 본인이 돈을 투자하여 가수로 진출하였지만 돈들이지 않고 스타가 될 수 있는 길을 열어 주었다.

# 1. 경영자란?

## 1.1 경영자의 역할

경영자는 공식적 권한과 지위로부터 비롯되는 대인관계(외형적 대표자, 리더, 연락자), 정보관리(청취자, 전파자, 대변인), 그리고 의사결정(기업가, 분쟁해결자, 자원배분자, 협상가)의 역할을 수행한다. 경영자들은 시장에서의 피드백 구조를 이해하고 있는가? 우리 회사는 어떤 생태계 내에 속해 있는가? 충분한 자원을 조달할 수 있는가? 다음 게임을 알고 있는가? 등에 답할 수 있어야 한다. 최고경영자는 전략경영을 최종적으로 책임지는 사람으로 모든 정보가 숫자화된다면 굳이 최고경영자가 아니라도 결정을 내릴 수 있다. 객관적인 정보를 모아 분석을 하더라도, 향후 발행할 사건을 모두 예측할 수 없다. 따라서 최종적인 의사결정자가 필요하기 때문에 기업의 성패에 대한 최종적인 책임을 진다.

[경영자의 역할]

- 급변하는 기업환경을 극복하고 기업을 경영해 가는 주체는 어디까지나 사람이며, 그중에서도 가장 중요한 것을 경영자(리더)이다.
- 훌륭한 경영자(리더)가 되기 위해서는 중장기적으로 명확한 비전을 제시하고, 아래 사람들이 스스로 따라오도록 하는 리더로서의 인격을 갖추어야 하며, 경영에 필요한 정보를 수집하고 분석하여 신속한 의사결정을 할 수 있는 통찰력, 식견력과 함께 실천력이 있어야 하고, 국제감각을 겸비해야 한다.
- 또한, 경영자는 평생직장의 개념으로 자율경영을 실천하는 진정한 의미에서의 프로경영인이 되어야 한다.
- 앞으로의 경영자는 아는 것이 많아야 하고(知), 스스로 할 줄 알아야 하고(行) 남을 시킬 줄도 알아야 하고(用), 가르칠 수 있어야 하며(訓), 제대로 평가할 줄도 아는(評) 종합예술가가 되어야 한다.

동부그룹(경영혁신)

경영자는 변화하는 경영환경에 대응하면서 경영전략과 경영조직, 기능관리, 사람관리 등의 제반 경영활동과 의사결정을 수행하면서 기업의 목표를 달성한다. 동기부여자로서 인간관계와 통솔력의 주체이다. 또한 환경관리자로서 기업환경에 창조적으로 적응한다. 성공한 조직과 실패한 조직의 차이는 최고경영자(CEO)의 차이이다.

경영자는 혁신가(innovator)로서 내부변화를 주도하고, 지휘관(director)으로 자원배분을 결정한다. 다른 사람들과 다른 방식으로 사물을 관찰하여 이론보다 사실에 관심을 가진다. 토마스 에디슨(T. Edison)은 실험에 접근하는 방식은 극단적이고 문제가 많았는데 그와 같은 행동을 한 이유는 이론의 실질적인 활용이 중요했기 때문이다. 그에 중요한 가치는 발명품의 유용성과 그 가치를 시각화할 수 있는 능력이다. 또한 그 문제를 단순화시킬 수 있어야 한다.

경영자는 사업가로서 사업화팀을 단결시키고 조직원이 목표에 도달하도록 독려하는 지휘자이다. 매우 사교적이고 다른 사람들과 관계 맺는 것을 좋아한다. 다른 사람들의 역할과 의무를 적절히 조화시키는 능력으로 서로 협력하도록 돕는데 뛰어나다. 내부적으로구성원들의 성향, 강약점, 그리고 그들의 역할을 파악하고 외부의 전문가를 파악하여 활용할 줄 안다. 아이디어가 작동하는 원리와 과정을 이해하고 어떻게 사업화할 수 있는지 깊이 고민한다.

경영자는 변화에 대처하는 예측자이며 변화를 이끌어 나아가는 창조자의 역할이 요청된다. 조직의 목표와 구성원 개인의 목표간 갈등, 단기 최적과 장기 최적의 충돌, 부분최적과 전체 최적의 갈등을 조정도 해야 한다. 구성원들에 대한 배려와 솔선수범 그리고 자기희생이라는 역할이 필요하다. 구성원의 가치관과 행동패턴의 조정도 한다.

주어진 자원을 활용하여 기업의 목표를 달성하려고 노력하는 것은 전통적인 경영자의 역할이다. 경영은 주어진 현실을 제약조건으로 조직의 생존을 위하여 절대 필요한 업무들을 처리해 나간다. 경영자원의 절약, 경영자원간의 마찰 최소화 등 경영자원의 관리 및 조직구조의 문제를 조절한다. 결국, 성공적인 기업경영을 위하여 경영자는 조직이 나아가야 할 방향을 제시하고(vision), 이를 달성하기 위하여 구성원의 가치관과 행동을 변화시키며(motivation), 여타 경영활동을 조정하고 통제(coordination)한다.

### 1.2 경영자의 책임

기업이 주식 회사 형태로 대규모화하면서 그 소유와 경영이 분리되고 전문 경영자가 기업 경영의 주도적 위치를 확보하게 되었다. 전문 경영자는 주주만이 아니라 정부, 주주, 종업원, 공급자, 고객, 노동 조합, 경쟁자, 금융 기관, 지역 사회 등 기업의 이해자 집단과의 공동 이익을 도모할 수 있는 경영을 지속해야 한다. 경영자의 윤리는 이해상충 방지, 투명경영, 투명회계, 도덕적 해이 방지, 적정공시, 공정경쟁, 사회적 책임 준수 등에 관한 것이다. 그리고 경영자는 조직과 조직원의 생존과 번영을 지속하는 지속가능 경영을 추구한다.

기업의 본질적인 목적은 하나의 독립된 경제적 실체로서 끊임없이 변화하는 환경 속에서 생존, 성장과 번영을 계속하기 위하여 가치를 창출해야 한다. 경영자는 대외적으로 조직의 공감을 받은 비전을 제시하고, 조직의 목표를 정하며, 이를 달성하기 위한 수단으로 전략을 선택한다. 내부적으로 조직이 최고의 기능을 발휘할 수 있도록 조직구조와 조직운영의 원칙을 설계하고, 적재를 적소에 배치한 뒤 이들의 권한과 책임을 분명히 한다. 성공경영은 최고의 인재를 널리 찾아 전권을 맡기는 것이다.

공시제도는 기업내용을 투자자 및 이해관계자들에게 공개하여 공정한 거래가 이루어질 수 있도록 한다. 자본시장은 내부자 거래나 투기세력 등에 의하여 부당이 이득이 발생할 수 있으므로 회계제도와 공시제도를 통하여 통제한다.

사회적 책임은 기업의 의사 결정이 특정 개인이나 사회 조직 내의 다양한 집단, 즉 사회 전반에 미칠 수 있는 영향을 고려해야 하는 의무이다. 경영자는 기업의 유지발전, 공정경쟁, 이윤의 공정분배, 환경, 지역 사회 기여, 구성원, 고객, 주주, 지역사회, 정부, 시민사회, 거래선, 경쟁자, 환경에 대해 책임진다. 물론 기업의 사회적 책임은 법률적 책임뿐 아니라 경영적 책임 그리고 윤리적 책임까지 포함한다.

**[그림 5-1] 경영자의 책임**

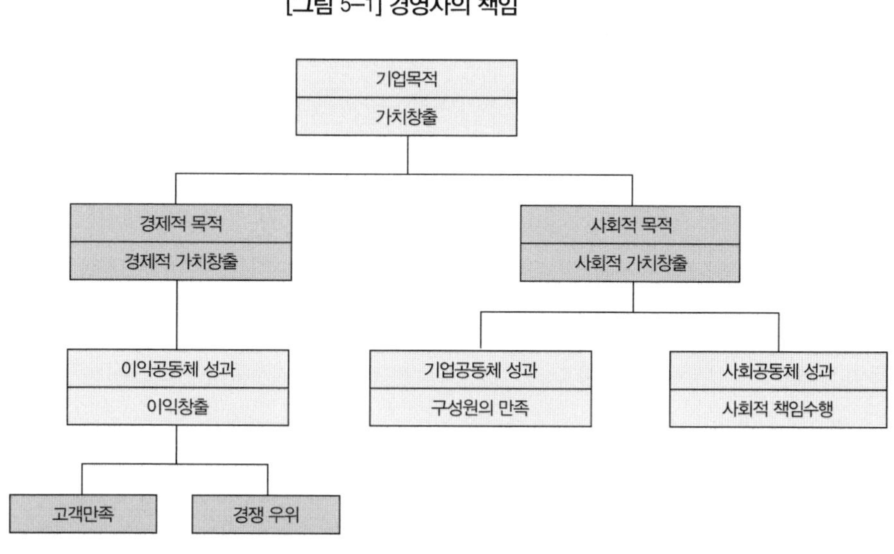


전통적으로 사회적 책임은 최저의 비용으로 제품과 서비스를 생산하여 사회에 공헌하는 일이었다. 경영자는 주주의 이익에 봉사해야 한다. 조직은 주주의 요구에 책임을 지고 다른 집단의 요구에는 관심이 없었다. 그러나 이해 관계자적 관점은 기업의 목적과 이익에 영향을 받거나 주는 여러 이해 관계자들에 대해 책임을 져야 한다. 적극적 관점에서 경영자는 기업과 다양한 여러 이해 관련자 집단과 더 나아가 일반 대중의 상호 이익을 최대로 증진시킬 책임이 있다. 구체적으로 경영자가 사회적 책임을 져야 할 분야는 다섯 가지로 나눌 수 있다.

1) 기업의 유지와 발전이다. 기업은 개인이나 대주주의 사적 소유물이라기보다 사회 시스템 또는 기구로서 존재 가치가 더 크다. 기업이 사회를 구성하는 요소로 경영자는 시스템의 유지·발전시켜야 하는 책임을 져야 한다.

2) 이해관계자의 이해 조정이다. 그 기업의 의사결정에 직간접으로 영향을 받는 수많은 이해관계자들이 있다. 경영자는 모든 이해집단의 이해관계를 공평하게 조정하기 어렵다. 그렇지만 경영자는 이해집단간의 이해충돌에 따른 문제를 조정해야 한다.

3) 사회발전에 대한 책임이다. 기업은 사회의 발전을 위하여 사회구성원의 복리 증진, 교육 및 문화활동 등을 지원해야 한다.

4) 자연환경 보호이다. 오염의 발생원인은 기업이므로 기업이 충분한 사회비용을 투입하여 자연환경을 보존해야 한다.

5) 소비자의 권리보장이다. 소비자가 권리를 보장 받을 수 있도록 정부기관과 민간단체에서 소비자 보호운동을 하고 있다.

### 1.3 경영자의 자질

워렌 버핏은 투자 기업을 선정할 때 경영자를 제일 중시한다. 경영자는 시장에서 핵심사업의 위협에 대응하고 가장 수익성 높은 사업에 집중하면서 혁신으로 기업의 성장을 추구한다. 요구되는 능력으로 경쟁력 유지 능력, 시설확장 능력, 수익성 유지 능력, 생산효율 유지 능력, 자금조달 능력, 대종업원 및 노동조합의 관계, 경영관리능력, 대정부관계, 연구개발 및 신제품개발 능력, 후계자 양성능력, 지역사회의 연계, 그리고 변화에 대한 대처능력 등이다.

**[표 5-1] 경영자의 평가기준**

| 구분 | 파이낸셜타임즈 | 비즈니스위크 |
|---|---|---|
| 단기목표 | 재무성과 | 재무성과 |
| 장기목표 | 지속성장 | – |
| 혁신능력 | 강한 리더십 | 위기관리능력 |
| 경영윤리 | 경영투명성 | 책임준수 |

경영자의 자질은 창의적 경영자세, 과학적 경영방식, 민주적 경영방식, 현대적 경영이념이 요구되며, 실무적으로 사고력, 지도력과 기술력이 요구된다. 쿠제스와 포스너의 연구는 리더의 정직성(83%), 능력(67%), 선견력(62%), 용기부여(58%) 등을 중시하였다. 조직의 구성원들은 리더십의 가장 중요한 원천으로 정직성을 선택하고 있다. 정직성은 개인의 내면적 특성이기 때문에 구성원들은 리더의 행동으로 파악한다. 즉, 정직의 판단기준은 언행일치이다.

구성원들은 자신의 가치관이나 윤리관을 분명히 하지 않는 리더를 신뢰하지 못하며 그것을 행동으로 지키지 못하는 리더를 믿지 않는다. 신뢰회복은 리더에 대한 조직 구성원들의 신뢰가 회복되는데서 출발한다. 신뢰감은 끊임없는 노력과 실천이 뒷받침되어야 유지된다. 리더가 한 번 신뢰감을 잃고 나면 다시 회복하기란 불가능하다.

리더들은 구성원들을 신뢰하고 이들의 의욕을 살려야 그들의 신뢰를 높일 수 있다. 특히 구성원들의 성과를 축하하고 인정하는 것은 구성원들의 몰입에 필수적인 조건이다. 성공한 리더들은 예외 없이 사람에 대한 뜨거운 관심과 책임과 권한의 분명한 위양을 통하여 구성원들의 헌신을 이끌어 내었다.

기업은 기존사업이나 조직운영방식을 선입견 없이 냉철히 바라보고 과감한 혁신을 추진할 수 있는 혁신가적인 리더십도 필요하다. 그리고 구성원들이 혁신의 과정을 받아들이기 위해서는 정직성과 선견력에 바탕을 둔 리더의 신뢰성이 확립되어야 한다. 미래는 보이지 않는 자산으로 경쟁을 한다. 조직의 규모가 커지고 환경변화 속도가 빨라지면 한 사람이 중앙에서 지시·통제하는 스타일은 성공적인 경영을 할 수 없다. 따라서 조직구성원 개개인이 충분한 역량을 가지고 제 역할을 충실히 수행해 주어야만 기업이 성장할 수 있다.

강자형 리더는 1940년대 미국을 중심으로 등장한 리더십이론으로서 특성이론 또는 위인이론에 바탕을 두고 있다. 이 이론을 신봉하는 사람들은 리더는 모든 것을 알고 있다는 관점에서 접근하고 있다. 이 이론은 쉽게 말하면 신장, 체력과 같은 신체적 조건, 지식, 언변, 출신성분과 같은 사회적 신분에 있어서 강점을 지닌자가 리더가 될 수 있다.

거래형 리더는 달성해야 할 목표를 설정하고 그 설정된 목표를 달성할 수 있도록 적절한 유인과 기회를 제공한다. 경영자와 종업원간의 유인과 기여에 교환관계가 존재한다. 또한 비전제시형 리더는 부하들로 하여금 자신의 능력을 뛰어넘는 능력을 발휘할 수 있도록 한다. 미래에 대한 비전을 제시하고 그 비전에 몰입시켜서 조직의 목적을 달성한다.

슈퍼 리더는 부하들이 스스로 리드할 수 있도록 돕는 리더십이다. 슈퍼 리더 밑에 스스로 잘 훈련된 부하들이 셀프리더십을 통해 훌륭한 리더로 육성된다. 슈퍼리더십은 부하로 하여금 자발적으로 리더십을 발휘할 수 있도록 부하의 능력개발 및 이를 발휘할 수 있는 여건을 조성한다.

[표 5-2] 리더의 비교

| 리더특성 | 강자형 | 거래형 | 비전제시형 | 슈퍼리더 |
|---|---|---|---|---|
| 초점 | 명령 | 보상 | 비전 | 셀프리더십 |
| 권력 종류 | 직위/권한/강제 | 보상 | 관계적/영감적 | 공유가치 |
| 추종자반응 | 강압에 의한 복종 | 계산상의 복종 | 리더 비전에 기초한 감정 동화 | 주인의식에 기초한 동화 |
| 의사결정자 | 리더 | 리더 | 리더 | 대부분 부하 |
| 리더의 행동 | 지시/명령/성과무관 질책 | 목표달성/성과보상/질책 | 비전제시/현상/변화/설득 | 스스로 목표설정, 보상 등 |

사업분야가 확장되면 관리분야가 넓어져서 기업의 내부시스템과 규칙도 복잡해지고 높은 비용을 발생시킨다. 따라서 경영자는 선택과 집중으로 효율성과 브랜드 가치를 높이고 재투자 여건을 조성하여 기업을 선순환시켜야 한다. 이러한 집중화는 What(제품과 브랜드), Who(고객과 파트너), Where(시장과 유통채널), How(운영과 프로세스)의 최소화를 의미한다. 애플(Apple)은 기업경영에서 단일 브랜드, 시장 및 컨셉트에 집중하고 있다. 반면에 확장전략은 명확한 노하우와 지속 가능한 수익모델로 차별화할 수 있을 때 실행한다. 삼성그룹은 국내경제 발전의 성장기회에 편승하여 성공할 수 있었고, 효율적 사업포트폴리오 구성과 경영역량으로 성공하였다.

## 2. 기업가와 경영자

### 2.1 기업가정신

기업가는 사업을 구상하고 시작하여 그 사업에 대한 조직화, 방향 설정, 지휘·감독을 책임진다. 그 역할은 조정자, 혁신자, 위험감수자, 중개자이다. 다른 사람들이 보지 못하는 사업의 기회를 포착해서 돈을 버는 사람으로서, 모험적·창의적·경쟁적이면서 위험한 선택과 불확실한 사업의 미래에 대하여 낙관적 전망을 해낼 줄 아는 특성을 가지고 있다. 그는 사업에 대한 몰입과 집착, 불확실성의 수용, 창의성·자립심·적응력, 동기유발, 리더십, 현실감각과 유머감각 등이 필요하다.

기업가정신(entrepreneurship)은 새로운 기업을 설립하고 사업을 개시하여 기업의 본질인 이윤

추구와 사회적 책임의 수행해야 할 태도와 정신이다. 이러한 행동은 환경의 변화에 신속하고 유연한 적응력과 혁신적 행위를 가능하게 한다. 또한 새로운 과학적 지식은 제품과 서비스로 전환되어 시장에 기여하고 사회를 연결한다.

**[표 5-3] 기업가와 관리자의 차이**

| 구 분 | 기 업 가 | 관 리 자 |
|---|---|---|
| 개인성향 | 기회를 현실화시키는 통찰력과 타인들을 사업에 동참시키려는 설득력이 강하다. | 합리적이고 분석적 판단을 중시하며 실무에 능통하다. |
| 의사결정 | 새로운 비지니스를 개시할 때 현재 가용자원의 고려 없이도 시작한다. | 현재 상태 유지와 자원에 근거한 의사결정을 중시한다. |
| 위험인식 | 현실 안주를 거부하고 여러 가지 위험을 감수하며 자신의 비전을 실현한다. | 주어진 목표와 상응한 보상에 의해 동기가 부여되며, 불확실성과 위험을 기피하는 성향이 강하다. |

기업가는 위험을 용기 있게 수용하며 대응하는 영웅이며 발전의 원천이다. 한 기업, 나아가 한 나라 경제의 성공여부는 경제의 궁극적 자산인 기업가의 용기와 신념에 달려 있다. 개발도상국의 경제발전에 가장 큰 애로는 기업가와 기업가정신의 부재다. 따라서 기업가는

1) 강한 성취욕구와 성장욕구를 가지고 있다. 다른 사람들과 같이 비교되고 평가를 받기 보다는 스스로가 정한 도전적 목표 달성에 주력하고자 한다. 또한 지속적으로 새로운 목표와 기준점을 혁신하고자 한다. 그래서 도전적이고 진취적이며 무엇보다도 열정적으로 노력한다.

2) 계산된 위험을 감수하고 공유한다. 신사업에 대한 도전을 망설이지 않고 경영에 적극적이다. 위험을 사전에 계산하고 신중하게 빨리 결정한다. 중요한 것은 위험을 공유할 줄 알고 나아가 분산으로 최소화시킨다.

3) 높은 사업몰입도이다. 신사업의 성공을 위하여 자신의 역량(시간적, 물질적 자원 등)을 투입하고 최선을 다한다

4) 주도적이고 강한 책임감을 가지고 있다. 주도적으로 문제를 탐색한다. 그러면서 적극적으로 해결방안을 찾아낸다. 또 비지니스 결과에 따라 책임을 질 줄 안다.

5) 신속하고 결단하고 인내한다. 신속한 의사결정 능력과 사업의 실행력이 독보적이다. 사업의 장애요인을 극복하고 걸림돌이 되는 문제에 대한 해결에 포기함이 없이 인내할 줄 안다.

6) 정직과 신용을 가지고 있다. 사업을 단기적으로 보지 않고 중, 장기적인 관점에서 대응한다. 정직과 신용을 바탕으로 인간관계와 비지니스를 균형적으로 유지하고 적극적으로 활동한다.

7) 낙관적인 자세와 유머감각이 있다. 자신의 장·단점 등에 대한 냉철한 판단을 중시한다. 긍정적인 성격으로 어려운 여건에서도 유머를 잃지 않고 여유를 가지고 항상 노력한다.

8) 창의성과 혁신, 자유실천의지가 있다. 항상 새로운 일과 변화를 추구한다. 일상적이고 사소한 일에 대해서도 엄격하게 자기 통제를 할 줄 안다.

9) 혼자서 일하기보다 팀을 구축하여 함께 일을 추진한다. 자신이 사업을 주도하지만 후원자로서의 역할을 중시한다. 성과의 분배가 아니라 성과 그 자체를 키우고자 집중한다.

10) 피드백을 활용하고 실패를 적절히 관리한다. 피드백을 효과적으로 활용함으로써 오류를 신속히 파악하고 재빨리 수정하며, 실패에 대하여 실망하지도 두려워하지도 않는다.

기업가정신은 혁신의 기회를 감지하는 능력과 위험을 무릅쓰고 새로운 것을 시도하고자 결단하는 능력이다. 불확실한 미래에 도전하고 이에 몰입하며 불굴의 정신과 필사의 자세로 이를 성취한다. 기업가는 용기, 정열과 함께 혜안과 과학적 사고가 내포되어 있다.

## 2.2 경영자의 유형

경영자의 역할은 일정한 경영사고하에서 활용 가능한 경영 자원을 최대한 관리 활용하여 환경에 창조적으로 적응해 나가도록 조정 통제하는 기능을 수행한다. 경영자는 제품, 공정, 생산요소, 시장, 조직 등에서 다양한 혁신을 일으키며, 기업가의 핵심적 역할은 혁신 특성이다. 개인적으로 높은 성취욕구, 자유의지, 위험감수 등의 특성을 가지며 가정환경과 교육수준 등의 배경요인도 포함된다.

최고경영층은 장기적인 방향을 결정하는 전략수준의 활동인 조직의 목표, 방향설정과 경영전략 수립을 담당한다. 최고경영층은 최고경영자와 경영진으로 구성된다. 주주들은 자신의 권한을 이사에게 위임하고, 이사들은 경영진에게 경영 집행권한을 위임한다. 따라서 최고경영자(CEO)는 기업의 중요한 전략을 수립하고 전반적인 경영활동을 수행하면서 구성원들에게 기업의 미래에 대한 비전을 보여주고 실현하는 리더이다. 기업의 목적을 달성하기 위한 핵심적 역할을 수행할 수 있는 권한과 책임이 주어진다. 만약 최고경영자가 자신에게 부여된 책임을 성공적으로 수행하면 그에 상응하는 보상을 받지만, 그렇지 못한 경우에 제재를 받는다. 기업목적을 달성하기 위한 경영활동을 수행하기 위해 중요한 의사결정을 행하며, 조직 전체의 활동이나 조직 내 하부조직들의 활동을 지휘·조정하는 권한과 책임을 지닌다. 조직의 모든 요소들에 대해 혁신적인 사고를 하며 자아욕구가 강하여 가치에 근거한 창조적인 활동을 한다.

이사회(Board of Director)는 이사에 의하여 구성되어 회사의 업무집행에 관한 상황을 결정하는

[그림 5-2] 경영자의 유형

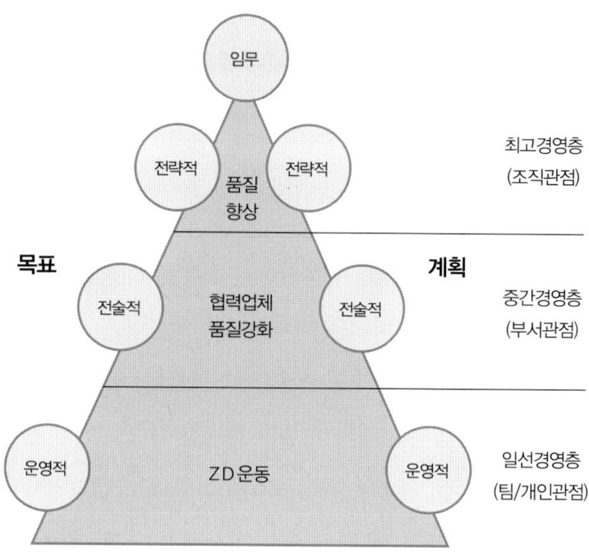


기관이다. 이사회는 경영진의 감독과 견제(대리인 문제), 외부환경에 대한 정보의 원천(사외이사)이다. 자산규모 2조원 이상 대형 상장회사는 사외이사를 전체 이사 중 50% 이상(최소 3인)으로 두도록 규정하고 있다. 그 외 상장법인과 자산 1,000억 원 이상의 코스닥 등록기업들은 이사총수의 ¼ 이상을 사외이사로 구성한다.

중간경영층은 자원의 획득과 배분, 예산수립 및 평가, 부문간의 조정과 같은 경영통제 업무를 담당한다. 최고경영자가 제시한 미래비전과 전략계획에 따라 각 기능과 부문을 관리하고 하위경영자들을 지휘한다. 기업의 장단기적인 전략과 목표를 각 부문과 일선 경영자들이 실행할 수 있도록 중·단기적, 실천적 성과목표와 추진방법으로 관리하고 감독한다. 또한 중간관리자는 최고경영자와 일선관리자의 중간(buffer)에 위치하면서 의사소통의 중재, 기능의 조정 기능도 담당한다.

그리고 하위경영층은 운영통제활동으로 생산 및 재고수준 결정, 생산일정 수립, 가격결정 등의 운영통제 업무를 담당한다. 일반근로자의 활동을 감독하고 조정하는 경영자로서 조직구조와 의사결정의 최하위에 위치한다. 현장의 근로자와 그들의 직무활동을 관리하기 때문에 현장관리자라 할 수 있다. 소품종대량 생산시대에 일선경영자들이 경영의사결정에 직접적으로 참여하지 못하였다. 그렇지만 정보화와 지식사회는 다운사이징(downsizing)과 조직의 슬림화로 팀조직에 따른 일선경영자들의 의사결정 참여가 확대되었다.

따라서 최고경영진은 시간의 대부분을 전략에 할당하고, 남은 시간의 상당량은 관리하고 극히 적은 부분만을 운영에 사용한다. 중간경영진은 관리에 시간의 대부분을 할당하고 전략 및 운영에 나머지 시간을 할애한다. 하부경영진은 대부분의 시간을 운영에 할당하고 극히 적은 시간만을 전략 또는 관리에 사용한다.

### 2.3 소유와 경영의 분리

주식회사가 기업의 일반적인 형태로 정착되면서 소유와 경영이 분리되었다. 투자자(주주)가 주가상승에 따른 자본차익과 배당에 관심을 가지면서 기업경영은 전문적인 경영능력을 가진 전문경영자에게 위임되었다. 자본주의 초기에 자본가가 기업설립 및 경영의 모든 책임을 졌지만 기업규모가 확대되면서 조직의 기능적 분화와 업무의 전문화 정도로 전문 경영자가 등장하였다.

소유경영자(Owner Manager)는 개인이 자본출자와 더불어 기업경영까지도 수행하는 유형의 경영자이다. 소유경영자는 자본투자 및 위험부담, 의사결정, 지휘, 통제 등의 기능을 모두 담당한다. 자본주의 초기에 기업의 규모가 작고 생산과정도 원료의 단순한 가공, 조립 중심에서 소유경영자 중심이었다. 출자와 경영을 함께하는 경영자 유형이 효율적이었다. 소자본창업의 단계에서 소유경영자가 법인격 대표 및 경영의 모든 책임을 담당하는 경우가 일반적이다.

소유경영자는 권한 집중에 의한 빠른 의사결정을 할 수 있다. 기업환경이 빠르게 변화하는 경우에 기업의 대응 또한 신속해야 한다. 이것은 합리적인 의사결정 과정 보다는 감각과 직관력에 의한 빠른 의사결정이 효율적이다. 그렇지만 소유경영자는 지나치게 독단적인 의사결정으로 기업을 결정적인 위험에 빠뜨릴 수 있다. 창업자 세대에서 2, 3세에 이르면 전문경영자보다 경영능력이 떨어질 수 있다.

직무범위에 따라서 전반경영자는 전사적 경영활동이나 개별 직능부문의 활동을 통합, 관리를 한다. 전반경영자는 조직전체나 독립적 사업단위를 책임진다. 최고경영자(CEO)는 전반경영자이며, 글로벌시장에서 활동하는 기업은 다양한 전략사업단위(SBU)를 유지하므로 다수의 전반경영자가 활동한다. 직능경영자는 전문화된 특정 직능과 기능부문을 담당한다. 기본적으로 생산, 인사, 마케팅, 재무 부문의 경영자가 해당된다. 대부분의 직능경영자는 최고경영자나 전반경영자의 지휘에 따라 업무를 수행한다.

기업의 활동범위가 확대되고 경쟁이 심화되면서 경영의 범위가 확대되고 내용도 전문화되었다. 전문경영자(Professional Manager)는 경영관리에 대한 전문적 지식, 풍부한 경험 등을 지닌 경영자 또는 기업경영을 전문적으로 수행하는 경영자를 지칭한다.

협상자로서 전문경영자는 외부적으로 주주, 정부, 공급자, 구매자 등이 존재하고, 내부적으로 일반 근로자를 포함한 구성원과 노동조합 등과의 갈등조정을 한다. 특히 외부의 경쟁기업, 지역사회, 시민단체, 소비자 단체 등과의 조화적 관계, 내부 전략목표의 설정과 자원배분 등에서 균형과 조정의 관리 문제를 해결해야 한다. 전문경영자는 합리적이고 논리적인 의사결정을 하지만 힘이 실리지 못하거나 의사결정이 너무 늦어 시기를 놓칠 수 있다.

전문경영자가 투자자(주주)를 대신하여 경영하면서 소유와 경영의 분리에 구조적인 문제가 발생하였다. 회사에서 주주가 주인, 주주에게 경영을 위임받은 경영자는 대리인이다. 투자자는 전문경영자가 기업의 가치를 극대화하기를 원하지만, 전문경영자는 자신의 이익을 위하여 행동할 수 있기 때문에 서로의 상충된 이해관계로 대리인문제(Agency Problem)가 발생한다. 만약 기업운영에 있어서 주주와 자신의 이해가 갈린다면 자신의 이익을 선택(역선택)할 가능성이 있다.

대리인 문제에 따른 비용으로 감시비용(monitoring cost)은 전문경영자의 이탈행위를 방지하고자 대리인을 감시하기 위해 발생한다. 확증비용(bonding cost)은 경영자 스스로 이탈행위를 하지 않고 있다는 확증를 위해 발생하는 비용이다. 그리고 잔여손실(residual loss)은 대리인 문제의 발생으로 최적의 의사결정을 하지 않아서 발생하는 부의 감소를 의미한다.

## 3. 리더십과 갈등관리

### 3.1 리더십이론

리더십은 주어진 상황에서 구체적인 목표를 달성하려는 노력으로 조직의 목표와 개인의 목표를 융합 그리고 효과적인 커뮤니케이션이 필요하다. 경영자는 조직이 나아가야 할 목표와 방향을 제시하고, 이를 달성하기 위하여 구성원의 가치체계와 행동패턴에 영향력을 행사한다. 경영자원의 최대활용을 모색해 나가기 위한 조정통제의 기능을 수행한다. 조직의 리더들은 조직의 구성원에게 영향력을 발휘하여 그들이 조직목표달성에 공헌할 수 있도록 사기를 양양하고, 그들의 잠재적 능력을 활성화시킬 수 있는 리더십의 기술을 개발하지 않을 수 없다.

리더십의 특성이론은 성공적인 리더들이 공통된 특성을 가지고 있다는 전제하에서 조직체의 경영관리자를 대상으로 성공적인 리더들의 특성을 연구하었다. 리더가 고유한 개인적인 특성만 가지고 있으면 그가 처해있는 상황이나 환경에 관계없이 항상 리더가 될 수 있다고 가정하고 있다. 따라서 모든 사람이 리더의 자질을 구비하고 있지 못하기 때문에 그러한 특성을 가진자 만이 리더가 될 수 있다는 것이다.

리더십 행동이론으로 아이오와대는 리더의 유형을 권위적 리더, 민주적 리더, 방임적 리더로 분류하여 연구하였다. 권위적 리더는 그룹을 위해 리더가 의사결정하고, 결정된 사항을 그룹 구성원에게 알린다. 민주적 리더는 그룹 구성원들이 스스로 의사결정을 하도록 하고 리더는 의사결정점에 도달하도록 그룹 구성원을 돕는다. 그리고 방임적 리더는 그룹 구성원과 리더간 상호작용관계가 독립적이며 자율적 의사결정을 행한다.

미시간대 연구는 어떤 유형의 리더 행동이 업무집단의 성과와 구성원의 만족을 가져오는가를 찾았다. 2가지 리더십 유형은 직무 중심적 리더십(job-centered leadership)과 구성원 중심적 리더십(employee-centered leadership)이다. 직무 중심적 리더십은 세밀한 감독과 합법적이고 강제적인 권력을 활용하여 업무계획표에 따라 이를 실천하고 업무성과를 평가하는 데 초점을 둔다. 구성원 중심적 리더십 유형은 인간 지향적이며 책임의 위임과 구성원의 복지, 욕구, 승진, 개인적인 성장에 대한 관심을 강조한다.

오하이오주립대 연구는 리더 행동을 구조 주도 행동과 배려 행동으로 요약하였다. 구조주도 행동은 리더가 과업을 조직화하고 정의하며 업무를 할당하고 의사소통의 망을 확립하며 업무집단의 성과를 평가하는 행동이다, 배려 행동은 신뢰, 상호존경, 우정, 지원, 그리고 구성원의 복지를 위한 관심을 나타내는 행동이다.

오하이오 연구와 미시간 연구에 기초하여 블레이크와 모우톤(Blake & Mouton)은 수평축에 생산에 대한 관심, 수직축에 인간에 대한 관심으로 영역을 나누어서 리더의 행동유형을 5가지로 분류하였다. 이 격자는 횡축과 종축을 따라 각각 9개의 위치가 설정되었고 결국 81종류의 합성적 리더십 유형이다. Blake와 Mouton의 연구는 팀형 리더 아래서의 집단들이 가장 높은 성과를 보였다.

격자의 네 모퉁이와 중앙 등 기본적인 5개의 리더십 유형으로 구분하였다. 첫째, 무관심형(1·1형)은 리더의 생산과 인간에 대한 관심이 모두 낮아서 리더는 자리를 유지하기 위해 필요한 최소한의 노력만 한다. 둘째, 인기형(1·9형)의 리더는 인간에 대한 관심은 매우 높으나 생산에 대한 관심은 매우 낮다. 리더는 부하와의 만족한 관계를 위하여 부하의 욕구에 관심을 갖고, 편안하고 우호적인 분위기로 이끈다. 셋째, 과업형(9·1형)의 리더는 생산에 대한 관심이 매우 높으나 인간에 대한 관심은 매우 낮다. 리더는 일의 효율성을 높이기 위해 인간적 요소를 최소화하도록 작업 조건을 정비하고 과업수행능력을 가장 중요하게 생각한다. 넷째, 중도형(5·5형)의 리더는 생산과 인간에 대해 적당히 관심을 갖는다. 그러므로 리더는 과업의 능률과 인간적 요소를

[그림 5-3] 격자형 리더십 스타일

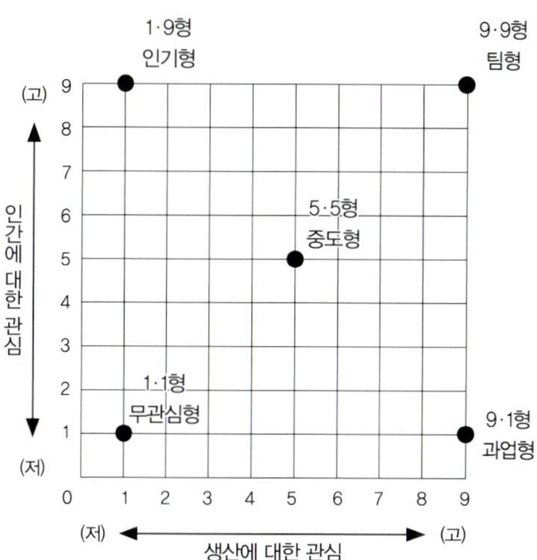


절충하여 적당한 수준에서 성과를 추구한다. 다섯째, 팀형(9·9형)은 인간과 과업 모두에 대한 관심이 매우 높다. 리더는 구성원과 조직의 공동목표 및 상호의존 관계를 강조하고, 상호 신뢰적이고 존경적인 관계와 구성원의 몰입을 통하여 과업을 달성한다.

## 3.2 리더십 스타일

리더십 스타일로 지시적 리더십은 상급자 중심으로 의사결정한 후 하급자들에게 명령하는 방식이다. 위임적 리더십은 하급자 중심으로 의사결정을 하고 상급자에게 권한과 책임을 전적으로 하급자에게 위임한다. 그리고 참여적 리더십은 조직구성원들을 의사결정 과정에 참여시켜서 일에 대한 적극적인 동기를 부여를 한다. 이러한 과정을 통해 개별 업무자들은 조직이 목표를 스스로에게 내재화하는 경향이 나타나 업무수행력도 높아진다.

리더십 기술들은 개인의 성향, 조직의 환경, 조직의 주기, 혹은 개인의 위계 수준에 따라 달라진다. 대부분의 하급 관리자들은 전문적 기술(technical skills)이 중요하지만 승진으로 조직 위계의 상부로 이동하면, 전문기술의 상대적 중요성도 감소한다. 반면에 의사결정(개념적) 기술들이 더 중요시된다. 인간관계 기술은 조직 위계의 상부나 하부에서 모두 동등하게 중요시되는 기술이다. 경영자들은 다양한 리더십의 지식, 기술, 능력을 보유하여 상황에 따른 적절한 리더십 역할들을 선택한다. 관리자들은 참여적 리더십을 사용하여 하급자들의 직무만족도(job satisfaction)를 높이고 서비스의 질을 향상시킬 수 있다. 하지만 생산성도 무시할 수 없기 때문에 서비스의 품질과 생산성 두 가지 측면을 적절하게 혼합할 수 있는 리더십 스타일이 중요하다.

**[표 5-4] 리더십 스타일의 차이**

| 구분 | 지시적 스타일 | 참여적 스타일 | 위임적 스타일 |
|---|---|---|---|
| 초점 | 리더 중심 | 집단 중심 | 개인 중심 |
| 의사결정 | 리더가 결정 | 하급자들의 결정 참여 | 하급자들이 결정 |
| 자주성 | 최소한의 행동자유 | 일정한 독자성 양성 | 거의 완전한 자주성 |
| 의사소통 | 일방적 의사소통 | 양방향 의사소통 | 자유, 개방 의사소통 |
| 파워 | 파워와 규율을 사용 | 설득을 위해 노력 | 자기-통제에 의존 |
| 하급자반응 | 무관심 | 고려됨 | 지배적 |
| 지향 | 과업 중심 | 사람 및 집단 중심 | 개인적 성취 중심 |
| 리더의 역할 | 지시 제공 | 집단 참여 | 지지 자원 제공 |
| 심리적 결과 | 복종과 의존 | 협력과 참여 | 독립과 개인적 수행 |

거래적 리더십은 부하들이 작업의 결과로 얻고자 하는 것이 무엇인가를 인식하고, 부하들이 과업을 완수했을 때 부하들이 원하는 바를 제공해 주려고 한다. 또한 부하들이 노력에 대하여 보상 혹은 보상에 대한 약속으로써 교환을 한다. 거래적 리더는 부하들이 과업을 수행하고 그에 따른 즉각적인 자기이익을 추구할 때 그에 보답한다.

변혁적 리더십은 부하들에게 장래의 비전 공유를 통해 몰입도를 높여서 부하가 원래 생각했던 성과 이상을 달성할 수 있도록 동기부여한다. 변혁적 리더는 카리스마가 있다. 리더는 추종자에게 비전과 사명감, 자부심을 심어주어 추종자로부터 존경과 신뢰를 받는다. 리더는 추종자들에게 높은 수준의 기대감을 심어주고, 중요한 목적을 단순하게 표현한다. 리더는 추종자들의 지성, 합리성, 그리고 신중한 문제해결을 촉진시킨다. 그리고 리더는 추종자 개인에게 관심을 가지고 주목하며, 개별 추종자를 개인적으로 상대하며, 조언과 지도를 아끼지 않는다.

**[표 5-5] 거래적 리더십과 변혁적 리더십의 차이점**

| 구분 | 거래적 리더십 | 변혁적 리더십 |
|---|---|---|
| 현상 | 현상을 유지하기 위해 노력함 | 현상을 변화시키고자 노력함 |
| 목표지향 | 현상과 괴리되지 않은 목표지향 | 보통 현상보다 높은 목표지향 |
| 시간 | 단기적 전망, 기본적으로 가시적인 보상으로 동기부여 | 장기적인 전망, 부하들에게 장기적 목표를 위해 노력하도록 동기부여 |

| 구분 | 거래적 리더십 | 변혁적 리더십 |
|---|---|---|
| 동기부여 | 즉각적이고 가시적인 보상 | 자아실현과 같은 높은 수준의 개인적 목표로 동기부여 |
| 행위표준 | 부하들은 규칙과 관례를 따르기를 좋아함 | 변환적이고도 새로운 시도에 도전하도록 부하를 격려함 |
| 문제해결 | 문제를 해결하거나 해답을 찾을 수 있는 곳을 알려줌 | 질문하여 스스로 해결책을 찾도록 격려하고 함께함 |

### 3.3 갈등관리와 의사소통

기업문화는 그 조직이 외부환경에 적응하고 생존하는 방법을 리더와 구성원간에 합의가 이루어지도록 기능을 수행한다. 효과적으로 업무를 수행하고 구성원이 만족할 수 있는 관계를 리더와 구성원간에 합의해야 한다. 그렇지만 조직간, 구성원간에 갈등이 발생할 수 있다.

갈등이론은 갈등의 원인 및 갈등의 유형 분석, 갈등 관리를 전략 탐색한다. 기본가정은 갈등수준과 조직의 생산성 간에는 깊은 상관관계가 있다는 것이다. 그 원인은 개인간 성격의 차이, 가치관의 차이, 능력과 기술수준의 차이에서 갈등이 발생하고, 조직 내 업무의 상호의존성, 자원의 공유, 업무와 역할의 부조화, 보상 시스템에 의하여 발생한다.

갈등의 성격에 따라서 수직적 갈등(vertical conflict)은 조직 계층의 상하간에 일어나고 수평적 갈등(horizontal conflict)은 동일한 계층 내 다른 개인/집단간에 발생한다. 라인-스탭 갈등(line-staff conflict)은 개인의 선호/특성과 주어진 역할의 불일치에 따른다.

갈등의 대상에 따라서 개인과 개인간 갈등은 개인간의 목표, 역할, 성격 등의 차이로 발생한다. 개인과 집단간 갈등은 개인의 목표나 역할과 집단의 목표나 역할의 상충에서 기인하며, 집단과 집단간 갈등은 집단간 이해의 상충, 자원 배분 과정의 경쟁 등 때문이다.

[그림 5-4] 갈등수준과 집단유효성

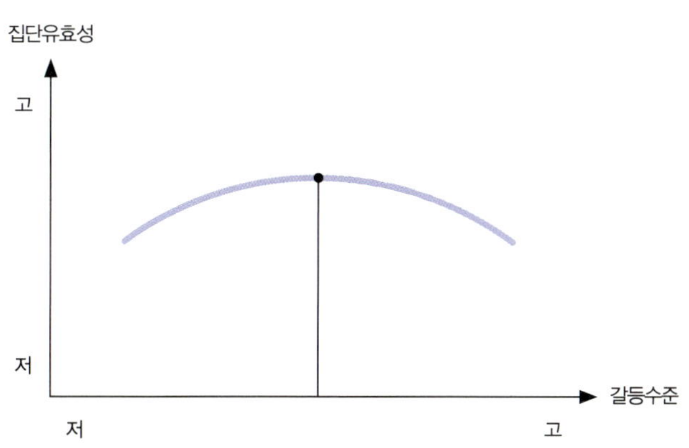

기본적인 갈등의 해소방법으로 Win–Win 전략은 갈등이 상호문제임을 명확히 인식하고 공동의 성과와 이익을 추구한다. Win–Lose 전략은 승부로 해결하면서 각자 자신의 이익만을 추구한다. 근본적으로 해결방안으로 갈등의 외면/무시(avoidance), 갈등의 축소(smoothing), 양보와 협상(compromising), 한쪽 강조/한쪽 무시(forcing), 제도화(formalizing), 상위목표(superordinate goal)를 제시하는 것이다.

의사소통은 조직 내의 개인이나 집단간, 또는 조직과 외부간에 정보와 의사가 전달되고 교환되는 과정이다. 의사소통 방식으로 메시지 표현 방법은 언어적 방법(구두, 문서, 전자적)과 비언어적 방법(상징적 언어, 신체적 언어, 접촉 언어)으로 할 수 있다. 의사소통 방향은 일방적(one-way) 소통과 양방향(two-way) 소통으로 전자 메시지를 통한 양방향 소통, 소셜 네트워크 등이 활용되고 있다.

의사소통 채널은 커뮤니케이션에 참여하는 당사자와 그들의 위치 및 순서의 양상을 의미한다. 그 형태로 하향식은 상위계층에서 하위계층으로 메시지를 전달·통보한다. 상향식은 하위계층으로부터 상위계층으로 메시지가 보고·제안한다. 그리고 수평식(horizontal)은 동일 계층에 있는 참여자들간 메시지가 파급·공유된다.

권한위임(empowerment)은 서로에게 영향을 주는 것이며 권한의 창조적 분배이면서 책임을 공유하여 좋은 기업문화를 형성할 수 있다. 성공적인 기업문화는 조직과 구성원간의 갈등을 축소할 수 있다. 구성원간에 편차가 적은 가치관과 행동패턴이 형성되도록 기업문화를 형성해야 한다. 기업이 요구하는 방향으로 기업문화가 나타날 때 기업으로 이끈다.

**[그림 5–5] 의사소통의 수단**

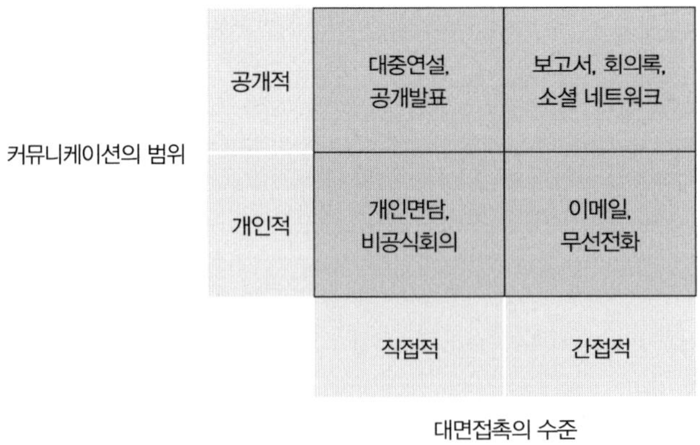

| 커뮤니케이션의 범위 | | 직접적 | 간접적 |
|---|---|---|---|
| | 공개적 | 대중연설, 공개발표 | 보고서, 회의록, 소셜 네트워크 |
| | 개인적 | 개인면담, 비공식회의 | 이메일, 무선전화 |

대면접촉의 수준

# 요약정리

- 경영자는 공식적 권한과 지위로부터 비롯되는 대인관계·정보관리·의사결정의 역할을 수행한다. 전문 경영자는 주주만이 아니라 정부, 주주, 종업원, 공급자, 고객, 노동조합, 경쟁자, 금융 기관, 지역 사회 등 기업의 이해자 집단과의 공동 이익을 도모할 수 있는 경영을 지속해야 한다. 경영자의 윤리는 이해상충 방지, 투명경영, 투명회계, 도덕적 해이 방지, 적정공시, 공정경쟁, 사회적 책임 준수 등에 관한 것이다. 그리고 경영자는 조직과 조직원의 생존과 번영을 지속하는 지속가능 경영을 추구한다. 따라서 경영자의 자질은 창의적 경영자세, 과학적 경영방식, 민주적 경영방식, 현대적 경영이념이 요구되며, 실무적으로 사고력, 지도력과 기술력이 요구된다.

- 기업가는 사업을 구상하고 시작하여 그 사업에 대한 조직화, 방향 설정, 지휘·감독을 책임진다. 그 역할은 조정자, 혁신자, 위험감수자, 중개자이다. 모험적·창의적·경쟁적이면서 위험한 선택과 불확실한 사업의 미래에 대하여 낙관적 전망을 해낼 줄 아는 특성을 가지고 있다. 경영자의 역할은 일정한 경영사고하에서 활용 가능한 경영 자원을 최대한 관리 활용하여 환경에 창조적으로 적응해 나가도록 조정 통제하는 기능을 수행한다. 전문경영자는 경영의 범위가 확대되고 내용은 전문화되면서 경영관리에 대한 전문적 지식, 풍부한 경험 등 지닌 경영자 또는 기업경영을 전문적으로 수행하는 경영자를 지칭한다.

- 리더십은 주어진 상황에서 구체적인 목표를 달성하려는 노력으로 조직의 목표와 개인의 목표를 융합 그리고 효과적인 커뮤니케이션이 필요하다. 리더십 스타일로 지시적 리더십은 상급자 중심으로 의사결정한 후 하급자들에게 명령하는 방식이다. 위임적 리더십은 하급자 중심으로 의사결정을 하고 상급자에게 권한과 책임을 전적으로 하급자에게 위임한다. 그리고 참여적 리더십은 조직구성원들을 의사결정 과정에 참여시켜서 일에 대한 적극적인 동기를 부여를 한다. 갈등이론은 갈등의 원인 및 갈등의 유형 분석, 갈등관리를 전략 탐색한다. 따라서 의사소통이 조직 내의 개인이나 집단, 또는 조직과 외부간에 정보와 의사가 전달되고 교환되어야 한다.

# 토론과 연습문제

1. 빌 게이츠와 스티브 잡스가 가졌던 경영자의 특징은 무엇인가?

2. 공공의 이익을 위한 경영자의 책임을 논의하시오.

3. 소유와 경영의 분리를 통한 전문경영인의 출현을 설명하시오.

4. 소유경영자와 전문경영자의 차이는 무엇인가?

5. 권위적 리더, 민주적 리더, 방임적 리더의 차이를 비교하여 보시오.

6. 조직의 갈등관리를 위한 의사소통에서 중요한 것은 무엇인가?

## 참고문헌과 인터넷

구기동, 김홍유, 심기준(2018), 경영학의 이해, 신구문화사.

구기동, 신용인, 조철희(2016), 금융자산관리론, 청람.

이상오(2008), 리더십: 역사와 전망, 연세대학교 출판부.

제 6 장

# 경영 의사결정의 이해

## 학습목표

1. 행동의사결정의 유형을 이해할 수 있다.
2. 계량의사결정의 유형을 이해할 수 있다.
3. 인공지능의사결정을 설명할 수 있다.

## 학습내용

1. 행동의사결정
2. 계량의사결정
3. 인공지능활용

## 의사결정 능력의 진화

인류 문명의 중심적 특질은 기계의 사용이다. 보다 나은 기계로 사람의 능력들을 보강하는 과정에서 문명은 발전한다. 기계에 대한 의존으로 사회에서 사람의 역할이 줄어들었다. 이런 '인간 노후화'는 근본적 현상이며 우리 삶에 점점 큰 영향을 미칠 것이다. 현대 사회의 심각한 문제들은 보다 나은 기술들에 의해서만 풀리거나 줄어들 수 있다.

기계가 사람의 근육과 일상적 판단뿐만 아니라 지성까지 대신한다. 이미 여러 분야들에서 전문가 시스템이라 불리는 컴퓨터 프로그램들이 사람의 지능을 보완하고 있다. 전문가 시스템이라는 해당 분야의 전문가들이 참고하는 규칙들과 자료들을 정리해서 스스로 판단할 뿐 아니라 스스로 배우는 능력까지 갖춰서 새로운 상황에 적응한다. 진료와 법률 판단을 위한 전문가 시스템은 의사들과 법관들이 참고해야 하는 도구들이 되었다.

진화는 환경에 보다 잘 적응된 생명체들을 낳을 뿐 아니라 자신이 진화가능성이 높은 형태로 발전한다. 그런 진보에서 중요한 것은 정보처리 능력의 향상이다. 정보처리 능력은 뇌의 출현으로 크게 향상되었다. 뇌에 바탕을 둔 지능은 유기체들이 환경에 아주 효과적으로 적응할 수 있도록 한다. 인공지능은 유기체들의 물리적 한계들을 훌쩍 넘어설 수 있다. 로봇은 재질, 크기. 복잡성, 그리고 내구력에서 사람이나 다른 생명체들이 안은 제약들에서 쉽게 벗어날 수 있다. 그래서 생명체들이 생존할 수 없는 혹독한 환경에서 오래 활동할 수 있다. 정보처리 능력에서도 로봇은 특별한 물리적 한계가 없다.

로봇을 제대로 이해하려면 진화의 맥락에 살펴야 한다. 로봇은 인공지능을 갖춘 기계라고 정의할 수 있다. 인공지능은 존 매카시(John McCarthy)가 1956년에 만들었다. 사람의 지능은 뇌의 크기와 구조에 의해 제약을 받는다. 뇌가 너무 커지거나 복잡해지면, 기능적 일체성을 잃는다. 컴퓨터는 기능적 일체성이라는 제약을 비교적 쉽게 벗어날 수 있다. 클라우딩 컴퓨팅은 이러한 한계를 극복시키는 사례이다.

로봇은 사람의 지능을 보완해서 사람이 환경에 보다 잘 적응하도록 만드는 '확장된 지능'을 지녔다. 최근에 유기질 재료로 만들어져서 사람처럼 보이는 로봇들도 등장하고 있다. 다른 종들의 모습을 한 로봇이 나올 수 있다. 로봇들이 진화하고 많아져서 하나의 생태계를 이루면, 동물, 식물과 비슷한 로봇들이 나타날 수 있다.

사람의 욕망은 자신의 몸을 더 매력적으로 만드는 데 자원을 많이 들인다. 운동과 절식으로 몸매를 유지하고, 염색과 성형 수술로 늙음을 가린다. 그것들은 사람들의 행태부터 산업의 구조까지 인류 사회의 모든 면들에 작용한다.

# 1. 행동의사결정

## 1.1 최적대안의 선택

경영의사결정은 기업이 목표를 달성하기 위하여 제약조건 하에서 가능한 대안을 도출하고 최적 대안을 선택하는 과정이다. 어떤 특정 문제에 대하여 두 개 이상의 대안들 중에서 가장 적합하다고 생각되는 한 개의 행동을 선택하여 해결한다. 의사결정이 필요한 상황은 달성해야 할 목적이 두 개 혹은 그 이상, 선택 대안이 두 개 혹은 그 이상, 그리고 어떤 행동이 목표극대화에 기여할지 불명확한 경우이다. 일정한 목표를 설정하고 그 목표를 달성하기 위한 여러 대안 중에서 실행가능한 최적 대안을 선택한다.

[그림 6-1] 개인의 의사결정 핵심역량

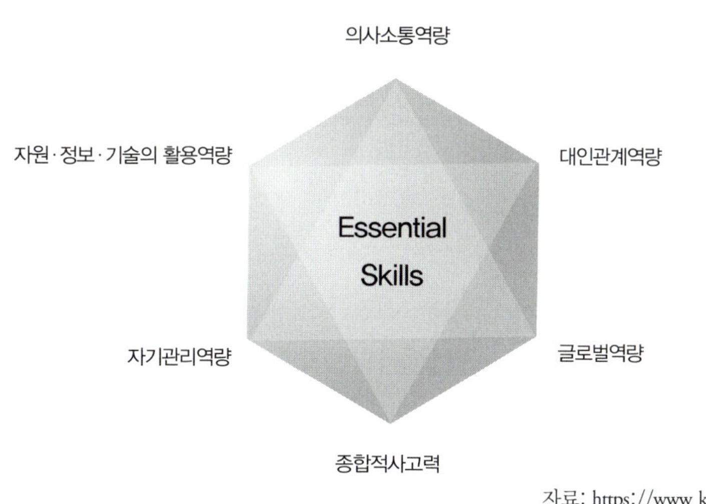


자료: https://www.kcesa.re.kr

행동과학접근법은 고전적 접근법의 경제인(economic man)과 인간관계론에서 보는 사회인(social man)보다 훨씬 더 까다로운 복합인(complex man)을 전제로 한다. 개인은 도전적이고 달성 가능한 목적을 가질 때 성과가 향상된다. 개인의 모티베이션, 그룹행동, 대인관계, 작업의 중요성 등에 대해 연구한다.

[그림 6–2] 합리적 의사결정 모형

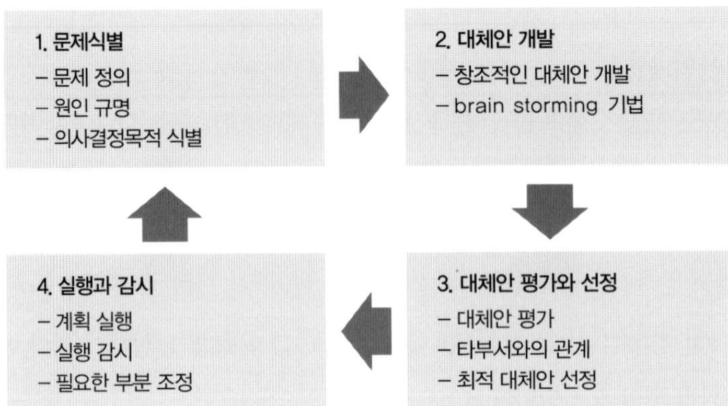


확실성은 자연현상이나 기계적 동작과 같이 미래에 발생할 상황이 명확하게 알려진 상태이다. 위험상황은 사망률, 취업률 및 진학률 등 미래 상황의 경험적 확률분포가 알려져 있다. 그리고 불확실성(uncertainity)은 미래의 실제성과와 기대성과의 차이가 발생할 가능성이며 상황이나 미래의 결과를 설명할 수 없는 리스크(risk)이다. 불확실성은 예측불가능한 임의성(randomness)과 의미의 명확한 경계에 대한 부족에 따른 모호성(vagueness)으로 구분할 수 있다. 임의성은 반복시행에 따른 결과의 평균을 예상할 수 있을 뿐 특정한 시도에서 얻을 결과를 전혀 알 수 없는 것이다. 이에 비하여 모호성은 상황 또는 개념 등의 경계나 적용범위가 명확하지 않아서 발생한다.

경영자는 경영관리과정인 계획화, 조직화, 지휘화, 통제화 등에서 의사결정을 수행한다. 의사결정과정은 어떤 상황 속에 존재하는 불확실성을 제거해 가는 합리적 선택과정이다.

1단계, 문제를 인식한다. 경영자는 먼저 문제를 인식하고 정보를 분석하여 문제 범위와 본질을 파악한다. 이를 위해 경영자는 문제가 존재한다는 사실을 인정하고 문제정의 및 상황진단을 실시한다. 또한 경영자는 의사결정의 목적(전체, 부분, 장단기)을 분명히 한다.

2단계, 대안을 개발한다. 경영자는 대안에 대한 판단은 유보한 채 선택 가능한 모든 대안을 도출한다. 보통 고려할 수 있는 대안이 많을수록 더 나은 의사결정이 가능하다.

3단계, 대안평가이다. 개별 대안의 장단점을 평가하고 실행 불가능하거나 비용이 많이 소요되는 대안을 하나하나 제거한다.

4단계, 의사결정을 한다. 이전 단계에서 평가한 대안 중에서 최선의 대안을 선택하여 의사결정을 수행한다. 위험과 보상사이의 관계를 고려하여 대안을 선택함으로써 의사결정을 최적화하려고 노력한다.

5단계, 실행한다. 의사결정을 실행하는데 가장 효과적인 방법은 의사결정과정에 조직 구성원들을 되도록 많이 참여시킨다.

6단계, 결과평가 및 피드백을 한다. 의사결정 내용 및 실행에 대한 결과를 평가하고 피드백을 제공한다. 이를 통해 경영자는 목표달성여부를 알 수 있고, 의사결정과정 및 실행을 개선하는데 필요한 조치를 취한다.

효율적인 의사결정은 불완전한 정보, 편향, 고집 등의 장애요인이 있다. 효율적 의사결정의 장애요소를 고려하여 의사결정 능력을 개선시킬 수 있어야 한다. 이때 사용하는 방법으로 의사결정 시기의 조절, 현실적 제약조건 고려, 인식능력 개발, 경험과 전문지식(기술) 습득, 그리고 직관 활용 등이다.

## 1.2 의사결정의 유형

전략적 사고는 현재의 성과보다는 미래 성과를, 자신의 능력보다는 경쟁사와의 잠재적 경쟁을, 기존사업에 대한 선택보다는 과감한 포기를 우선적으로 고려할 수 있는 경영자의 자세이다. 앤소프(Ansoff)는 관리자의 직위나 포괄범위에 따라 전략적 의사결정, 전술적 의사결정 및 운영적 의사결정으로 구분하였다.

1) 전략적 의사결정은 기업의 생존·성장·발전을 위하여 변화하는 기업 환경과 기업과의 사이에 동태적 균형을 도모한다. 중요 결정내용으로 기업체의 전반목표와 정책, 다각화전략, 확장정략, 관리시스템의 재편성, 재무전략, 전략집행의 타이밍 등이 있다.

2) 관리적 의사결정은 전략적 의사결정을 구체화하기 위하여 최적의 업적능력을 낼 수 있도록 여러 자원을 조직화하는 것과 관련된다. 구체적으로 관리조직의 통제와 조정을 하는 동시에 자원의 조달과 운영에 대한 관리를 담당한다. 중요 결정내용으로 조직구조의 변경, 정보전달시스템의 변경, 재무조직의 적응. 필요한 자본·자재·설비 등의 조달 등이 있다.

**[표 6-1] 앤소프의 의사결정**

| 구분 | 전략적 의사결정 | 관리적 의사결정 | 업무적 의사결정 |
|---|---|---|---|
| 목적 | 경쟁력의 극대화 | 기업자원의조직화 | 업무의 효율화 |
| 주제 | 다각화 전략, 재무 전략, 투자결정, 성장목표와 시기 | 조직 구조, 물류 시스템, 자원 조달, 인력 배치 | 일정 계획, 생산 방식, 설비 배치 |
| 특성 | 중앙집권적, 비반복적, 비구조적, 불확실성 | 이중적, 상충적, 조직목표간 갈등 | 반복적, 구조적 |

3) 업무적 의사결정은 관리적 결정에 규제되면서 일상적인 생산·재고·판매 등의 업무에 관한 의사결정이다. 가업자원의 전환과정에서 효율을 최적화하는 것을 주목적으로 한다. 중요 결정내용은 각 부문의 예산배분, 생산계획, 판매관리, 재고관리 등이 있다.

사이몬은 구조적 차이에 따라 의사결정을 정형적 의사결정과 비정형적 의사결정으로 구분하였다. 전자는 반복성·일상성·절차의 명확성이 있는 사항에 대한 의사결정을 말한다. 이는 어느 상황에 대해서 행해진 결정은 다른 유사한 상황에도 적용될 수 있는 성질의 것이다. 즉 결정에 대한 명확한 절차가 이미 정해져 있어, 결정의 필요성이 생겨났을 경우 그에 따라서 처리하면 된다. 정형적 의사결정은 OR이나 계산기에 의하여 문제를 해결하는 것이 유효하다.

비정형적 의사결정은 비반복적이고 비구조적인 사항에 대한 의사결정이다. 지금까지 의사결정의 경험이 없으며, 전혀 새로운 종류의 의사결정이 요구될 경우 이를 비정형적 의사결정이라 한다. 이것은 시행착오에 의한 자기 발견적 기법이나 의사결정의 훈련이 요청된다. 대체로 정형적 의사결정은 결정권이 하위조직에 위양되어 일상적으로 이루어진다. 그렇지만 비정형적 의사결정은 혁신적이며 창조적인 의사결정으로 최고경영층에서 결정된다.

### 1.3 조직의 의사결정

집단(group)은 조직에 비하여 그 구성원분별의 체계화·구조화가 덜 되어 있고 그 동태성이 더 강하다는 차이점이 있다. 행정학에서 연구하는 집단은 주로 조직내부에서 자연적으로 발생하는 소집단(small group)을 의미하는데, 집단이 이와 같이 소집단을 의미할 때에 그것은 조직과는 다른 특성을 갖는다. 과거 문제를 잘 이해하는 특정 개인이 의사결정을 주도하였지만 환경의 변화로 조직원이 공동으로 참여하여 전문성을 분담하는 것이 효과적이다.

집단의사결정은 개인의사결정보다 많은 정보를 투입한다. 따라서 개인의사결정보다 일반적으로 정확하고 창의성 측면에서도 우수하다. 의사결정의 수용도가 높으며 정보교환을 촉진한다. 집단의사결정은 집단사고(group think), 집단양극화(group polarization), 집단규모(group size), 구성원의 특징, 리더십의 질적수준에 의존한다.

집단의사결정의 문제점은 타협의 가능성(절충안), 갈등·분열 등으로 의사결정의 속도 지연, 회의진행의 비효율성(리더가 역할을 잘 못할 때), 소수의 아이디어를 무시하는 경향, 자기 포기 현상 등이다.

이러한 문제를 해결하기 위한 대안적 의사결정 기법으로 브레인 스토밍(brainstorming), 명목집단기법(nominal group technique), 델파이 기법(delphi technique), 통계적 통합기법, 변증법적 문의

(dialectical inquiry), 악마의 주장 기법(devils advocacy technique) 등이 있다.

합리적 의사결정모델은 문제해결을 위한 최선의 해결안을 체계적으로 찾아서 자신의 목적을 체계화(경제인)하는 규범적 모델로 최적해를 추구한다. 제한된 합리성 모델(bounded rationality model)에서 의사결정자는 실제 여러 제한요소로 인한 정보의 불완전성과 정보처리능력의 불완전성 때문에 합리성이 제한된다. 만족해를 선택하기 때문에 단순화전략과 부적합한 모델의 사용을 용인한다.

**[그림 6-3] 개인, 집단 그리고 조직의 행동**

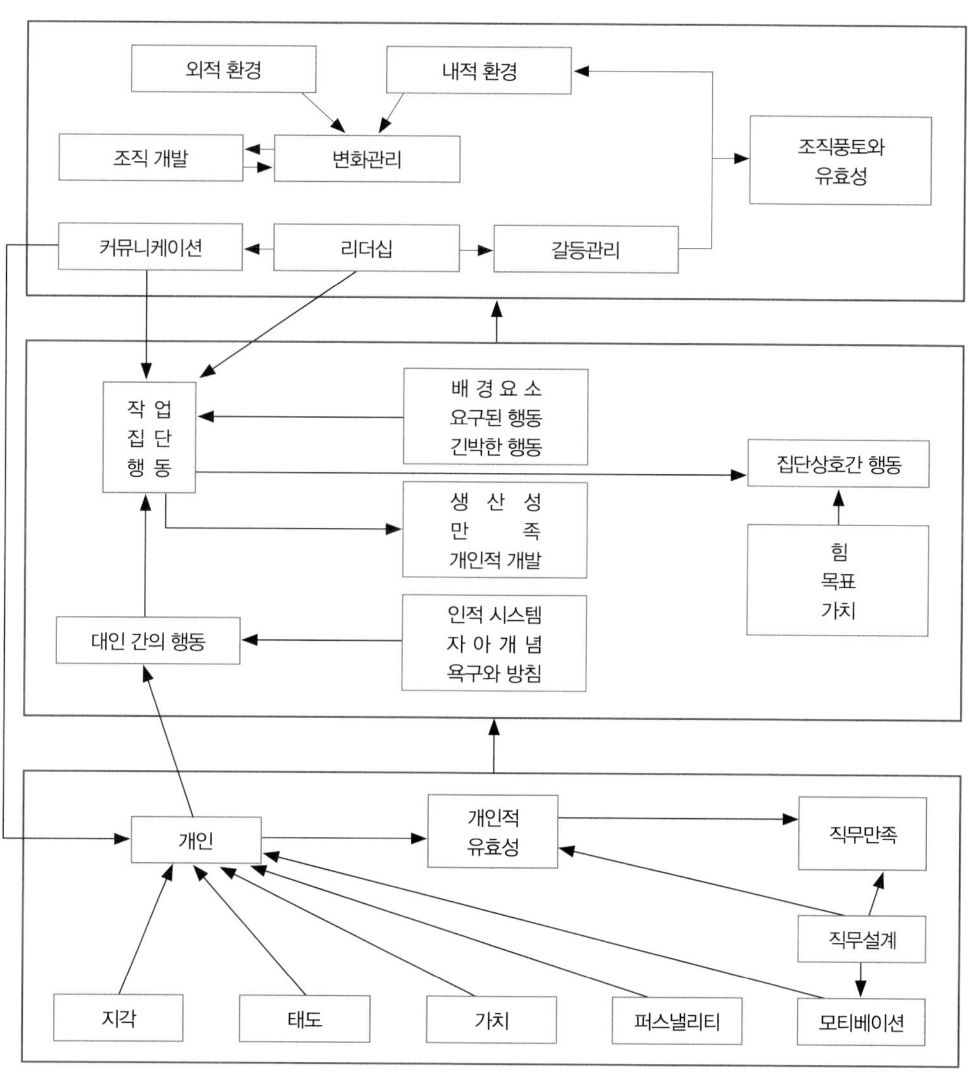


자료: https:www.wikimedia.org

# 2. 계량의사결정

## 2.1 확정적 모형

정형화된 의사결정은 발생빈도가 높은 상황이며 해결방법이 예측 가능한 문제에 적용한다. 정형화된 의사결정은 반복적으로 발생하는 문제에 적용하는 것으로 의사결정은 보통 표준화된 절차를 따른다. 그리고 비정형화된 의사결정은 독특한 상황과 예측할 수 없는 결과 및 파급효과로 말미암아 중대한 문제나 기회 등에 대해 적용한다. 비정형화된 상황에서 문제해결을 위해서 경영자는 엄밀하게 계획된 의사결정을 따라야 한다

확정적 모형은 분석대상을 수리적 상징인 변수(variable)로 표현하고 변수들간의 관계를 함수(function)로 설정한 후 수리적 알고리즘을 통해 최적의 해(optimal solution)를 도출한다. 확정적 시스템(deterministic system)은 확실히 예측할 수 있는 방식으로 작동한다. 시스템 구성요소의 상태와 상호관계를 파악할 수 있다.

수리계획법(mathematical programming)은 가용한 자원이 한정되어 있다는 조건(constraint) 하에서, 수익의 극대화나 비용의 최소화와 같은 경영상의 목적(objective)을 달성하는 문제의 해(optimal solution)를 찾는 의사결정 기법이다. 2차 대전 전후 operations research(OR), management science(MS)의 기초로 크고 복잡한 의사결정 문제를 모형화하고 그 해답을 찾는 과정에 폭넓게 활용한다.

선형계획법(linear programming)은 수익(비용)의 발생이나 자원의 사용이 선형(linear)의 비율로 변한다고 가정하는 모형이다. 제품을 1단위 팔아서 100원의 수익이 있으면 2단위를 팔면 200원, 10단위를 팔면 1,000원 하는 식으로 늘어난다고 가정한다. 비선형계획법(non-linear programming)은 늘어나고 줄어드는 비율이 선형의 비율이 아니라 비선형의 비율일 때 사용한다. 그리고 정수계획법(integer programming)은 제품의 생산 단위가 소수점으로 표현될 수 없고 반드시 정수(integer)로 정해져야 할 때 사용한다.

모형의 구성요소는 목적함수(objective function), 제약조건(constraints), 최적해(optimal solution)이다. 모형의 특성은 선형조건(linearity)으로 목적 함수와 제약 조건들이 변수의 선형 관계로 표현한다. 1개의 목적 함수와 다수의 제약식으로 구성된다. 각 제약 조건들은 등식(=) 혹은 부등식(≥, ≤)으로 표현한다. 비음조건은 모든 선형 계획 문제의 변수들은 양수 또는 0(음수는 불가능)이다. 제약공간 상의 모든 실수 값이 가능하다.

[표 6-2] 자원과 제품에 대한 목표와 제약조건

| 구분 | 제품A | 제품B | 제품C | 제품D | 한도 |
|---|---|---|---|---|---|
| 자원1 | 10 | 10 | 20 | 20 | 200 |
| 자원2 | 6 | 2 | 4 | 2 | 24 |
| 자원3 | 10 | 14 | 2 | 4 | 100 |
| 개당이익(원) | 60 | 80 | 100 | 120 | |

$$\begin{aligned} \max \quad & z = 60x_1 + 80x_2 + 100x_3 + 120x_4 \\ s.t. \quad & 10x_1 + 10x_2 + 20x_3 + 20x_4 \le 200 \\ & 6x_1 + 2x_2 + 4x_3 + 2x_4 \le 24 \\ & 10x_1 + 14x_2 + 2x_3 + 4x_4 \le 100 \\ & x_i \ge 0 \ (i = 1, 2, 3, 4) \end{aligned}$$

의사결정 모형으로 이득행렬 (payoff matrix)은 상황이 변화함에 따라 달라질 수 있는 둘 혹은 그 이상의 대안에 대해 예상되는 성과를 비교할 수 있다. 미래상황을 행렬에 배열하고 모든 대안의 기대값을 비교하여 이를 의사결정하는 활용하는 방법이다. 의사결정나무(decision tree)는 이득행렬과 동일한 정보를 도식화하는 것으로 경영자가 연속적 의사결정을 내려야 할 경우에 특히 유효하다. 그리고 게임이론(game theory)은 어떤 상황이 둘 이상의 경쟁자의 행동에 의해 영향을 받을 때, 의사결정자가 고려하고 있는 다양한 대안에 대한 경쟁자의 반응을 연구하는 기법이다.

### 2.2 확률적 모형

확률적 모형은 수리적 모형을 적용하기 어려운 상황에서 현실문제를 실험실 상황의 문제로 축소시켜 컴퓨터를 이용하여 근사해(approximate solution)를 찾는다. 구성요소의 상호관계를 확률적으로 설명하기 때문에 예측 오류의 발생으로 불확실성이 항상 존재한다. 확정적 모형을 적용하기 어려운 상황이나 시스템이 너무 크고 복잡할 때, 시스템이 움직이는 패턴이 불확실할 때, 시간에 따라 상태가 변하는 특성을 갖는 경우 직접 현실 시스템에서 실험을 하기에 너무 많은 비용이 들고 제약도 많을 때 활용한다.

확률분포는 미래 상황들의 발생확률과 각 상황의 확률변수로 구성한다. 그 모양은 분포의 모든 정보를 포함하는 통계량인 모수로 결정한다. 수익률이 확률분포를 따르면 모든 정보를 평균과 분산으로 요약할 수 있다. 그리고 정규분포로 미래를 추정할 때 평균과 표준편차로 모수를 단순화할 수도 있다. 모수의 추정은 직접 관찰이나 계산으로 할 수 있지만 모집단이 광범위하면 적용할 수 없다. 모수의 추정 방법으로 최대우도법(maximum likelihood principle)과 모멘트법(method of moment)을 활용한다. 주가 변동의 모수인 평균수익률(E(R)), 분산(Var(R)), 공분산(Cov(R1, R2))은 최대우도법으로 추정한다. 최대우도원리는 어떤 사건에서 측정 가능한 모든 모수를 실제 모수로 가정하여 사건의 발생 확률을 계산한다. 관측한 사건에서 발생할 확률이 가장 큰 모수를 모수추정치로 선택한다.

시뮬레이션(simulation)은 현실 시스템을 단순한 모델로 설계하고 이 모델의 상태와 변화를 컴퓨터 실험을 통해 분석한다. 정적(static) 시뮬레이션은 시간의 변화 없이 어느 특정 시점에서 여러 변수들의 속성값이 어떻게 변하는지를 보는 실험으로 몬테카를로(Monte Carlo) 시뮬레이션이 대표적이다. 새로 개발한 무기의 탄착점이 목표영역 안에 떨어질 확률은 어느 정도인가를 확률분포에 맞춰서 컴퓨터가 임의(random)로 선정한다. 반복 실험에서 탄착점의 위치를 확인하면 목표영역 안에 떨어질 확률 예측한다. 동적(dynamic) 시뮬레이션은 시간의 변화에 여러 속성들의 값이 어떻게 바뀌는가를 보는 실험이다. 시간의 흐름을 따라 끊임없이 새로운 사건이 발생, 변수들의 상태 변화를 측정한다. 대기행렬모형이 대표적이다.

시뮬레이션의 일반적인 수행절차로 1단계 문제의 정의(problem definition)는 현실 시스템의 목표와 연구 목적이 되는 문제점을 명확히 파악한다.

**[표 6-3] 시뮬레이션의 구성**

| 용어 | 의미 |
|---|---|
| 개체(entity) | 시뮬레이션에서 분석하고자 하는 대상 |
| 속성(attribute) | 개체는 여러 가지의 속성을 가질 수 있음 |
| 자원(resource) | 시스템의 운영에 필요한 요소 |
| 활동(activity) | 시스템의 변화를 가져오는 일 |
| 상태(state) | 특정 시간의 시스템내 모든 개체, 속성, 활동 등의 수준 |
| 사건(event) | 시스템의 상태를 변화시키는 일의 발생 |

2단계 모델링(model building)은 모델링 요소들을 바탕으로 모델을 수립한다. 이때 모델의 타당성에 대한 검증 작업(validation)을 거친다.

3단계 자료 수집(data collection)은 시뮬레이션에 투입될 자료(input data)를 수집한다. 실제로 수집한 데이터 또는 참고 데이터들을 수집, 분석하여 실험의 상황과 조건을 실제와 가능한 일치하도록 해야 한다.

4단계 프로그램 작성(coding)은 시뮬레이션이 작동하는 알고리즘을 프로그램으로 코딩(coding)한다. 알고리즘에 대한 검증 작업(verification)을 거친다.

5단계 실험계획 수립(experimental design)은 원하는 결과를 얻을 수 있는 실험의 전략을 수립하는 것이다. 주어진 실험 상황과 조건에서 충분한 정보를 얻을 수 있도록, 초기화의 시간, 전체 시뮬레이션의 시간, 반복의 횟수 등을 결정한다.

6단계 시뮬레이션 수행(simulation)은 초기조건, 수행시간, 수행횟수, 성능지표 등의 값을 설정하고 프로그램을 작동하여 시뮬레이션을 수행한다.

7단계 결과 분석(analysis)은 시뮬레이션 수행 결과에 대한 통계적 분석을 통하여 시스템의 성능지표에 대한 정보를 수집한다.

8단계 결과 활용(implementation)은 시뮬레이션 결과의 분석으로부터 얻은 전략적, 실무적 지식을 현실 시스템의 설계와 개선에 활용한다.

## 2.3 탐색적 모형

탐색적 모형(heuristic model)은 확정적 모형과 확률적 모형을 사용하기 힘든 상황에서 규칙(rule)에 의해 단계적으로 좋은 해(good solution)를 찾는다. 판단과정은 필요한 정보를 수집하여 직접적으로 제시되지 않지만 제시된 정보로 추론할 수 있는 사실들을 최대한 이용하여 논리적인 결론을 내리는 과정이다. 그러나 인간의 의사결정은 합리적이지 못하고 심리적 편의(bias)에 의하여 의사결정을 한다. 그러한 예로 닻 효과(anchoring effect)는 사람들이 어떤 모르는 값을 추정할 때 최초 값을 기준으로 최종결정도 이 기준을 벗어나지 못한다.

전망이론(prospect theory)은 불확실성 하에서 투자자의 잠재적 손실과 이익을 판단할 때 합리적 확률 추정과 표준 효용함수의 불일치로 의사결정하는 것을 설명한다. 잠재적 효용이 의사결정의 기준인 준거점(reference point)으로 비대칭을 한다고 가정한다. 가치함수는 기대값을 기준으로 준거점 위에서 위험회피(risk aversion)로 오목하고 준거점 아래에서 위험선호(risk seeking)로 볼록하다. 효용이 준거점을 기준으로 기대이익에 대하여 체감하고 기대손실에 대하여 체증한다. 효용함수가 의사결정의 가중치로서 경영자는 확률을 그 자체로 인식하지 않고 양극단의 확률을 과대평가하고 중간 확률을 과소평가한다.

준거점의 정확한 위치가 의사결정 문제의 프레임에서 중요한 역할을 한다. 또한 의사결정은 개인의 주관적 합리성과 의사결정 문제를 인식하는 방법에 영향을 받는다.

[그림 6-4] 가치함수

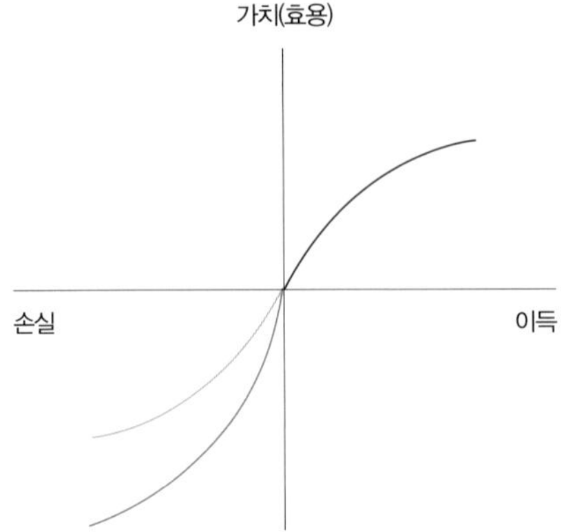


확률변수의 기대값이 위험의 계량 지표로 사용되지만, 확률과 정확성의 구분을 모호하게 만들 수 있다. 어떤 사람이 시나리오 1과 시나리오 2 중에서 어떤 선택을 해야 한다고 가정하자.

대안 1 : 1억 원의 손실 확률 50%와 손실이 없을 확률 50%이다.

대안 2 : 5억 원의 손실 기회 1%와 손실이 없을 확률 99%이다.

두 개의 대안은 5천만 원의 기대손실을 가지고 있지만 이것은 두 번째 시나리오가 첫 번째보다 훨씬 위험하다는 사실을 반영하지 못한다. 경영자는 평균보다 극단적 성과를 최소화하는데 더 관심을 가질 수 있다.

만일 경영자가 어떤 정보를 취득하면 그것을 닻(준거점)으로 설정하여 개인적 판단과정을 거쳐서 의사결정을 한다. 어떠한 관련도 없는 정보의 영향으로 투자결정 기준은 무의식적 닻으로 작용하여 판단과정의 중심적 역할을 한다. 전문가의 경우에도 교육과 경험을 통하여 합리적 판단을 내리는 방법을 습득하지만 그들의 경우에도 합리적 판단에 도달하지 못하는 경우가 발생한다. 판단전문가로서 판사와 사법연수원생보다 법대생의 정박효과가 큰 것으로 분석되었다.

항상 경영자는 자신의 성향과 부합되는 정보만을 받아들이기 때문에 오류에 빠질 수 있다. 다른 사람의 주장이나 의견에 이의를 제기하거나 반대되는 증거를 수집하고 분석하여 투자결정의 합리성을 확보할 수 있다. 구글(Google)의 에릭슈미트 회장은 회의에서 미심쩍은 사람의 의견을 물어보고 그의 의견을 청취한다. 의사결정의 상위자로 갈수록 현장이나 기초정보가 부족하기 때문에 판단 오류를 가질 가능성을 가지고 있어서 하위자의 의견을 청취한다.

[표 6-4] 신경경제학과 행동경제학의 비교

| 구분 | 신경경제학 | 행동경제학 |
| --- | --- | --- |
| 구성 | 경제학, 심리학, 뇌과학 | 경제학, 심리학 |
| 내용 | 의사결정 프로세스에 따른 뇌의 활동 분석에 기반한 학문 | 신고전경제학 모델을 보완하기 위해 심리학 이론을 도입한 학문 |
| 방법론 | 인간 두뇌의 이미지 분석을 통한 인간 행동 분석 | 외부 조건 실험을 통해 인간 행동의 특성 분석 및 예측 |

그러나 신경경제학(neuroeconomics)은 개인의 여러 가지 선택과 그런 선택을 하는 순간에 겪게 되는 정신적인 변화, 그리고 그런 선택을 하도록 유도하는 복잡한 뇌신경의 메커니즘과 기능을 중심으로 인간의 선택과 의사결정을 연구한다. 1999년 미국의 신경과학자인 폴 글림셔(P. Glimcher)가 '네이처'에 원숭이의 뇌에서 의사결정에 관련된 신경세포를 연구하면서 시작되었다. 신고전파 경제학에서 전제하는 경제활동의 주체는 자신의 이익을 극대화하기 위해 완전히 합리적인 결정을 한다. 따라서 신고전파 경제학은 손실회피와 같은 불합리한 행동을 수용하지 않는다. 투자로 돈을 버는 사람의 신경 활동은 코카인이나 모르핀 투여로 도취 상태에 빠진 사람의 신경 활동과 구별이 되지 않는다.

# 3. 인공지능 활용

## 3.1 알고리즘과 소프트웨어

컴퓨팅 사고(Computational Thinking)는 인간의 사고와 컴퓨터의 능력을 통합한 사고로 문제 분석, 분해, 패턴인식, 추상화, 알고리즘, 평가 등의 과정에 활용한다.

1단계 문제 분석(Analysis)은 주어진 문제나 시스템에 대한 논리적 분석을 통하여 핵심사항들을 구체적으로 점검하고 분석한다.

2단계 데이터 수집과 표현(Data Collection & Representation)은 문제해결과 관련된 정보들을 컴퓨터를 통하여 수집하며, 데이터를 적절한 그래프, 차트, 영상 등의 형태로 표현한다.

3단계 분해(Decomposition)는 복잡한 문제를 보다 쉽게 다룰 수 있도록 여러 개의 작은 부분들로 쪼개어 분해한다.

4단계 패턴인식(Pattern Recognition)은 문제의 유사성과 패턴 탐색, 문제내 패턴, 경향, 규칙성 등의 관찰, 그리고 문제 사이의 유사성을 찾는다.

5단계 추상화(Abstraction)는 문제에서 필요 없는 부분들을 걸러내서 필요한 것만을 분리해내어 집중한다. 복잡한 문제나 아이디어는 단순화하고 핵심적인 개념에 초점을 맞추어 일반적인 원리를 찾는다.

6단계 알고리즘(Algorithm)은 문제나 유사한 문제들을 해결하는 일련의 논리적인 지시로 문제에 대한 단계적인 해결책, 설명, 지시 사항들을 설계한다.

7단계 평가(Evaluation)는 알고리즘의 정확성, 해답의 적절성, 효율성 등을 최종 점검함다. 평가 완료 후에 알고리즘을 기반으로 코딩하여 컴퓨터를 작동시켜 원하는 결과 도출한다.

이때 알고리즘은 문제를 해결하기 위한 단계적인 절차를 의미한다. 단계적인 절차를 따라 하면 요리가 만들어지듯이, 알고리즘도 단계적인 절차를 따라 하면 주어진 문제의 답을 준다. 주어진 문제에 대해 여러 종류의 알고리즘이 있을 수 있으나, 항상 보다 효율적인 알고리즘을 고안하는 것이 매우 중요하다.

가장 오래된 알고리즘은 기원전 300년경 유클리드(Euclid)의 최대공약수 알고리즘으로 최대공약수는 2개 이상의 자연수의 공약수들 중에서 가장 큰 수이다. 유클리드는 2개의 자연수의 최대공약수는 큰 수에서 작은 수를 뺀 수와 작은 수와의 최대공약수와 같다는 성질을 이용하였다. 알고리즘의 각 단계는 보통 말로 서술할 수 있으며, 컴퓨터 프로그래밍 언어로만 표현할 필요는 없다.

문제해결 방법에 따른 알고리듬은 분할 정복(Divide–and–Conquer) 알고리즘, 그리디(Greedy) 알고리즘, 동적 계획(Dynamic Programming) 알고리즘, 근사(Approximation) 알고리즘, 백트래킹(Backtracking) 기법, 분기 한정(Branch–and–Bound) 기법이 있다.

문제에 기반한 알고리듬은 정렬 알고리즘, 그래프 알고리즘, 기하 알고리즘이 있다. 특정 환경에 따른 알고리듬은 병렬(Parallel) 알고리즘, 분산(Distributed) 알고리즘, 양자(Quantum) 알고리즘이 있다. 기타 알고리즘으로 확률 개념이 사용되는 랜덤(Random) 알고리즘과 유전자(Genetic) 알고리즘이 있다.

소프트웨어는 컴퓨터 프로그램과 그와 관련된 문서로 컴퓨터를 작동하게 만드는 논리적 바탕을 제공한다. 소프트웨어는 다음의 2가지로 분류한다. 시스템 소프트웨어(system software)는 컴퓨터 시스템들을 효율적으로 작동시킬 수 있는 프로그램이다. 응용 소프트웨어(applications software)는 문서작성이나 게임 등 특정 분야의 업무 처리에 사용된다. 어플리케이션(application)은 줄여서 어플 또는 앱(app)이라 한다.

[그림 6-5] 하드웨어와 소프트웨어의 연결

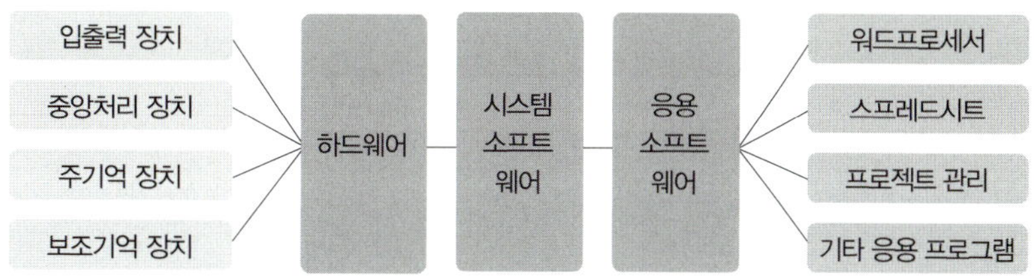


컴퓨터는 1950년대에 들어와서 기계어(machine language)를 사용하여 프로그래밍이 어려웠다. 그 후 어셈블리 언어(Assembly language)가 개발되었고, 1957년부터 FORTRAN과 같은 고급 언어가 개발되었다. 그 후 C, Java 등이 개발되었고 비전공자도 가능한 Scratch, Entry, Python 등이 개발되었다.

## 3.2 경영정보시스템

경영정보시스템은 구성원의 업무와 의사결정을 지원하는 과정에서 구성원이 필요한 정보자료를 제공하고, 그의 업무와 의사결정을 자동화시키면서 보다 높은 차원으로 발전한다. MIS의 발전과정은 4단계로 나눌 수 있다.

1단계는 주로 단순자료처리에 중점을 두었다. 1950년부터 1960년 초반까지를 말하며 주로 다량의 회계자료를 신속, 정확하게 처리하는데 중점을 두었다. EDPS(Electronic Data Processing System)라는 용어를 주로 사용하였다.

2단계는 주로 경영정보의 생성에 중점을 두었다. 1960년 중반부터 1970년 초반까지를 말하며 이 단계에서는 단순한 자료처리의 수준을 넘어서 조직의 관리 및 의사결정을 도와 줄 수 있는 다양한 컴퓨터 활용시스템이 활발히 개발·이용되기 시작하였는데, 이와 같은 시스템을 기존의 EDPS와 구분하여 MIS라고 부르게 되었다.

3단계는 의사결정과 통신에 중점을 두었다. 1970년대 후반을 말하며 복잡하고 거대한 단일시스템으로서의 MIS에 대한 회의론과 함께 정보 및 정보시스템에 대한 약간은 새로운 접근방식이 대두되었다. 이와 같은 시스템을 의사결정지원시스템(DSS)이라 하여 기존의 MIS와 구분하고자 하였다.

4단계는 인공지능의 이용에 중점을 두었다. 1980년대 이후를 말하며 MIS부문에서 인공지능을 이용하여 경영정보관리 분야, 특히 전문가의 의사결정에서 컴퓨터활용을 보다 심화, 발전시킬 수 있는 가능성을 제시하였다.

기업의 정보시스템은 크게 운영업무를 위한 정보시스템과 관리자를 위한 정보시스템으로 구분할 수 있다. 운영 정보시스템은 거래자료처리시스템(TPS)과 사무정보시스템(OIS)이 속하며, 관리자를 위한 정보시스템에 정보보고시스템(IRS), 경영자를 위한 정보시스템에 의사결정지원시스템(DSS), 중역정보시스템(EIS)이 포함된다.

거래처리시스템(Transaction Processing System)은 기업의 기본적인 업무인 거래처리 업무를 지원하는 정보시스템이다. TPS에서 출력된 보고서는 중간 또는 최고관리층보다는 대개 하부관리자에게 전달되며, 많은 경우 그 내용과 입력된 자료의 검증과 같이 시스템 활용에 관한 것이다. TPS도입으로 인해 사무요원의 직무가 급격히 변하며 그 효과도 매우 가시적이다.

사무정보시스템(Office Information System)은 조직체 내에 서로 연계된 일련의 사무부서에서 취급하는 업무의 능률과 효과적 수행을 위해 각종 정보관련 기술들로 구성된 정보시스템이다. OIS는 업무의 효과적, 효율적 수행을 위해 각 구성원간에 상호 연계된 역할의 통합화를 꾀한다. OIS는 여러 구성원 또는 부서에 의해 수행되므로 부서 내부 또는 부서간에 이루어지는 정보의 전달 기증이 필수적이다.

정보보고서시스템(Information Reporting System)은 관리활동에 필요한 정보를 제공해주는 시스템을 말한다. 관리자의 관심이 자료의 개념에서 정보의 개념으로 바뀌었으며, 이에 따라 관리자도 정보시스템에 대해 보다 높은 관심을 갖게 되었다.

의사결정지원시스템(Decision Support System)은 관리자의 의사결정과정을 지원해주는 정보시스템이다. 즉 관리활동에 관한 자료를 검색하여 문제를 발견하고, 필요한 정보자료를 수집하여 의사결정문제에 대한 해결대안을 마련할 수 있도록 지원한다. 의사결정지원시스템은 사용하기 간편한 모델링, 검색, 보고서 기능을 이용하여, 경영자가 의사 결정시 유용하다고 생각되는 정보를 생성할 수 있다.

**[그림 6-6] 경영정보시스템의 구조**

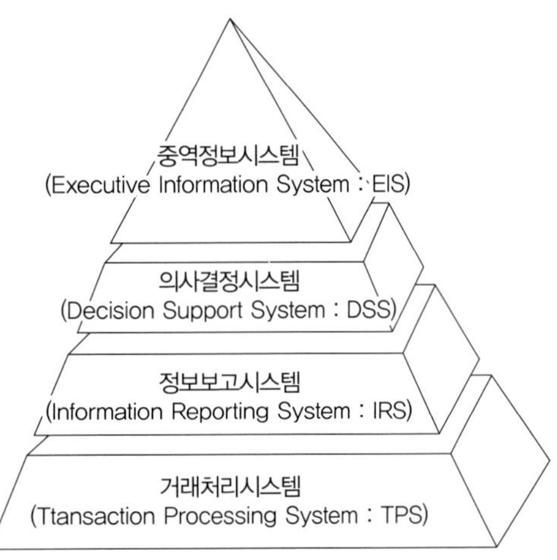


그리고 중역지원시스템(Executive Support System)은 전문화된 DSS로 조직 내 고위층임원들을 지원하는데 사용되는 모든 하드웨어, 소프트웨어, 데이터, 절차, 그리고 인간을 포함한

다. 임원은 사장과 재무, 마케팅, 제조, 기타 주요 기능영역의 부사장을 뜻한다.

한편, 네트워크 수단으로 웹 서비스(w-Service)는 폭넓은 고객층을 대상으로 낮은 비용과 빠른 속도로 서비스 창출한다. 모바일 서비스(m-Service)는 선별적 고객층을 대상으로 이동성(mobility)과 개인화(personalization)에 기반한 서비스 제공한다. 유비쿼터스 서비스(u-Service)는 이질적 고객집단을 대상으로 확산성(pervasion)과 융합성(convergence)에 초점을 맞춘 서비스를 제공한다.

## 3.3 인공지능시스템

인공지능(Artificial Intelligence)은 복잡하고 어려운 업무를 기계가 인간처럼 수행할 수 있도록 도와주는 기술이다. 핵심기능은 정보를 요약하고 해석하는 역할, 방대한 데이터들의 관계를 탐색하여 특정한 규칙을 발견하는 기능이다. 인공신경망(Artificial Neural Networks)은 시냅스의 결합으로 네트워크를 형성한 인공뉴런(노드)이 학습을 통해 시냅스의 결합 세기를 변화시켜, 문제 해결 능력을 가지는 모델을 가리킨다. 기초자료를 입력받아 처리요소에서 처리하고 이를 이용하여 연결선의 가중치를 결정한다. 가중치가 결정되면 이를 이용하여 새로운 고객의 수익성을 예측하는 데에 이용할 수 있다.

사례기반추론(Case - Based Reasoning)은 과거에 발생한 유사사례를 이용하여 새로운 문제를 해결하고자 하는 방법이다. 유사도 측정도구는 근접이웃방법(nearsst - neighbor method)이 가장 많이 이용한다. 그 방법론이 간단하고 인간의 문제 해결방식과 유사하므로 많이 응용되고 있다. 경영학에서 기업신용평가, 채권등급평가, 콜 센터에서의 자동응답시스템, 고객수익성 예측 등에 사용되고 있다.

장바구니 분석(Market Basket Analysis)은 하나의 거래나 사건에 포함되어 있는 항목들의 경향을 파악해서 상호 연관성을 발견 하는 것이다. 연관성 규칙 (Association Rule)은 어떤 Item 집합의 존재가 다른 Item 집합의 존재를 암시한다. 함께 구매하는 상품의 조합이나 서비스 패턴을 발견하거나 특정 제품 또는 사건들이 동시에 발생 하는 패턴을 파악한다. 교차 판매 (Cross Selling )는 자체 개발한 상품에만 의존하지 않고 다른회사가 개발한 상품까지 판매하는 적극적인 판매방식이다.

협업 필터링(Collaborative Filtering)은 특정고객과 유사한 속성을 지닌 다른 고객이 어떤 상품을 선호하는지를 파악하여 그 상품을 추천해 주는 방식이다. 협업 필터링을 이용하게 되면 추천을 필요로 하는 대상고객이 기존에 구매하지 않았던 상품도 추천을 할 수 있으며, 분석에 필요한 자료가 충분한 경우에 다른 데이터 마이닝 방법에 비해 보다 정확하게 분석할 수 있다.

K - Means 알고리즘은 비계층적 군집화 방법으로 각 고객의 프로필 정보와 같이 이미 확보된

[그림 6-7] 인공지능의 처리 과정

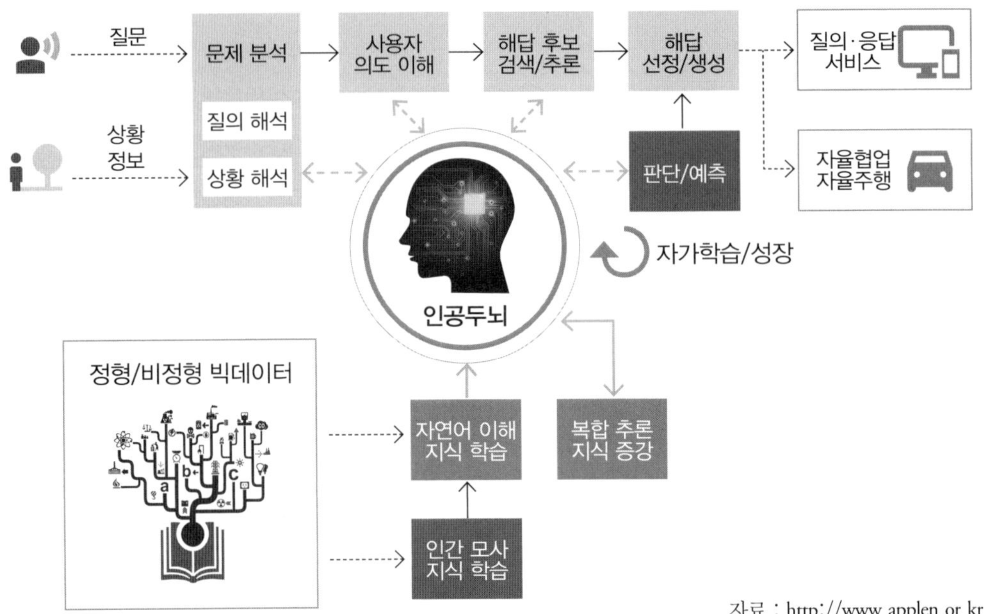


자료 : http://www.applen.or.kr

자료만으로 분석을 할 수 있다. 이를 기반으로 유사성을 평가하고 유사한 고객군들을 같은 군집으로 묶어주므로 고객 세분화에 이를 활용할 수 있다.

복잡적응계(complex adaptive system)는 단순한 구성요소가 수많은 방식으로 상호작용, 구성요소를 재조직하면서 환경변화에 능동적으로 적응하는 시스템이다. 초기조건의 작은 변화가 엄청난 변화를 야기할 수 있다(butterfly effect). 물체의 운동은 초기조건에 의하여 결정되나 그 궤적을 예측하는 데는 근본적인 한계가 있다(결정론적 혼돈). 단순한 질서와 완전한 혼돈 사이의 광대한 영역에 있는 거의 모든 자연세계와 사회현상은 복잡적응계(혼돈의 가장자리)이다.

자기조직화(self-organization)는 복잡적응계가 자발적으로 질서를 형성하는 능력이다. 임계상태가 되면 지극히 불안정하며 단순한 구성요소가 끊임없는 적응과 경쟁을 통하여 보다 높은 수준의 복잡한 구조를 형성한다. 구성요소가 개별적으로 갖지 못한 특성이나 행동을 시스템 전체가 발현한다. 자기조직화맵은 자율학습의 방법으로 저차원(보통2차원)의 지도를 생성한다. 이 지도는 입력 공간에서 주어진 훈련 샘플에 대한 이산적인 표현을 나타내며, 입력 공간에 대한 위상(topological)속성을 보존하려고 한다.

웹 마이닝(Web Mining)은 웹 상에서 발생되는 데이터를 분석하기 위한 데이터 마이닝 방법이다. 웹 구조 마이닝은 사용자의 접속경로에서 일정한 패턴을 찾는 과정이다. 웹 내용 마이닝은 웹 페이지에 있는 내용에 대한 검색과 관련된다. 웹 사용 마이닝은 사용자의 사용 흔적을 분석한다.

**[그림 6-8] 인공지능의 발전과정**

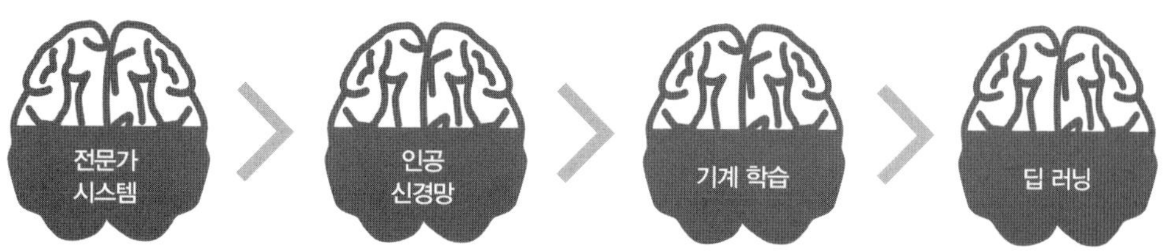


| 논리/규칙 기반 (1950s~1980s) | 연결 기반 (1980s~1990s) | 통계 기반 (1990s~2010s) | 딥 러닝 기반 (2010s~) |
|---|---|---|---|
| - 현실의 문제는 명확하게 정의되지 않는 경우가 대부분<br>- 세상의 모든 상황과 지식을 알려줄 수 없다는 점 | - 계산이 복잡하고 컴퓨팅 파워가 신경망을 충분히 학습시킬 수준이 안됨<br>- 훈련시킬 데이터가 부족 | - 자질 설계의 능숙도에 따라 성능이 좌우<br>- 최적화 방식으로 문제를 해결하기 때문에 다른 분야에 적용하기 어려움 | - 컴퓨터가 스스로 자질을 학습해 설계<br>- 학습한 데이터를 다른 문제에 재활용 가능 |

자료: http://magazine.hellot.net

애플, 구글, MS, 페이스북 등 글로벌 경제를 좌지우지하고 있는 플랫폼 기업들은 지금 모두 '인공지능' 기술 개발에 총력을 기울이고 있다. 소프트웨어가 스스로 학습하고 생각하는 단계로 이동하였다. 구글은 인공지능의 목표로 사람이 사물을 보고 뇌로 인식한다.

# 요약정리

■ 의사결정은 기업이 직면한 문제에 대해, 제약조건 하에서 가능한 대안을 도출한 후, 최적의 대안을 선정하는 경영활동이다. 어떤 특정 문제에 대하여 두 개 이상의 대안들 중에서 가장 적합하다고 생각되는 한 개의 행동을 선택하여 해결한다. 앤소프(Ansoff)는 관리자의 직위나 포괄범위에 따라 전략적 의사결정, 전술적 의사결정 및 운영적 의사결정으로 구분하였다. 집단의사결정은 개인의사결정보다 많은 정보를 투입한다. 따라서 개인의사결정보다 일반적으로 정확하고 창의성 측면에서도 우수하다. 의사결정의 수용도가 높으며 정보교환을 촉진한다. 집단의사결정은 집단사고, 집단양극화, 집단규모, 구성원의 특징, 리더십의 질적수준에 의존한다.

■ 확정적 모형은 분석대상을 수리적 상징인 변수로 표현하고 변수들간의 관계를 함수로 설정한 후 수리적 알고리즘을 통해 최적 해를 도출한다. 확정적 시스템은 확실히 예측할 수 있는 방식으로 작동한다. 확률적 모형은 수리적 모형을 적용하기 어려운 상황에서 현실문제를 실험실 상황의 문제로 축소시켜 컴퓨터를 이용하여 근사해를 찾는다. 확률적 시스템은 항상 예측의 오류가 발생한다. 그리고 탐색적 모형은 확정적 모형과 확률적 모형을 사용하기 힘든 상황에서 규칙에 의해 단계적으로 좋은 해를 찾는다. 판단과정은 필요한 정보를 수집하여 제시된 정보로 추론할 수 있는 사실들을 최대한 이용하여 논리적인 결론을 내리는 과정이다.

■ 알고리즘은 문제를 해결하기 위한 단계적인 절차를 의미한다. 단계적인 절차를 따라 하면 요리가 만들어지듯이, 알고리즘도 단계적인 절차를 따라 하면 주어진 문제의 답을 준다. 소프트웨어는 컴퓨터 프로그램과 그와 관련된 문서로 컴퓨터를 작동하게 만드는 논리적 바탕을 제공한다. 경영정보시스템은 구성원의 업무와 의사결정을 지원하는 과정에서 구성원이 필요한 정보자료를 제공하면서 업무와 의사결정을 자동화시킨다. 인공지능은 복잡하고 어려운 업무를 기계가 인간처럼 수행할 수 있도록 도와준다. 핵심기능은 정보를 요약하고 해석하는 역할, 방대한 데이터들의 관계를 탐색하여 특정한 규칙을 발견하는 기능이다.

# 토론과 연습문제

1. 사이먼이 제시한 의사결정의 유형을 사례를 들어 논하시오.

2. 개인수준, 집단수준, 조직수준의 의사결정을 비교하여 보시오.

3. 의사결정에서 확정정 모형과 확률적 모형의 차이를 설명하시오.

4. 의사결정에서 탐색적 모형이 선호되는 이유는 무엇인가?

5. 알고리즘이 소프트웨어로 전환되는 과정을 토의하시오.

6. 머신러닝과 딥러닝을 비교하여 설명하시오.

## 참고문헌과 인터넷


구기동, 김홍유, 심기준(2018), 경영학의 이해, 신구문화사.

구기동, 신용인, 조철희(2016), 금융자산관리론, 청람.

허명회(1991), 통계학사 콜로키움, 자유아카데미.

Borko, Hilda, Margaret Eisenhart, Catherine A. Brown, Robert G. Underhill, Doug Jones, and Patricia C. Agard. "Learning to Teach Hard Mathematics: Do Novice Teachers and Their Instructors Give Up Too Easily?" *Journal for Research in Mathematics Education 23* (May 1992): 194–222.

https://www.kcesa.re.kr/intro.do

## 제 7 장
# 경영전략과 컨설팅

### 학습목표

1. 환경의 변화에 따른 경영혁신으로 경영전략을 수립할 수 있다.
2. 경쟁전략은 기본전략과 보완전략으로 나누어 구성할 수 있다.
3. 기업의 상황에 따라 해당 전략을 실행할 수 있다.

### 학습내용

1. 경영전략
2. 경쟁전략
3. 경영컨설팅

### 초연결시대의 협업

제4의 물결인 초연결시대(Hyper-connected)는 컨버전스, 퓨전, 크로스오버, 통섭, 하이브리드 등을 연결한다. 에디슨은 실험실에서 계속 연구하여 세상에 없던 물건을 발명하였다. 스티브 잡스는 자신의 실험실에서 연구하는 것이 아니라 기존에 있던 것을 연결하여 융복합 창조를 하였다. 스티브 잡스는 "우리 애플은 기술회사가 아니고 기술과 인문이 교차하는 곳에 존재한다"라고 얘기했다.

창조의 90%가 융복합창조이다. 1+1=100도 융합하여 창조하면 가능하다. 경영학은 1+1=2+α를 만든다. 그런데 1+1=α로만 생각했던 개념도 인공지능과 빅데이터가 1+1=100, 300, 500으로 바꾸었다. 그 예로 애플, 구글, 알리바바, 유니클로 등은 짧은 역사에도 100년, 200년 된 다국적 기업을 앞질렀다. 그 이유는 단순 시너지가 아니라 메가 시너지가 나오기 때문이다.

고사에 창을 만드는 명인은 "이 창은 어떤 방패라도 다 뚫을 수 있다" 하였고, 방패를 만드는 명인은 "이 방패는 어떤 창이라도 다 막을 수 있다"고 하였다. 이 창과 방패가 만나는 것이 모순이다. 모순은 현실적으로 존재하지만 합리적으로 인정되지 않는 현상이다. 그런데 이러한 모순이 현대사회에서 급증하기 시작하였다.

경영은 의사결정의 연속이다. 의사결정을 잘하면 성공하고 그렇지 않으면 실패한다. 카네기멜론 대학의 사이먼 교수에 따르면 "경영은 의사결정의 연속"이며, "경영자는 의사결정을 하는 사람"이다. 그리고 "현대 경영자는 다양한 모순을 관리하는 사람이다"라고 했다. 다양한 모순을 관리하기 위해서 자료, 정보, 지식, 과학에 지혜와 통찰력을 추가해야 한다. 조직의 리더는 다양한 모순을 관리할 수 있는 통찰력과 지혜를 겸비해야 한다.

수직적인 사회에서 수평적인 사회로 변화하였다. 예를 들어 6명이 경쟁체계에서 1등 보너스 500%, 2등 400%, 3등 300%, 4등 200%, 5등 100%이고, 6등은 회사를 나가야 한다. 순위를 매겨서 차등보상하기 때문에 "나 이런거 안해" 하고 도망하지 않으려면 잘해야 한다. 자본주의는 경쟁을 통해 잘하는 사람은 더 주고 못하는 사람은 덜 주는 차등보상으로 살아 남았다. 여기에 신자유주의는 자유경쟁, 자유시장원리, 자유무역으로 국경이 없고 무제한, 무차별, 무한경쟁을 추구한다. 서로 돕는 것을 모두 협력, 협동, Collaboration이라고 한다. 협업은 전문적으로 두 개 이상의 개체가 서로 다른 전문성을 수평적으로 연결하여 메가 시너지를 내는 것이다. 그리고 융복합사회의 최선의 솔루션은 협업밖에 없다. 다름을 인정하지 않는다면 융복합 창조도 되지 않고 애플이나 구글 등과 같은 대기업들도 살아 남을 수 없다.

기업에서 협업을 활용한 사례로 기아자동차는 자동차를 만드는 기업이고 영실업은 장난감을 만드는 기업이다. 기아자동차와 영실업이 협업으로 만든 장난감이 변신로봇 '또봇'이었고 이 장난감의 인기로 2012년에 영실업의 매출이 50% 성장하였다. 기아자동차도 자신의 자동차를 홍보하여 미래고객을 확보할 수 있었다.

# 1. 경영전략

## 1.1 경영환경

경영환경은 기업의 경영활동에 영향을 미치는 모든 환경이다. 경영환경은 기업에 깊게 연계되어 기업의 성패에 직접적인 영향을 미친다. 따라서 기업은 경영환경의 특성을 잘 파악하여 변화하는 환경에 대처해 나가고, 이를 이용할 수 있는 경영활동을 펼쳐야 한다. 크게 기업활동에 간접적인 영향을 미치는 일반환경과 기업활동에 직접적인 영향을 미치는 과업환경으로 구성되어 있다. 기업활동이 인간생활 전반에 미치는 영향력이 증대하고 결과적으로 비판이 증대되면서 기업 자체의 사회적 영향력을 고려할 수밖에 없다. 기업의 경쟁이 치열해져서 환경조건이 복잡해지고 급변하는 추세로 의사결정을 위한 환경예측과 대책, 적응이 매우 곤란해졌다.

그리고 기업은 환경의 하위시스템이다. 과거 기업의 경제활동은 지역적이었지만 경제활동의 다각화와 다양화로 글로벌 경영환경과 국경없는 인터넷 환경으로 변화하였다. 정보기술을 이용한 관리적 기법이 도입되어 생산성 증대효과 및 비용절감으로 저비용·고효율의 경제활동으로 변하였다. 따라서 이러한 외부적 변화에 대응하여 매출을 극대화하고 이윤을 추구하는 경영전략을 추진해야 한다.

경제 블록화는 세계경제가 지역단위의 경제구조 개편에 따른 경제 블록화 현상이다. 과학기술의 발달은 새로운 기술의 등장과 다양한 서비스업종의 등장으로 기업의 형태가 변하고 있다. 소비자도 경제활동지수가 높아지면서 제품중심에서 소비자중심으로 전환되어 고객참여 형태로 변환되고 있다. 또한 경영의 전략화는 기업의 새로운 환경에 대처할 수 있는 기업의 핵심역량과 경쟁우위분석을 위하여 이루어져야 한다. 사회, 문화적 환경은 인구분포, 세대수와 규모, 인구증가율, 성별, 연령별 구성 등을 들 수 있다.

정치적 환경은 법, 정부, 압력단체(소비자단체)의 상호작용으로 구성되어 있는 환경이다. 경제적 환경으로 소비자의 실질소득이 감소하면 구매에 신중을 기하게 되며, 이에 따라 기업은 절약형의 제품을 생산하고 광고에서도 가격면을 강조하여 판매를 증가시켜야 한다. 법률적 환경은 소비자보호법, 공정거래법, 독점금지법 등이 대표적이다. 윤리적 환경은 환경오염에 따른 정부의 규제 및 이해집단의 통제, 환경오염방지시설비용 등이 있다.

기업 내부에서도 200여 년 전 아담스미스의 분업의 원리를 탈피하여 부서별 업무의 분업화를 이루고 있다. 각 업무 단계별 처리시간과 대기시간(Lead Time)이 알려지면서 데이터베이스와 네트워크 기능을 강화하여 통제하고 있다. 원가 및 품질은 시간이 경쟁전략에 있어서 핵심요인으

[그림 7-1] 경영환경과 비즈니스 시스템

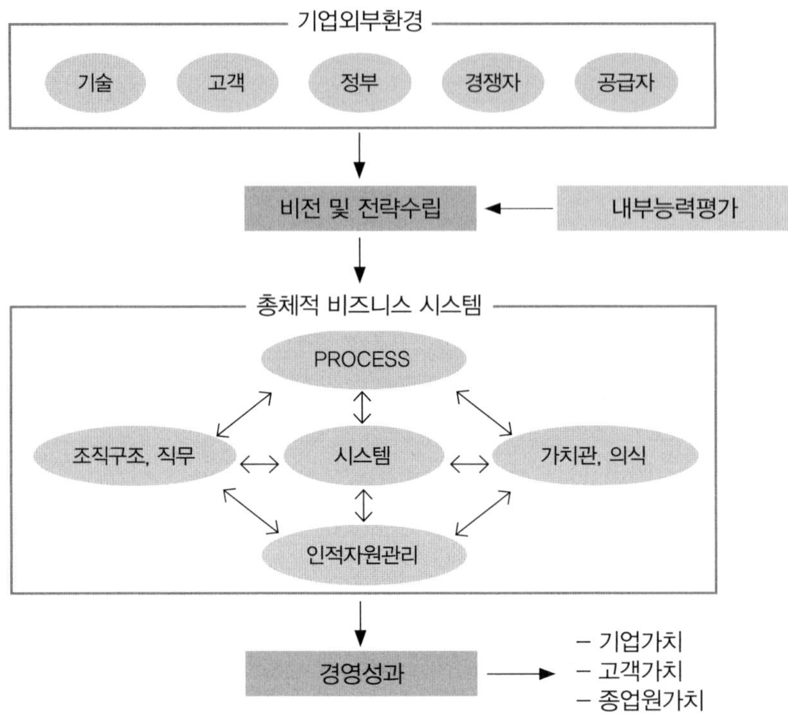


로 등장하였다. 예를 들면 새 자동차를 개발하는데 보통 6~7년 정도 걸렸지만 최근에 1~2년으로 개발주기를 줄이고 있다.

조직은 관리위주에서 혁신위주로 변화하고 있다. 각 부서는 혁신을 추구하기 위하여 실패를 인정할 수 있어야 한다. 오히려 빨리 실수하여 이를 학습할 수 있도록 하는 것도 중요하다. 조직은 직렬방식에서 병렬방식으로 변화하고 있다. 직렬조직은 앞 단계에서 작업이 끝나지 않으면 다음 단계의 작업을 시작하지 못한다. 순차적 단계에서 더 많이 진척될수록 직렬방식은 전체 작업의 속도를 늦춘다.

그리고 제너럴모터(GM)와 같은 대기업이 대량시장(Mass Market)에 집착하다가 실패하였다. 시장은 갈수록 세분화되어 각 틈새시장(Niche Market)을 공략하는 전문화된 작은 회사들이 성장하고 있다. 고객들의 요구는 갈수록 다양화되고 세분화되고 있기 때문에 개별 고객을 대응할 수 있는 전략이 필요하다. 고객정보시스템은 각 고객에 대한 이력을 데이터베이스화하여 고객의 특성을 반영할 수 있다. 기업의 환경변화에서 가장 두드러지는 부분이 형식적인 국경이 없어지고 있다.

기업은 이윤추구를 위하여 언제든지 국경을 초월하는 경영을 할 수 있다. 이러한 경영환경의 추세는 일시적인 현상이 아니라 글로벌적 현상이다.

일반환경은 사회 전체에 속해 있는 모든 조직에 공통적인 영향을 미치는 경제적, 정치·법률적, 사회·문화적, 기술적, 글로벌 그리고 자연적 환경이다. 경제적 환경은 모든 경제 시스템 전반을 의미하는 환경이다. 정치·법률적 환경은 법적 규제나 정치적 제도를 말한다. 실제 국가가 각종 법규를 통하여 경영활동을 규제하거나 지원한다. 사회·문화적 환경은 사회 구성원의 가치관, 생활 양식, 신념이나 태도, 관습, 전통, 문화 등의 환경 요소이다. 기술적 환경은 신제품, 신소재 개발뿐만 아니라 정보 통신 환경 변화 등 첨단 기술 분야이다. 글로벌 환경 해외에서 일어나는 각종 환경 변화이다. 그리고 자연적 환경은 자연과 천연자원, 재해 등의 기회를 제공하거나 위협 요인이다.

과업환경은 기업의 경영활동에 직접적인 영향을 미치는 환경으로 기업의 의도에 따라 통제가 가능하기 때문에 일반환경보다 더 중요하다. 긍정적 과업환경은 기업활동을 수행할 때 공급, 소비 등의 긍정적인 영향을 미치는 환경으로 공급업자, 유통업자, 소비자 등이다. 제약적 과업환경은 기업활동을 수행할 때 규제, 경쟁 등의 제약적인 영향을 미치는 환경으로 경쟁기업, 정부, 공중 등이다.

### 1.2 경영전략

모든 기업은 반드시 경영의 목표와 전략을 선택한 후에 조직, 충원, 지휘, 통제 등과 같은 관리활동을 진행할 수 있다. 경영전략은 희소한 경영자원을 배분하여 경쟁우위를 창출하는 주요한 의사결정이다. 환경의 변화가 기업에 주는 기회와 위협을 찾고 기업의 강점과 약점을 파악하여 이에 적절히 대응하여 경쟁우위를 확보한다. 급변하는 글로벌환경에서 장기적이고 지속적인 경쟁우위를 확보하는 데는 효과적인 전략수립이 필요하다.

경영전략(strategy)은 조직의 장기적인 방향을 제시하여 조직의 경쟁우위를 유지하면서 목표를 달성하려고 자원을 활용하는 행동계획이다. 중·장기적인 관점에서 기업이 불확실한 경영환경의 미래를 예측하고, 자신들의 능력과 지식을 개발·활용하려는 계획적이고 포괄적인 일체의 노력이다.

전략(Strategy) = Stratos(군대) + ag(이끈다)

전략수립은 목적(ends), 수단(means), 실행계획(action plan), 통제(control)를 포함한다. 전략 단위별로 분류하면 기업전략(corporate), 사업전략(business), 기능전략(function)으로 구분할 수 있다. 기업전략은 전략사업의 결정, 시장의 결정, 진입과 퇴출 결정, 기술결정, 자원확보 및 배분으로 구성된다. 사업전략은 산업내에서 경쟁적 우위를 확보하기 위한 전략으로 제품/서비스 믹스, 고객결정, 경쟁, 자원배분, 시설입지, 기술선택 등을 다룬다. 그리고 기능전략은 이미 수립된 사업전략을 수행하면서 각 부서별로 효율성과 생산성을 높이려는 지원전략이다.

[그림 7-2] 경영전략의 내용

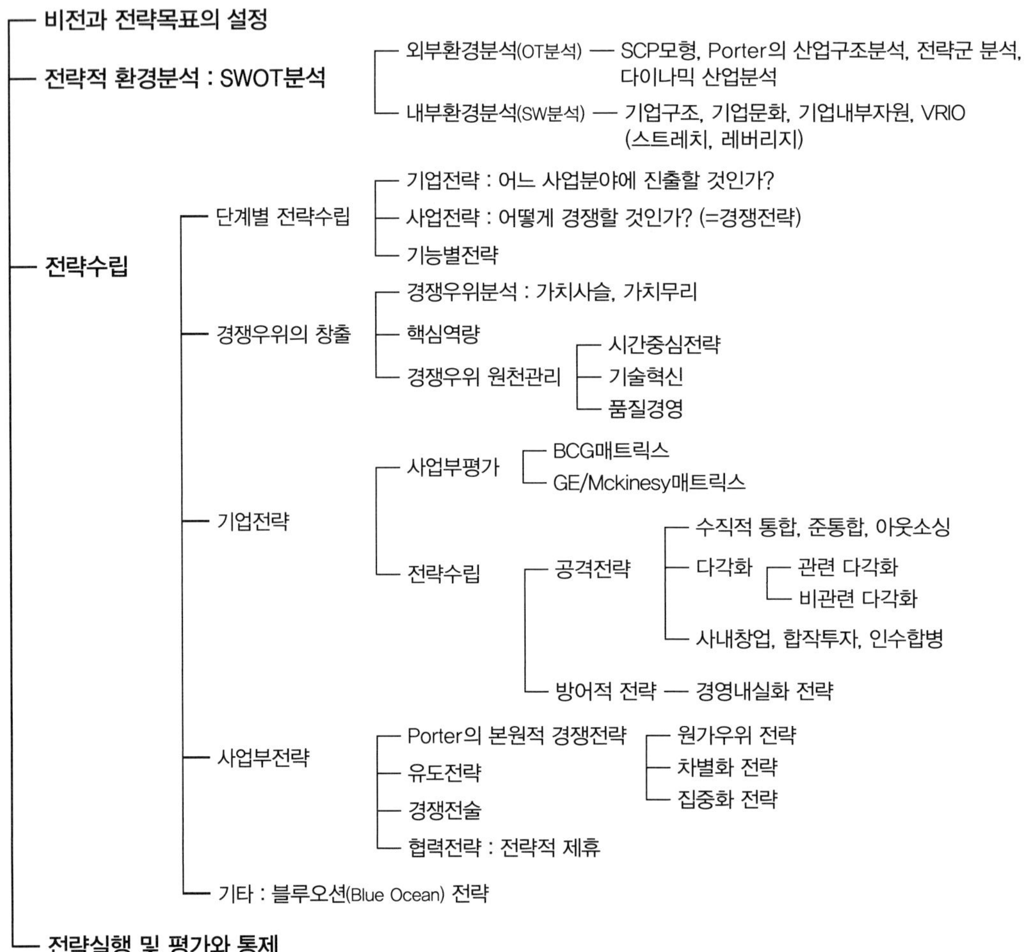


산업화 시대에서 정보화 시대로 바뀌어 감에 따라 기업경영도 관리위주에서 혁신위주로 바뀌지 않으면 안 된다. 이제 각 부서는 꾸준히 새로운 업무방식을 시도하여야 한다. 혁신을 추구하기 위하여 혁신을 지원하는 조직 내 분위기가 필요하다. 그러기 위하여 새로운 일을 시도하다가 실수도 할 수 있는 분위기를 만들어 주어야 한다. 오히려 빨리 실수를 하여 이를 학습할 수 있도록 하는 것이 중요하다. 조직 내 혁신을 막는 가장 확실한 방법은 새로운 것을 시도하다가 나타난 실수에 대해 벌주는 일이다. 그렇게 되면 더 이상 새로운 일을 절대 시도하지 않을 것이기 때문이다.

분업화와 전문화는 조직을 직렬화시켜 운영되게 한다. 직렬조직은 앞 단계에서 작업이 끝나지 않으면 다음 단계의 작업이 시작되지 못한다. 각 단계의 작업은 순차적으로 진행되는데 어떤 단계에서 주요한 결함이 발견되면 바로 앞 단계로 보내지는 것이 아니라 처음 설계단계로 다시 보내어 진다. 따라서 순차적 단계에서 더 많이 진척되어 있을수록 작업의 정도는 커져 전체 작업은 그만큼 늦어진다.

고객들의 요구는 갈수록 다양화되고 세분화되고 있기 때문에 고객 하나 하나를 개별적으로 대응할 수 있는 전략이 필요하다. 대량시장에서 어떻게 고객을 개별화할 수 있을까?라는 것은 고객정보시스템이 이를 가능하게 해 준다. 고객정보시스템에서 각 고객에 대한 이력을 데이터베이스에 관리하여 그 고객의 특성을 반영할 수 있기 때문이다.

일반적인 경영전략으로 제품구성의 변화와 같은 제품전략, 신규분야에 진출하여 업종을 변경하거나 추가하는 다각화전략, 시설투자에 의한 경영구조의 변혁, 관계회사와의 관련체제 강화, 그리고 해외시장진출 등이다. 특정기업이 해당 경쟁산업 내에서 다른 경쟁기업에 비하여 제품과 서비스를 생산할 때 높은 효율성과 효과성을 유지하는 능력이다.

### 1.3 전략실행

실행 프로세스는 우선 계획(plan) 단계는 개선할 영역을 설정하고 관련된 문제를 정의한다. 시행(do) 단계에서 계획이 제대로 실행되는지를 확인한다. 검토(check) 단계로 시행 단계에서 얻어진 데이터를 평가하여 원래의 목적과 실제의 결과가 잘 부합되는지 조사한다. 마지막 실행(act) 단계는 개선을 위한 활동을 수행하거나 재시행한다.

엔소프(H.I.Ansoff)는 경영전략을 결정하는 경우에 기본적 원리가 되는 것은 공통관련성이라고 한다. 이는 현재의 제품과 시장, 그리고 미래의 관련성을 말한다. 현재 실행하거나 실행하려는 특정의 제품시장분야를 결정하며 제품상호간의 공통관련성이 있는 사업 활동의 내용을 명확히 해야 한다. 이것이 결정되어야 비로소 생산·기술·판매 등에서 공통관련성이 있는 분야의 성장기회를 모색할 수 있다.

성장벡터는 특정의 제품시장 분야와의 관련에서 기업이 성장하기 위해 선택하는 성장방향을 말한다. 특정 제품시장 분야의 전략기준은 종사할 산업분야를 결정하는 것이지만, 그 산업분야에서 어느 방향으로 성장할 것인가의 전략은 성장벡터를 활용한다.

1) 시장침투전략은 현제품 시장에서 시장점유율을 증대시킴으로써 성장하려는 방향을 의미한다. 예를 들어 가격인하, 광고증대, 제품취급 소매상 수 증가 등이다.

[표 7-1] 앤소프의 제품시장 확장 그리드

| 구분 | 기존제품 | 신제품 |
|---|---|---|
| 기존시장 | 시장침투전략 | 제품개발전략 |
| 신시장 | 시장개발전략 | 다각화전략 |

2) 시장개척전략은 현 제품에 대하여 새로운 시장을 개척하여 성장하려는 방향을 지칭한다. 즉 새로운 지역시장을 탐구하거나 당제품의 신이용에서 생기는 신시장을 개척한다. 새로운 시장에 점포를 개설하거나 새로운 수출시장을 개척하는 것이다.

3) 제품개발전략은 신시장에서 신제품을 개발하여 성장하려는 방향을 지칭한다. 제품의 개선이나 신품종을 추가하는 행동으로 나타난다. 예를 들어 샴푸회사–현재제품에 새로운 향료, 성분사용, 포장을 새롭게 한다.

4) 다각화전략은 신제품, 신시장으로 진출하여 성장하려는 방향을 지칭한다. 수평적 다각화는 같은 유형의 고객이나 기술과 관련이 있는 제품개발에 의한 성장방향으로 판매·기술면에서 공통 관련성이 높다. 수직적 다각화는 최종적인 제품분야는 같지만, 상이한 생산단계의 전후로 다각화하여 성장한다. 집성적 다각화는 기존의 제품·시장에 거의 관련이 없는 분야로 다각화한다.

기업이 성장할 경우 외부성장방식은 기업이나 제품을 매수하여 성장하고, 내부성장방식은 신제품개발과 신시장 개발을 통해 이루어진다.

## 2. 경쟁전략

### 2.1 산업구조분석

전략대안은 기본전략, 본원전략, 글로벌 전략로 구성된다. 기본전략은 성장전략(growth), 유지전략(maintenance), 축소전략(retrenchment)이다. 유지전략은 안정, 사업집중이며, 그리고 축소전략은 규모축소(downsizing), 구조조정(restructuring), 사업분할·양도(divestiture), 청산(liquidation), 회생(turnaround)이다. 성장전략은 내부개발, 다각화, 인수·합병(M&A), 합작(joint venture), 전략적 제휴이다.

1970년대와 1980년대 마이클 포터(Michael Porter)를 선두로 산업구조와 경쟁전략에 대한 분석방법이 대두되었다. 포터모델은 기업이 경쟁우위를 갖기 위해서 산업의 특징을 이해하고 산업내에서 적절한 위치를 정하는 것이 전략의 근간을 이룬다고 주장한 모델이다.

포터는 산업의 경쟁구조를 구성하는 5가지 요인을 설명하고 기업이 택할 수 있는 3가지의 일반적 전략을 제시하였다. 특정산업의 경쟁구조를 결정짓는 요인으로서 신규업자 참여 위협, 대체제 위협, 고객 영향력, 공급업체 영향력, 기존업체간의 경쟁수준을 들고 있다.

**[그림 7-3] 산업경쟁구조 결정요인**

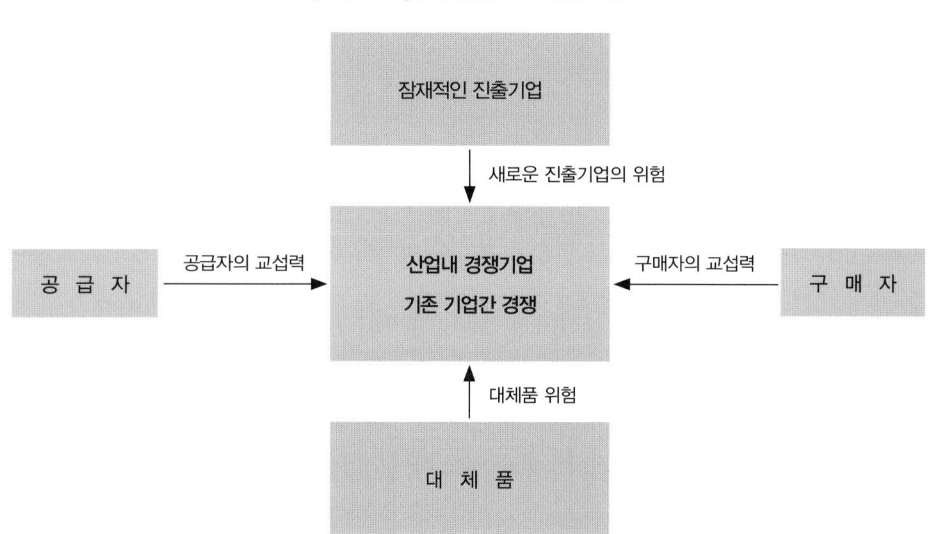


1) 신규업자 참여 위협이다. 신규진입 기업들이 시장에 보다 안정적으로 진입하기 위해서는 진입장벽을 넘어야 한다. 진입장벽이란 신규진입 기업들이 기존 기업들에 비해 부담하는 상대적인 불리함이다. 진입장벽으로는 상표이미지, 기존 유통경로, 투자규모, 기술수준, 법적규제 등이 있다. 제약산업이나 식음료품산업은 광고를 통하여 높은 진입장벽을 쌓고 있다.

2) 대체제 위협이다. 두 재화를 따로 소비할 때의 효용의 합계 > 두 재화를 함께 소비할 때의 효용일 경우에 두 재화를 대체제라 한다. 예를 들어 백화점과 대형할인점, 버스와 택시, 우체국

과 전자우편, 소주와 맥주와 양주 등이다.

3) 고객 영향력이다. 구매자의 영향력이 크면 수익성이 낮아진다. 구매자는 주로 대량구매나 구매자의 수익성이 낮을 때 강력한 교섭력을 발휘한다. 건설업체나 엘리베이터의 소유자로서 구매자의 교섭력은 대형 제조업체의 서비스에 강력하다. 엘리베이터 제조업체와 건설업체간에 3년 기한으로 체결된 서비스계약이 기한 만료 전에 반 가격에 재계약되는 일이 많다. 대형제조업체에 서비스 부문의 구매자 교섭력은 매우 막강하다.

4) 공급업체 영향력이다. 원자재 공급업체의 영향력이 크면 수익성이 낮아진다. 이런 공급업체의 영향력을 줄이기 위한 조직은 여러 방면으로 노력을 기울인다. 예를 들어 석유수출국기구(OPEC)는 산유국의 교섭력을 높이려는 카르텔이다. 노동조합은 노동서비스를 공급하는 노동자들의 단체 교섭력을 높인다.

5) 기존업체간의 경쟁이다. 경쟁이 치열할수록 수익성은 떨어진다. 제품간 큰 차이가 없고 비슷한 규모의 기업이 다수 존재하면, 경쟁이 치열해진다. 투자 규모가 너무 커서 사업을 중도에 포기가 어려워도 경쟁은 심해진다.

기업전략은 기업이 어떠한 종류의 사업에 참여할 것인가, 그리고 이들 사업부문 사이에 자원을 어떻게 할당할 것인가에 관한 의사결정이다. 여기에 전략적 사업단위가 있다. 이것은 단일사업이거나 단일사업이 아니더라도 다른 사업과는 분리하여 독자적으로 계획을 세울 수 있는 사업이어야 하며 자신과 비슷하거나 우월한 경쟁자가 있어야 한다. 그리고 전략적 계획과 이익달성에 책임을 질뿐 아니라 이익에 영향을 주는 요인들을 통제하는 경영자가 있어야 한다.

기업수준의 전략은 성장전략과 안정화 방어전략으로 나눌 수 있다. 성장전략은 라이프사이클 중 성장기에 적용하는 방법이다. 성장전략은 집중화전략, 수직적 통합, 그리고 다각화전략이 있다. 또한 안정화전략은 주로 수익성이 어느 정도 보장되었을 때 개인기업이 추구한다. 그리고 방어전략은 쇠퇴기에 적용하는 방법으로 수확, 업종변경, 그리고 철수가 있다.

제품수명주기에서 조기 진입-후기 퇴출전략은 수명주기상의 도입기에 선도기업으로 시장에 진출하여, 쇠퇴기까지 계속 시장에 남아 있는 전략이다. 도입기 진입은 신제품 또는 신기술을 개발하여 새로운 시장을 개척한다. 선도기업은 시간의 흐름에 따른 기업 규모 변화 및 기술혁신을 한다. 또한 조기 진입-조기 퇴출전략은 수명주기상의 도입기에 선도기업으로 시장에 진출한 후, 성장기 후반 내지 성숙기 초반에 시장에서 빠져 나오는 전략이다. 성숙기는 기존 시장에서 퇴출 후 신시장 개척 방향으로 경영 방식을 전환한다. 기술집약적 벤처기업들이 주로 사용하는 전략이다.

## 2.2 본원적전략

본원적전략은 경쟁우위와 경쟁범위 차원에서 전략을 구분한다. 경쟁우위는 기업이 경쟁에서 살아남기 위한 우선 요소이고, 경쟁범위는 기업이 목표로 하는 시장의 넓이이다. 이 두 가지 차원에서 기업의 전략을 원가우위전략, 차별화전략, 집중화전략으로 구분하였다.

원가우위전략은 시장점유율을 높혀 경쟁사보다 낮은 가격으로 제품/서비스를 제공하여 경쟁우위를 확보하는 것이다. 하지만 가격의 낮춤으로서 품질저하를 가져와서는 안 된다. 원가우위능력은 경쟁전략의 필요조건으로 지속적인 설비투자, 구매교섭력, 공정기술, 작업감독, 좋은 설계, 저원가 유통체계, 원가관리 시스템, 인센티브 제도, 린 생산방식, 품질관리 시스템 등이 그 원천이다.

산업 내에서 동일 수준의 제품을 생산하는 데에 가장 낮은 원가를 실현하여 가장 낮은 가격으로 경쟁적 우위를 갖고자 하는 전략이다. 예를 들어 1980년대 현대 엑셀, 경쟁차종의 절반가격으로 미국시장을 공략하였다.

**[그림 7–4] 포터의 본원적전략**

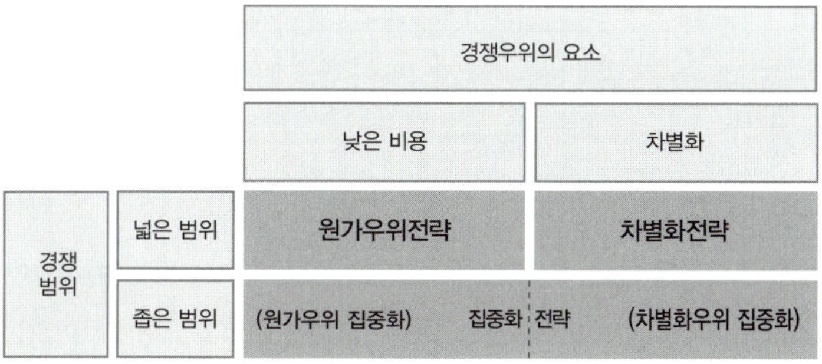

| | | 경쟁우위의 요소 | |
|---|---|---|---|
| | | 낮은 비용 | 차별화 |
| 경쟁 범위 | 넓은 범위 | **원가우위전략** | **차별화전략** |
| | 좁은 범위 | (원가우위 집중화) 집중화 | 전략 (차별화우위 집중화) |

차별화(differentiation)전략은 소비자가 다른 제품이나 서비스와는 다르다는 인식을 가질 수 있는 독특한 기능이나 디자인을 제공함으로써 경쟁력을 확보하는 전략이다. 고객이 중요시하는 속성을 선택하여 그 요구에 맞추어 스스로 독특하게 차별화하여 경쟁적 우위를 갖고자 하는 전략이다. 고객이 비싼 가격을 기꺼이 지불하도록 가치 있는 제품을 만드는 전략이다. 경쟁제품보다 품질이나 디자인이 월등하든지 또는 유명 상표가 부착된 경우이다. 예를 들어 SONY, NIKE, BMW 등 잘 알려진 회사가 추구하는 전략이다. 차별화는 분야의 전문화, 상품과 서비스 자체의 전문화, 그리고 고객과 접점에서의 차별화로 발전해가는 것이 바람직하다. 기업들의 과감한 선행투자와 시장점유율 중시전략은 기업의 성공확률을 높여 왔다.

Apple은 초기에 1975년에 상업용 PC의 원형(Altair 8800, made by MITS)을 처음 출시하였다. 기존의 PC보다 1,000달러 이상 저렴했다. 그리고 2001년에 iPod과 iTunes를 만들었다. 그리고 이후에 iMac, iPod shuffle, iPod nano, Macbook, iPhone, iPad의 device 등의 혁신적 제품을 판매하였다. 제품들은 콘텐츠와 디바이스(User Interface)가 적절히 조화를 이루도록 하였다. 하드웨어, 소프트웨어, 컨텐츠 그리고 가격은 시장 이해관계자들의 협력을 통한 Ecosystem의 구축으로 해결하였다.

**[그림 7-5] 상황별 본원적전략의 추진**

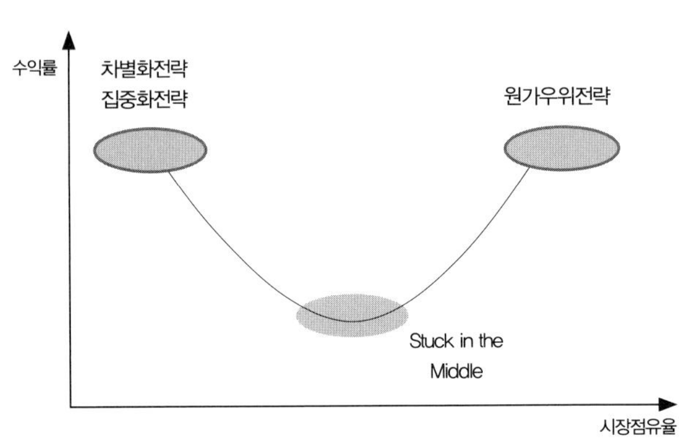


집중화(concentration)전략은 크기는 작지만 성격이 분명한 목표시장에 집중하는 전략이다. 원가우위전략이나 차별화전략을 쓸 수 없는 경우에 사용한다. 주로 자원이 제한된 중소기업들이 틈새시장에서 집중화전략을 활용한다. 산업 내에 좁은 경쟁영역을 선택하여 가장 두드러진 속성을 찾아서 경쟁적 우위를 갖는다. 이 집중화전략은 다시 원가우위를 추구하는 원가집중화(cost focus)전략과 차별화를 추구하는 차별적집중화(differentiation focus)전략으로 나눌 수 있다. 특정구매자 집단이나 지역적으로 한정된 특정시장을 표적으로 삼는다.

원가우위나 차별화전략 중 하나만을 선택하여 집중적으로 공략한다. 원가우위전략이나 차별화전략은 산업 전체를 대상으로 하고 집중화전략은 특정한 표적시장을 대상으로 한다. 예를 들어 밀레니엄 베이비 시장의 유아용품, 임산부용품 등이다. 제품수명주기에서 집중도가 낮은 산업은 집중화전략을 사용하고 집중도가 높은 산업(성숙산업)은 원가우위전략, 차별화전략을 활용한다.

[표 7-2] 대기업과 중소기업의 차이

| 구 분 | 대기업 | 벤처기업 |
|---|---|---|
| 강 점 | 규 율 | 도전정신 |
| 약 점 | 경직성 | 비조직화 |
| 기 회 | 규모의 경제 | 주인의식 |
| 위 협 | 비효율성 | 자본조달 |

## 2.3 경영혁신기법

핵심역량(core competence)은 특정기업이 다른 경쟁기업에 비해 특정제품의 생산에 높은 효율성과 효과성을 보유하여 경쟁우위를 창출하는 능력이다. 기업이 소비자들에게 특별한 효용을 제공할 수 있게 하는 기술이나 지식이다. 기업을 성공으로 이끄는 하나의 제품이 아니라 여러 제품들의 바탕이 되는 핵심적인 노하우나 기술이다.

기업이 다원화된 생산기법을 조정하고 다단계의 기술을 통합시키는 데 대한 집합된 학습결과이다. 여러 조직단위에 내재되거나 통합되어 있는 능력이나 기술이 경쟁기업에 대해 개별사업단위의 경쟁우위와 차별성을 유지할 수 있도록 해준다.

좋은 기업이미지, 축적된 기술, 소비자정보, 구성원들의 창의성과 도전력, 유통 경로에 대한 영향력, 부품공급업체와의 원만한 관계 등도 핵심역량이 될 수 있다. 어떤 특정제품이나 서비스 그리고 사업단위를 초월하여, 기업이 생산·판매하는 모든 제품과 서비스에 내재되어 그들의 경쟁력에 공헌한다.

소니의 소형화기술, 3M의 접착과 코팅기술, 혼다의 엔진과 트랜스미션 기술, 캐논의 광학과 영상처리 기술, NEC의 반도체기술은 세계적인 초우량기업으로 만든 핵심역량이었다. 경쟁회사 분석은 최종제품이 아니라 핵심능력(핵심제품)의 분석이다. 핵심기술은 반드시 자체 소유해야 하며 절대 외부에 의존해서는 안된다. 이를 위해 지식, 경험, 기술, 정보를 축적하고, 기술의 불연속성(병렬의 원리)을 이해하여 신규사업이나 신제품을 선택할 시기를 결정해야 한다.

벤치마킹/베스트프랙티스는 제품, 서비스, 경영전략, 경영하부구조, 작업방식을 내부 유사조직, 경쟁업체, 타업계 유사부분과 비교하여 격차를 파악하고, 파악된 격차를 극복하기 위한 개선활동이다. 벤치마킹은 기업이 업무의 효율을 높이는 데 도움이 되는 정보를 얻기 위하여 특정 분야에서 세계 최고인 상대를 찾아 계속 비교하고 평가하는 창조적 모방 프로세스이다. 벤치마킹은 최고의 작업방식과 자신의 작업 방식을 비교한다.

아웃소싱(outsourcing)은 핵심부문만 내부화하고 그 외 비핵심부문은 매각하여 시장을 통해 조달한다. 장점은 비용절감과 유연성 확보, 외부 전문가 활용, 규모·범위의 경제 이용, 내부화의 비능률을 피할 수 있다. 그렇지만 외주 의존은 핵심역량 축소, 기업 내부의 여러 기능간 상호협조 관계 상실, 공급업체에 대한 통제력 상실, 잠재적 경쟁자를 키울 우려 등이 있다.

[표 7-3] 경영혁신기법

| 기법 | 내용 |
|---|---|
| 시간기준경쟁 (TBC)<br>(Time-based competiton) | 시간을 최대한 효율적으로 활용하는 기법 |
| 벤치마킹 (BM)<br>(Benchmarking) | 세계 최고 수준의 경쟁력을 갖추기 위한 기법 |
| 조직다운사이징 (DS)<br>(organizational downsizing) | 인력과 시간, 비용을 과감하게 줄이는 기법 |
| 아웃소싱 (OS)<br>(Out-sourcing) | 핵심능력이 없는 부분은 과감하게 떼어내어 외주로 돌리는 기법 |
| 리엔지니어링 (RE)<br>(Reengineering) | 고객만족을 전제로 경영프로세스를 혁신적으로 단축하는 기법 |
| 비전만들기 (VM)<br>(Vision making) | 무한한 미래를 향하여 진정으로 원하는 바를 마음껏 펼치는 기법 |

리엔지니어링(M. Hammer)은 비용, 품질, 서비스, 스피드와 같은 핵심부문에서 기업이 장기적인 성과의 향상을 이루기 위하여 업무처리과정(프로세스)을 근본적으로 재설계하는 것이다. 고객의 입장에서 과거의 경험과 관행에 도전하여 새로운 업무처리 방식을 설계한다.

- Business: Business System이 요구하는 Vision, 전략을 달성하기 위해
- Process: Process를 근본단위로 업무, 조직, 기업문화 등 전 부문에 대하여
- Reengineering: 현상타파 사고로 프로세스를 재설계하고 구현하는 것이다.

## 3. 경영컨설팅

### 3.1 컨설팅 모형

컨설팅은 전문적인 지식과 경험을 가진 사람들이 경영·업무상의 문제점을 분석하여 해결방

안을 제시하고 조직이 추구하는 목적의 달성을 지원하는 서비스 활동이다. 고객이 기업문제를 발견하고 해결방안을 찾아 새로운 기업지식을 창출할 수 있도록 도움을 준다. 컨설팅은 경영효율성이나 기술효율성을 추구한다.

컨설턴트는 조직의 문제와 상황 혹은 기회를 조사·탐구하며, 수집된 데이터, 문제점, 그리고 서로 다른 시나리오들을 분석한다. 분석된 결과를 중심으로 대안들(alternatives)을 제공하며, 때때로 그들의 솔루션에 대하여 실행을 지원한다.

주요 사업 분야별로 경영 컨설팅(Management Consulting)과 IT 컨설팅으로 구분할 수 있다. 경영컨설팅은 기능 영역별로 전략 컨설팅, HR 컨설팅으로 나누지만 운영에만 특화된 컨설팅이 등장하고 있다. 전략 컨설팅은 중장기 성장전략, 마케팅 전략, 시장진출 전략과 같은 분야가 주 사업대상으로 McKinsey, A.T.Kearney, BCG, Bain, BoozeAllen, Monitor, Arthur D. Little, Mercer 등의 글로벌 컨설팅회사가 대표적이다.

일반적으로 컨설팅의 표준은 국제노동기구(ILO) 주관으로 정리된 5단계 컨설팅 수행절차를 따른다. 진단을 위하여 조사를 시행하고 구체적인 개선책과 권고 사항을 제시한다.

1단계는 착수단계로 경영진단 접촉, 예비진단 과정, 컨설팅 계획수립, 계약 체결을 한다.

2단계는 진단단계로 목적과 문제 분석, 자료수집 및 분석, 문제원인 규명, 의뢰인에게 피드백한다.

3단계는 계획단계로 파악된 문제와 원인을 바탕으로 대안 도출·개발, 비교·평가, 해결안을 제시한다.

4단계는 실행단계로 실행계획에 따라 의뢰인 조직에 실행하는 단계, 필요한 교육, 변화관리를 한다.

5단계는 종료단계로 실행 후 컨설팅 프로젝트 평가, 최종보고서 작성, 경영층 승인, 컨설턴트 철수를 한다.

컨설팅 수행 모델은 수행하는 분야, 수행 환경여건, 의뢰인 조직, 의뢰인 성향 등에 따라 다르다. 르윈·샤인 모델(1961년)은 조직의 모든 변화를 해빙 → 이동 → 재동결의 3단계로 분석한다. 해빙(Unfreezing)단계는 조직 내·외부의 변화에 대한 조직의 수용성을 높이기 위해 동기유발을 이끄는 단계이다. 변화의 성공적인 달성을 위해 비전과 목표 제시, 구성원들에게 체계화되도록 전파한다. 이동(Moving)단계는 실제 조직이 변화를 위한 행위를 선택하여 시행하는 단계이다. 조직 비전과 목표에 맞는 세부 실천과제와 실행계획 수립, 실천한다. 재동결(Refreezing)단계는 변화가 이루어지고 새로운 수준의 균형이 이루어진 후 고착화되는 단계이다. 조직 내·외부적으로 변화관리가 이루어지고 조직이 원하는 모습으로 변화한다.

콜브·프록만 모델(1970년)은 조직의 변화과정을 7단계로 제시하고 있다. 조사단계는 변화 담당자와 피변화자가 요구와 노력을 평가하여 착수점을 결정한다. 착수단계는 문제·목표·목적을 정의하고, 상호 관심과 신뢰 확인, 변화의 필요성 인식 확인한다. 진단단계는 문제와 목표를 정의하기 위한 자료수집, 이용가능한 자원을 평가한다. 계획단계는 구체적인 목표 정의, 목적 달성을 위한 대안을 평가하여 실제적인 행동계획을 수립한다. 실행단계는 최선의 대안을 실행, 예기치 못한 상황 발생시 행동계획을 수정한다. 평가단계는 목적 달성 정도 평가, 계획 발전 또는 중지시킬 것인지 결정한다. 마지막으로 종료단계는 새로운 행동양식 확인, 시스템 소유권을 피변화자에게 이양한다.

컨설팅회사인 AT커니사의 모형은 4단계로 구성된다. 평가 및 진단단계는 의뢰인 조직의 현황 이해와 준비를 위해 외부환경분석, As-Is 성과분석을 한다. 그리고 비지니스 포트폴리오 분석, 의뢰인 조직의 내부역량 분석, As-Is 조직분석 등을 진행한다. 비전수립단계는 의뢰인 조직에 대한 비전 상황을 정의한다. 추진과제정의단계는 의뢰인 조직의 추진전략 및 기회분야 도출, 실제 추진과제를 정의한다. 사업우선 순위를 결정하여 실제 추진 모델을 설계한다. 추진계획수립단계는 실제 추진계획을 수립·실행하는 과정이며, 진행경과를 피드백한다.

[그림 7-6] AT커니사 컨설팅 프로세스

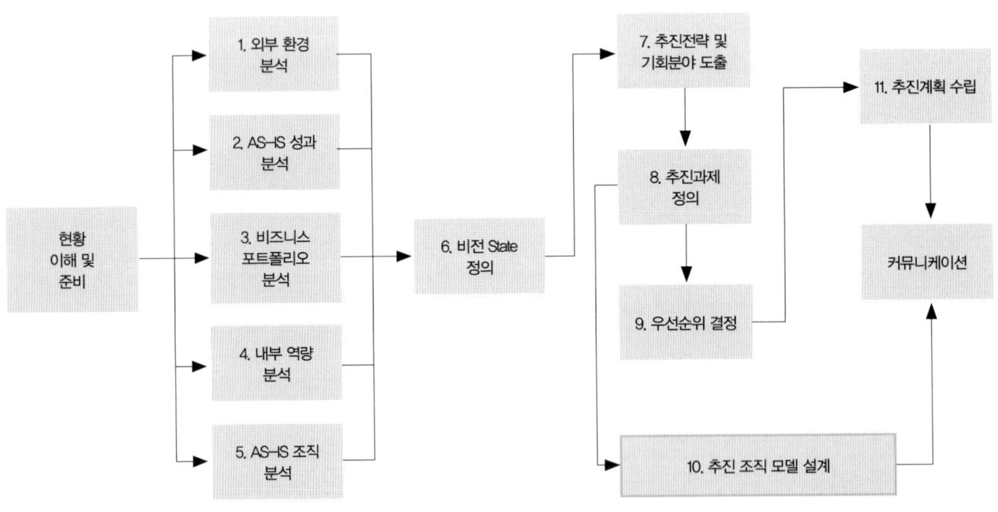


보스턴 컨설팅그룹(BCG) 모델은 여러 제약조건하에서 현재 상태와 목표 상태와의 차이를 인

식하고 해결책을 찾는 과정으로 6단계를 적용하여 문제해결을 시도한다. 문제 정의 및 구조화 단계는 문제정의서 작성 문제 정의, 이슈 트리(issue tree)를 활용하여 구조화한다. 이슈의 우선 순위화 및 가설수립 단계는 우선순위를 설정, 가설적 결론을 도출한다. 작업계획 작성단계는 가설 증명에 필요한 분석실시, 담당자 결정, 일정 수립, 예상 결과물을 정의한다. 자료수집 분석단계는 데이터를 수집하고 분석한다. Insight 도출단계는 분석결과에 대한 시사점을 도출한다. 그리고 스토리라인 구성 및 슬라이드 작성단계는 효과적이고 효율적인 메시지 전달 및 커뮤니케이션 방안을 고안한다.

### 3.2 전략컨설팅

기업의 사명은 기업이 고객을 위하여 제품이나 서비스를 공급하면서 존재하는 근본 목적과 가치관을 나타내고 조직과 그 구성원이 나아가야 할 전략적 방향을 설정한다. 기업의 목적은 기업이 달성하고자 하는 결과(예: 시장점유율의 증가, 수익성, 효율, 생존, 성장, 복지, 자원의 이용, 사회에의 기여, 시장의 리더 등)이다. 전략목표는 경영전략의 실행을 통하여 최종적으로 얻고자 하는 결과를 가능한 정량화된 형태로 구체화한 것이다.

**[그림 7-7] 전략수립 과정**

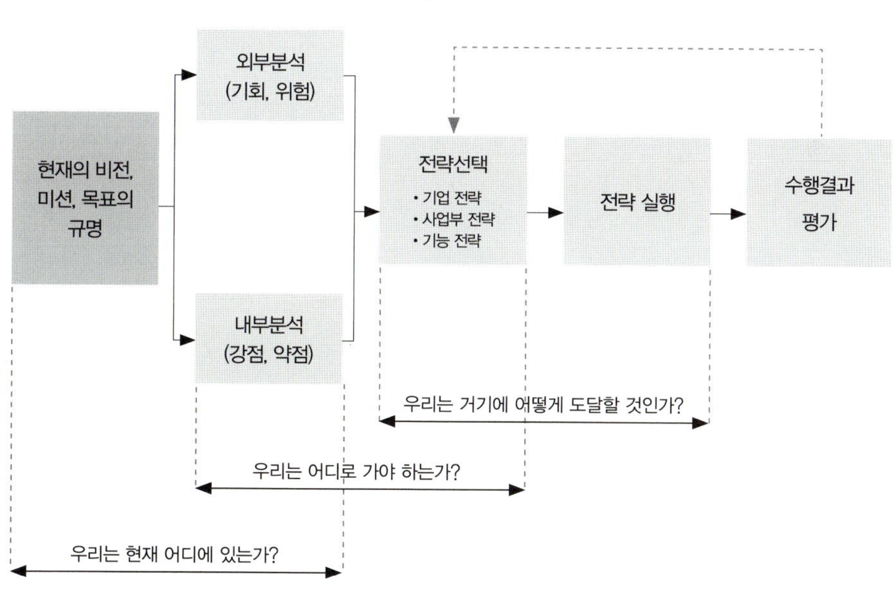


미션(mission)은 기업의 본원적인 존재의 이유이다. 기업이 수행해야 할 사업의 본원적 영역과

해당사업을 수행하는 원칙을 명시한다. 비전(Vision)은 기업이 선택한 사업 영역 안에서 어떤 미래 모습과 시장 지위를 지향할 것인지를 밝히고, 기본적 대안들을 명시한다.

외부분석은 기업이 전략을 수립하는 기본적인 단계이다. 기업은 외부환경을 분석하여 외부에서 주어지는 기회(O)나 위협(T)을 이해하고 대비할 수 있는 전략을 세워야 한다. 내부분석은 기업이 가지고 있는 다양한 역량들을 경쟁사에 대비하여 객관적으로 평가하여 전략적 강점(S) 및 약점(W)을 찾는다. 이때 경쟁우위, 핵심역량을 파악하는데 Value Chain / SWOT 분석을 실시한다.

외부의 기회(Opportunities)는 경제 호황, 새로운 기술의 출현, 시장의 지속적인 성장, 약해진 경쟁자, 새로운 시장의 발견이나 대두 등이다. 외부의 위협(Threats)은 자원의 고갈, 정부나 공공기관의 새로운 규제, 소비자 기호의 변화, 우월한 대체재의 등장, 극복하기 어려울 정도의 경쟁자 출현 등이다. 내부적 강점(Strengths)은 근거는 제조기술, 생산효율성의 우월, 숙련된 노동자 보유, 높은 시장점유율과 탄탄한 마케팅 조직, 자금조달의 원활과 금융기관과의 원만한 관계, 회사에 대한 고객의 높은 충성도이다. 또한 내부적 약점(Weaknesses)은 무능한 관리자, 경쟁력 없는 기획팀, 뒤떨어진 기술, 낮은 연구개발비 투자, 낙후된 시설, 높은 이직률이다.

**[표 7–4] SWOT개발 전략**

| 구분 | 강점(Strength) | 약점(Weakness) |
| --- | --- | --- |
| 기회<br>(Opportunity) | SO전략<br>기회의 이점을 얻고 강점을 활용 | WO전략<br>약점을 극복하고 기회의 이점을 활용 |
| 위협<br>(Threats) | ST전략<br>위협을 최소화하고 강점을 활용 | WT전략<br>약점을 최소화하고 위협을 회피 |

SWOT 분석은 1단계 기업 프로필 분석으로 업종, 시장 영역, 경쟁 상황, 최고경영층 능력과 비전 등의 기본 정보를 파악한다. 2단계 외부환경분석에서 시장요인, 경쟁요인, 경제요인, 기술요인, 사회요인을 분석한다. 3단계 기회–위협요인 도출에서 기회요소와 위협요소를 확인한다. 4단계 내부조건 분석은 마케팅능력, 재무능력, 연구개발능력, 생산/물류능력, 관리능력을 평가한다. 5단계 강점–약점요인을 도출한다. 6단계 SWOT 매트릭스를 도출한다. 그리고 7단계에서 전략방향을 제시한다.

[그림 7-8] 경영전략의 구조

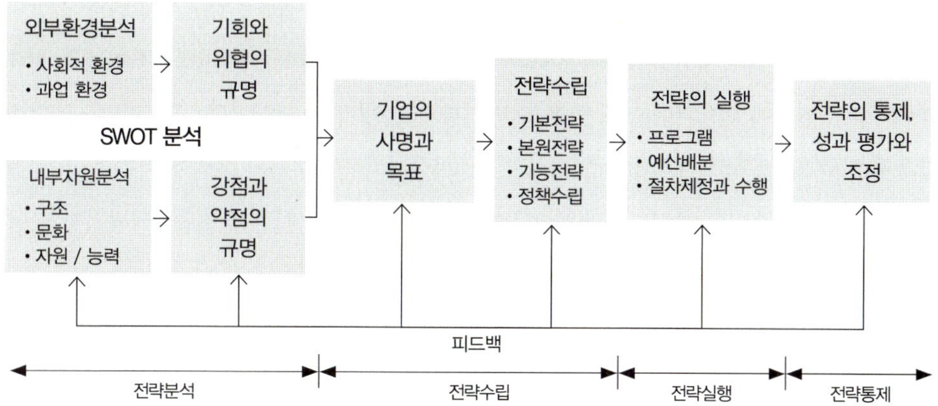


산업분석은 특정 기업의 과업환경에서 중요한 요인들을 이해하고자 하는 것이다. Porter의 산업분석(Industry Analysis)은 기존기업간 경쟁 정도, 신규기업의 진입위협, 대체품의 위협, 구매자의 협상력, 공급자의 협상력의 5가지 요소가 강할수록 타 기업은 가격을 올리거나 이윤을 실현할 여지가 줄어든다. 특정시점에서 고정적인 환경을 분석하며, 시간이 지나도 산업 내의 경쟁환경이 안정적이며 변하지 않는다고 가정한다.

[표 7-5] 거시환경을 구성하는 주요요인(PEST)들

| 정치적·법적 환경(P) | 경제적 환경(E) | 사회문화적 환경(S) | 기술적 환경(T) |
|---|---|---|---|
| • 공정거래와 관련 규제<br>• 환경보호와 관련 법규<br>• 세법<br>• 기업 장려 정책<br>• 국제무역에 따른 규제<br>• 외국기업에 대한 태도<br>• 고용 관련 법규<br>• 정부의 안정성 | • GNP 성장률<br>• 이자율<br>• 통화공급<br>• 인플레이션율<br>• 실업률<br>• 임금/가격 통제<br>• 에너지 가동률과 비용<br>• 가처분 소득수준 | • 라이프스타일의 변화<br>• 경력의 변화<br>• 소비자 운동의 경향<br>• 인구성장률<br>• 인구의 연령분포<br>• 인구의 지역적 분포<br>• 출생률 & 평균수명 | • 정부, 산업차원의 연구 개발비 투자액<br>• 기술개발 노력<br>• 특허보호제도<br>• 신상품 개발 현황<br>• 기술이전 정도<br>• 자동화를 통한 생산성 향상 정도 |

기업이나 제품의 동태분석은 시간의 흐름을 하나의 축으로 설정, 분석 대상이 되는 요인의 상태가 시간의 흐름에 따라 어떻게 변화하는지 살펴보는 분석이다. 분석 대상 요인의 변화 방향과 변화율, 분석 대상 요인의 중장기적 성장성이나 경쟁력을 분석한다. 동태분석의 절차는 1단계 시간축의 결정이다. 수명주기 개념을 도입하여 도입(introduction) - 성장(growth) - 성숙(maturation) - 쇠퇴(declining)로 구분한다. 2단계 분석 요인을 결정한다.

전략수립모델로서 제품수명주기, BCG 매트릭스, 포터(Porter) 모델이 있다. 제품수명주기(product life cycle)는 제품을 도입, 성장, 성숙, 쇠퇴기로 구분한다. 제품수명주기에 따라 시장대응 전략이 달라질 수 있다. 제품수명주기는 대부분 S형 곡선을 그린다. 조기진입-후기퇴출 전략은 수명주기상 도입기에 선도기업으로 진출, 쇠퇴기까지 남아 있는 전략이다. 조기진입-조기퇴출 전략은 수명주기상 도입기에 선도기업으로 진출, 성장기 후반/성숙기 초반에 빠져 나오는 전략이다. 또한 후기진입-후기퇴출 전략은 성장기에 후발기업으로 시장에 진출, 쇠퇴기까지 남아 있는 전략이다.

**[표 7-6] 제품수명주기별 경영전략**

| 수명주기 | 주요 특징 | 대응방안 |
|---|---|---|
| 도입기<br>(신제품전략) | - 신제품을 시장에 소개 단계<br>- 연구개발, 마케팅 투자로 자금유출<br>- 이익은 거의 발생하지 않음 | - 공격적인 대책<br>- 시장확대를 위해 마케팅 비용 증가<br>- 기술혁신에 대한 투자 |
| 성장기<br>(집중화전략) | - 매출과 이익이 급격하게 증가<br>- 경쟁은 치열해짐 | |
| 성숙기<br>(차별화전략) | - 매출 증가비율이 둔화 단계<br>- 현금유입이 가장 많음 | - 기존고객 만족과 생산성 증대<br>- 신제품 개발이 요구 |
| 쇠퇴기<br>(저가격전략) | - 매출액이 감소되고 이익도 감소 | - 현상유지를 위해 노력<br>- 비용통제 등의 소극적 자세 |

BCG매트릭스(Matrix) 1970년대 초반 보스턴 컨설팅 그룹(Boston Consulting Group)이 개발한 모델이다. 조직에서 어느 사업부서를 키우고 처분할 것인가를 결정하는 전략적 판단을 내릴 때 사용한다. 투자가들이 위험분산과 수익성을 감안하여 포트폴리오 계획(Portfolio planning)하는 것처럼 시장성장률과 시장점유율(Market Share)로 상호비교한다. 시장성장률은 시장 전체의 매력도를 측정하고, 시장점유율은 경쟁우위(안정성)를 측정한다.

매트릭스를 통해 기업의 수익력과 자금의 조달능력을 알 수 있다. 매트릭스 중에서 젖소와 별이 많이 있는 경우가 이상적이다. 만약에 개에 위치하고 있다면 어려운 국면에 처해 있을 가능성이 크다. BCG는 경험곡선에 기초하여 시장점유율의 중요성을 강조한다. 경험곡선에 의하면 판매량이 배로 증가할 때마다 제품 단위당 비용은 통상적으로 20~30% 정도씩 줄어든다.

[그림 7-9] BCG 매트릭스

경험효과는 1968년 BCG(Boston Consulting Group)에서 연구, 발표하였다. 2차대전 중 항공기 생산과정에서 비롯되었으며, 이후 냉장고 생산에서부터 보험산업, 장거리 전화산업에 이르기까지 누적생산량이 증가함에 따라서 비용이 하락한다는 사실이 발견되었다.

학습곡선(learning curve)은 직접 노동의 투입량이 누적 생산량의 증가에 따라 일정비율로 감소한다는 사실을 나타내는 곡선이다. 누적생산량이 두 배가 될 때 단위당 노동투입은 거의 20%씩 절약된다. 학습곡선이 변형, 진보된 것이 경험곡선이다.

## 3.3 컨설팅관리

컨설팅 문제의 진단은 바람직한 상태와 현재 상태와의 차이를 다양한 관점에서 파악한다. 컨설턴트는 중요하지 않은 요인에 대해 집중하는 등의 오류에 빠지지 않도록 주의하는 동시에 꼭 필요하고 중요한 문제를 발굴해 내야 한다. 동일한 활동에 대해 부서별로 각기 다른 기록이 나온 경우 수집자료에 대한 데이터의 정합성에 주의를 기울여야 한다. 고객이 직면한 현안과 달성하고자 하는 목표에 대해 심층적인 정보수집으로 문제를 파악하고 원인을 규명한다.

실행계획을 수립하는 과정은 문제의 해결대안을 도출하기 위한 아이디어와 정보의 탐색으로 시작되는데, 이 과정에서 타당한 대안의 설정, 필요한 세부작업 설계 및 계획이 포함되는 최종 보고서 작성을 위한 평가가 이루어진다. 창조적 발상은 이전과 다른 생각과 행동으로 연결하려는 노력으로서 직관과 상상력에 의한 접근이 필요하다.

대안의 개발과 평가에서 대안의 도출은 해결안을 개발하기 위한 첫 단계는 가능한 한 많은 대안을 도출하는 것이다. 대안의 평가는 도출·정리된 대안 가운데서 최상의 대안을 선출하기 위해서는 상호간에 평가가 이루어져야 한다. 이때 핵심중점 과제 선정 기준과 체크리스트를 활용하여 중점과제를 도출하여 과제의 우선순위를 정한다. 대안의 선택은 여러 대안 가운데 설정된 평가기준이 가장 적합하거나 많은 가치를 창출할 수 있는 것을 선택한다.

결정된 대안의 권고는 계획의 구현대상과 방법에 초점을 둔다. 프로젝트를 수행하는 도중에도 단계별로 발표작업이 이루어지며, 이 과정을 통해 의뢰인과 컨설턴트는 작업의 성과에 대해 조정하고 공감대를 형성할 수 있다. 컨설턴트는 의뢰인이 승인한 해결안을 조직 전체의 관점에서 적용하고 구성원간 개인차를 최소화하려는 노력이 필요하다.

서류작업과 작업기준 등 변경된 모든 분야를 미리 검토하고, 연차감사·내부감사·외부감사·주기감사 등 통제기법의 적용 여부를 점검한다. 행정적인 통제는 프로젝트 초기부터 관리활동을 수행할 수 있는 조직을 만들되 프로젝트의 품질과 관련된 사람들이나 품질관리를 수행할 수 있는 사람을 배치한다. 발표시 종합적인 진척보고 및 확인, 승인을 얻는 형식을 취한다.

프로젝트의 진도에 대한 업무보고 및 검토를 위해 회의체를 운영하고 회의자료의 근간이 되는 프로젝트 진행보고서를 작성한다. 또한 전체 프로젝트 팀 리더 및 팀원들은 프로젝트 회의체 운영 계획에 따라 직간접적인 상시 품질 보증 업무를 수행한다. 프로젝트의 진행상황을 점검하고 프로젝트에서 발생할 수 있는 이슈를 해결하기 위한 업무보고 및 검토 회의체는 Issue Meeting, 주간 Status Meeting, PM보고회의, Steering Committee 보고회로 구성된다. 진도관리 방안은 프로젝트 매니저가 Steering Committee에 보고할 프로젝트 진도 및 기타 전반적인 사항을 정리 가능하도록 지원한다.

프로젝트 범위는 프로젝트의 계획 수립과 통제의 기준점, 프로젝트 결과와 직결, 일정계획을 비롯한 다른 계획수립의 기준, 프로젝트 수행시 통제 근거가 된다. 요구사항 수집, 범위 정의, WBS작성, 범위 검증, 범위 통제로 구성된다. 범위 기술서(Scope Statement)는 프로젝트 수행조직과 의뢰인 사이의 프로젝트 범위에 대한 합의 기준, 프로젝트 관련 의사결정의 기준, 프로젝트 종료 여부를 판단하는 기준이다. 작업분류체계(WBS: Work Breakdown Structure)는 프로젝트의 전체 범위를 조직, 정의하는 프로젝트 요소를 산출물 중심으로 정리한다. 프로젝트의 목표를 달성하고, 요청한 인도물을 산출하기 위해 수행해야 할 작업을 인도물 중심의 계층 구조로 세분해 놓은 계통도이다.

일정관리는 계약된 기간 내에 완료될 수 있도록 프로젝트 시작, 종료시점, 프로젝트 각 활동간 연관 관계, 활동 기간과 자원 할당, 일정 진도상의 문제를 파악한다. 활동 정의, 활동순서 배열, 활동별 자원 및 기간 산정, 일정 개발, 일정 통제 등을 포함한다. 일정개발 프로세스는 프로젝트 범위에서 수행 활동의 세분, 각 활동별로 자원과 수행 기간을 산정한다. 이정표 차트(milestone), 간트 챠트(Gantt Chart 또는 Bar Chart), 프로젝트 네트워크 다이어그램, PERT−CPM(Critical Path Method), 프로젝트 관리를 위한 전용 소프트웨어(MSP 등) 등을 활용할 수 있다.

진도 및 성과관리는 프로젝트 관리자는 계획된 것을 수행하면서 프로젝트의 진행 상황을 추적하여 진도와 성과를 관리한다. 계획된 일정대로 추진이 되고 있는지 여부 확인, 성과를 측정하여 관리, 범위의 변동 또는 일정의 지연, 비용의 초과 여부 등을 확인하고 필요한 사항 변경관리를 조치한다.

품질관리는 프로젝트의 요구사항을 구현하기 위한 품질 목표를 설정하고 프로젝트 수행과정의 절차와 수행 결과물의 적합을 확인하여 부적합시 적절한 시정조치를 취하는 활동을 한다. 고객의 기대치를 파악, 평가·정의 및 관리하여 요구사항의 충족과 용도의 적합성을 갖추어야 한다. P−D−C−A(Plan − Do − Check − Act)가 품질 개선의 기본이며, TQM, Six Sigma 같은 독창적 품질개선 모델을 통해 품질/관리역량을 향상시킨다.

보안관리는 정보 보호의 목표는 전산 정보 자료를 보호하고, 데이터의 위조나 손실을 방지하여 사용자에 대한 서비스를 극대화하는데 중점을 두어서 정보의 비밀성, 가용성, 책임 추구성 3가지로 설정하여 관리한다.

# 요약정리

- 경영환경은 기업의 경영활동에 영향을 미치는 모든 환경이다. 경영환경은 기업에 깊게 연계되어 기업의 성패에 직접적인 영향을 미친다. 경영전략은 조직의 장기적인 방향을 제시하여 조직의 경쟁우위를 유지하면서 달성하려고 자원을 활용하는 행동계획이다. 전략의 실행 프로세스는 우선 계획단계는 개선할 영역을 설정하고 관련된 문제를 정의한다. 시행단계에서 계획이 제대로 실행되는지를 확인한다. 검토단계로 시행단계에서 얻어진 데이터를 평가하여 원래의 목적과 실제의 결과가 잘 부합되는지 조사한다. 마지막 실행단계는 개선을 위한 활동을 수행하거나 재시행한다.

- 포터모델은 기업이 경쟁우위를 갖기 위해서 산업의 특징을 이해하고 산업 내에서 적절한 위치를 정하는 것이 전략의 근간을 이룬다고 주장한 모델이다. 포터는 산업의 경쟁구조를 구성하는 5가지 요인을 설명하고 기업이 택할 수 있는 3가지의 일반적 전략을 제시하였다. 사업전략은 원가우위전략, 차별화전략, 그리고 집중화전략이다. 기업전략은 기업이 어떠한 종류의 사업에 참여할 것인가, 그리고 이들 사업부문 사이에 자원을 어떻게 할당할 것인가에 관한 의사결정이다.

- 컨설팅은 전문적인 지식과 경험을 가진 사람들이 경영·업무상의 문제점을 객관적이고 독립된 입장에서 문제를 규명하고 분석하여 해결방안을 제시하여 적기에 실행토록 함으로써 조직이 추구하는 목적의 달성을 지원하는 서비스 활동이다. 컨설팅 수행 모델은 수행하는 분야, 수행 환경여건, 의뢰인 조직, 의뢰인 성향 등에 따라 다르다. 제안서는 컨설팅 회사가 의뢰인으로부터 발주 받은 프로젝트를 어떻게 수행할 것인지를 포괄적으로 정리한 문서로 프로젝트 수행능력, 비용 등과 같은 내용을 포괄적으로 제시한다.

# 토론과 연습문제

1. 기업을 둘러싼 일반환경과 과업환경을 설명하시오.

2. 앤소프의 제품시장 확장 그리드 전략을 사례를 들어 논하시오.

3. 창업시 포터의 5가지 산업경쟁 결정요인의 영향을 분석하시오.

4. 신생기업이 차별화전략과 집중화전략을 선택할 경우 위험요인은 무엇인가?

5. AT커니사 컨설팅 프로세스를 이용하여 선호하는 기업을 분석하여 보시오.

6. 컨설팅에서 사후관리의 필요성을 토의하여 보시오.

## 참고문헌과 인터넷


구기동, 김홍유, 심기준(2018), 경영학의 이해, 신구문화사.

구기동, 신용인, 조철희(2016), 금융자산관리론, 청람.

# 제 8 장
# 경영관리의 이해

### 학습목표

1. 경영관리를 위한 경영계획을 작성할 수 있다.
2. 경영관리를 위한 경영조직을 작성할 수 있다.
3. 경영자가 지휘와 통제하는 방법을 이해할 수 있다.

### 학습내용

1. 경영계획
2. 경영조직
3. 지휘와 통제

### 경영자의 리더십

일반적으로 전략, 시스템, 그리고 기술에 경영이 필요하지만 회사를 이끌어가는 것은 사람이다. 지속하기 위한 혁신은 변화한다는 의미인데 외부환경이 아닌 내부(사람)환경에서 새로운 시도를 해야 한다. 그리고 내 삶(헌신과 몰입)이 바뀌어야 혁신도 가능하다.

20세기의 인센티브(돈, 승진)가 동기부여였지만 21세기는 자기보상이 동기부여이다. 그리고 수평조직 속에서 모든 구성원이 함께 참여하는 시대이다. 현대의 리더십은 상위하달이 아니라 조직 구성원들의 잠재능력을 한곳에서 어우러지게 해야 한다. 협동이 21세기 경영의 중심이다. 일을 올바르게 지휘, 통제하는 권위적 리더가 아니라 일을 올바르게 하도록 방향설정과 비전을 심어 주는 협동적 리더가 필요하다.

어떤 조직에 지휘체계가 많으면 안 된다. 직책이 많으면 정보화 시대에 뒤쳐질 수 있다. 사원들은 보고를 곤혹스럽게 생각한다. 또한 회사의 정보를 독점하기 보다 서로 정보를 공유하여 어떤 일을 해야 할지 스스로 결정해야 한다. 이런 정보공유가 타 회사에 유출된다 해도 경영혁신을 하려면 정보를 공개해야 한다.

'한국전기초자'는 항상 출근시간에 직원들에게 경영에 대한 전반적인 설명을 하였다. 그들에게 회사의 경영정보를 알려서 단순한 노동자가 아니라 회사경영의 일원이 될 수 있도록 애사심을 고취시켰다. 그 회사는 정보를 공유하여 조직의 힘을 창출할 수 있었다. 정보를 공유하면 구성원들이 위기의식 속에서 조직의 중심에서 자신의 역할을 알게 된다. 짐 콜린스는 위대한 기업 11개를 찾아서 그 기업들의 핵심요소를 설명하였다. 첫째, 리더는 겸손해야 한다. 안 될 때 자기반성하고 잘 될 때 환경을 보고 그들 덕에 잘 되었다는 생각을 한다. 두 번째, 조직의 구성원들이 긴장감, 위기의식을 놓지 않고 있어야 한다. 세 번째, 비전을 제시하고 구성원들에게 충분한 동기부여를 해준다. 네 번째, 조직의 중심에서 일하며 직원들의 마음을 움직인다. 즉 솔선수범을 했다.

이스텔시스템즈는 전송장비 한 가지를 만드는 회사였다. 그 시기에 인터넷이 상용화되면서 많은 경쟁회사가 진출하였고 회사의 핵심역량인 전송기는 해외 유명 회사의 진출로 위기에 봉착하였다. 이때 경영자가 "월급을 한푼도 받지 않고 일을 한다"고 선언하였다. 그 선언을 들은 회사의 중역 18명도 월급을 30% 삭감하였다. 그 후 경영보고를 모든 사원들에게 직접하면서 "우리가 살려면 남의 기술을 따라 하는 것을 초월해야 한다. 그러기 위해선 회사의 R&D를 강화하여 가치를 창출해야 한다"고 강조하였다.

정보의 공유, 비전제시, 솔선수범에서 나오는 열린 경영이 중요하다. 문을 열어라. 안이 들여다 보이게 마음을 열어라. 숨김이 없으니 의심이 사라진다. 회사에서 조직 문화는 굉장히 중요하다. 첫째, 공부하게 해야 한다. 많이 들어야 하고, 폭넓게 읽고, 토론해야 한다. 둘째, 일이 축복이라 생각하고 일을 즐겨야 한다. 가장 즐거운 일은 부가가치를 창출하여 사람들에게 즐거움을 느끼게 하는 것이다. 셋째, 서로 존중하고 받들어 모시는 것이다. 삼국지에서 유비가 일반인 출신인 관우, 장비와 의형제를 맺고, 40이 넘는 나이에 20대의 제갈량에게 국정을 맡겼다. 마지막으로 항상 변화에 앞서고 도전해야 한다.

# 1. 경영계획

## 1.1 경영계획의 수립

계획(plannning)은 기업의 목표를 달성하는데 필요한 모든 활동을 규정하는 과정이다. 기업이 고객에게 제공하는 재화나 서비스를 생산하는 활동을 지원한다. 경영계획은 명확하게 규정된 목표를 지향하는 것이어야 한다. 구성원 모두에게 조직이 나아가야 할 명확한 방향을 제시해주어 그들이 스스로 또는 협동을 통하여 무엇을 해야 하는지를 알려준다. 따라서 계획과정에 어떤 착오가 발생하면 기타의 기능 역시 구제할 수 없는 어려운 상황에 처하기 쉬우며, 반대로 계획과정이 양호하고 정확하다면 불충분한 점을 비교적 쉽게 보완하여 문제를 해결할 수 있다.

**[표 8-1] 경영관리의 내용**

| 관리과정 | 주요내용 |
|---|---|
| 계획(Planning) | • 조직의 비전과 사명정의<br>• 목적과 목표수립<br>• 전략계획<br>• 목표달성을 위한 행동계획 |
| 조직(Organizing) | • 조직구조 구성<br>• 자원할당<br>• 직무설계 |
| 지휘(Leading) | • 통솔과 지시<br>• 동기부여<br>• 조정과 커뮤니케이션 |
| 통제(Controlling) | • 과정과 기준<br>• 검토와 평가<br>• 시정조치 |

계획화는 조직의 계층 전체에 광범위하게 실시되어야 한다. 계획수립의 특성과 범위는 각 경영관리자에게 주어진 권한과 방침 및 계획의 본질에 따라 다양하겠지만, 계획수립은 사장부터 일선감독자에 이르기까지 모든 경영관리자의 공통기능이다. 계획의 효율성은 계획을 작성·운영하는 데 소요된 제반경비 및 기타 요인들에 의한 손실을 상쇄하고 난 후 기업의 목적과 목표달성에 기여한 정도에 의하여 측정된다.

[그림 8-1] 계획의 수립과 실행 과정

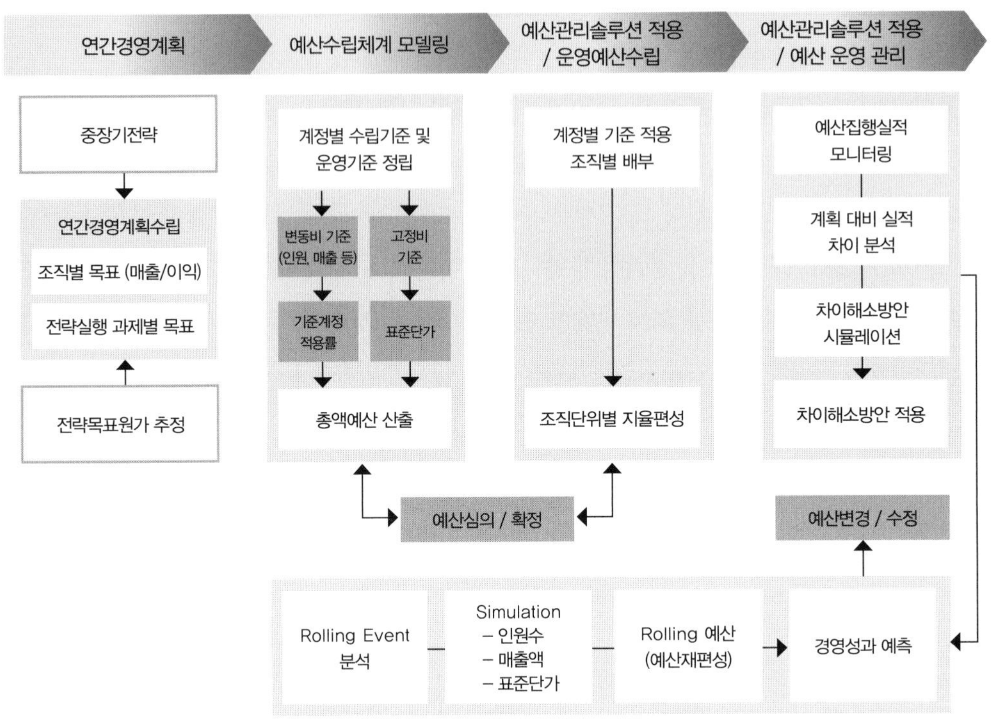


단기계획은 그 기간이 보통 1년 이내가 되는 것으로서 주로 기업의 부문활동을 대상으로 하는 부문계획과 관련을 갖는다. 즉 그것은 기업의 업무기능을 수평적으로 분화시킴에 따른 생산·판매·재무·인사 등 각 부문별 경영활동을 대상으로 수립되는 계획이다. 이윤·판매량·생산량 등과 같은 중요한 목표 이외에도 판매원의 판매목표, 종업원의 생산성 및 유동률 등과 같이 노력의 방향과 고과의 근거로 삼을 수 있는 보다 구체적인 성과목표를 포함한다.

장기계획은 그 기간이 보통 1년 이상 되는 것으로서 주로 기업의 전반적인 경영활동을 대상으로 하는 전체계획과 관련을 갖는 것으로서, 이를테면 자금계획·설비투자계획·충원계획·조직계획·다각계획 및 신제품개발계획 등이 포함된다. 그러므로 장기계획은 모든 경영활동의 수익과 비용을 예측·비교하여 기업 전체의 관점에서 최적의 것을 선택·결정하는 전체적인 성격을 띠게 된다. 생산, 마케팅, 재무, 조직, 경영자의 선발과 훈련, 가격결정, 이윤, 자본지출, 광고, 연구개발 등과 같은 각 방면의 할동들을 두루 포함할 수도 있다.

그리고 전략계획은 비교적 장기간에 걸쳐서 달성하고자 하는 조직 전반에 관한 계획수립이고 최고경영자가 주축이 되어 장기적 생존과 성장을 위해 수립하는 계획을 말하며, 운영계획은 전략계획에서 수립된 목표들을 달성하기 위해서 수립한 단기의 계획이다. 그러므로 운영계획은 전략계획의 바탕 위에서 수립되는 구체적인 실천을 위한 계획이다.

### 1.2 순서도와 간트 차트

순서도는 처리하려는 문제를 분석한 후 처리 순서를 단계화한다. 표준 기호로 박스와 연결선으로 도표(diagram)는 프로그래밍 과정에서 프로그램의 설계도의 역할을 담당한다. 순서도를 바탕으로 명확하고 논리적인 프로그램을 작성할 수 있다. 순서도는 일의 흐름을 나타내기 때문에 '흐름도'라고도 한다. 순서도는 작업의 흐름을 간단한 도형 형태의 기호를 사용하여 간결하게 도식화한다. 알고리즘의 이해와 추적이 쉽다.

신구가 아침 9시 첫 강의를 수강하기 위해 집을 나섰다. 만약 오전 8시 이전이면 버스타고, 8시 이후이면 지하철을 이용한다. 이것을 순서도로 표현하기 위하여 출발한 후 일단 시간을 체크하고 선택 박스에서 오전 8시 전후인지를 선택한 후 그 결과에 따라 버스 또는 지하철을 탄다.

**[그림 8-2] 순서도에 사용하는 기호**

| 심벌 형태 | 이름 | 의미 |
|---|---|---|
|  | 시작/끝<br>(start/stop) | 순서도의 시작과 끝을 나타낸다 |
| | 처리<br>(process) | 지정된 동작, 연산, 값이나 데이터의 이동 등 모든 처리과정을 나타낸다. |
| 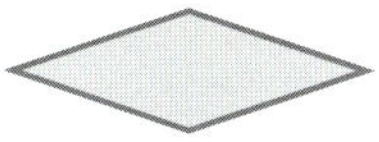 | 판단<br>(decision) | 주어진 조건을 비교한 후 해당되는 조건에 따라 왼쪽 또는 오른쪽으로 흐름이 나누어지게 된다. |
| | 입력/출력<br>(input/output) | 일반적인 입력과 출력을 나타낸다. |
|  | 연결자<br>(connector) | 흐름이 다른 곳으로 연결되거나 다른 곳으로부터 연결되는 입구를 나타낸다. |
| 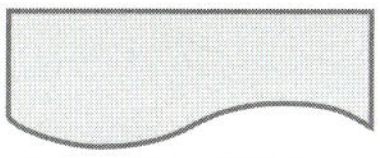 | 프린트<br>(printing) | 프린터를 통하여 출력한다. |
|  | 흐름선<br>(flow line) | 명령어의 흐름을 나타내며, 화살표 방향의 순서대로 진행됨을 나타낸다. |

자료 : 소프트웨어와 컴퓨팅사고(2017)

[그림 8-3] 프로그램 순서도

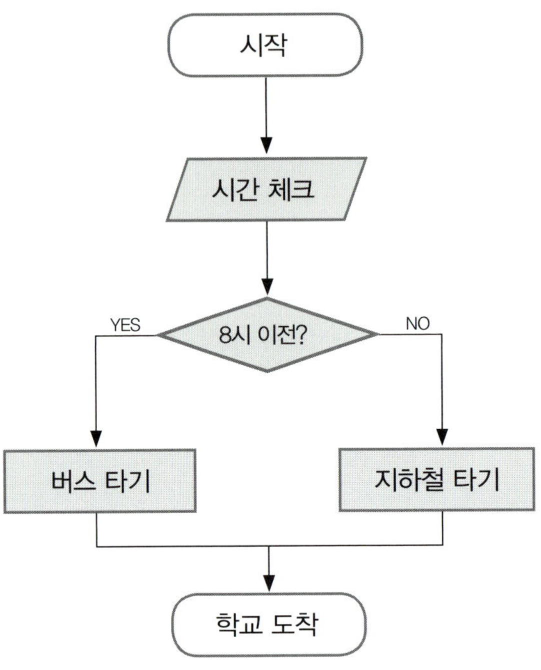


자료 : 소프트웨어와 컴퓨팅사고(김재수 2017)

[그림 8-4] 간트 차트 예

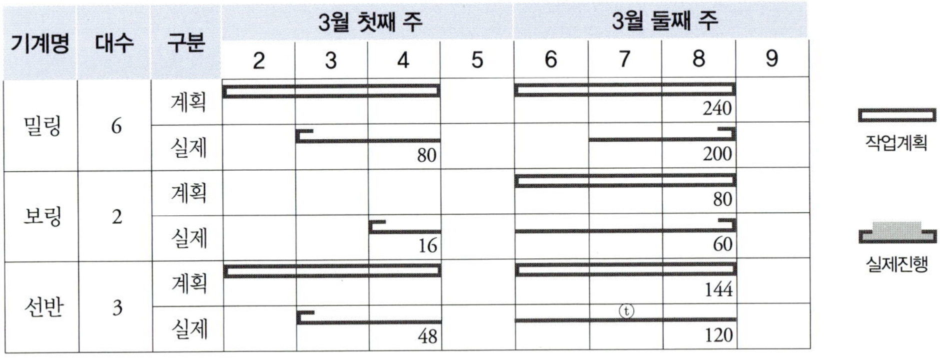

| 기계명 | 대수 | 구분 | 3월 첫째 주 | | | | 3월 둘째 주 | | | |
|---|---|---|---|---|---|---|---|---|---|---|
| | | | 2 | 3 | 4 | 5 | 6 | 7 | 8 | 9 |
| 밀링 | 6 | 계획 | | | | | | | 240 | |
| | | 실제 | | | 80 | | | | 200 | |
| 보링 | 2 | 계획 | | | | | | | 80 | |
| | | 실제 | | | 16 | | | | 60 | |
| 선반 | 3 | 계획 | | | | | | | 144 | |
| | | 실제 | | | 48 | | | ⓣ | 120 | |

작업계획

실제진행

간트 차트(Gantt Chart)는 프로젝트의 주요활동을 파악한 후, 각 활동의 일정을 그것이 시작되는 시점과 끝나는 시점을 연결한 막대 모양으로 표시한다. 그림이라 누구나 이해하고 사용하기 쉽고 프로젝트 관리 범위를 제한한다. 불확실하거나 가변적인 상황에 대한 신축적 대응이 어렵고 자원 배분의 효율성을 고려하지 못한다.

네트워크 차트(Network Chart)는 프로젝트의 주요활동을 파악한 후, 활동들간의 선후관계와 소요시간 등의 정보를 마디와 가지로 구성된 다이어그램에 표시한다. 간트 차트에 비해 종합적이면서 분석적이다. 프로젝트의 전체적 구조를 잘 보여준다. 작업들간의 입체적 연관성을 표현하여 프로젝트의 일정관리를 위한 다양한 추가 정보 획득이 가능하다.

[그림 8-5] 네트워크 차트

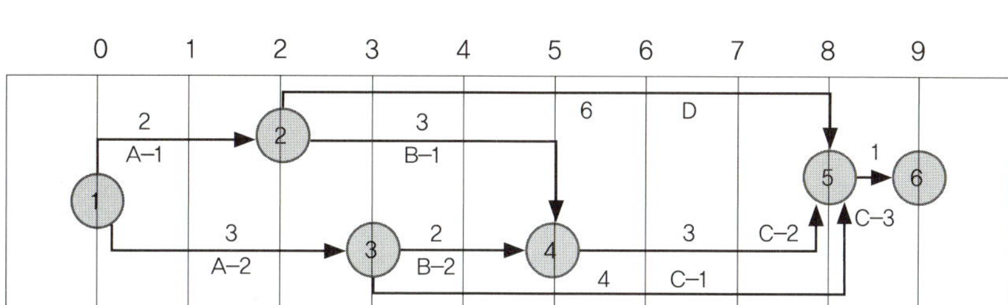


## 1.3 프로젝트관리

프로젝트 관리기법은 복잡한 선후관계로 얽힌 많은 활동들로 구성된 프로젝트의 일정계획을 수립하고 실행, 집행하기 위한 유용한 도구이다. 프로젝트는 그 성격에 따라 수행기간이 수 일에서 몇 달 또는 몇 년이 걸린다. 여기서 네트워크 기법인 PERT/CPM은 네트워크 차트의 일종으로 PERT(Program Evaluation and Review Technique), CPM(Critical Path Method)으로 구분한다. 이 방법은 개별활동들의 시간추정을 확률적 PERT기법과 확정적 CPM기법으로 구분할 수 있다.

주요 경로는 프로젝트 네트워크의 시작과 종료 노드를 연결하는 가장 긴 경로로 주요활동이다. 주요 경로의 길이는 바로 프로젝트를 완료하는데 소요되는 최단 시간을 의미한다. 만일 프로젝트를 가능한 가장 빠른 시간에 끝내기 위해서 주요 경로상의 주요 활동이 지연되지 않도록 해야 한다. 주요 활동의 총 여유시간은 0이며, 주요 활동이 지연되면 그만큼 프로젝트도 지연된다.

[그림 8-6] PERT의 1단계 작업구조도

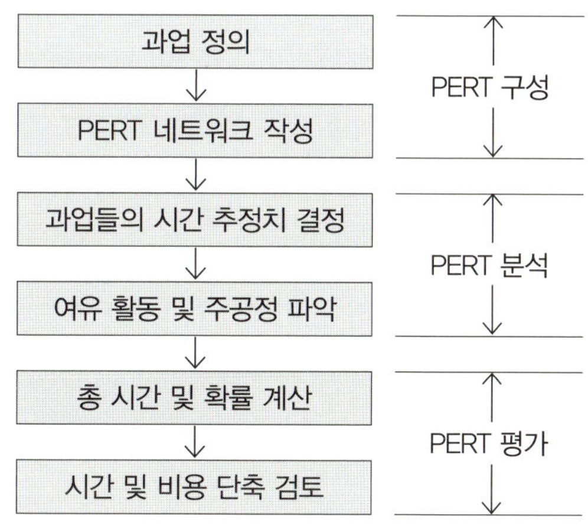

[그림 8-7] PERT의 2단계 과정

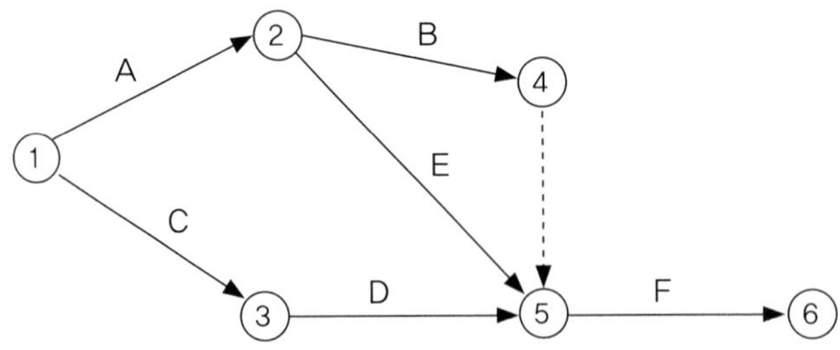


[그림 8-8] PERT의 3단계 과정

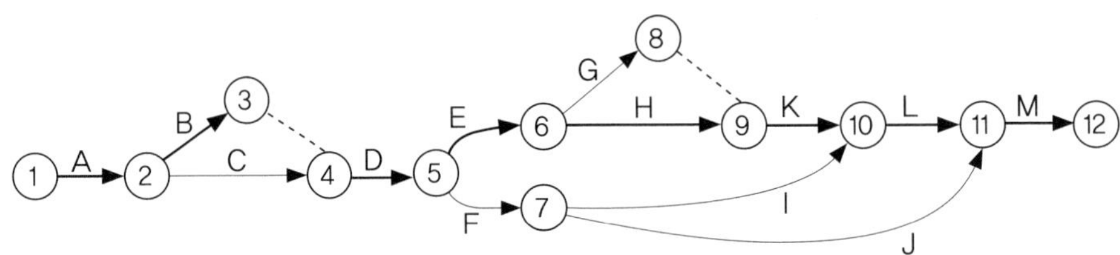


1단계는 과업의 정의와 과업구조도(WBS)를 작성한다. 과업구조도는 ABS, PBS, TBS 등이다.

2단계 선행관계도(precedence diagram)는 개별과업들의 순서구조를 파악하는데 필요한 정보를 제공하는데 마디(node)와 가지(arrow)로 구성되어 있다.

3단계 PERT 분석은 과업시간 추정(각 활동당 평균 기대 소요시간과 분산 값 계산), 주경로와 여유시간을 파악한다. 주경로(critical path)는 PERT 네트워크 상에 존재하는 여러 경로 중에서 가장 소요시간이 긴 경로이며 여유시간이 없는 과업들을 연결한다.

4단계의 평가 및 검토는 총 시간 및 확률, 단축시간을 계산한다. 시간 단축 방법은 인력의 재배치(re-allocation), 작업시간 증가(overtime), 외부의 인력이나 자원 활용(outsourcing) 등이다.

한편 Stage-gate 기법은 개별 과업을 관리하는 것보다 핵심적인 '단계'를 관리하는 것이 더 중요한 경우에 사용되며, 신제품 개발 프로젝트의 관리 기법이다. Stage는 전체의 프로젝트를 중요한 단계로 나누었을 때 각각의 단계이고, Gate는 각 stage 사이의 의사결정 시점이다.

[그림 8-9] Stage-gate 프로세스

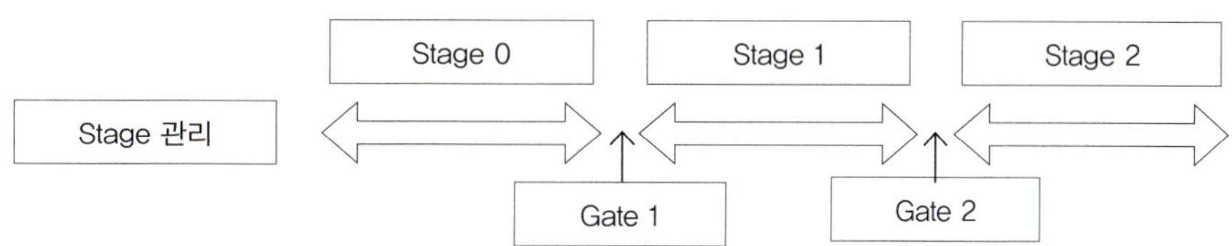


초반의 연구개발은 stage-gate 기법을 사용하며, 후반의 엔지니어링이나 양산 프로젝트는 PERT 기법이 효과적이다. 네트워크는 프로젝트를 분석하기 위한 유용한 수단으로써 AOA네트워크와 AON네트워크도 있다. AOA네트워크는 프로젝트 제반 활동을 화살표에 의해 나타내며 노드는 각 활동의 시작과 종료를 알리는 사건발생시점을 나타낸다.

이러한 프로젝트기법은 프로젝트의 완료시간 단축과 비용의 관계도 분석할 수 있다. 직접비용은 이력, 자재, 장비와 관련된 비용으로 프로젝트 시간이 단축될수록 감소한다. 간접비용은 건물세, 이자, 동력비 등으로 프로젝트 기간이 증가하면서 증가한다. 이러한 직접비용과 간접비용을 최소화하는 최적 프로젝트 시간의 결정이 중요하다.

## 2. 경영조직

### 2.1 조직이론

조직화(organizing)는 조직의 목표를 효과적으로 달성하기 위하여 수행해야 할 직무의 내용과 인적자원간의 상호관계를 설정한다. 조직구조는 환경에 계속 적응하면서 공동의 목표를 달성하기 위하여 공식적, 비공식적 관계를 유지하는 사회적 구조이다. 조직이념(mission)은 그 조직이 추구하는 철학적, 문화적 가치관 및 전사적 전략 방향, 경영 원칙이다. 조직의 목표(goal)는 정성적인 목표 및 정량적인 목표이다.

조직은 방향설정, 효율추구, 집중, 혁신, 그리고 숙달 등 다섯 가지 형태의 기능을 수행하고 있다. 한 조직 내에서도 요구되는 기능에 따라 조직의 형태를 달리해야 한다. 조직을 움직이는 두 가지 힘은 이념과 정체성이다. 이념은 협동체제를 구성하여 내부로 결속하는 구심력을 형성하게 한다. 정체성은 조직 내부의 갈등과 경쟁을 통하여 그 힘이 외부로 뻗어가게 하는 원심력의 원천이다.

구성요소는 직무, 직위, 상호관계, 권한, 책임이다. 직무는 조직의 목표달성에 필요한 인적자원의 활동이다. 직위는 직무 또는 직능이 권한의 계층적 관계와 결부되어 형성된 조직상의 위치이다. 상호관계는 조직을 합리적으로 편성하기 위해서 각 직위의 직무범위와 권한을 규정하고 직위 상호간에도 관계를 합리적으로 설정한다. 권한은 직무를 스스로 수행하거나 또는 다른 사람으로 수행하게 하는 공식적인 권리이다. 또한 책임은 조직목표를 달성하기 위해 일정한 권한을 행사하고 직무를 수행하는 의무이다.

조직은 단순하고 작고 계층이 적어야 한다. 2천 년을 유지해 온 가톨릭 교회의 계층구조는 5계층(교황–추기경–대주교–주교–신부)이다. 컨설팅회사인 커니(A. T.Kearney)의 조사에 의하면 성공기업들의 직위계층은 실패기업보다 평균 3.9단계가 적었다. 조직이론(스코트)은 조직에 대한 관점(폐쇄적 또는 개방적)과 인간에 대한 관점(합리적 또는 사회적)의 차이에 따라 4가지 유형으로 분류한다.

[표 8–2] 조직이론의 구분

| 조직 | 인간 | |
|---|---|---|
| | 폐쇄 | 개방 |
| 합리 | 폐쇄합리적 조직이론<br>(1900~1930) | 개방합리적 조직이론<br>(1960~1970) |
| 사회 | 폐쇄사회적 조직이론<br>(1930~1960) | 개방사회적 조직이론<br>(1970~현재) |

첫째, 폐쇄·합리적 조직이론은 조직을 외부환경과 상관관계가 없는 폐쇄적 체계로 보았고, 또한 조직을 구성하는 인간은 합리적으로 사고하고 행동하는 것으로 전제한 이론이다. 조직을 설정된 목표를 달성하기 위한 도구로 간주하고 인간을 기계적 존재로 간주한다. 예를 들어 테일러(F. Taylor)의 과학적 관리법, 베버(M. Weber)의 관료제이론, 패욜(A. Fayol)의 관리이론 등이다.

둘째, 폐쇄·사회적 조직이론은 조직을 폐쇄적 체계로 보았으나 조직구성원은 단순한 기계적 존재로만 보지 않고 인간이 욕구를 가진 존재로 보았다. 인간의 욕구를 충족시켜 동기화될 때에 조직의 과업이 능률적으로 수행하여 생산성을 향상시킨다고 가정한다. 예를 들어 호손 연구에 의한 인간관계론, 맥그리거(D. McGregor)의 XY이론, 셀즈닉(P. Selznick)의 제도화이론이다.

셋째, 개방·합리적 조직이론은 경쟁이 심한 시장환경에 의하여 조직이 영향을 받는 사실을 반영하여 조직을 환경에 개방적인 것으로 보았다. 인간이 합리적인 존재로 합리성에 근거한다.

조직은 불확실한 과업환경에 개방되어 있고, 이러한 과업환경에 적응하고 생존하기 위해서 조직의 합리성을 추구한다.

넷째, 개방·사회적 조직이론은 조직의 근거를 조직의 합리적 목적수행보다 환경 속에서 존속하는 틀로 접근한다. 조직에 흐르는 비공식성과 비합리성에 초점을 맞추어 규칙만으로 설명하기 어려운 조직의 비합리적 동기적 측면을 중시한다. 조직에 공유되어 있는 가치관과 기업문화에 대한 문제를 다루며, 환경에 적응해 나아간다. 개방적이고 자연적인 관점에서 개개가 하나의 독립적인 단위로 자기조직화의 양태를 보인다. 따라서 하위시스템 각각의 유지 및 존속을 위해서는 학습의 개념이 그 어느 때보다도 중요하게 대두되었다.

### 2.2 조직유형

라인 조직은 최고경영자를 정점으로 기업의 핵심 경영 기능을 기준으로 세분화한 형태이다. 라인-스탭 조직은 기능별 라인 조직에 전체적인 조정역할을 담당하는 스탭 조직을 추가한 형태이다. 또한 프로젝트 조직은 기존 조직으로부터 파견 형식으로 필요한 인력을 모은 후 독립적인 프로젝트 팀을 구성한다. 중장기적으로 성장 가능성이 높은 새로운 제품, 시장 개척, 일시적 경영 문제 해결에 적용한다.

기존의 기능별 조직에 여러 개의 사업부(Strategic Business Unit) 조직을 결합한 개념이다. 본사 전체에 기능별 조직이 존재함과 동시에 개별 사업부 별로 기능별 조직이 설치된 형태이다. 기업규모가 크고 시장 세분화가 가능하거나 필요한 상황에 적합하다.

[그림 8-10] 라인 조직 구조도

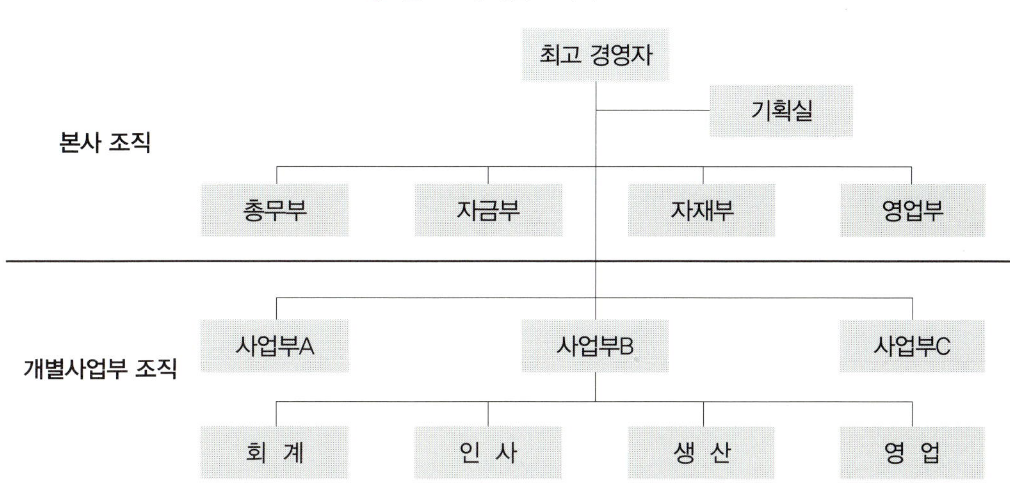

[그림 8-11] 매트릭스 조직 구조도

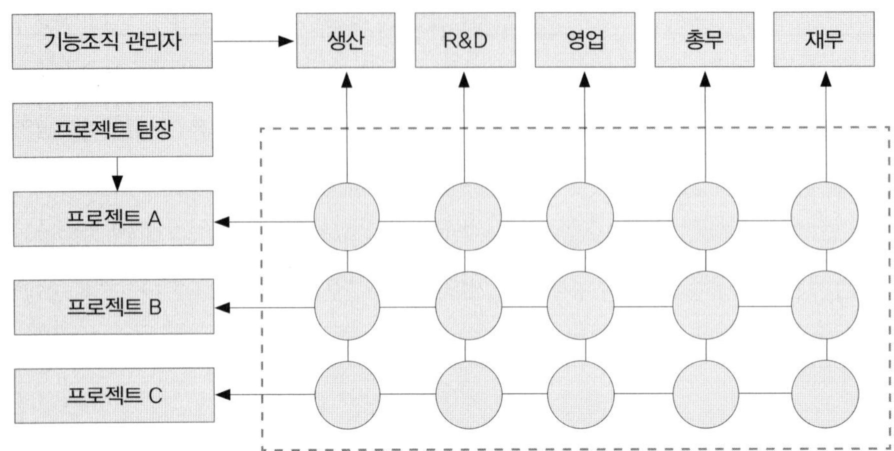


매트릭스 조직은 기능별 조직과 기업의 목표에 의하여 편성된 조직을 열에 놓고, 프로젝트 조직을 행으로 매트릭스를 구성하는 조직이다. 라인 조직의 효율성과 전문성 활용과 동시에 프로젝트 조직의 신축성과 유연성 달성한다. 외부 환경 변화가 심하고 조직원의 능력이 뛰어난 경우 자원 활용의 효율성을 극대화할 수 있다. 프로젝트-사업부 조직은 사업부 조직과 프로젝트 조직이 공존한다.

팀조직(업무단위형, 프로젝트형)은 상호보완적인 기술 또는 지식을 가진 둘 이상의 조직원이 서로 신뢰하고 협조하며 헌신함으로써 공동의 목적을 달성하기 위하여 자율권을 가지는 조직단위이다. 신속성, 유연성, 창의성을 추구하며 고객중심, 빠른 변화, 다양화하는 최근의 기업환경에 부응한다. 팀별 보상체계, 팀내 업무완결성, 팀간 상호의존성, 자율피드백이 필요하다.

상호의존적인 과업과 협조가 필요한 경우에 팀조직이 효과적이다. 유기적팀, 태스크 포스팀, 자율관리팀, 애드호크라시, 다기능팀 등이 있으며, 팀의 목표가 조직 전체의 목표와 일치하고 각 계층의 핵심인물이 참여해야 성공할 수 있다. 성공적인 팀은 확실한 목표의식 하에 분명한 역할과 업무가 배정되어 있으며, 비공식적이고 개방되어 건설적 반대가 얼마든지 받아들여진다. 다양한 특성과 전문성이 조화되고 리더십이 공유되며 끊임없는 자기평가를 통하여 궤도를 잡아가는 특성을 지니고 있다.

미래형 조직으로 지식형 조직은 소규모의 다기능팀이 중심이 된 수평조직, 납작한 조직이다. 분할된 조직이 통합력을 유지하기 위해서 유연한 전문화와 고객에 초점을 맞추는 사상의 통합 등 강력한 이념이 필요하다. 고객제일의 사고를 정착시키고 고객만족을 위한 서비스를 강화하

[그림 8-12] 매트릭스 조직의 사례

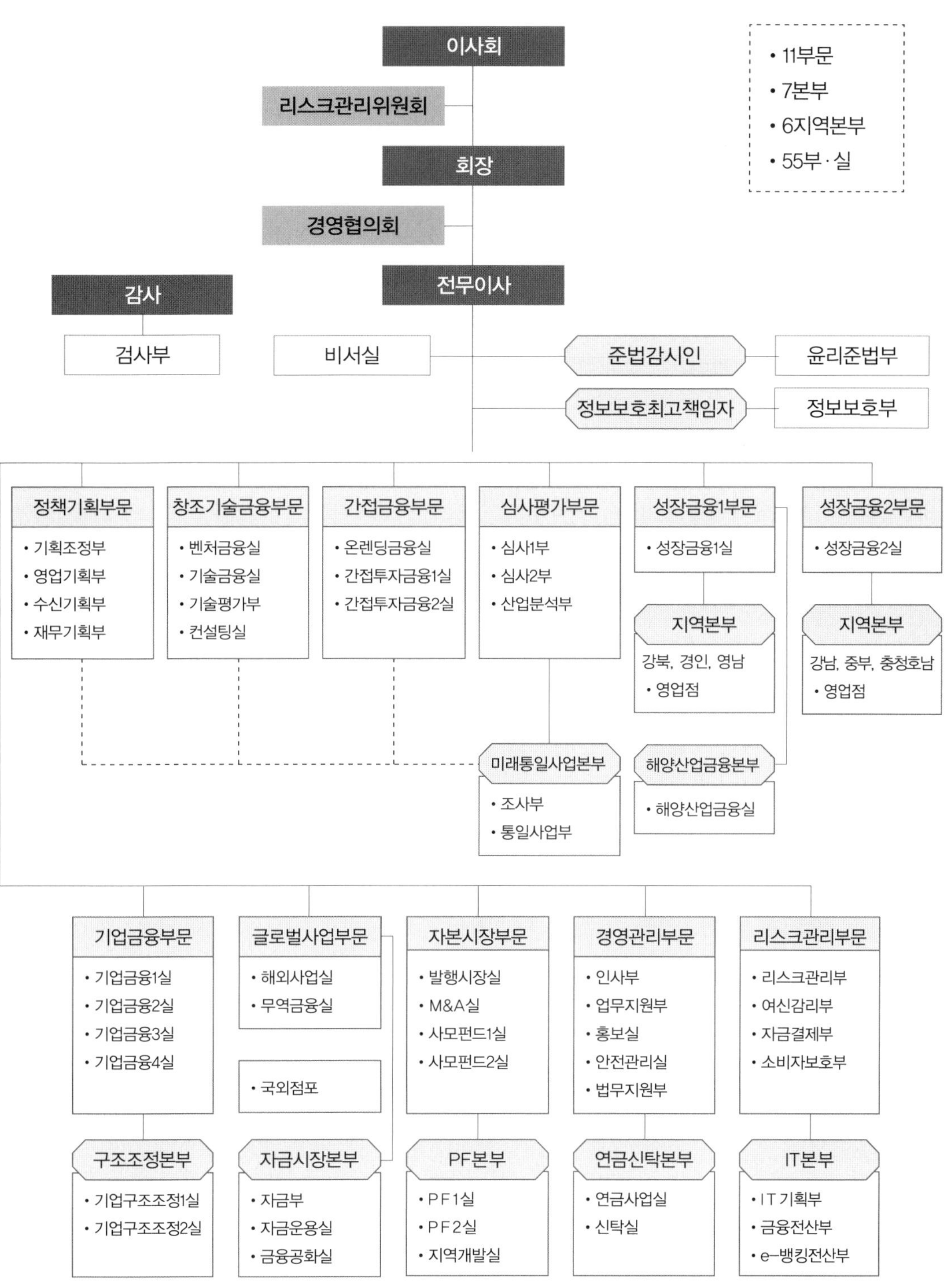


자료 : 인베스트조선(2014. 12. 05)

기 위해서 역피라미드형의 조직개념과 사고가 도입되어야 한다. 조직 내에서 부분 최적뿐만 아니라 전체 최적이 이루어져야 한다. 조직은 단순해야 하고 관리층은 소수여야 한다. 한 공장의 종업원 수가 200명 가까이 되면 그 집단은 군중화되어 한 사람 한 사람이 몰개성화하고 협조성이 대폭 저하된다.

대량소비시대에 필요한 소품종 대량생산체제에 적합하였던 기능형, 관료형, 피라미드형 조직구조는 환경의 유연화와 다양화에 대응할 수 있도록 변화되어야 전체 기업규모에 관계없이 내부의 각 조직은 다품종 소량생산체제를 감당할 수 있도록 분할(chunking) 운용되어야 한다. 조직구조는 기본적으로 내외의 조직환경과 양립할 수 있어야 한다. 경영외부환경과 양립성은 전략과의 일관성, 즉 기존환경에 대한 적합성과 변화하는 환경에 대한 대응성으로 정리될 수 있다. 경영내부환경에 대한 양립성은 하부조직 상호간의 일관성의 문제이다.

### 2.3 조직문화와 변화관리

조직문화는 기업 내의 구성원에게 일체감(identity)과 정체성(sense of identity)을 부여한다. 외부상황이 급변할 때 조직구성원의 결속력을 강화시켜 주고 일체화된 조직으로 뭉치게 하는 힘이 된다. 구성원들간의 결집의 정도에 따라 강한 문화와 약한 문화로 나눌 수 있다. 강한 문화는 조직변화 시도에 대하여 강력히 저항하는 힘으로 작용할 수도 있다.

한 조직의 문화는 공통성과 상이성을 동시에 갖는다. 조직 전체 차원에서 구성원들 간에 공통적 가치관, 신념, 행동 등을 발견할 수 있지만 동시에 부서나 본부와 같은 하부조직들도 자체 문화적 특성을 가질 수 있다. 특정 조직의 문화는 그 조직이 변화해온 과거의 역사, 현재의 문제를 해결하면서 겪고 있는 고민, 그리고 조직 구성원들의 미래에 대한 희망이나 기대가 혼합적으로 존재한다. 한 조직의 문화적 특성은 구성원들의 가치관, 믿음 등을 직접 조사하여 밝힐 수도 있지만 그들이 공유하는 사물들, 공통의 용어, 보편화된 행동이나 감정 등을 분석하여 도출할 수 있다. 조직의 영웅을 살펴보는 것도 한 가지 방법이다.

7-S모형은 조직문화에 영향을 주는 조직내부요소를 7가지 요인으로 분류하였다. 조직문화의 구성요소로 공유가치, 전략, 조직구조, 제도, 구성원, 관리기술, 리더십 스타일을 들고 있다. 조직문화와 조직내부의 구성요소간 관계를 체계적으로 설명하며 조직시스템에 대한 통합적인 시각을 제공한다.

기업문화운동의 추진은 기본적으로 다음의 4가지 절차를 밟는다. 1단계는 현상분석이다. 경영비전의 파악, 사원의식 조사, 기업이 대외이미지, 조직운영실태와 내부 커뮤니케이션 파악 등

[그림 8-13] 7-S의 조직문화 유형

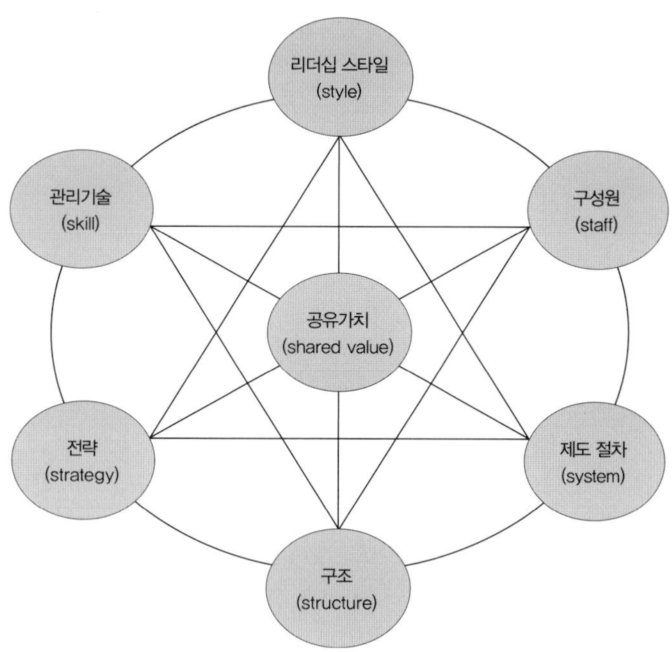


을 통해서 강점과 약점을 분석한다.

2단계는 구체적 강령의 설정이다. 이념설정기업이념, 사업영역, 구성원의 비전, 슬로건, 사원의 행동규범 등을 일관성 있게 설정한다. 이러한 이념이 내부 구성원에게 강하게 전달되고 행동으로 옮겨야 한다. 이를 위해 세부 행동지침을 만들어 구체적 행동양식으로 체화되게 한다.

3단계는 이미지 작업이다. 기업 내의 유형체에 대한 시각적 통일작업단계로서 상표디자인, 회사의 깃발, 광고물, 점포, 사옥, 사가, 내부장식, 간판, 서류양식 등 다방면에 걸쳐서 통일된 디자인과 색깔을 이용한다.

4단계는 전략적 홍보이다. 기업문화의 추진결과는 대내외 홍보를 통해서 성과가 나타나므로 전략적인 홍보를 병행하여 추진한다. 방법으로 교육, 워크샵, 강연회, 안내책자, 사내방송, 사무실 디자인, 표어와 슬로건, 사가의 제정·배포 등을 이용한다.

기업 내 근본적인 문화와 제도 측면의 변화활동을 추구하지만 조직원들은 변화에 대하여 저항할 수 있다. 따라서 변화관리는 인사/홍보/마케팅, 교육/훈련, 제도/시스템, 평가/보상, 문화 프로그램 등의 측면에서 이루어져야 한다.

[그림 8-14] 변화이전의 조직

| 변혁 필요성 인식, 공감 | × | 변혁에 대한 명확한 비전 | × | 변혁 가능성에 대한 신념, 확신 | × | 체계적인 계획의 실천 | = | 성공적 변 혁 |
|---|---|---|---|---|---|---|---|---|
| (  ) | × | 비전 | × | 신념, 확신 | × | 실천 | = | 방관 |
| 인식, 공감 | × | (  ) | × | 신념, 확신 | × | 실천 | = | 혼란 |
| 인식, 공감 | × | 비전 | × | (  ) | × | 실천 | = | 회의 |
| 인식, 공감 | × | 비전 | × | 신념, 확신 | × | (  ) | = | 좌절 |

변화기반 요소는 체크리스트(변화기반 요소들)를 통해 자신의 수준을 파악한다. 변화의 환경은 경쟁사와 시장은 어떻게 움직이는지 파악한다. 회사의 현재 상황은 어떤지에 대한 정확한 분석 작업을 시도한다. 프로세스를 얼마나 빠르고 강하게 만들 것인지, 기업문화와 행동을 어떻게 합리적으로 변화시킬 것인지 고민한다. 변화의 방법은 조직 내 이해관계자 정의, 리더십 개발, 커뮤니케이션 실행, 위기의식을 조장한다. 또한 개인의 직무설계, 조직설계 및 개발, 교육설계와 프로젝트 관리, 변화성과평가를 진행한다.

[그림 8-15] 변화관리 과정

| | |
|---|---|
| 저항원인 분석 및 이슈도출 | 예상되는 저항의 원인 분석 및 중점이슈 도출 |
| 변화관리방안 개발 | 이슈별 해결을 위한 변화관리 방안 개발 |
| 세부 이행방안 마련 | 각 변화관리의 책임조직, 기간, 내용 등 수립 |
| 결과 모니터링 | 실행 후 결과에 대한 검토 및 새로운 방안수립 |

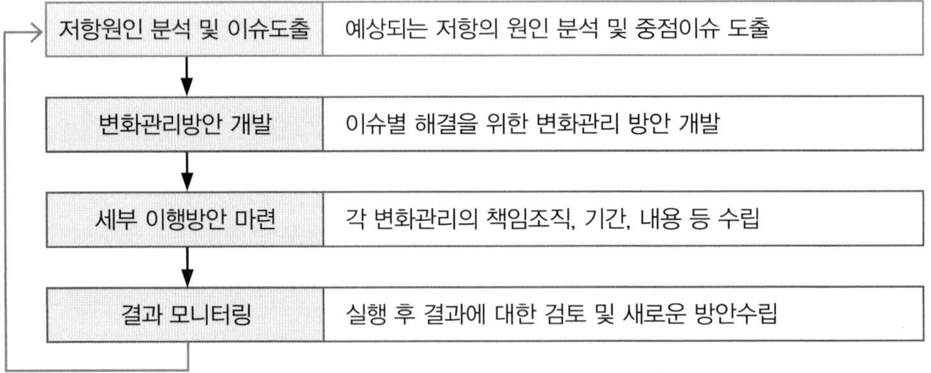

변화관리는 기업의 정보화와 업무전략 수립 측면에서 성과달성, 근본적인 문화와 제도 측면의 변화활동이 미흡하기 때문에 필요하지만 조직적인 저항에 부딪힐 수 있다. 변화관리의 1단계

는 신뢰 형성을 통해 구성원간의 의사소통이다. 게시판 및 모니터링 기능을 통해 점검한다. 의견에 대한 최고경영자의 적극적인 관심을 표현한다. 자유스런 의견교환의 신뢰를 구축한다. 2단계는 지식공유의 활성화와 전사적 차원의 지식 Pool 형성이다. Q&A를 활성화하고, 부서별 의견교환을 통한 Best practice를 공유하여 지속적으로 지식수준을 상승시킨다. 3단계는 학습조직에 의한 조직 역량과 성과 향상이다. 지식교류 모임 활동을 지원하고 학습 조직형 지식 커뮤니티에 대한 구성원의 자발적 참여를 유도한다. 커뮤니티 활동결과에 대한 평가와 보상을 한다.

## 3. 지휘와 통제

### 3.1 지휘, 통제 및 리스크 관리

지휘(leading)는 조직의 목표를 달성하기 위하여 요구되는 업무를 잘 수행하도록 조직 구성원들을 독려하는 행위이다. 경영계획에 따라 기업활동을 의욕적이고 적극적으로 수행하도록 동기를 부여하고 감독하는 활동이다. 이때 부하 직원들이 주어진 일을 효율적으로 처리하도록 하기 위해서는 경영자 스스로 합리적이고 솔선수범해야 한다.

[그림 8-16] 지속가능경영을 위한 비상지휘 체계

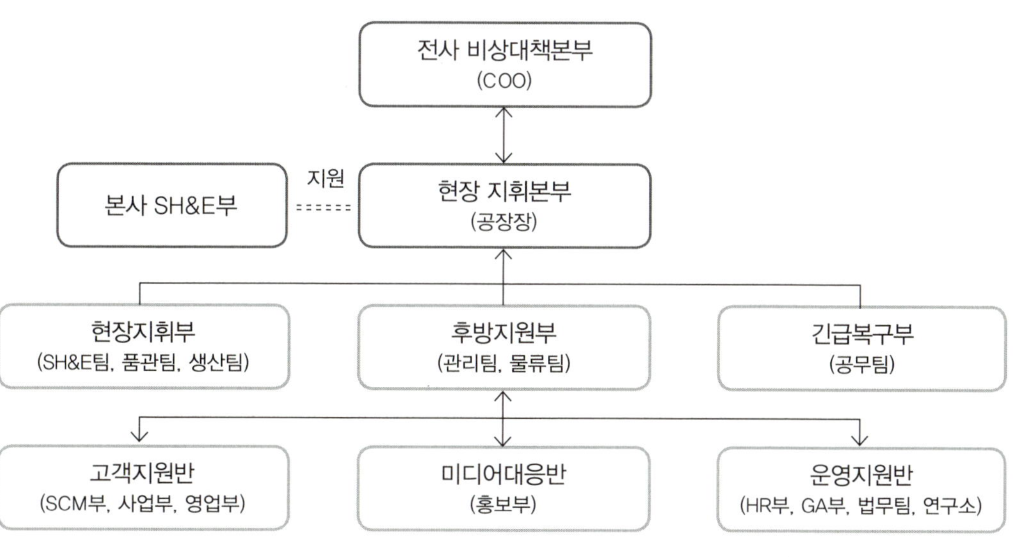


자료: http://www.oci.co.kr

조직 구성원과 의견 교환(커뮤니케이션), 방향 제시(리더십), 동기부여 등이 이루어져야 한다.

1) 커뮤니케이션은 조직 목표 달성을 위한 구성원들의 노력으로 정보의 교환과 생각을 전달한다. 효과적인 커뮤니케이션을 위한 기본 원칙은 명료성의 원칙, 일관성의 원칙, 적기 적시성의 원칙, 타당성의 원칙, 관심과 수용의 원칙이다.

2) 리더십은 조직의 목표를 달성하기 위해서 리더가 집단 구성원들을 자발적으로 움직이게 하는 사회적 영향력 행사 과정이다. 조직의 리더십은 비전 제시, 열정, 성실성, 신뢰, 호기심, 그리고 용기로 구성된다.

3) 동기부여는 어떤 사람을 자극하는 행동을 불러 일으키거나, 다른 사람으로 하여금 바람직한 행동을 수행하도록 이끈다. 부하 직원이 자발적인 노력으로 조직 목표에 공헌하도록 유인하고, 동기를 부여하여 조직 내의 인간 관계를 개선하고 발전시켜야 한다. 개인행위는 동기부여의 증진이 중요하고 집단행위는 부서의 공통목표를 달성하기 위해 상호작용이 중요하다. 개인의 동기부여는 목표를 추구하는데 필요한 내적 충동으로 개인의 성과를 결정한다.

성과(performance) = 능력(ability) X 동기부여(motivation)

통제는 성과를 측정하고 바람직한 결과를 달성하기 위한 과정이다. 실제 성과가 계획에 의한 목표를 달성한 수준을 측정하고 그 편차를 수정하여 간다. 통제를 통하여 목표수준을 달성할 수 있도록 현 조직의 재활동을 감시할 수 있다. 실제성과와 성과표준간의 일치 정도를 활동시점과 활동시점을 떠나서 비교한다. 현재의 성과에 대한 즉각적 수정행동과 미래의 성과에 대한 기본적인 수정행동을 할 수 있다. 그리고 미래의사결정은 반드시 피드백을 통하여 관리되어야 한다.

발생하는 시점에 따라서 사전통제, 동시통제, 사후통제로 구분할 수 있다.

1) 사전통제는 경영활동이 시작되기 전에 실행되는 통제이다. 경영목표의 적합성, 투입자원의 준비에 대한 사전 검토가 필요하다. 관리적 차원에서 투입방법의 선택, 예상되는 문제점 해결을 위한 정책, 전략의 개발에 대한 통제를 점검하고, 전략적 차원에서 장기적 조직목표 달성에 영향을 미치는 환경요인의 변화 여부를 점검하여 계획을 사전에 조정한다.

2) 동시통제는 업무나 작업의 진행 과정상의 통제로 업무단위 또는 기간단위에 따라 수시로 이루어진다. 관리적 차원에서 작업이 적합하게 수행되는가 혹은 계획대로 진행되는가를 통제한다. 전략적 차원에서 경영환경 변화에 입각하여 진행과정을 감독하고 필요한 조정을 실시한다.

3) 사후통제는 모든 업무활동이 종료된 뒤에 행한다. 일정 기간이 만료된 후 경영성과를 측

정·분석하고 편차에 대한 인과관계를 규명하여 각 조직단위의 책임과 권한관계를 명백히 하여 미래의 계획수립에 필요한 근거자료를 제공한다. 관리적 차원에서 관리 조직단위의 효율성 평가정보 제공, 조직구성원의 평가기준/보상기준으로 활용한다. 전략적 차원에서 경영성과의 인과관계를 분석함으로써 최고경영자에게 경영계획의 조정과 경영환경의 변화에 대응하는 전략수립에 필요한 정보를 제공한다.

문제를 규명하고 그 원인을 밝힌 다음에 이를 시정하려는 관리조처가 취해져야 한다. 품질이 저하되는 문제는 새 기계나 개선된 관리감독을 요구하며, 특정부서의 과다한 비용은 더 효율적인 절차나 제한의 필요성을 제시한다. 특정 제품의 매출이 저조한 것은 판매 수수료율이 낮거나 광고나 촉진 제품개선이 이루어지지 않기 때문이다. 대규모 경영조직에서 명시화된 통제시스템이 없으면 다양한 조직 구성원의 주관적인 잣대로 인하여 혼란을 초래하고 결국 목표치의 달성이 어렵다.

리스크관리는 순수위험을 내포하는 상황을 규명하고 평가하여 가능한 경제적 손실을 최소화한다. 그러나 위기와 리스크를 없애는 것은 불가능하며 관리를 통하여 통제해야 한다. 가능한 수준으로 위기와 리스크를 축소하는데 예방이 중요하다. 위험통제 방법으로 화재보험을 구입하면 위험을 감소시키지만(Hedger) 구입하지 않는다면 위험을 증가시킨다(Speculator).

**[그림 8-17] 금융회사의 내부통제시스템**

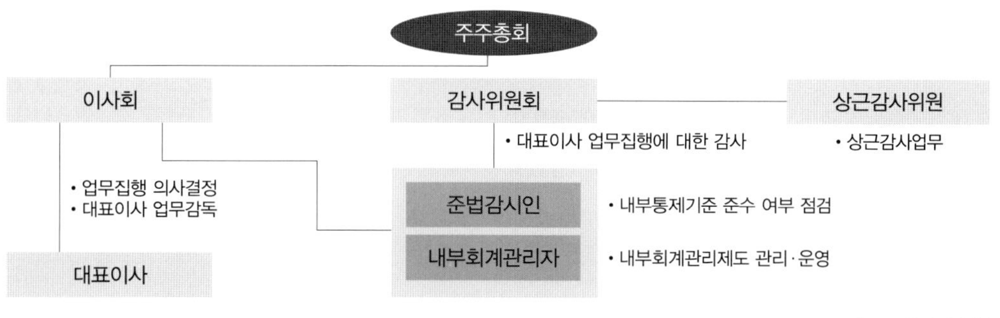


자료 : 금융감독원

리스크관리는 위험인식, 위험측정, 위험관리 기법의 선정, 실행 및 평가로 한다. 1단계는 리스크 인식이다. 어떤 리스크가 과소평가되어 헤징되지 않는 경우 리스크를 점검하고 대응한다. 리스크관리 조직을 설치하고 리스크관리 규정을 수립하며 데이터베이스를 구축한다.

2단계는 리스크의 평가로 인지된 위험을 계량화(변리사, 투자상담사)한다. 계량화는 VaR, 스트레스테스트, 시나리오분석 등을 사용하여 리스크를 측정하고, 일상적 경제환경의 변동뿐만 아니라 비정상적 급격한 변동도 감안한다. 또한 주기적으로 측정 방법을 점검하여 적정성을 모니터링한다.

3단계는 리스크를 통합하고 리스크관리 기법을 선택한다. 리스크 측정, 조정, 성과, 평가, 자본배분 등 전 과정을 효과적으로 통합한다. 리스크관리 기법은 총리스크, 리스크 유형별, 유형별 세부 한도 등을 설정하고 관리한다.

4단계는 실행 및 평가를 통하여 포트폴리오를 최적화한다. 리스크 이전은 적절한 가격에 이행할 수 있는 도구를 찾는다. 환경변화에 대응하여 리스크를 동태적으로 관리하여 최적 포트폴리오를 구성한다. 또한 기존활동의 계속성과 유연성 등도 재고해야 한다.

5단계는 주기적 평가와 조정으로 유연성을 유지한다. 리스크관리부서는 각 사업부문과 독립적으로 리스크관련 사항을 모니터링하고 그 결과를 리스크관리위원회에 보고한다.

### 3.2 목표에 의한 관리(MBO)

목표에 의한 관리(MBO : management by objective)는 측정가능한 성과목표를 상급자와 하급자가 함께 참여하여 설정하고, 그 목표를 달성할 책임부문을 명시하여 이의 진척사항을 정기적으로 점검한 후 진도에 따라 보상을 배분한다. 조직계층간 목표를 통합하고 목표와 성과를 연계하여 평가한다. 부하가 자기자신, 혹은 상급자와 협의하여 구체적인 단기 양적 목표를 설정하고, 스스로 그 목표의 달성 정도를 평가한다. 1965년 피터 드러커(Peter Drucker)가 그의 저서 '경영의 실제'에서 주장하였다. 드러커가 계획 목표달성을 위해서 궤도 수정이나 개선에 역점을 두고 관리도구로 시작하였고, 그 후에 맥그리거(McGregor)가 업적평가 기법으로 정착시켰다.

조직의 규모가 성장할 때 규모경제의 실현을 위해 제품과 시장을 다각화하고 복잡한 통제시스템을 활용한다. 계획과 비교할 수 있는 통제시스템이나 조직구성원의 업무수행에 대한 통제시스템이 필요하다. 통제는 작업자가 할 일을 알려주고 감독하고 감시한다. 개인이 갖고 있는 잘못된 고착화된 습관이나 잘못된 작업 방법을 발견하여 개선시켜 준다.

목표와 목표시스템의 확립을 중시할 뿐만 아니라 목표를 달성하기 위한 방법과 평가기준 그리고 평가방식 등도 중시한다. 따라서 목표관리는 하나의 완전한 계획과 통제 시스템이다. 모든 조직구조와 정보시스템, 예산과정 등이 반드시 상호조정될 수 있도록 균형과 조화를 이루어야 한다. 목표에 의한 관리는 목표설정, 실행계획의 개발, 목표의 실행, 평가의 단계로 이루어진다.

1) 목표설정은 측정가능하고 비교적 단기적으로 계획한다.

2) 참여는 하급자를 목표설정에 참여시킨다.

3) 피드백은 상급자와 하급자 사이의 상호작용을 말한다.

경영자는 직원들에게 업무목표를 설정하는 과정에 참여시켜서 스스로 적절한 목표를 설정하고, 이를 기준으로 업무를 수행하면서 일에 대한 이해도와 실행력을 증가시켜서 업적을 달성하고 상호 피드백으로 수정하거나 개선한다.

**[그림 8-18] 목표관리 설정과정**

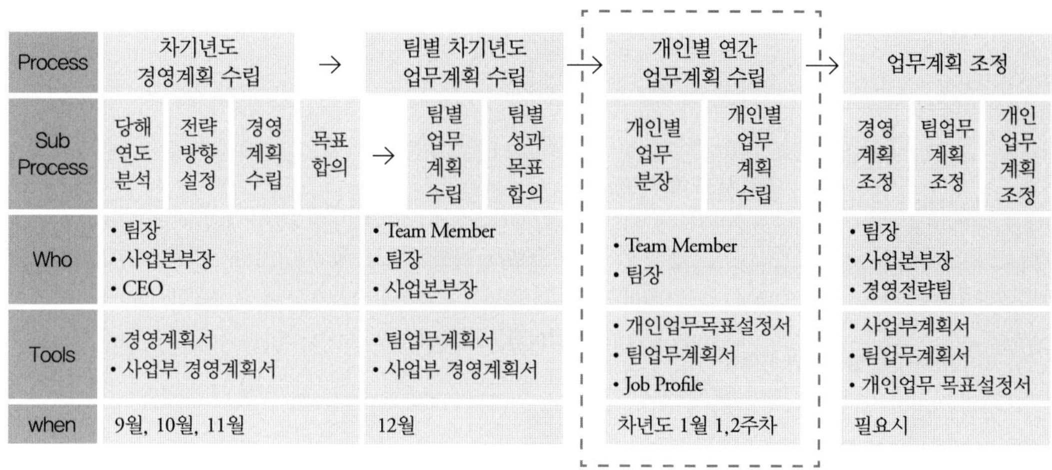

| Process | 차기년도 경영계획 수립 → | 팀별 차기년도 업무계획 수립 → | 개인별 연간 업무계획 수립 → | 업무계획 조정 |
|---|---|---|---|---|
| Sub Process | 당해 연도 분석 / 전략 방향 설정 / 경영 계획 수립 / 목표 합의 → | 팀별 업무 계획 수립 / 팀별 성과 목표 합의 | 개인별 업무 분장 / 개인별 업무 계획 수립 | 경영 계획 조정 / 팀업무 계획 조정 / 개인 업무 계획 조정 |
| Who | • 팀장<br>• 사업본부장<br>• CEO | • Team Member<br>• 팀장<br>• 사업본부장 | • Team Member<br>• 팀장 | • 팀장<br>• 사업본부장<br>• 경영전략팀 |
| Tools | • 경영계획서<br>• 사업부 경영계획서 | • 팀업무계획서<br>• 사업부 경영계획서 | • 개인업무목표설정서<br>• 팀업무계획서<br>• Job Profile | • 사업부계획서<br>• 팀업무계획서<br>• 개인업무 목표설정서 |
| when | 9월, 10월, 11월 | 12월 | 차년도 1월 1,2주차 | 필요시 |

종업원의 동기부여 측면에서 목표관리는 그들에게 요구하는 바를 명확히 해주고 목표설정과정에 참여하며, 그 목표에 대한 달성도에 따라 보상하기 때문에 좋은 성과를 얻을 수 있다. 목표설정과정과 회의상담과정을 통하여 원활한 의사소통이 가능하다. 조직의 역할과 구조를 명확히 하도록 강요하는 경향이 있으며, 통제기준의 목표를 명확히 제시함으로써 효과적인 통제를 발전시킬 수 있다.

그러나 단기목표를 강조하여 실제 목표수행에 관계없는 보고서 작성 및 기록을 위한 업무수행이 될 가능성이 있다. 조직의 목표를 명확히 제시한다고 하는 것은 어려운 일이며 최종목표에 동의하는 경우에도 중간목표 사이에 이해가 상충되고 갈등이 발생하는 경우가 많다. 따라서 목표관리가 성공하기 위해서 사업계획과 아울러 개인별 업무계획서가 동시에 합의되고 검증되고, 그 자체를 자기평가와 함께 팀, 사업부 평가까지 가능해야 한다.

## 3.3 균형성과표(BSC)

균형성과표(Balanced Scorecard: BSC)는 기업의 전략적 목표를 일련의 성과 측정지표로 전환하여 기업의 성과에 대한 균형 잡힌 시각의 평가를 가능하게 한다. 단순한 평가지표의 개발이 아니라 재무적 관점, 고객 관점, 내부 프로세스 관점, 그리고 학습과 성장 관점으로 구분하여 전사적인 평가시스템을 구축한다. 업무성과는 재무적 정보만으로 부족하며 품질, 고객만족, 혁신, 시장점유율등의 기업의 경제상황과 성장에 영향을 주는 요인들도 고려해야 한다. 균형성과 측정의 프로세스는 7단계로 구분하여 시행한다.

[그림 8-19] 균형성과표의 계층구조

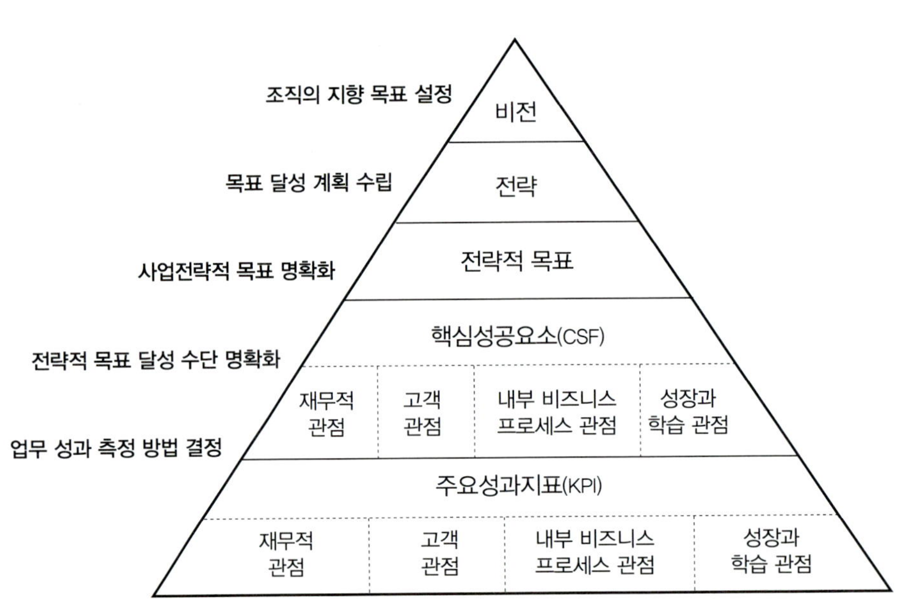


첫째, 기업의 비전달성을 위한 전략적 목표를 성과측정지표로 전환하여 실시한다. 균형성과표 개발은 기업의 미래 청사진인 비전에서 출발한다. 이때 비전은 공유된 기업의 미래상을 실현시키기 위해 조직을 이끌면서 과제를 부여한다.

둘째, 비전을 세분화하여 몇 개의 성과성역인관점으로 나눈다. 해당 조직의 존재이유, 조직의 독특한 비전과 전략에 따라 각 조직마다 성과영역의 수와 내용은 달라질 수 있다. 이러한 성과영역은 크게 재무 관점, 고객 관점, 내부 프로세스 관점, 학습 및 성정 관점 등의 4가지 관점으로 구분한다.

셋째, 각 성과영역마다 비전 달성을 위해 추구하는 전략적 목표가 설정된다. 전략적 목표는 각 성과영역이 나아가야 할 방향을 제시하며, 또한 전략적 목표 달성의 인과관계 상에 존재하는 개별 성과영역들은 상호 연계성을 가지고 있어야 한다.

넷째, 각 성과영역에서 전략적 목표 달성을 위해 가장 초점을 맞추어야 할 차별화된 가치 요소로서 구성원들의 노력이 집중되어야 할 핵심성공요소(CSFs)를 판별한다.

다섯째, 전략적 성과지표를 개발한다. 성과지표는 핵심성공요소에 조직 구성원들의 노력이 집중될 수 있도록 구성원들의 행동결과를 계량적으로 평가할 수 있는 잣대이며, 전략적 목표달성 여부를 파악할 수 있는 도구이다.

여섯째, 균형성과표를 실행에 옮기기 위해서는 미래에 필요한 구체적인 행위와 조치에 대한 묘사가 필요하다. 따라서 전략적 목표 달성을 위해 구성원들의 노력을 일원화시키고 행동을 체계적으로 유도할 수 있는 실행 프로그램의 선정과 실행계획을 마련한다.

끝으로 이러한 균형성과표 구축 프로세스에서는 성과영역간 혹은 성과지표간의 인과관계에 대한 충분한 고려가 필요하다.

균형성과표는 성과지표들간의 연계를 고려하여 업무방식의 타당성 검토에 이용될 수 있다. 이때 재무적 관점은 매출성장률, 종업원 1인당 수익, 원가절감율, 자기자본순수익률, 고객 및 제품별 수익성 등이다. 고객관점은 시장점유율, 고객확보율, 고객유지율, 고객만족도, 고객수익성 등이다. 학습과 성장 관점은 종업원 만족도, 종업원 유지도, 종업원 생산성, 정보시스템 역량, 동기부여 및 권한위임 등이다. 그리고 비지니스 프로세스 관점은 혁신 프로세스, 운영 프로세스, A/S 프로세스 등이다.

# 요약정리

- 경영계획은 명확하게 규정된 목표를 지향하는 것이어야 한다. 구성원 모두에게 조직이 나아가야 할 명확한 방향을 제시해주어 그들이 스스로 또는 협동을 통하여 무엇을 해야 하는지를 알려준다. 순서도는 처리하려는 문제를 분석한 후 처리 순서를 단계화 한다. 간트 차트는 프로젝트의 주요 활동을 파악한 후, 각 활동의 일정을 그것이 시작되는 시점과 끝나는 시점을 연결한 막대 모양으로 표시한다. 프로젝트 관리 기법은 복잡한 선후 관계로 얽힌 많은 활동들로 구성된 프로젝트의 일정계획을 수립하고 실행, 집행하기 위한 유용한 도구로 주로 네트워크 기법인 PERT/CPM을 활용한다.

- 조직은 방향설정, 효율 추구, 집중, 혁신, 그리고 숙달 등 다섯 가지 형태의 기능을 수행하고 있다. 조직을 움직이는 두 가지 힘은 이념과 정체성이다. 라인 조직은 최고경영자를 정점으로 기업을 핵심 경영 기능에 따라 단위 조직으로 세분화한 형태이다. 또한 프로젝트 조직은 기존 조직으로부터 파견 형식으로 필요한 인력을 모은 후 독립적인 프로젝트 팀을 구성한다. 조직의 문화가 기업 내의 구성원에게 일체감과 정체성을 부여한다. 이와 같은 일체감과 정체성은 외부 상황이 급변할 때 조직구성원의 결속력을 강화시켜 주고 일체화된 조직으로 뭉치게 하는 힘이 된다.

- 동기부여는 내재적 동기부여는 업무의 성취감, 도전감, 확신감이다. 외부적 동기부여는 급여, 부가 급부, 승진, 감독권 이양이다. 목표관리(MBO)는 목표설정에 종업원이 참여하고 조직계층간 목표를 통합할 수 있다. 또한 목표와 성과를 연계시켜 평가한다. 균형성과표는 종합적인 성과측정 시스템으로 기업의 성과에 대한 균형 잡힌 시각의 평가를 가능하게 하는 성과측정 시스템이다. 단순한 평가지표의 개발이 아니라 전사적인 평가시스템을 구축한다.

# 토론과 연습문제

1. 간트 차트를 활용하여 졸업할 때까지의 일정계획을 작성하여 보시오.

2. 순서도에 나타난 학교에 도착하기까지의 과정을 설명하시오.

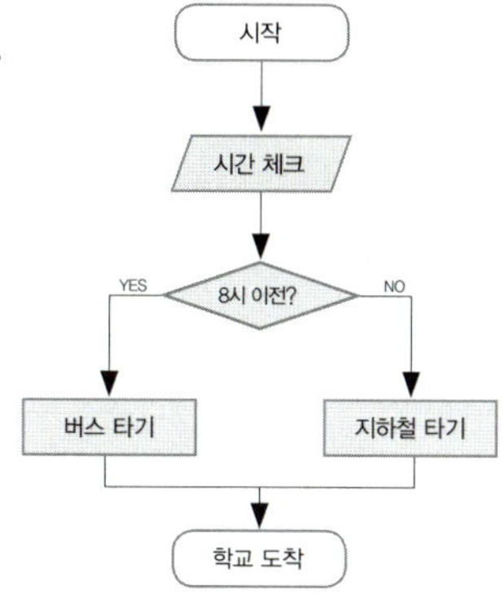


3. 매트릭스 조직과 팀조직이 적합한 경영환경을 논하시오.

4. 우리나라는 최저임금제를 실시하고 있다. 최저임금제가 필요한 이유를 매슬로우의 욕구 5단계 이론으로 설명하시오.

5. 기업에서 리스크관리가 필요한 이유는 무엇인가?

6. 목표관리와 균형성과표의 차이는 무엇인가?

## 참고문헌과 인터넷

구기동, 김홍유, 심기준(2018), 경영학의 이해, 신구문화사.
김대수(2017), 소프트웨어와 컴퓨팅사고, 생능출판사.

# PART 3

# 경영활동의 이해

제 9 장

# 인재개발관리

### 학습목표

1. 인재개발관리에서 모집과 퇴사의 과정을 이해할 수 있다.
2. 인재개발관리에서 직무충실화를 위한 규칙을 작성할 수 있다.
3. 인재개발관리에서 인간의 작업관리를 공학적으로 구성할 수 있다.

### 학습내용

1. 인사관리
2. 직무관리
3. 작업관리

### 21세기의 인재

인생이 어디로 가야 할지 또 내가 어디에 있는지를 알아야 한다. 젊은 사람들이 자살하고 약물중독자도 증가하고 있다. 그들이 인생의 목표에 대해서 구체적인 방향이 없기 때문이다. 사람을 움직이는 힘은 동기부여이다. 어떻게 하면 사람의 마음을 얻을까? 인생에서 가장 중요한 것은 사람이다. 사람을 움직이는 힘은 바로 관심이다. 높은 자리에 올라갈수록 사람들은 바쁘고 시간이 없기 때문에 모든 것에 직접 관여하기 어렵다.

시간을 어떻게 절약할 수 있을까? 그것은 바로 관심에서 시작된다. 부하직원에게 한번 더 관심을 주면 내가 할 일을 줄일 수 있다. 세상 사람들이 내게 관심을 주지 않는다면 내가 아무리 아는 것이 많아도 의미가 없다. 나폴레옹은 병사뿐만 아니라 장교의 이름을 기억하고 격려하여 작은 체구에도 불구하고 뛰어난 장군이 되었다. 또 2차대전 때 프랑스 전투에서 맥아더 장군은 한 대대의 소령에게 무궁훈장을 주고 격려하였다. 그 소령이 최선을 다해 싸우면서 연합군은 반등할 수 있는 계기를 만들었다. 보통 성공한 리더들은 실패와 성공을 잘 활용한다.

21세기 리더는 뛰어난 사람을 주목하기보다 석탄 속에 숨어 있는 다이아몬드를 찾아야 한다. 히딩크 감독은 선수들의 잠재력을 파악하고 그의 능력을 발휘하여 성장할 수 있도록 했다. 리더는 자신의 미개발된 잠재능력을 믿게 만들고 경청할 수 있어야 한다. 사람들이 잠재능력을 만들어 내려면 스스로 자신에게 계속 질문하면서 생각해야 한다. 잠재된 능력을 믿게 하려면 계속 칭찬해야 한다. 그리고 경청할 수 있는 것이 진정한 리더이다.

경동보일러에서 임원들에게 "말하기와 질문하기 중에 뭐가 더 효과적인가?"라고 물었다. 모두 "질문이 효과적이다"고 답했다. 그런데 왜 듣기보다 말을 더 많이 할까? 그 이유로 말을 하면 "속이 시원하다"라고 답했다. 소크라테스의 산파술은 질문의 힘을 보여주는 대표적인 사례이다.

또 질문은 초점을 어디에 맞추는가에 따라서 사건과 사고에 대한 해석을 다르게 할 수 있다. 현재 봉착한 문제가 있는가?라고 자기 스스로 질문하면 큰 해결책을 얻을 수 있다. 우리가 질문에 답변하지 못하는 것은 생각하지 않기 때문이다. 이런 질문을 한번 해보자. 내가 지금 어디에 관심을 둘 것인가? 내가 원하는 결과를 얻기 위해서 무엇을 할 것인가? 그리고 화날 때 자기 스스로 질문한다. 내가 진정으로 원하는게 무엇인가?

### 실리콘밸리의 탄생

미국 샌프란시스코에 위치한 실리콘밸리는 애플과 구글, 인텔, 어도비, 페이스북, HP 등 세계적으로 유명한 IT 기업이 거점을 둔 세계 최대의 IT 산업 중심지로 불린다. 실리콘밸리의 기원은 방위산업이다. 1941년 12월 7일 미국은 제2차세계대전에 참전했다. 영국과 미국 군용기는 유럽 전선에서 고전을 면치 못했는데 이는 독일의 고성능 레이더망인 캄후어 라인(Kammhuber Line)이 원인이었다. 독일군은 독일 북부에서 점령지인 프랑스까지 방공 레이더망을 깔고 영국과 미국 군용기를 감지해 격퇴했다.

독일군은 또 전투기에도 레이더를 장착했다. 야간이나 짙은 안개 속 등 시야가 좋지 않은 하늘에서도 위력을 발휘할 수 있었다. 반면 미군의 경우 영화에서 볼 수 있던 폭탄 투하는 맑은 시야가 양호한 날에 한정되어 있었다. 연합군은 해결책으로 공중에서 지상 모습을 관측할 수 있는 공대지 레이더를 선보였다. 영국은 1943년 중반, 미군은 후반에 실전 투입하였다.

미군은 독일군이 사용하는 레이더를 방해하거나 혼란시키기 위해 레이더 분석이 필수였다. 이를 위해 하버드대학에 비밀 연구소인 RPL(Harvard Radio Research Lab)이 설립된다. RPL에 연구원 800명이 있었다. 지휘를 맡았던 인물이 프레데릭 터먼 교수(Frederic Terman)이다. 그는 1926년 스탠포드대학 교수로 HP를 설립한 윌리엄 휴렛과 데이비드 패커드의 지도교수를 맡기도 했다. 전쟁 후 스탠포드대학으로 돌아온 터먼 교수는 RPL에서 연구원 11명을 끌어내 ERL(Electronics Research Lab)을 설립했다. 다음 전쟁에 대비해 마이크로파 연구를 시작해 1950년까지 서쪽의 MIT라고 불릴 만큼 스탠포드대학의 연구 개발력을 높였다.

1950년대 이후 스탠포드대학은 전자공학의 기초 연구를 수행하고 대학 주변의 군수산업을 통해 제품화했다. 소련 전투기가 비행할 수 없는 높은 고도 영역을 비행하고 동구권 탄도 미사일 배치 생황을 정찰하는 U-2 역시 스탠포드대학이 개발한 10~40GHz 레이더를 썼다. 군수 산업에서 힘을 얻은 스탠포드대학은 실리콘밸리를 구축하는 초석을 마련하였다. 터먼 교수는 학생들에게 창업을 장려하고 대학 주변 기업에 조언을 하거나 대학 교수가 관련 기업 임원이 되고 대학 지적재산권을 창업하는 학생에게 이양하여 수많은 신생 기업을 만들 수 있도록 했다.

1950년대 냉전 시대와 터먼 교수의 정책 덕에 스탠포드대학 주위는 군수산업에 종사하는 마이크로파 관련 기업이 모여 마이크로웨이브밸리를 형성했다. 제2차세계대전에서 냉전에 이르는 전쟁이 실리콘밸리를 키웠다. 이후 스탠포드대학 주위에 벤처기업을 지원하는 벤처캐피탈이 성장하면서 인텔 같은 반도체 기업과 터먼 교수의 제자가 만든 HP를 비롯한 IT 기업이 모여들었다. 이것이 하드웨어와 소프트웨어 산업의 거점으로 자리 잡은 실리콘밸리의 탄생으로 이어졌다.

자료: 전자신문(실리콘밸리 탄생의 비밀, 2015.02.23)

# 1. 인사관리

## 1.1 모집·선발·배치

조직개발(Organization Development)은 조직구성원들이 환경변화에 적응하고 경영 성과를 향상시키도록 하기 위해 계획된 변화프로그램을 활용해 사람의 태도와 행위를 변화시킨다. 인력관리는 인적자원관리와 노사관계 관리로 구성된다. 인적자원 관리는 조직에서 필요로 하는 인력을 확보하고 교육하며 평가·보상하기 위한 제도적 장치를 구축하고 운영하는 경영활동이다. 노사관계 관리는 조직 내 사용자와 근로자들의 집단적 관계에 초점을 두어 회사에서 협력적인 노사관계를 구축하려는 경영활동이다.

인적자원관리는 인력의 모집, 선발, 평가, 개발, 보상, 유지, 노사관계와 관련된 제반 의사결정 및 활동이다. 인적자원은 기업경쟁력의 핵심으로 종업원의 핵심 역량 강화(competence)를 통한 경쟁우위의 확보와 급격히 변화하는 환경에 유연하게 대응하는 능력이 강조되고 있다. 조직의 라이프사이클은 도입기, 성장기, 성숙기, 그리고 쇠퇴기 등으로 구분할 수 있고 각 단계별로 상이한 인적자원관리 활동이 필요하다.

인력계획은 인력충원의 이유, 인력의 수와 업무기술의 형태, 조직 내부와 외부노동시장의 상황을 고려하여 모집, 선발, 배치를 한다. 조직계획은 조직의 운영과 관련된 직무구조와 권한관계를 체계적으로 지원하는 계획이다. 인력확보계획은 채용계획 혹은 모집선발계획으로 기업경영에 필요한 인력을 어떻게 모집·선발하는가와 관련된 인적자원 공급과 관련된 계획이다. 배치전환계획은 경영활동상 종업원을 능력에 따라 어떻게 적재적소에 배치·전환하는가와 관련된 계획이다. 교육훈련계획은 미래경영에 대한 대책으로서 종업원의 자질을 어떻게 향상시키는가에 대한 계획이다.

인력모집은 적합성이 높은 지원자를 모집할 수 있는 방법, 인력모집을 위한 구체적인 방안, 인력모집에 소요되는 비용을 고려해야 한다. 모집은 기업이 필요로 하는 유능한 인력이 기업에 지원하게끔 정보를 제공한다. 모집활동은 적극적인 확보활동으로 우수한 인재들이 채용과정에서 보다 많이 지원하도록 유인한다.

인력선발은 적합성이 높은 지원자, 인력선발 도구, 공정하고 합리적인 선발절차, 선발된 인력의 조직기여도, 소요되는 비용을 고려한다. 선발활동은 소극적인 확보활동으로 모집된 지원자를 대상으로 조직이 원하는 인재를 가려 뽑는다. 지원자 면접에서 집단토의 면접이 활성화되고 있다. 집단토의 면접은 대인 면접과 성격을 달리하여 피면접자를 대상으로 각 집단별로 전문

[표 9–1] 조직의 라이프사이클에 따른 인적자원관리 활동

| 구분 | 도입기 | 성장기 | 성숙기 | 쇠퇴기 |
|---|---|---|---|---|
| 지배가치 | 기업가정신 | 영업 | 경쟁력 | 비용통제 |
| 고용 | 우수한 기능공, 전문가의 영입 | 내부노동시장의 급속한 성장 | 이직장려, 배치전환 강조 | 인력감축 계획과 실행, 종업원 배치전환 |
| 훈련개발 | 미래의 기능요건 확인과 경력경로 설정 | 경영자개발을 통한 효과적인 경영팀 개발, 조직개발 | 고령인력의 기능과 유연성 유지 | 재훈련실시와 경력상담 |
| 인사고과 | 사업계획 달성도 기준 | 시장점유율 등 성장성 기준 | 효율성 및 이윤기준 | 원가절감기준 |
| 보상 | 고임금 또는 경쟁적 임금수준 혹은 주식배분으로 인력유인 | 외적경쟁성유지, 내적 공정성 확립, 공식적 임금구조 확립 | 비용통제 | 엄격한 비용통제 |
| 노사관계 | 노사관계의 기본철학 정립과 조직계획 | 산업평화의 유지와 종업원 동기부여 및 사기의 유지 | 노무비통제와 산업평화의 달성, 생산성 개선 | 작업규칙의 유연성 확보와 생산성 증진, 직무안전과 고용조정정책 협상 |

가 수준으로 간단하게 결론이 날 수 없는 주제를 자유롭게 토론을 할 수 있는 기회를 부여하여 토론과정에서 개별적으로 선발 여부를 판정하는 방법이다.

채용은 직무분석을 통해서 도출된 기준에 의거하여 그에 적합하고, 기업의 자원이 될 수 있는 인재를 확보하는 것이다. 그리고 조직의 과업흐름에 필요한 직무에 적합한 인력을 배치한다. 배치는 개인의 능력과 직무요건이 잘 적합하도록 인사명령을 내린다. 동기부여가 잘 될 경우 개인의 직무만족과 업무성과가 향상되면서 조직성과향상을 기대할 수 있다.

[그림 9–1] 선발과정

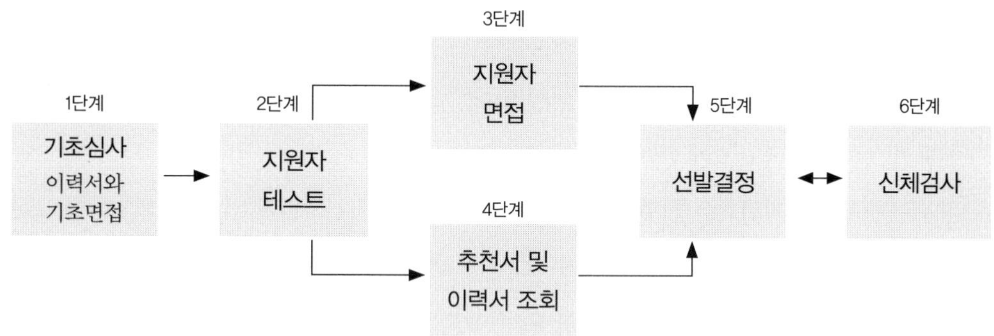

### 1.2 인사고과와 이동관리

인사고과는 업무능률 향상과 능력개발 목적으로 각자의 품성·과업수행능력 등에 대하여 정기적으로 측정하는 공적인 시스템이다. 인사고과의 절차는 인사결정은 공식적이고 표준화된 인사고과에 따라야 한다. 인사고과는 특정 직무집단 내에서 모든 종업원들에게 일관된 것이어야 하고, 고과점수가 성, 연령, 인종, 국적, 신체적 장애별로 차별되어서는 안된다. 인사고과의 구체적인 기준을 종업원들에게 숙지시켜야 하고 종업원들은 인사고과 결과를 공식적으로 검토할 수 있어야 하며, 고과결과에 대해 이의를 제기할 수 있어야 한다.

인사고과의 한계로 고과기준이 불투명하여 결과를 신뢰할 수 없는 경우, 승격·상여 등 다양한 고과기회에도 불구하고 늘 똑같은 고과를 반복, 눈에 띄는 사람은 언제나 좋은 평가를 받고, 진실로 노력하고 숨은 곳에서 공헌하는 사람이 보상받지 못하는 경우, 고과표가 형식화되어 점수방식에서는 결론이 미리 내려져 역산되며, 고과는 한번 점수를 통한 서열결정에 사용되고 고과결과가 충분히 피드백 되지 않고, 제대로 고과를 실시하더라도 고과 이후 조정단계가 많아 실태를 잘 알 수 없을 정도로 수정되어 버리는 경우가 많다.

승진관리는 기업 내에서 개인이 현재 수행하는 것보다 더 나은 직무로의 이동을 관리하며 승진은 권한과 책임의 증대와 급여, 임금의 증가로 동기부여의 역할을 수행한다. 승진은 권한과 책임의 증대와 급여, 임금의 증가로 동기부여의 역할을 한다. 근로의욕과 잠재능력 발휘 기회제공의 수단이다. 직급승진은 직급계층이 상향 이동하는 것이고 자격승진은 직무수행능력을 상급으로 올려주는 것이다. 급여, 복리후생 등과 함께 모든 직원의 관심사항은 인사정책으로 적정성, 공정성, 합리성의 기본원칙하에 평가되어야 한다. 승진관리 절차는 승진대상자에 대한 승진품의를 받아 정기 또는 임시 인사위원회에서 인사결정자가 승인결정을 하고 이를 사내에 공고하는 절차로 진행한다.

인사이동은 특정한 직무에 배치된 뒤 그의 능력이나 직무내용의 변화 또는 조직운영상의 여러 가지 여건의 변화에 따라 수직적·수평적으로 배치상의 변화를 가져오는 인적자원관리상의 절차이다. 인력의 능력과 직무의 요건이 부적합할 때 이 부적합성을 해소시켜 적합성을 향상하기 위해 시행한다. 합리적인 인사이동은 경영기능을 효과적으로 달성할 수 있게 해주며 노동력의 이용 및 인재육성에도 크게 기여할 수 있게 해줄 수 있다.

징계는 사용자가 기업질서를 위반한 근로자에게 그 책임을 부가하기 위한 목적과 함께 그러한 근로자로 인해 무너진 기업질서를 유지하기 위한 목적으로 행하는 인사상 불이익 조치를 통칭하여 의미한다. 징계절차는 징계사유 발생, 사실관계 조사 및 증거확보, 징계위원회의 개최

[그림 9-2] 직업별 직급체계

일시, 징계심의, 징계의결, 인사권자의 징계처분 확정, 피징계자에게 징계처분 결과 통보 등의 순으로 진행된다. 해고의 구제신청은 노동위원회에 구제신청을 3개월 이내에 하여야 한다.

### 1.3 임금·복리후생

임금에 대한 전반적 관리를 의미하며 임금수준, 임금체계, 임금형태의 3대 지주로 구성된다. 효율적 임금제도는 임금수준이 적정선에서 결정되고, 임금체계가 공정하게 이루어지며, 임금형태가 합리적이어야 한다. 임금관리는 근로자측 입장(노조)에서 소득의 주요원천으로 가능하면 많이 받고자 하며, 회사측 입장(사용자)에서 제조원가의 일부로서 가능하면 적게 지급하고자 한다. 임금관리이론의 생존비설은 고전경제학파에 속하는 사람들이 주장한 임금학설로 임금은 노동자와 그 부양가족의 생계비 크기에 따라 결정된다.

임금수준은 종업원 1인에게 지급되는 임금의 평균높이다. 임금체계는 사용하는 사람에 따라 의미가 다르게 사용되는 경우가 많으나 일반적으로 기본급을 결정하는 논리에 따라 구분된다. 즉 기본급이 어떤 요소에 따라 다르게 차별화되어 있는가를 의미한다. 임금형태는 종업원에 대한 임금의 계산 및 지불방법을 의미하며, 임금을 지불할 때 무엇을 단위기준으로 산정하는가를 나타내 주는 개념이다.

임금수준의 결정은 사회적 균형의 원칙, 생계비 보장의 원칙, 지급능력의 원칙, 그리고 노동의 질과 성과의 원칙이다. 그렇지만 노동자가 생활을 영위하면서 최저 생활을 유지할 수 있도록 최저임금제도를 실시하고 있다. 최저임금제도는 노동자에게 지급되는 임금의 최저액을 정하는 제도로서 보통 노사간 단체협약, 국가의 입법 혹은 기타의 방법으로 실시된다. 우리나라는 1953년 근로기준법을 통하여 1988년 1월 1일부터 실시하였다.

임금제도의 특수한 형태로 성과배분제는 기업의 성과향상을 기업 전체적인 차원에서 추진하고 이에 대한 분배도 기업 전체의 노동자들에게 분배하고자 하는 제도이다. 스캔론 플랜(Scanlon Plan)은 위원회제도를 활용하고 생산의 판매가치를 기초자료로 하여 성과배분방식을 채택하는 제도이다. 럭커 플랜(Lucker Plan)은 성과분배의 기초를 부가가치에 두는 성과분배제도이다. 부가가치의 증대를 목표로 하여 이를 노사협력에 의해 달성하고 그 증가된 생산성 향상분을 그 기업의 안정적인 부가가치 분배율로 노사간에 분배하는 방식이다.

[표 9-2] 주요 임금제도

| 구분 | 직무급 | 직능급 | 연공급 |
|---|---|---|---|
| 채용 | 직무단위 채용 | 학력별 · 성별채용+직종별 · 직계별 채용 | 학력별 · 성별채용 |
| 승진 | 승진개념 희박 | 승격과 승진의 분리 | 직위승진과 직급승진의 미분리 |
| 배치<br>전환 | 직무적성에 따라 배치<br>근속 중 직무전환 곤란 | 직능자격요건에 따라 업무할당, 순환근무제 적용 | 학력, 성별 특성에 따라 업무할당, 순환근무제가 적용 |
| 교육 | 직무교육 중심 | 능력(숙련도)교육 중심 | 인간 및 태도교육 중심 |
| 퇴직 | 정형화된 정년퇴직제도 없음 | 정년퇴직자가 다수 형성되며 신축적 정년제 | 정형화된 정년제도가 있음 |

복리후생은 종업원들의 생활보장과 직무만족을 향상시키기 위해 제공하는 임금 이외의 간접 보상이다. 기업의 성과 향상 등 경제적 목표를 달성하기 위해 도입될 뿐만 아니라 사회적 장치적 윤리적 측면에서도 공헌하는 바가 크다. 임금과 비교하여 신분기준에 따라 운영되며, 필요성의 원칙에 의해 지급되고 집단적 보상의 성격을 가지고 있다. 기대소득의 성격을 가지면서 근로자의 생환수준의 안정을 꾀할 수 있으며 지급형태가 다양하다.

카페테리아식 복리후생은 종업원들에게 여러 가지 복리후생 선택안(option)을 제공하고, 자신들의 욕구와 선호에 따라 자유롭게 선택하도록 유연성을 살리는 제도이다. 복리후생의 재원은 사용자가 복리후생비용 전부를 부담하는 방식, 사용자와 수혜자인 종업원이 공동으로 부담하는 방식, 종업원이 법정 복리후생 이외의 일부 복리후생 프로그램에 있어서는 전액을 부담하는 방식으로 나누어 볼 수 있다.

# 2. 직무관리

## 2.1 직무기술서와 직무명세서

직무분석(job analysis)은 직무를 구성하는 구체적인 과업을 설정하고, 지식, 기술, 능력 등 직무와 직무수행에 요구되는 기본사항에 대한 정보를 수집, 분석, 정리하는 과정이다. 직무의 내용과 자격요건을 분석하는 과정 직무에 관한 객관적인 자료를 제공한다. 직무 평가는 직무분석을 기초로 직무의 상대적인 가치를 결정하는 과정이다. 직무 설계는 직무를 수행하는 개인을 직무 자체에서 동기부여를 시켜 만족을 느낄 수 있도록 직무를 설계하는 활동이다.

분석 방법으로 관찰법은 직무분석자가 직무수행자를 직접 집중적으로 관찰하는 방법으로 정보를 수집, 관찰법에서 자료는 보통 대화형식, 체크리스트, 혹은 작업표로 기록한다. 면접법은 직무분석자가 직무수행자에게 면접을 실시하여 직무정보를 획득하는 방법이다. 질문지법은 사전에 설계한 표준화된 질문지를 활용하여 직무정보를 수집하는 방법이다. 중요사건법은 직무수행자의 직무행동 가운데 성과와 관련하여 효과적인 행동패턴을 추출하여 분류한다.

[그림 9-3] 직무분석의 활용

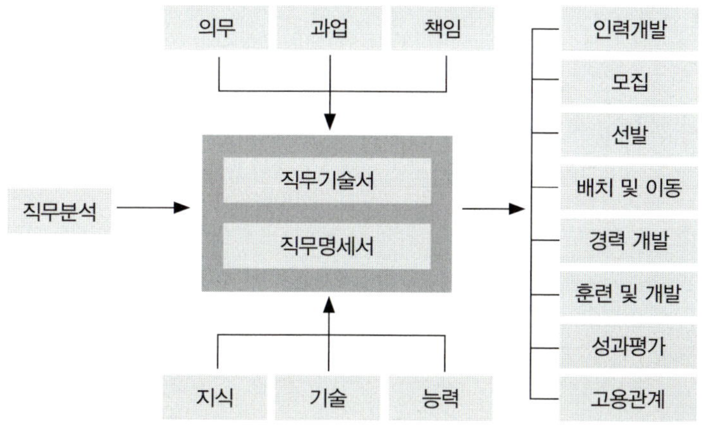


직무기술서는 직무분석의 결과에 의존하여 직무수행과 관련된 과업 및 직무행동을 일정한 양식에 기술한 문서이다. 직무명, 위치, 직무개요, 책임, 기계, 도구 및 장비, 사용될 원료와 그 형태, 감독될 내용, 작업조건, 위험 등을 기술한다. 그리고 직무명세서는 직무수행에 필요한 종업원의 행동, 기능, 능력, 지식 등을 일정한 양식에 기록한 문서이다. 직무의 인적 요건에 초점을 두고 있다.

직무설계는 조직 내 업무를 수행하기 위해 요구되는 다양한 과업들을 서로 연결시키고 짜맞추어 조직화하는 것이다. 조직목표의 달성을 위해 종업원을 동기부여하기 위한 전략이다. 과학적 관리법에 의한 직무설계는 기술의 전문화, 필요기술의 최소화, 훈련시간의 최소화, 작업분화의 균등화, 재무만족의 개념, 노동조합 요구의 수용 등을 포함한다.

직무순환은 경영자들은 종업원들을 다른 직무들 사이에 순환시킴으로서 다른 기능을 개발할 기회가 되며, 전체 생산과정에 대한 시야를 넓힐 수 있기 때문에 권태감과 단조로움이 감소된다고 가정한다. 직무확대는 작업의 흐름 중에서 작업자가 맡은 과업의 수를 증가시킴으로써 직무에 대한 만족을 높이고 결근이나 이직 또한 감소될 것이다. 또한 직무충실은 허즈버그에 의하면 단순한 직무확대가 아닌 직무의 내용을 풍부하게 만들어 작업상의 책임을 늘리며 능력을 발휘할 수 있는 여지를 만들고 도전적이고 보람 있는 일이 되도록 직무를 구성하도록 하는 것을 의미한다.

직무특성이론은 얻고자 했던 개인 및 직무성과는 중요심리상태에서 얻어진다. 해크만의 직무특성이론은 종업원의 개인차를 고려하여 직무특성과 성과변수 사이의 관계를 제시하고 각 직무특성차원을 명확히 하여 실행개념까지 도입하여 실질적인 직무설계를 제시하였다.

직무재설계도 직무확대, 직무충실 및 직무순환으로 구분할 수 있다. 직무확대는 수행하고 있는 기존 직무와 난이도와 책임수준이 비슷한 업무를 추가적으로 할당하는 방법이다. 업무량이 늘기 때문에 일반적으로 거부감을 느낄 수 있으나 추가적인 업무를 할당 받음으로 능력을 인정한다는 효과를 기대할 수 있다. 작업시간의 재설계는 변동근무시간제와 단축근무주제도를 실시할 수 있다.

**[그림 9-4] 직무특성 이론**

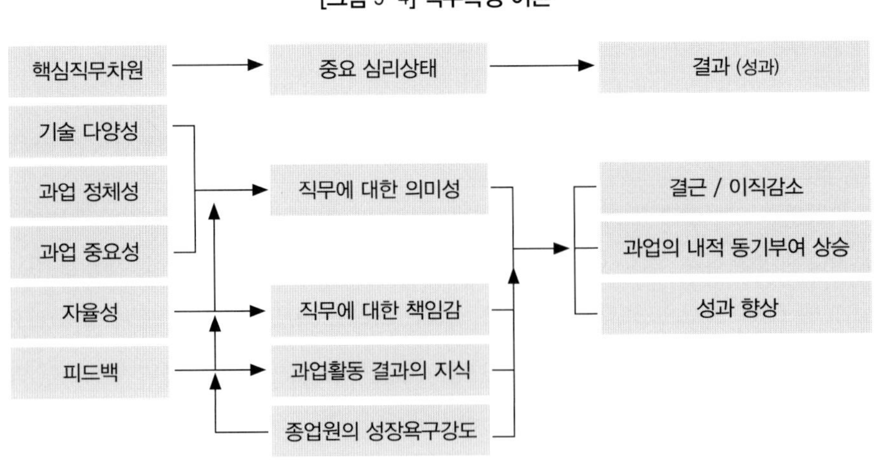

직무충실은 수행하고 있는 기존 직무보다 난이도가 높고 책임수준이 높은 업무를 추가적으로 할당하는 방법이다. 난이도, 중요도가 높은 업무에 대한 도전 의식이 있는 Y형 종업원의 경우 만족하지만 책임을 두려워하는 X형 종업원은 싫어한다. 또한 직무순환은 일정한 근무기간이 경과하면 타 부서 혹은 직무로 이동시킨다. OJT(On The Job Training)효과로 교육을 시킬 필요없이 부서를 옮겨서 새로운 기술을 익힌다. 노동자의 다기능화를 기대할 수 있기 때문에 노동에 대한 싫증이나 소외를 덜 느낀다.

## 2.2 교육훈련과 경력개발

교육훈련관리는 조직구성원의 사고, 지식, 기능, 태도를 변화시켜서 책임 있는 행동을 하는 사람으로 만들어서 기업경쟁력 강화를 도모하는 전략적 행동을 의미한다. 신입사원 교육훈련은 오리엔테이션에서 신입자가 입사 후 직장에 적응할 수 있는 기회제공, 기초훈련-회사에 대한 기초적 지식과 기술을 강의, 토의, 견학을 제공한다. 실무훈련은 담당 직무를 중심으로 실제 직무수행을 위한 교육훈련이다.

기존직원 교육훈련은 기존 직원의 계층에 맞추어 담당 직무를 효과적으로 처리해 나가는데 필요한 교육을 실시한다. 현장종업원 훈련은 현장종업원의 자질을 높임으로써 작업능률을 향상시킨다. 관리자훈련은 부문관리자, 즉 부장/과장 등에 대한 교육훈련이다. 경영자훈련은 경영자로서의 능력을 육성시키고자 실시되는 훈련이다. 교육훈련의 평가는 선발·이동·배치, 그리고 다양한 교육활동의 수정과 관련된 효과적인 의사결정을 수행하기 위해서 필요한 정보를 체계적으로 수집하는 활동이다.

경력개발은 한 개인이 일생을 두고 일과 관련하여 얻게 되는 경험 및 활동에서 지각된 일련의 태도와 행위이다. 개인의 목표를 설정하고 이를 달성하기 위한 경력계획을 수립하여 조직의 욕구와 개인의 욕구가 합치될 수 있도록 각 개인의 경력을 개발하는 활동이다. 개인적 측면에서 자신이 선택한 직업을 통해 자신의 능력을 개발하고 이를 바탕으로 직업상의 만족을 추구할 수 있다. 기업적 측면에서 다양한 이동기회에 따라 종업원의 직무역할을 개발하고 발전시킴으로써 기술을 축적하고 경쟁력을 강화하며, 종업원 개개인의 기업 기여도를 높인다.

경력관리는 개인의 경력목표를 설정하고 이를 달성하기 위한 경력계획을 수립하여 조직의 욕구와 개인의 욕구가 합치될 수 있도록 각 개인의 경력을 개발하는 것이다. 경력관리의 3요소로 경력목표는 개인이 경력상 도달하고 싶은 미래의 직위이다. 경력계획은 경력목표를 설정하고 이 경력목표를 달성하기 위한 경력경로(이동·승진경로)를 구체적으로 설정·선택하는 과정이다. 그리고 경력개발은 개인적인 경력계획을 달성하기 위하여 개인 또는 조직이 실제적으로 참여하는 활동이다. 개인이 추구하는 경력욕구는 연령에 따라 변화한다.

1단계 : 탐색단계로 25세 이하, 경력에 대한 정체성을 형성한다.

2단계 : 확립단계로 특정 직무영역에 정착한다.

3단계 : 유지관계로 새로운 일은 적으나 일관성 있다.

4단계 : 쇠퇴단계로 은퇴를 준비한다.

조직은 미래에 요구되는 인력을 확보하고 종업원의 능력을 신장시켜서 경쟁력을 제고해야 한다. 개인의 경력욕구와 조직의 경력욕구는 차이가 있으므로 이를 통합하는 과정도 필요하다. 최근 인적자원 관리는 개발지향적 성격을 강조하여 개인목표와 조직목표의 균형을 통해 인적자원을 육성·개발하려는 경력개발 제도를 강화하고 있다.

[표 9–3] 자기개발의 원칙

| 개발(development) | 승진(advancement) |
|---|---|
| 스스로 사명선언문을 작성한다. | 탁월한 성과보다 대인관계가 중요하다. |
| 스스로 미래의 방향과 성장에 책임진다. | 적정한 가치와 우선순위를 설정한다. |
| 승진보다 우선순위를 향상시킨다. | 문제제기 보다 해결방안을 제시한다. |
| 목표 위치의 사람에게 조언을 듣는다. | 팀플레이어가 된다. |
| 합리적인 목표를 설정한다. | 고객지향적이 된다. |
| 우선 해야 할 일에 스스로 투자한다. | 행하는 일이 차별성있는 듯 행동한다. |

## 2.3 이직관리와 노동조합

이직은 사용자와 종업원간의 고용관계가 단절되어 종업원이 소속한 조직으로부터 이탈이다. 기업 측면에서 이직관리는 유능한 종업원들의 자발적 이직원인을 파악해서 이직방지대책을 수립하고, 효율적인 인력감축을 통해 유능한 인적자원의 지속적인 활용과 유지를 도모하는 데 있다. 긍정적 효과로 적정수준의 이직은 보다 양질의 참신한 인력으로 대체할 수 있는 기회를 제공한다. 정체적인 조직분위기 쇄신, 인건비 절감 효과가 있다. 탄력적&합리적 인력운용을 통해 조직의 활성화 및 경쟁력 제고에 기여한다. 그리고 부정적 효과는 경영의 안정 저해, 이직관련

비용을 증대시킨다. 핵심인력의 이직은 조직의 경쟁력 약화를 초래한다. 높은 이직률은 동료들의 사기와 조직분위기를 저해하며서 여론을 악화시킬 수 있다.

이직방지 대책은 이직의 조직체 원인과 관련하여, 임금 및 복리후생에 대한 대내적 및 대외적 공정성 확보를 통한 종업원 욕구충족과 함께 승진정책을 공정하고 합리적으로 실시한다. 직무환경요인으로, 상사나 동료의 사회적 관계를 고려한 배치·이동의 실시와 인간적 배려에 초점을 둔 교육실시, 인사상담제도나 고충처리제도의 도입, 작업환경 개선한다. 과업의 반복성, 자율성이나 책임감 결여 등 직무내용과 관련된 이직의 경우, 직무확대나 직무충실화, 기타 현실적인 직무사전 개관을 통해 이직을 줄일 수 있다.

**[표 9-4] 자발적 이직과 비자발적 이직**

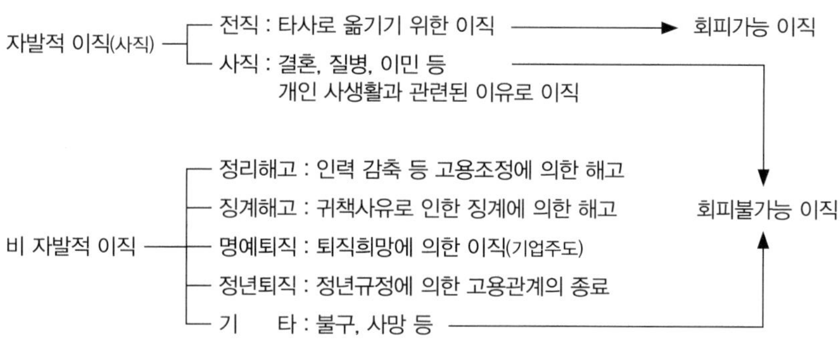


비자발적 이직은 근로자의 의사와 관계없이 조직의 일방적인 결정에 의해 고용관계가 단절되는 것이다. 고용조정은 기업의 경영활동에 필요한 적정 고용량을 확보하기 위하여 고용량의 증가나 혹은 감소를 통해서 기존의 고용량을 조정한다. 현실적으로 경기침체나 기업의 경영악화에 따른 노동수요의 감소로 적정 고용량의 축소에 맞추어 기존의 고용량을 조정하는 인력감축을 의미한다.

**[표 9-5] 노동조합의 형태**

| 형태 | 산업별 | 직업별 | 기업별 | 일반 |
|---|---|---|---|---|
| 조직원리 | 1산업 1조합<br>횡단적 | 1직업 1조합<br>횡단적 | 1기업 1조합<br>종단적 | 전산업 1조합<br>횡단적 |
| 조직기반 | 반숙련공<br>미숙련공 | 숙련공 | 기업 | 미숙련공<br>작업근로자 |

| 형태 | 산업별 | 직업별 | 기업별 | 일반 |
|---|---|---|---|---|
| 조직성격 | 개방적<br>(유니언 숍) | 완전 폐쇄적<br>(클로즈드 숍) | 폐쇄적 | 완전 개방적 |
| 조직관리 | 조합민주주의 | 공제활동<br>중앙집권화 | 복지활동<br>조합민주주의 | 중앙집권적 관료주의 |
| 노동시장<br>통제방법 | 단체교섭파업<br>경영참가 | 직업독점<br>도제제도 | 노사협의<br>단체교섭 | 입법규제<br>단체교섭파업 |
| 시대적적응 | 기계생산시대<br>작업분업화시대 | 산업자본시대<br>초기공업시대 | 노사대립시대<br>노사갈등시대 | 미숙련 다수 등장시대 |

노동조합은 노동력을 가진 근로자들이 노동생활의 조건을 유지하고, 개선하기 위해 조직한 집단적 단체이다. 그 역할은 노동자가 개별적·단독적 고용관계에서 오는 사용자와의 불리한 지위를 극복하고 개선한다. 독립된 근로자간의 조직화를 통하여 사용자와의 고용계약에서 유리한 지위를 획득한다. 조합의 가입방법으로 오픈숍제도(open shop)는 고용주가 조합원, 비조합원 모두 고용할 수 있는 제도이다. 클로즈숍제도(closed shop)는 노동조합 가입이 고용조건으로 노조에 가장 유리한 제도이다. 그리고 유니언숍제도(union shop)는 사용자는 조합원 이외의 근로자도 자유로이 고용할 수 있으나 일단 고용된 근로자는 일정 기간 중에 조합원이 되어야 한다. 노동조합은 조직체로서 세력과 힘을 가지기 위해 조합원수의 확보와 조합운영을 위한 재원 확보가 중요한 문제이다.

**[표 9–6] 한국표준직업분류표(2007년 기준)**

1. 관리자
   - 11 공공 및 기업 고위직
   - 12 행정 및 경영지원 관리직
   - 13 전문서비스 관리직
   - 14 건설·전기 및 생산관련 관리직
   - 15 판매 및 고객서비스 관리직
2. 전문가 및 관련종사자
   - 21 과학 전문가 및 관련직
   - 22 정보통신 전문가 및 기술직
   - 23 공학 전문가 및 기술직
   - 24 보건·사회복지 및 종교 관련직
   - 25 교육 전문가 및 관련직
   - 26 법률 및 행정 전문직
   - 27 경영·금융 전문가 및 관련직
   - 28 문화·예술·스포츠 전문가 및 관련직
3. 사무종사자
   - 31 경영 및 회계 관련 사무직
   - 32 금융 및 보험 사무직
   - 33 법률 및 감사 사무직
   - 39 상담·안내·통계 및 기타 사무직
4. 서비스 종사자
   - 41 경찰·소방·보안 관련 서비스직
   - 42 이미용·예식·의료보조 서비스직
   - 43 운송 및 여가 서비스직
   - 44 조리 및 음식 서비스직
5. 판매종사자
   - 51 영업직
   - 52 매장 판매직

- 53 방문·노점·통신 판매 관련직

6. 농림어업 숙련 종사자
- 61 농축산 숙련직
- 62 임업 숙련직
- 63 어업 숙련직

7. 기능원 및 관련 기능 종사자
- 71 식품가공관련 기능직
- 72 섬유·의복·가죽 관련 기능직
- 73 목재·가구·악기·간판 관련 기능직
- 74 금속성형관련 기능직
- 75 운송 및 기계관련 기능직
- 76 전기 및 전자 관련 기능직
- 77 건설 및 채굴 관련 기능직
- 78 영상 및 통신 장비 관련 기능직
- 79 기타 기능 관련직

8. 장치·기계 조작 및 조립 종사자
- 81 식품가공관련 기계조작직
- 82 섬유 및 신발 관련 기계조작직
- 83 화학관련 기계조작직
- 84 금속 및 비금속 관련 기계조작직
- 85 기계제조 및 관련 기계조작직
- 86 전기 및 전자 관련 기계조작직
- 87 운전 및 운송 관련직
- 88 상하수도 및 재활용처리관련 기계조작직
- 89 목재·인쇄 및 기타 기계조작직

9. 단순노무 종사자
- 91 건설 및 광업관련 단순노무직
- 92 운송관련 단순노무직
- 93 제조관련 단순노무직
- 94 청소 및 경비 관련 단순노무직
- 95 가사·음식 및 판매 관련 단순노무직
- 99 농림어업 및 기타서비스 단순노무직

## 3. 작업관리

### 3.1 작업설계

작업생리학(work physiology)은 인간의 신체 각 기관에 관한 기능을 중심으로 신체기관의 기능과 작업간의 관계를 연구한다. 인간의 각 기관들은 적절히 연결하여 감지 기능, 처리 기능, 행동 기능, 기억 기능을 실행한다. 인간의 오류는 요구되는 정확도와 순서를 지키지 못하거나 정해진 시간 이내에 정해진 행동을 하지 못하는 것이다. 인간의 오류는 상황과 목표를 잘못 이해/해석에 따른 착오, 상황과 목표는 제대로 해석, 의도와 다른 행동하는 실수, 일부를 잊어버리는 건망증 등이다. 이러한 오류를 처리하는 방법은 태만(omission), 작동(commission), 순서(sequence)오류, 시간(timing)오류이다.

작업연구(work study)는 20세기 초 Taylor의 과학적 관리에서 전체 작업을 여러 개의 기본동작으로 구분하면서 시작되었다. 각 기본동작에 대한 단위시간을 스톱워치로 측정하여 불필요한 동작을 제거하고 최선의 작업방법을 찾는 획기적인 혁신이었다. 작업설계와 측정(design and measurement of work)은 작업의 경제성, 효율성 및 안전성에 영향을 미치는 요인을 체계적으로 분석하여 가장 바람직한 작업방식을 개발하고 작업조건을 제공하는 활동이다. 작업설계는 작업자의 동작을 분석하여 최선의 작업 방법과 순서를 찾아내어 이를 작업표준(standard)으로 정하는 것이다. 작업의 측정은 시간연구로 작업의 표준시간을 설정하고 유지하는 것이다.

공정분석(process analysis)은 대상물(원재료, 부품, 제품 등)이 생산현장에 투입된 후 각 공정의 경과시간과 이동거리 등을 중심으로 조사하는 것이다. 공정흐름도(chart)는 작업공정도(Operation Chart), 조립공정도(Assembly Chart), 유통공정도(Flow Process Chart)로 구분한다.

[표 9–7] 공정과정의 기호

| 공 정 | 공정 기호 | 상세 설명 | 소요시간 | 이동거리 |
|---|---|---|---|---|
| 가공 | ○ | 부품 조립 | 30 | |
| 운반 | ⇒ | 완제품 이동 | 5 | 50 |
| 정체 | D | 완제품 정체 | 12 | |
| 검사 | □ | 완제품 검사 | 25 | |
| 저장 | ▽ | 완제품 저장 | 6 | 30 |

동작분석(motion analysis)은 작업자의 동작을 분석하여 작업의 내용을 명확하게 파악, 가능한 작업의 대안 탐색, 가장 효율적이고 안전한 작업방식을 설계한다. 작업의 능률을 극대화, 작업의 공간을 최적화해야 한다. 신체의 사용에 관한 원칙(use of the human body)은 두 손의 동작은 같이 시작하고 같이 끝나도록 한다. 두 팔의 동작은 동시에 서로 반대방향으로 대칭적으로 움직이도록 한다. 작업자의 시선의 이동횟수와 이동범위가 가급적 적도록 한다.

작업장의 배치에 관한 원칙(arrangement of the workplace)은 모든 공구나 재료는 지정된 위치에 있도록 한다. 공구, 재료 및 제어장치는 사용 위치에 가까이 두도록 한다. 공구나 재료는 작업동작이 원활하게 수행되도록 그 위치를 정해준다. 가급적이면 여러 개의 공구를 결합하여 하나의 공구로 만든다.

### 3.2 작업측정

작업측정은 스톱워치 혹은 다른 측정장비를 이용하여 작업의 표준시간을 설정하는 것이다. 작업설계, 작업관리, 공정관리, 원가관리 및 노무관리의 기초자료이다. 표준시간(Standard Time : ST)은 요구되는 숙련도와 적성을 갖춘 작업자가 정상적인 관리상태에서 생리적으로 유해한 영향을 받지 않으면서 정상적인 작업속도로 1단위의 작업량을 완성하는데 필요한 시간이다.

직접측정법으로 시간연구(Time Study)는 작업시간을 스톱워치 등 기록장치를 사용해서 직접 측정하는 기본적 기법이다.

정상시간(normal time) = 작업자의 평균시간 X 작업자의 작업능력

표준시간(standard time) = 정상시간 X 작업 여유시간(allowance)

워크샘플링(Work Sampling)은 무작위로 정한 시간에 작업자 또는 설비의 가동상태를 관찰한 샘플을 바탕으로 측정하는 기법이다. 작업과 직접 관련된 활동에 사용하는 시간과 직접 관련되지 않은 활동에 사용하는 시간의 비율을 측정한다.

간접측정법으로 시간표준법은 모든 분야의 작업에 필요한 기본적인 동작(basic motion)에 대해 미리 정한 시간 값을 적용하여 작업시간을 설정하는 기법이다. 제품이나 시장의 특성과 상관없이 여러 분야에 폭넓게 사용가능하다. 표준자료법은 시간연구의 데이터나 다른 실적시간 데이터를 바탕으로 개별 작업요소들의 시간을 도출하여 작업의 기준시간을 산정하는 기법이다. 전체작업을 여러 개의 요소작업(element)으로 구분하여 각각의 요소작업들과 가장 유사한 기존의 작업요소 탐색한다. 유사한 기존 요소의 시간 데이터를 참고하여 작업시간을 산정한다.

### 3.3 인간공학

인간-기계시스템은 주어진 입력으로부터 요구되는 결과를 얻기 위해 상호작용하는 인간과 기계의 유기적 결합이다. 구성은 인간과 기계의 기능배분, 인간과 기계의 적합성 검토, 인간과 기계가 일하는 작업환경 검토, 시스템 평가 등이다. 표시기(display)의 설계는 디스플레이를 통해 입력되는 정보의 종류이다. 손으로 하는 경우도 레버(lever)나 휠(wheel), 버튼(button)이나 스위치(switch), 조이스틱(joystick) 등의 조작기를 이용한다. 환경 요소는 표시기나 조작기의 설계에 간접적으로 영향을 미친다.

**[그림 9-5] 인간-기계 시스템**

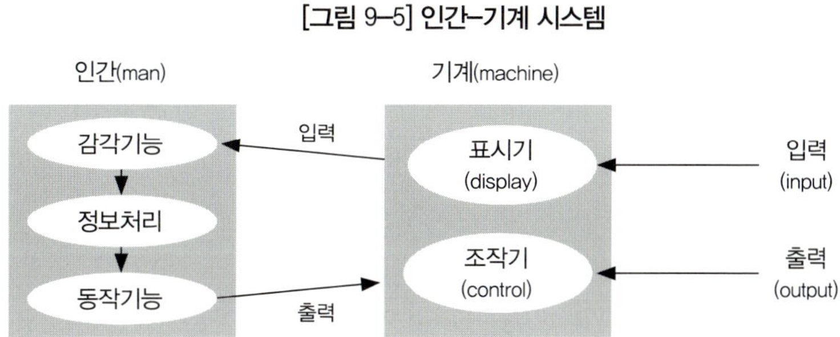

인간-컴퓨터 상호작용(Human-Computer Interaction)은 사용자 중심의 컴퓨터 시스템의 개발을 통해 인간과 컴퓨터가 쉽고 편하게 상호작용하는 시스템의 디자인과 평가한다. 사용자 인터페이스(UI)는 사용자가 기기를 이용하여 특정 작업을 수행할 때 사용자가 조작하는 정보와 기기간 상호전달이 이루어지는 부분이다. 기술의 진보로 인간의 정보 수용 범위가 확대되면서 사용자 인터페이스 설계의 중요성이 더욱 부각된다. UI 디자인은 정보의 파악, 정보의 구조화, 정보의 가시화, 정보의 평가로 구성된다.

CALS(Continuous Acquisition and Life-cycle Support)는 제품의 생산공정에서 발생하는 모든 정보를 디지털화하여 상호 공유할 수 있는 정보시스템이다. 항공기 제작회사인 보잉사는 CALS를 이용하여 성과를 향상시켜서 777프로젝트를 완성했다. 이 시스템이 부품수가 13만 개가 넘는 항공기를 제작하는 과정에서 부품 업체들이 효율적으로 일할 수 있도록 체제를 구축하였다. 또한 설계팀이 3차원 CAD를 이용하여 설계하면 그 자료를 이용하여 공구팀, 공정설계팀, 제조팀이 업무를 수행한다. 설계의 변경 시 즉각적으로 업무를 수정하여 필요한 조치를 취하였다. 그리고 CALS시스템은 컴퓨터에서 모의조립을 하여 문제 요인들을 사전에 제거하였다.

그리고 최근 감성공학(human sensibility ergonomics)은 인체의 감성적 요소를 제품설계에 반영하는 공학적 방법이다. 기능 및 성능뿐만 아니라 사용자의 감성 만족도를 높여주는 제품/서비스를 개발하는 것이 목적이다. 인간의 감성은 외부의 자극에 대해 인체가 느끼는 이차적인 복합감정이기 때문에 정량적이고 객관적인 측정이 쉽지 않다.

# 요약정리

- 인적자원관리는 인력의 모집, 선발, 평가, 개발, 보상, 유지, 노사관계와 관련된 제반 의사결정 및 활동이다. 인적자원이 기업경쟁력의 핵심으로 등장하면서 종업원의 핵심 역량 강화를 통한 경쟁우위의 확보와 급격히 변화하는 환경에 유연하게 대응하는 능력이 강조되고 있다. 인사고과는 업무능률 향상과 능력개발 목적으로 각자의 품성·과업수행능력 등에 대하여 정기적으로 측정하는 공적인 시스템이다. 그 절차는 인사결정은 공식적이고 표준화된 인사고과에 따라야 한다. 임금관리는 임금에 대한 전반적 관리를 의미하며 임금수준, 임금체계, 임금형태의 3대 지주로 구성된다. 효율적 임금제도는 임금수준이 적정선에서 결정되고, 임금체계가 공정하게 이루어지며, 임금형태가 합리적이어야 한다.

- 직무기술서는 직무분석의 결과에 의존하여 직무수행과 관련된 과업 및 직무행동을 일정한 양식에 기술한 문서이다. 그리고 직무명세서는 직무수행에 필요한 종업원의 행동, 기능, 능력, 지식 등을 일정한 양식에 기록한 문서이다. 교육훈련관리는 조직구성원의 사고, 지식, 기능, 태도를 변화시켜서 책임 있는 행동을 하는 사람으로 만들어서 기업경쟁력 강화를 도모하는 전략적 행동을 의미한다. 이직관리는 유능한 종업원들의 자발적 이직원인을 파악해서 이직방지대책을 수립하고, 효율적인 인력감축을 통해 유능한 인적자원의 지속적인 활용과 유지를 도모하는데 있다. 노동조합은 노동력을 가진 근로자들이 노동생활의 조건을 유지하고, 개선하기 위해 조직한 집단이다.

- 작업설계는 작업자의 동작을 분석하여 최선의 작업 방법과 순서를 찾아내어 이를 작업표준으로 정한다. 작업의 측정은 시간연구로 작업의 표준시간을 설정하고 유지하는 것이다. 작업측정은 스톱워치 혹은 다른 측정장비를 이용하여 작업의 표준시간을 설정하는 것이다. 작업설계, 작업관리, 공정관리, 원가관리 및 노무관리의 기초자료이다. 인간-기계시스템은 주어진 입력에서 요구하는 결과를 얻기 위해 상호작용하는 인간과 기계의 유기적 결합이다. 구성은 인간과 기계의 기능배분, 인간과 기계의 적합성 검토, 인간과 기계가 일하는 작업환경 검토, 시스템 평가 등이다.

# 토론과 연습문제

1. 인적자원의 모집, 선발, 배치의 과정을 설명하시오.

2. 금융기관에서 한 지점에 오래 머무르지 않고 일정한 기간이 경과하면 이동을 시킨다. 그 이유는 무엇인가?

3. 직무기술서와 직무명세서의 차이를 설명하시오.

4. 노동조합의 가입제도인 숍제도의 특징은 무엇인가?

5. 작업설계에서 공정분석과 동작분석의 중요성을 설명하시오.

6. 인간공학은 어떻게 발전할 것인가?

## 참고문헌과 인터넷

구기동, 김홍유, 심기준(2018), 경영학의 이해, 신구문화사.

박용태(2016), 산업경영공학, 생능출판사.

## 제 10 장

# 생산 · 운영관리

### 학습목표

1. 생산관리의 준비과정을 설명할 수 있다.
2. 운영관리를 위한 방법을 실행할 수 있다.
3. 빅데이터를 활용하여 품질관리를 할 수 있다.

### 학습내용

1. 생산관리
2. 운영관리
3. 운영시스템

### 초고층 빌딩의 건설과 숨은 기술

초고층 건물의 건설은 해결해야 할 문제들이 있다. 예를 들어 초고층 건물은 바람에 많이 흔들린다. 무게가 워낙 많이 나가기 때문에 건물이 찌그러진다. 건물이 찌그러들면 여러 가지 건물에 손상이 오기 때문에 대응공사를 해야 한다. 이러한 문제점을 해결하기 위해 기초물리학, 기초과학이 적용된다. 초고층의 시작은 성경의 바벨탑으로 한 4,000년 전의 초고층 건물이다. 1차대전 전에 독일의 유적발굴단이 흔적을 발견했는데 높이가 90m 이상이다. 참고로 4,000년 전 피라미드의 높이가 147m로 40층 이상이었다.

초고층 건물의 제1기는 1800년대부터 1900년이다. 이때는 산업혁명으로 고층 건물을 지을 수 있는 자재들이 많이 발달되었기 때문에 고층 건물들을 지을 수 있었다.

에펠탑의 높이는 300m로 1889년 파리 박람회를 기념하여 세워졌다. 프랑스의 대문호인 에밀 졸라는 파리의 흉물이고 치욕이라고 끝까지 반대했다. 현재 연간 700만 명 이상의 관광객이 찾는 파리의 대표적인 아이콘이자 랜드마크가 되었다.

제2기는 1900년에서 1930년까지로 도시인구가 팽창하고 운송시스템인 엘리베이터와 강재

구조가 비약적으로 발전하였다. 높이 70~80층, 100층의 건물이 가능했다. 이때도 더 높은 건물에 대한 경쟁으로 Chrysler Building이 282m로 먼저 착공하였다. 바로 이어서 Trump Building이 283m로 1m을 더 높여 한 달 먼저 준공했다. 그러다 보니 Chrysler Building은 비밀리에 첨탑 37m를 더 높이는 공사를 진행하여 한 달 뒤 319m로 준공하여 1위 자리를 되찾았다. 그 다음해 102층, 381m의 Empire Building이 준공되면서 1위 자리를 다시 내주었다. Empire Building은 100층 이상 건설시 4년 내지 5년이 걸리는데 14개월 만에 준공하였다. 그 당시 대공황으로 건설인력이 풍부하여 24시간 공사를 진행하여 공기를 단축할 수 있었다.

제3기는 1970년에서 1990년 사이로 구조시스템의 발달과 자재, 건설 장비, 시공기술의 발전으로 이루어졌다. 세계무역센터(World Trade Center)는 110층, 417m, 시카고의 Willis Towers는 110층, 442m로 들어섰다.

그리고 제4기는 1990년대부터 2010년대로 아시아권을 중심으로 초고층 건축이 이루어졌다. 초고층 건물은 개별 도시나 한 국가의 랜드마크(landmark), 위상 제고를 위해서 지었다. 말레이시아의 페나트로나스 타워(Petronas Tower)는 이슬람의 미술을 모티브로 디자인하였다. 대만의 Taipei 101 건물은 101층, 208m로 디자인 모티브가 한문 八이다. 八을 뒤집어서 8개를 집적시킨 디자인으로 중국인들이 八을 행운의 수라고 좋아한다. 상하이 타워는 128층, 632m로 승천하는 용을 상징한다. 현재 세계에서 가장 높은 두바이의 Burj Kalifa는 삼성건설에서 지은 것으로 162층, 828m이며 사막의 꽃을 디자인 모티브로 했다.

한 국가나 도시가 랜드마크를 위해서 초고층 건물을 짓고 있다. 창의적인 디자인으로 차별화하고 화제성을 높이면 랜드마크가 될 수 있다. 두바이의 버즈 알 아랍 호텔은 60층 밖에 안되지만 아랍 전통 배의 돛을 모티브로 하면서 디자인의 독창성 때문에 세계에서 가장 방값이 비싼 호텔이 되었다.

# 1. 생산관리

## 1.1 수요예측

생산과 관련된 주요 의사결정은 장기, 중기, 단기로 나눌 수 있다. 장기적으로 생산능력결정, 입지선정, 새로운 제품개발 등의 전략 수립, 중기적으로 인력, 자재, 생산, 재고 등의 의사결정, 그리고 단기적으로 생산일정계획의 수립 등에 영향을 미친다.

[그림 10-1] 생산과 관련된 의사결정 유형

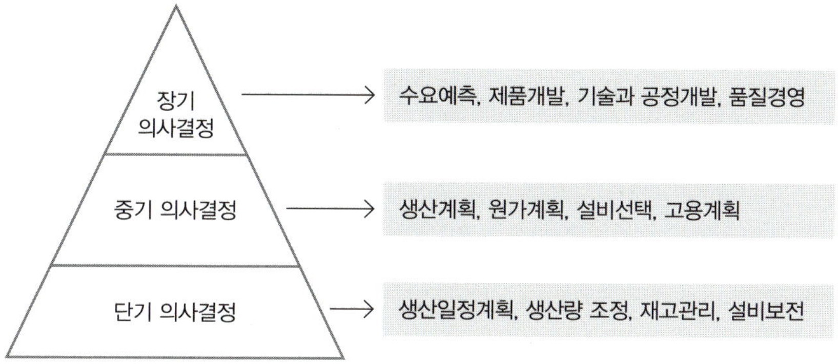

장기
의사결정
중기 의사결정
단기 의사결정
수요예측, 제품개발, 기술과 공정개발, 품질경영
생산계획, 원가계획, 설비선택, 고용계획
생산일정계획, 생산량 조정, 재고관리, 설비보전

수요예측은 제품이나 서비스에 대한 미래의 고객수요를 추정하는 활동이다. 언제, 얼마만큼의 제품/서비스가 판매(주문)될 것인가를 전망한다. 기업에게 경쟁력을 부여하며, 변화하는 환경 속에서 기업이 생존할 수 있도록 해준다. 그렇지만 잘못된 수요예측은 개업의 생존을 위협하는 치명적인 요인이 될 수 있다. 따라서 적절한 수요예측기법의 선정과 적용은 신중해야 한다.

수요예측 기법은 주관적인 판단에 근거한 정성적 기법과 과거 데이터에 근거한 정량적 기법이 있다. 정성적 기법은 경영자의 판단이나 경험, 전문가의 의견, 영업부의 의견, 시장조사 등을 참고하여 주관적으로 미래의 수요를 예측한다. 데이터가 없거나 데이터 수집에 많은 비용과 시간이 소요되는 경우, 외부환경의 변화로 과거 데이터의 의미가 없어지거나 변질된 경우에 사용한다.

[그림 10-2] 수요예측 과정

잘못된
수요예측
실제수요 < 예측
재고부족
기회손실
실제수요 > 예측
재고과잉
비용증가

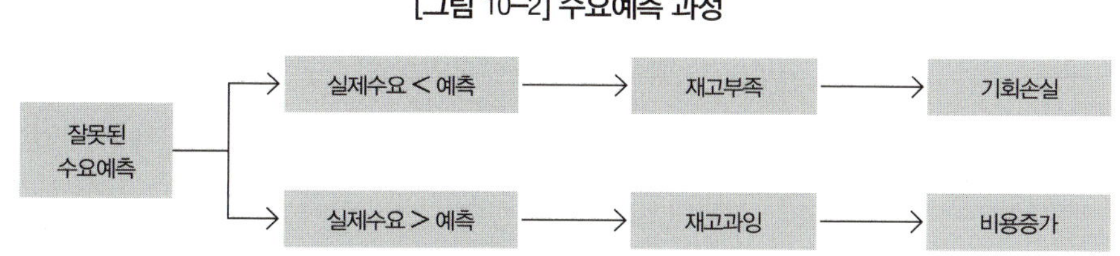

시장조사법은 사용자 인터뷰, 시장동향 분석, 대규모 설문조사 등을 활용한다. 전문가집단 방법인 지명집단 기법(nominal group technique)은 기업 내/외부 전문가들의 토론 및 투표를 통하여 실시한다. 그리고 델파이(Delphi) 기법은 전문가 집단을 대상으로 집중적이고 반복적인 설문조사로 신뢰성 있는 합의점을 도출해 간다. 기술예측 프로젝트 수행의 주체인 조정자와 기술예측에 참여하는 전문가 집단이 필요하다. 고려사항은 비용과 정확도를 고려한 라운드 횟수 결정과 참여자들의 익명성 보장이다.

정량적 기법은 과거의 데이터를 이용하여 수요를 예측한다. 시간의 경과에 따른 시계열 자료는 동일한 시간 간격을 두고 얻어진 월별, 분기별, 연간 등으로 구분한 관찰 자료이다. 시계열 분석은 과거의 수요 패턴을 살펴보고 수요 패턴에 가장 가까운 수리적 모형을 파악한다. 자료는 단순 변동, 단순 변동과 추세, 그리고 단순 변동에 계절성이 있는 경우로 구분한다. 이동평균법(moving average)은 평균값을 갱신하면서 예측치를 계산한다. 지수평균법(exponential average)은 가장 최근의 데이터에 더 많은 비중을 주는 지수함수로 평균을 계산한다. 지수평활법(exponential smoothing)은 과거의 평균에 계절변동의 수준(계절지수)을 곱하여 수요를 예측한다. 그리고 회귀분석(regression)은 과거의 추세가 미래에 지속된다는 가정 속에 시간 흐름에 따른 독립변수(X)와 종속변수(Y)를 사용하여 예측한다.

[그림10-3] 델파이법의 절차

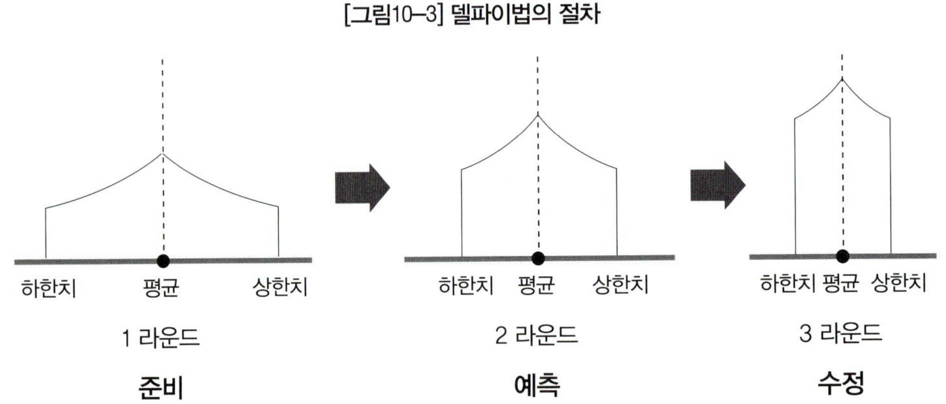


### 1.2 설비계획

설비계획은 장기적인 수요변화에 대처하기 위해 건물, 각종 장비 및 시설 등과 같이 획득이나 처분에 보통 1년 이상의 장기간이 소요되는 생산설비에 관한 계획이다. 시설물의 입지선정은 제품, 서비스의 수송과 관련되고 설비배치는 입지에 의해 영향을 받는다. 입지결정은 공정투입요소, 공정산출요소, 공정의 특성, 개인적 선호, 정부의 산업입지정책 등을 복합적으로 고려하면서 계량적 방법을 사용하여 결정한다. 또한 소매의 입지선정은 입지 성격, 교통 특성, 주변 점포의 형태, 상권의 규모, 투자 회수 등을 고려하여 실시한다. 입지 내 상권분석은 다양한 요인을 기술한 후 그중에서 최적의 상권을 결정한다.

입지선정이나 상권 결정의 고려 요인은 전체 지역의 규모, 특정 지역 내의 표적 시장의 규모, 지역적 면적의 이해, 인구 성장, 소득분포와 안정성, 가정의 규모와 구성 상태, 고용 수준과 안정성, 노사관계의 분위기, 그리고 경쟁 수준 등이다.

설비배치는 고객이나 자재의 흐름이 원활하도록 부서, 작업장 및 시설을 배열하는 것이다. 이때 자재운반의 최소화, 작업자에 대한 위험감소, 생산공정의 균형유지, 유연성 등을 파악해야 한다. 특히 조립공정균형은 생산라인이나 각 작업장에 적절한 과업을 할당하는데 최적 해보다 탐색적 기법이나 인공지능을 활용한다. 설비의 배치방법으로 연속공정시스템은 흐름공정으로 제품이 시설을 통하여 흐르는 속도를 통제한다. 단속공정시스템은 주문에 따른 소량생산으로 단위당 가공비용이 높다. 프로젝트 공정은 특정작업으로 이루어지는 대형의 복잡한 사업과 관계된다.

기본적인 설비배치형태는 동일한 기능을 수행하는 모든 작업자와 장비를 장소에 모아 비슷한 활동을 수행하도록 하는 공정별 배치, 대량제품이나 고객이 시스템을 통해 원활하고 빠르게 흘러가도록 하는데 사용되는 제품별 배치, 제품이 이동하는 대신 작업자, 자재 등이 이동하는 고정형 배치, 기본적인 배치형태를 혼합하여 사용하는 혼합형 배치 등이 있다.

**[그림 10-4] 제품의 공정별 설비 배치**

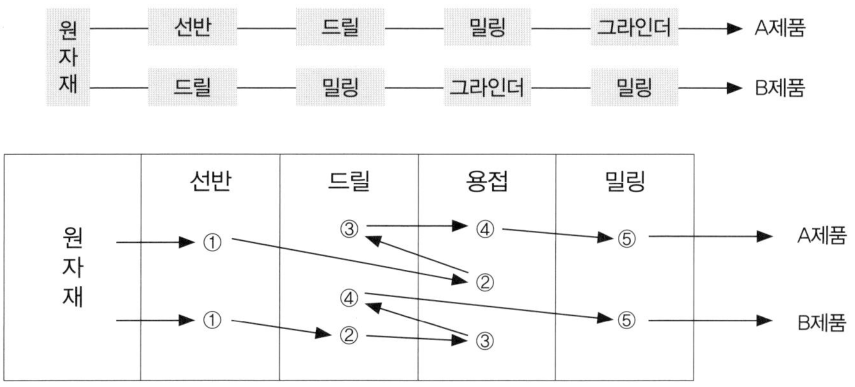

원자재 — 선반 — 드릴 — 밀링 — 그라인더 → A제품
원자재 — 드릴 — 밀링 — 그라인더 — 밀링 → B제품

| | 선반 | 드릴 | 용접 | 밀링 | |
|---|---|---|---|---|---|
| 원자재 → | ① | ③ | ④, ② | ⑤ | → A제품 |
| 원자재 → | ① | ④, ② | ③ | ⑤ | → B제품 |

## 1.3 생산계획

생산계획(production planning)은 시장의 수요를 미리 예측하고, 그 수요를 만족시키기 위해 완제품과 부품을 얼마만큼 생산할 것인가를 결정한다. 생산능력이 부족할 경우 고객의 이탈이 발생하거나 경쟁자들의 시장진입을 초래하고, 적시에 서비스를 제공할 수 없다. 반대로 생산능력이 지나치면 관리비용이 증가하고, 과잉공급으로 가격인하를 가져 올 수 있다. 따라서 생산능력을 적절하게 계획해야 한다.

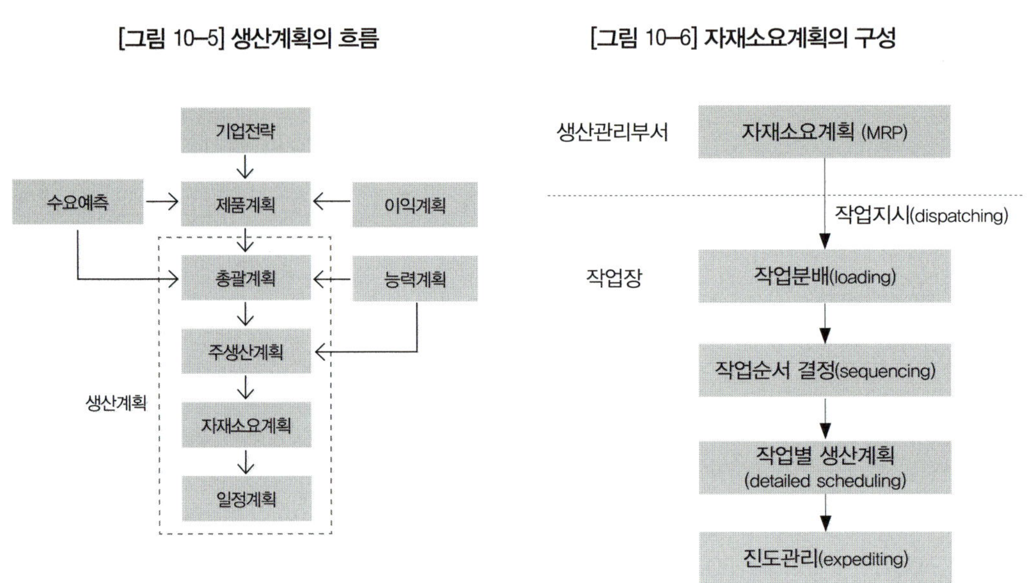

[그림 10-5] 생산계획의 흐름

[그림 10-6] 자재소요계획의 구성

장기 생산계획은 중장기 제품 및 시장 계획(향후 3~10년 대상)이다. 기업은 기술 수준, 품질 및 가격 수준, 목표 시장 등을 결정하고 경기예측, 사회구조 및 의식의 변화, 기술진보 등을 예측한다.

중기 생산계획은 개별 제품에 대한 구체적인 생산계획(보통 1년 단위 대상)이다. 총괄생산계획(Aggregate Plan)은 주요 생산제품 전체의 분기별/월별 생산량을 결정한다. 주생산계획(Master Production Schedule)은 개별 제품에 대해 주간 단위의 세부적 생산일정을 수립한다. 주일정계획의 생산량은 총괄생산계획의 값과 반드시 일치한다. 그리고 자재소요계획(Material Requirement Planning: MRP)은 부품이나 원자재의 생산계획으로 원재료, 부품, 반제품 등과 같은 종속적 수요 품목의 주문 및 생산계획을 처리한다. 계획의 수립시 주생산일정, 자재명세서와 재고 상태 기록을 고려하여 수립한다. 주생산계획에서 최종 완제품의 수량이 결정된 후 필요한 부품 및 자재의 총소요량을 계산한다.

그리고 작업분배(loading)는 자재소요계획에서 작업지시가 내려오면, 개별작업을 해당 작업장에 할당한다. 작업순서는 개별작업의 처리 순서의 규칙을 적용한다. 작업별 생산계획은 개별작업 시작시간과 종료시간을 설정한다. 한편 진도관리(expediting)는 작업의 진도를 확인하면서, 적절한 조치를 통해 계획과 진도간의 차이를 최소화한다.

단기 생산계획은 완제품에 대한 1일 단위로 생산계획을 작성한다. 완제품을 생산하기 위해 필요한 부품과 원자재의 생산계획을 작성한다. 일정계획(scheduling)은 생산현장에서 매일 부품을 만들고 제품을 조립하는 세부적인 생산일정을 수립한다.

# 2. 운영관리

## 2.1 재고관리모형

재고관리(inventory control)는 재고부족이나 재고초과로 관리비용이 발생하지도 않도록 공급하기 위한 노력이다. 재고관리의 비용요소는 구입비(purchasing) 또는 생산비(production), 주문비(ordering), 재고유지비(carrying), 재고부족비(shortage)이다.

**[그림 10-7] 모형의 재고수준 변화**

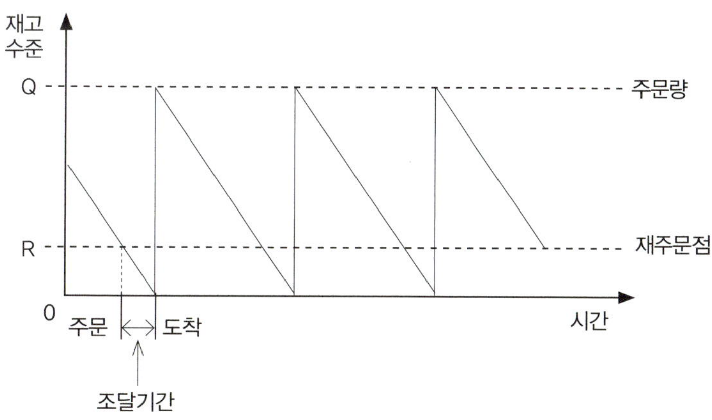


ABC 재고관리는 품목을 중요도에 따라 분류하고 등급별로 관리하는 방법이다. 제한된 관리자원의 효율적인 활용을 위하여 ABC재고관리기법을 이용한다. A그룹은 소수이지만 중요한 품

[그림 10-8] 재고품목의 ABC분류

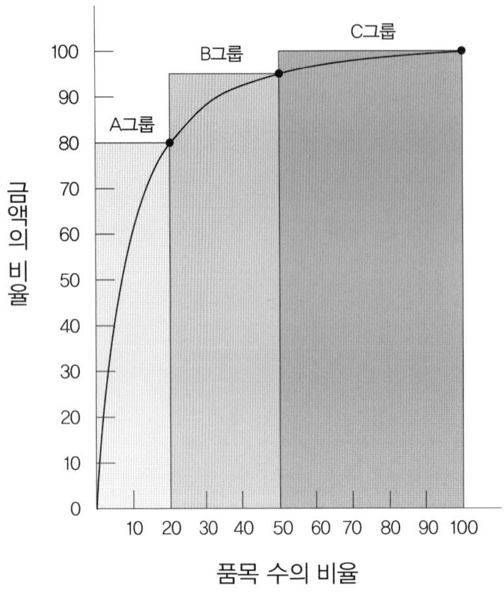


목으로 품목수 5~10%, 재고가치 60~70%로 엄격하게 재고관리를 한다. C그룹은 다수이지만 중요하지 않은 품목으로 품목수 60% 정도, 재고가치 15% 정도로 느슨하게 관리한다. B그룹은 중간 정도로 관리한다.

경제적 주문량 모형(EOQ모형)에서 재주문시점(reorder point)은 리드타임 동안의 수요에 따라 결정된다. 리드 타임 동안에 평균 수요보다 실제 수요가 더 많으면 재고부족이 일어날 수 있기 때문에 안전재고(safety stock)를 확보해야 한다. 안전재고는 고객서비스 차질과 부품 부족으로 인한 기회비용을 예방하기 위해 비축한다.

[그림 10-9] 재주문시점과 안전재고

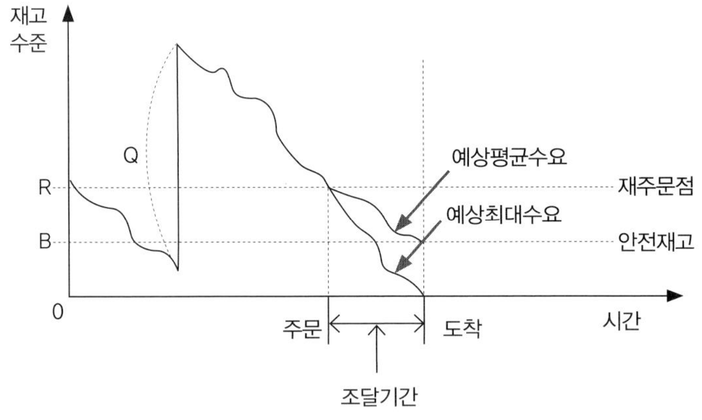


총비용 = 연간 구매 비용 + 연간 재고유지 비용 + 연간 주문 비용

연간 재고유지 비용 = $Q/2 \times h$, 연간주문 비용 = $(D/Q) \times S$

$$Q^* = \sqrt{\frac{2DS}{H}}$$

여기서, C = 단위 구매 비용, D = 연간 수요량, Q = 주문량,

H = 단위당 유지 비용, S = 1회 주문당 발주 비용

**[그림 10–10] 경제적 주문량 모형**

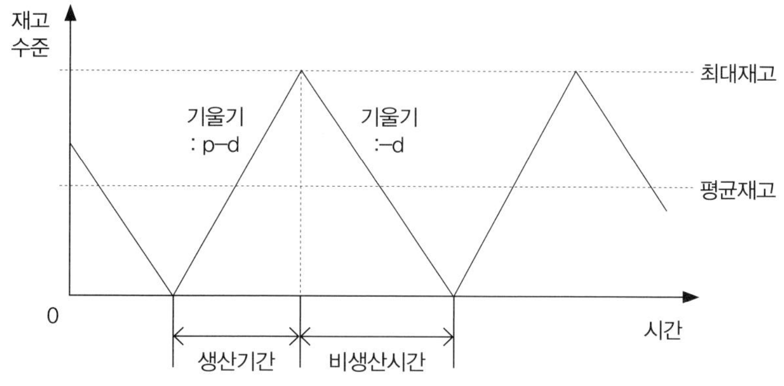


$$Q^* = \sqrt{\frac{2DS}{H} \cdot \frac{p}{p-d}}$$

한편, 단일기간 재고 통제 모형(single period model)은 신문, 월간잡지, 크리스마스 트리 등과 같은 단일기간 상품의 최적 주문량을 결정하는 재고모형이다. 유통기한이 있는 일회성 제품(서비스)의 주문량을 결정한다. 반복적으로 주문 품목의 모형보다 단순한 구조를 가지므로 적용하기가 간편하다. 그러나 재주문 또는 운영변경을 할 기회가 없다.

고정량 주문 모형(fixed order quantity model)은 매번 주문 시 주문량을 고정하고 주문시점의 간격(interval)을 신축적으로 변경한다. 수요의 변화와 재고량을 항상 살펴서 적절한 주문 시점을 결정하는 항시 통제 시스템(continuous–monitoring system)이다. ABC 분류에서 A그룹에 속하는 품목들의 주문관리에 자주 사용하는 모형이다.

고정기간 주문 모형(fixed order interval model)은 매번 주문간격을 고정하고 주문량을 신축적으로 바꾼다. 주기적으로 재고량을 파악하여 필요 시 부족한 수량을 주문하는 통제 시스템(periodic-monitoring system)이다. ABC 분류에서 C그룹에 속하는 품목들의 주문관리에 사용한다. 공급자 주도형 재고관리(vendor managed inventory)는 유통업체가 재고 보충 권한을 공급업체인 벤더에게 이관, 벤더가 유통업체 매장의 재고 수준을 관리한다.

[그림 10-11] 공급자 주도형 재고관리

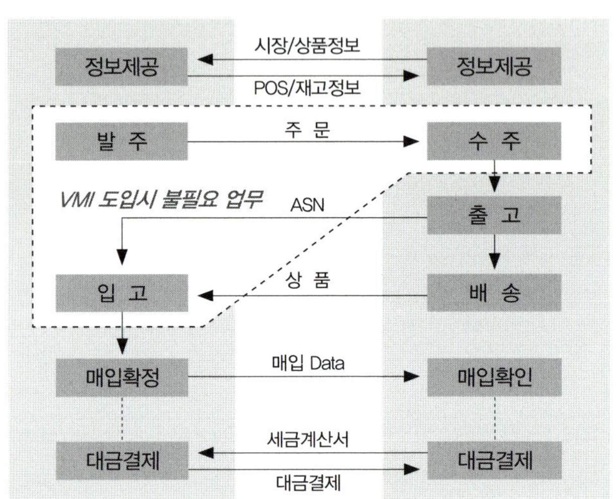


## 2.2 공급사슬관리

가치사슬(value chain)은 기업의 부가가치창출에 직접 또는 간접적으로 관련된 활동들의 연계를 의미한다. 가치사슬 분석은 기업의 여러 활동들의 전략적 중요성과 연계성을 고려하고 자사의 경쟁우위를 파악하기 위해 사용한다. 가치활동들은 서로 밀접하게 관련되어 특정한 가치활동이 수행될 때 다른 가치활동과 비용 및 성과 면에서 관련성을 가진다. 경쟁우위는 각각의 가치활동에서 발생하기도 하지만 가치활동간의 연계(가치사슬)로부터 발생한다. 기업들은 개별가치활동과 가치활동간의 연결관계에 의해 창출되는 시너지효과를 파악한다. 기업의 사업활동에 높은 부가가치를 제공하고 활동들간 공유 정도가 높은 활동이 무엇인지를 밝혀야 한다.

물류(physical distribution)는 흐름의 과정(the process of flows)이며, 모든 유통 경로에서 상품은 최적의 장소, 최적의 시간, 최적의 품질로 최종 사용자에게 전달한다. 1980년대 적시생산시스템은 VMI(Vendor Managed Inventory)로 재고비용의 감소라는 효과를 가져 왔으나 유통비용의 증가라는 단점을 초래하였다. 1990년대의 QR(Quick Response)은 의류업체와 그 유통 및 판매를 담당하는 유통업체(주로 백화점)간의 SCM으로 확대하였다. 또한 2000년대 이후 ECR(Efficient Consumer Response)는 식품 및 잡화류 위주의 대형 소매 업체와 Grocery제조업체들이 연대하여 SCM을 추진하였다.

[그림 10-12] 물류시스템의 흐름

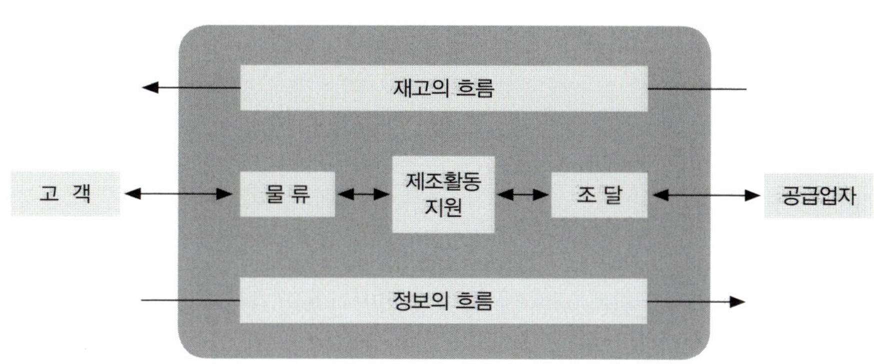


공급사슬관리(Supply Chain Management)는 수요와 공급의 균형을 유지하여 재고 통제와 결품 예방으로 경영성과 향상과 고객만족도 향상시킨다. 공급사슬(supply chain)은 제품/서비스의 원자재 단계에서 고객에게 도달하기까지 물자와 정보의 흐름에 관련된 활동이다. 기업이 원료공급에서부터 소비자에게 제품이 전달되기까지의 전과정에서 취급되는 제품의 계획, 생산, 이동 등의 물적 유통과 정보를 통합적으로 관리한다.

[표 10-1] 맞춤형 가치사슬설계

| 요 인 | 신축적 공급망 | 효율적 공급망 |
|---|---|---|
| 생산 전략 | 주문생산, 맞춤생산 | 계획생산, 대량생산 |
| 공급자 선정 | - 빠른 배송시간<br>- 다양성 수용능력<br>- 물량 유연성 등 | - 저렴한 가격<br>- 품질 안정성<br>- 적시배송 능력 등 |

공급망의 설계는 적절한 외부공급자의 수를 정하고, 각각의 역할을 조정하며, 가격, 품질, 배송 등의 기준을 바탕으로 최적의 공급자를 선정한다. 맞춤형 설계는 제품/서비스의 수요특성, 생산공정의 특성에 따라 공급망을 설계한다. 계층적 설계는 공급망의 프로세스를 따라 계층적으로 공급망을 설계한다.

공급망관리 과정에서 수요계획은 여러 종류의 예측기법을 이용하여 제품 또는 서비스에 대한 수요분석을 통하여 계획을 수립한다. 제조계획은 고객에게 공급될 상품 또는 서비스 내역에 대해서는 제조관계된 모든 일정을 세부적으로 관리하고 조정한다. 유통계획은 일정관리 부분, 운송계획 부분, 수요계획 부분과 통합하여 물류상의 운영계획을 수립한다. 운송계획은 최소비용으로 원재료가 공장에 배달되고 완성된 제품 또는 서비스가 고객에게 효과적으로 전달될 수 있도록 자원 배분을 계획한다. 그리고 재고계획은 재고를 보관하는 거점(공장, 물류센터, 판매점 등)에서 향후 수요에 대비하여 최적의 재고를 유지하기 위한 제품별 재고계획을 수립한다.

기업은 부가가치 향상을 위해 제품생산주기를 단축하고 품질개선을 위하여 공장자동화나 CIM(컴퓨터 통합제조)를 구축한다. 기업 부가가치의 60~70%가 제조 과정 외부의 공급사슬상에서 발생한다. 기업외부와 연관되는 가치사슬도 고려하여 공급망 전체시스템을 통합하여 부가가치를 창출한다. 이때 공급망 관리 시뮬레이터가 공급망 관리를 위한 장치와 구성요소를 표현하여 모의실험을 할 수 있다. 시뮬레이터가 비지니스 조직에서 재고관리, 고객만족도 등을 분석하여 공급사슬망 관리를 지원한다.

### 2.3 대기행렬모형

대기행렬이론(queuing theory)은 생산(서비스) 용량 비용과 고객 대기 비용의 균형을 통해 대기 시스템에서 발생하는 총비용을 최소화하는 생산(서비스) 용량의 수준을 결정한다. 대기(queue)는 고객이나 물품의 처리되지 못하고 기다리는 현상이다. 고객을 대상으로 하는 서비스 시스템은 물론, 원재료나 부품을 가공하는 제조 시스템에서도 흔히 발생한다. 공급능력이 부족하거나 공급능력이 충분하더라도 일시적으로 수요가 몰리는 경우에 발생한다. 생산(서비스) 용량 비용은 종업원의 수, 작업기계의 수이고, 고객대기비용은 고객이탈, 유휴(idle) 비용, 대기장소(space) 관리비용 등이다.

**[그림 10-13] 대기행렬의 처리**

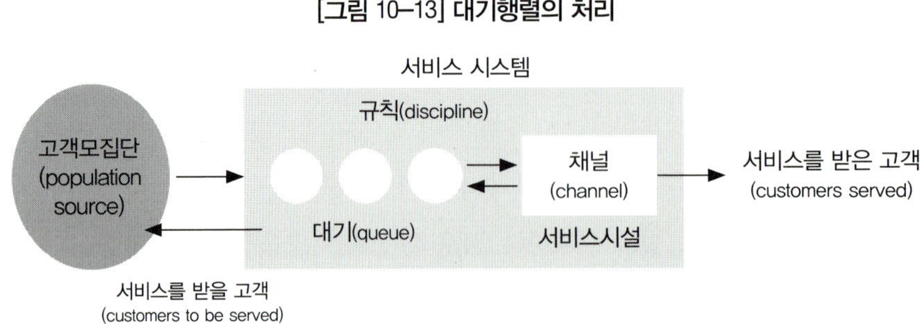

대기 시스템은 고객 모집단(population), 채널(channel), 도착 및 처리시간(arrival and service rate), 처리의 규칙(discipline)으로 구성된다. 고객 모집단(population source)은 특정 서비스를 사용하거나 받을 잠재 고객의 수이다. 채널(channel)은 서비스를 처리하는 인력 또는 시설(서버)의 수이다. 단계(phase)는 서비스를 처리하기 위해 거쳐야 하는 작업 순서(단계)의 길이이다.

고객의 도착 및 서비스 처리 시간은 수요 발생 시간과 수요량의 불확실성(uncertainty)과 변동성(variability)으로 대기발생의 원인이다. 대기 이론 변수의 확률 분포는 포아송 분포와 지수 분포를 가정한다. 도착률(arrival rate)은 고객이 서비스 시스템이 들어오는 빈도로 포아송 분포(Poisson distribution)를 따른다. 서비스 시간(service time)은 서비스 시스템이 한 사람의 고객을 처리하는데 걸리는 시간으로 지수 분포(exponential distribution)를 따른다.

서비스를 처리하는 배정 규칙(queue discipline)으로 정적(static) 규칙은 마감 시간에 관계없이 정해진 기준대로 처리한다. 선착순(FCFS) 규칙은 먼저 온 사람이 먼저 서비스를 하고, 최단작업시간(SPT) 규칙은 가장 처리 시간이 짧은 작업부터 처리한다. 동적(dynamic) 규칙은 마감 시간이 급한 서비스부터 처리한다. 긴급률(CR) 규칙은 긴급률(만기 시간까지의 잔여시간)이 최소인 작업부터 처리한다. 선점 규칙은 높은 우선순위를 가진 고객이 나타나면 다른 모든 서비스를 중단하고 그 서비스부터 처리한다.

## 3. 운영시스템

### 3.1 통계적 품질관리

품질관리는 소비자의 기대와 관련된 제품과 서비스의 질로 사전에 설정된 품질의 표준을 어느 만큼 충족시켰는가를 의미한다. 제품의 품질은 경영관리의 목표품질, 제조기술자의 설계품질, 제조공정의 제조품질 그리고 고객의 사용품질 등으로 분류한다.

통계적 품질관리(Statistical Quality Control)는 1920년대 미국의 벨연구소(Bell Lab)에서 표본추출검사(acceptance sampling)와 공정관리도(control chart)를 중심으로 제시하였다. 표본추출검사는 생산품의 일부를 표본으로 추출하여 실시한다. 사전에 정한 합격판정기준과 표본조사의 결과를 비교하여 생산품 전체의 합격/불합격을 판정한다. 표본추출검사는 계수 표본검사와 계량 표본검사로 구분할 수 있다. 계수 표본검사는 제품 특성에 대한 검사가 신속히 이루어지도록 계획된 검사 방법이다. 계량 표본검사는 허용 수준 내에서 설정된 규격의 준수 여부를 결정하는 방법이다.

공정관리도(control chart)는 품질변동의 이상원인을 발견하여 관리상태로 공정을 유지하기 위한 기법이다. 관리의 대상이 되는 품질 특성치를 정의, 측정하여 그 결과를 시각적인 도표로 작성한다. 관리도에 의한 품질관리의 기본적인 절차는 먼저 무작위 표본을 취하여 표본의 품질특성을 측정하고, 이 측정 값이 관리상한 및 관리하한에 포함되는지를 비교하여 관리한다. 이러한 과정 중에서 비정상적인 변동을 찾고 그 원인을 제거한다.

**[그림 10-14] 통계적 품질관리**

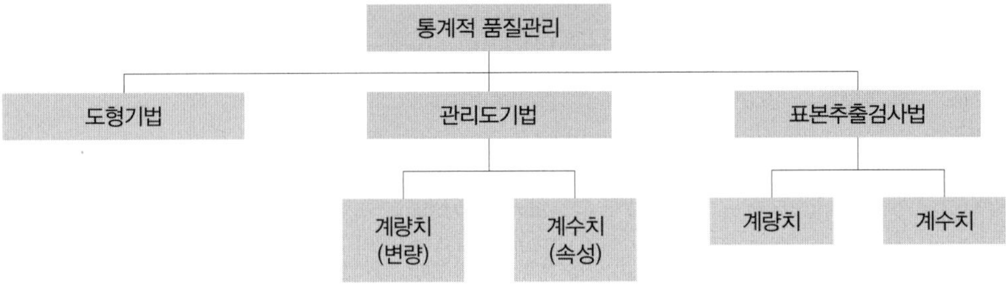

통계적 품질관리
도형기법
관리도기법
표본추출검사법
계량치
(변량)
계수치
(속성)
계량치
계수치

공정관리도는 X축은 표본의 일련번호나 생산시점이고, Y축은 측정한 품질 특성치의 통계량이다. 중심선(Central Line: CL)은 관리상태에서 품질특성치의 평균이며, 관리한계선(control limit)은 관리상한선(UCL)과 관리하한선(LCL)으로 구분한다.

**[그림 10-15] 공정관리도**

특성치
상한선(UCL)
중심선(CL)
하한선(LCL)

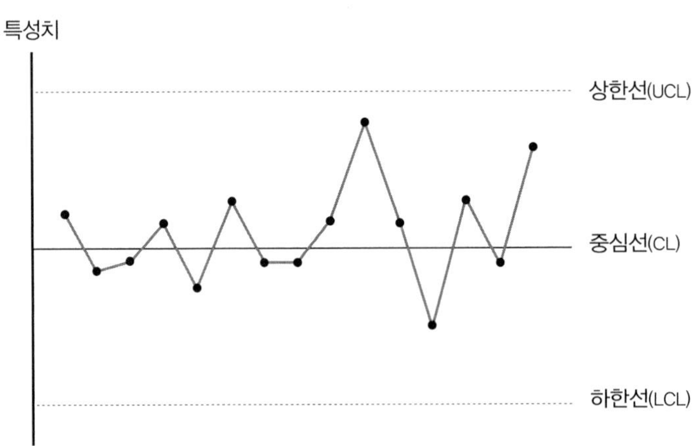

## 3.2 6시그마와 ISO 9000

기업은 생산 및 운영시스템을 효율적으로 운용하기 위하여 6시그마와 ISO인증을 실시하고 있다. 6시그마는 1988년 Motorola 회사의 반도체 사업본부에서 시작된 경영전략으로 6시그마 이내로 품질을 유지하는 실천목표이다. 프로세스 능력 평가가 평균치 중심에서 분산으로 바뀐 것으로 프로세스의 평균과 산포도에 대한 개선활동으로 지속적인 성과를 창출하려는 경영전략이다.

시그마는 오차나 손실의 발생확률로 1백만 개 중 불량률의 단위로서 퍼센트 대신 PPM(parts per million)을 사용한다. 6시그마는 1백만 번에 3.4회 에러 수준으로 제품의 제품 및 서비스 품질의 산포를 최소화하여 6시그마 거리에 있도록 유지한다. 규격한계는 규격상한(SU) 및 규격하한(SL)으로 고객관점에서 만족할 수 있는 품질의 최대값과 최소값, d = 평균과 규격상한(하한)의 거리이다.

기대불량률은 관측치가 규격한계를 벗어날 확률이다. COPQ(Cost of poor Quality)는 품질 불량에 따라 발생한 비용으로 미처 인식하지 못하여 보이지 않았던 오차에 따른 비용(일반 비용의 3배 수준)이다. 또한 CTQ(Critical to Quality)는 경영품질에 결정적 영향을 미치는 소수의 요인이다.

[그림 10-16] 관리한계선

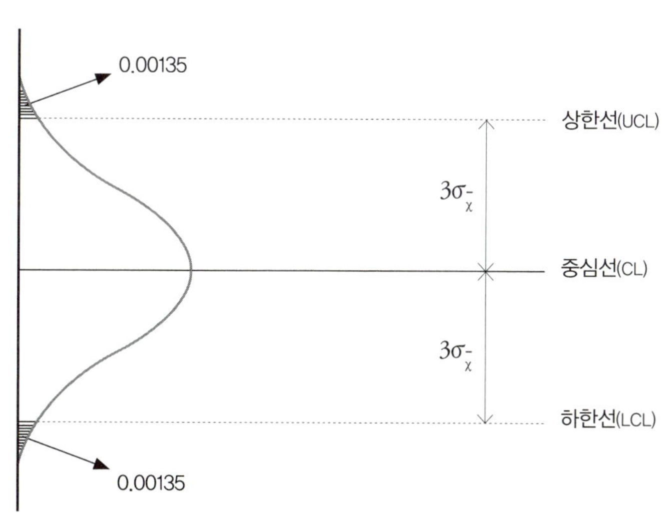


6시그마는 측정할 수 있는 것만을 고려하기 때문에 측정이나 추정 가능한 것만을 대상으로 한다. 6시그마의 측정과정(DMAIC)은 정의(define), 측정(measure), 분석(analyze), 개선(improve), 관리(control)의 5단계이다. 각 단계별 3개의 스텝으로 구성되며 총 15개의 스텝으로 이루어진다.

[표 10-2] DMAIC 6시그마 실행법

| 순서 | 정의(D) | 측정(M) | 분석(A) | 개선(I) | 관리(C) |
|---|---|---|---|---|---|
| 내용 | 고객요구사항 파악 및 프로젝트 목표, 정의 | Y의 현수준 파악 및 잠재 원인변수 X's의 발굴 | 수집된 자료를 근거로 문제의 근본 원인인 핵심인자 X's의 확인 | 최적의 프로세스 개선안과 문제의 해결책 도출 | 개선결과의 문서화 및 유지계획 수립 |
| 15단계 로드맵 | 1. 프로젝트선정 | 4. Y확인 | 7. 자료 수집 | 10. 개선안 수립 | 13. 관리계획 수립 |
| | 2. 프로젝트정의 | 5. 현수준 확인(파악) | 8. 자료 분석 | 11. 핵심인자 최적화 | 14. 관리계획 수행 |
| | 3. 프로젝트승인 | 6. 잠재원인변수 발굴 | 9. 핵심인자X의 발굴 | 12. 개선결과 검정 | 15. 문서화 및 이관 |

종합적 품질경영(Total Quality Management: TQM)은 외부고객을 참여시켜서 소비자 인식 수준에서 실시한다. 1970년대까지 품질에 대한 표준이나 객관적 지표로 품질을 보증하는 수단이 없었다. 국가별, 산업별로 품질관리의 기준이 달라서 국제무역의 장벽으로 작용하였다. 한국산업표준(Korean Industrial Standards, KS)도 국내 산업 전 분야의 제품 및 시험·제작 방법 등에 대하여 규정하는 국가 표준이다. 각국의 공업규격은 한국 KS, 미국 ANSI, 독일 DIN, 일본 JIS, 영국 BS 등이 있다. 그래서 국제표준화기구(ISO)가 중심이 되어 국가별 품질규격을 통합, 조정한 '품질경영과 품질보증에 관한 국제규격'인 ISO 9000 시리즈를 제정하였다. ISO는 1947년에 출범된 여러 나라의 표준 제정 단체들로 이루어진 국제적인 표준화 기구이다. 사내품질 경영으로 ISO 9004는 품질경영 및 품질시스템 요소를 인증하고, 사외 품질경영 부분은 ISO 9001 설계/개발, ISO 9002 생산과 설치, ISO 9003 최종 검사와 시험으로 나누어 인증한다.

[표 10-3] ISO인증절차

| 업체 | | 인증기관 | |
|---|---|---|---|
| 1 | 신청서 송부 의뢰 | 2 | 신청서, 경비요율 및 심사준비 |
| 3 | 신청서, 신청금 및 준비결과 통보 | 4 | 세부심사기준 및 심사일정 통보 |
| 5 | 문서심사 신청 | 6 | 문서심사 실시 |
| 7 | 문서수정 | 7 | 현지심사실시 |
| 8 | 지적사항 시정 | 9 | 지적사항 시정검토 또는 재심사 |
| – | – | 10 | 인증서 발급 |
| 11 | 품질시스템 유지 및 이행 | 11 | 사후심사 실시 |

ISO 9000은 품질경영과 품질보증 규격의 선택과 사용을 위한 지침서로 품질시스템 규격에 대한 배경과 이용방법 그리고 품질보증 모델이 반영해야 할 요소를 설명한다. 제품이나 서비스의 개념에서 실시까지 제품제조나 서비스 전달을 위한 실천규칙이다. 이 규격은 공급자의 제품이나 서비스의 공급 추진방법과 그 능력의 보유여부를 보증한다. ISO 9000시리즈 규격은 ISO 9000, ISO 9001, ISO 9002, ISO 9003, ISO 9004 및 용어집인 ISO 8402의 6가지로 구성된다.

### 3.3 POS시스템과 QR체계

판매시점관리(Point of sale, POS)는 고객이 물건 또는 서비스에 대한 대가를 지불하는 것이다. 거래를 위하여 결제 단말기, 터치스크린 및 기타 다양한 하드웨어와 소프트웨어 옵션이 필요하다. POS 단말기는 금전등록기와 아주 닮았지만 호스트 컴퓨터에 직접 데이터를 제공할 수 있어 데이터를 수집한다. 추가적으로 OCR 입력장치나 바코드 리더(bar cord reader) 등을 비치하여 데이터를 기계적으로 입력할 수 있다. POS의 기능은 판매를 처리하는 데 국한되지 않고 종종 Point of Service로 표현된다. POS 시스템은 도소매사업의 핵심으로 고객의 경험을 개선하고 비지니스 운영을 간소화하고 있다.

[그림 10-17] 유통회사의 전경

POS 사용자는 시스템을 사용하여 주문을 처리하고 현금 관리 기능 및 결제 서비스 제공업체와 통합 기능으로 재무관리를 할 수 있다. 보통 보고 및 분석, 재고관리, 인력관리, 선물 및 로열

티, 손실 방지, 테이블 예약 등에 활용된다. 고객의 경험 제공, 비용 억제, 매출 및 전체 수익성을 높이는데 필수적이다.

유통 POS 시스템은 유통 매장의 매출과 매입/검수, 재고관리 등의 다양한 업무를 실행한다. 1990년대 Walmart는 미국 최대의 소매업체이던 Kmart, Sears를 따돌리고 세계 최대의 할인소매업체가 되었다. 이때 Walmart는 저원가 전략과 저마진율 전략을 실시하기 위하여 바코드 시스템과 EDI(전자문서교환)를 사용하였다. 바코드는 유통센터 및 매장에서 입출하 작업의 신속화와 재고관리의 효율화를 가져왔다. 자사 네트워크에 EDI를 구축하여 일방적 데이터전송이 아니라 실시간 쌍방향 커뮤니케이션을 실시하였다. 공급업체도 EDI를 채택하여 공급관련 프로세스를 개선하였다.

POS에서 확보된 정보는 재고관리를 수행할 수 있는데 재고가 부족할 것으로 예상되는 경우 거래처에 자동발주 할 수 있다. 자동발주시스템(CAO)은 점포 내 판매 데이터 또는 창고 내의 상품재고 등에 대한 데이터를 이용하여 자동으로 주문서를 작성한다. 점포 또는 물류센터의 컴퓨터가 생성된 주문 내역을 EDI를 통해 발주처에 전송한다.

신속대응(QR : quick response)은 흑백 모자이크 무늬 패턴의 2차원식 바코드로 공급 경로가 고객의 욕구 변화에 신속하게 반응할 수 있도록 소매와 제조를 연결한다. 소비자의 실제 구매 행위를 분석하여 신속하게 대응하는 체계이다. 1994년에 토요타 자동차의 자회사인 덴소 웨이브가 개발하여 각 곳에 코드를 부착하여 사용하였다. 초기에 자동차 부품 생산관리 등 상품관리에 널리 이용되어 기존 바코드를 대체하는 개념으로 보급되었다.

[그림 10-18] QR 코드 구조

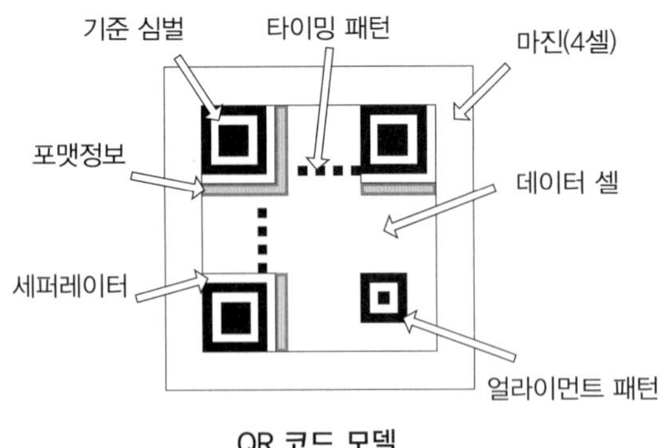


QR 코드 모델

건물 위 광고판에 있는 QR 코드를 휴대전화기로 찍어서 인터넷 검색을 할 수 있다. 리더기가 전용 모바일 페이지와 연계하여 정보를 확인할 수 있고, 이미지, 동영상 등의 콘텐츠에 연동하여 정보를 제공할 수도 있다. 고객들의 호기심을 자극하여 차별화된 메시지 전달 및 자발적인 참여에 활용한다. 또한 고객들에게 제품에 관한 상세한 정보제공 및 체험을 통해 구매 유도 기회를 제공한다.

한편 스마트 카트(smart cart)는 기존 쇼핑 카트에 RFID 리더기와 바코드 리더기, LCD 모니터를 장착하여 매장내 상품 위치 안내 및 개별 상품 정보, 쿠폰 상품의 위치 등을 실시간으로 제공한다. 그리고 고객이 점포에서 스마트 카트에 본인의 로열티 카드 정보를 스캔하면, 고객에게 특화된 정보를 제공 받을 수 있다.

# 요약정리

- 수요예측은 제품이나 서비스에 대한 미래의 고객수요를 추정하는 활동이다. 언제, 얼마만큼의 제품/서비스가 판매(주문)될 것인가를 전망한다. 기업에게 경쟁력을 부여하며, 변화하는 환경 속에서 기업이 생존할 수 있도록 해준다. 설비계획은 장기적인 수요변화에 대처하기 위해 건물, 각종 장비 및 시설 등과 같이 획득이나 처분에 보통 1년 이상의 장기간이 소요되는 생산설비에 관한 계획이다. 그리고 생산계획은 시장의 수요를 미리 예측하고, 그 수요를 만족시키기 위해 완제품과 부품을 얼마만큼 생산할 것인가를 정한다.

- 재고관리는 재고부족이나 재고초과로 관리비용이 발생하지도 않도록 공급하기 위한 노력이다. 재고관리의 비용요소는 구입비 또는 생산비, 주문비, 재고유지비, 재고부족비이다. 공급사슬관리는 수요와 공급간 균형 유지를 통해 재고 통제와 결품 예방을 통해 기업의 경영 성과 향상과 고객만족도 향상을 위한 활동이다. 기업 내에 공급망의 구성요소들 간에 이루어지는 전체프로세스로 최적화한다. 대기행렬이론(queuing theory)은 생산(서비스) 용량 비용과 고객 대기 비용의 균형을 통해 대기 시스템에서 발생하는 총비용을 최소화하는 생산(서비스) 용량의 수준을 결정한다.

- 통계적 품질관리는 표본추출검사와 공정관리도를 중심으로 이루어진다. 6시그마는 6시그마 이내로 품질을 유지하는 실천목표이다. ISO 9000은 품질경영과 품질보증 규격의 선택과 사용을 위한 지침서로 품질시스템 규격에 대한 배경과 이용방법 그리고 품질보증 모델이 반영해야 할 요소를 설명한다. 판매시점관리는 고객이 물건 또는 서비스에 대한 대가를 지불하는 것이다. 거래를 위하여 결제 단말기, 터치스크린 및 기타 다양한 하드웨어와 소프트웨어 옵션이 필요하다. 신속대응(QR)은 공급 경로가 고객의 욕구 변화에 신속하게 반응할 수 있도록 소매와 제조를 연결하는 전략이다.

# 토론과 연습문제

1. 수요예측의 정량적 방법과 정성적 방법을 설명하시오.

2. 설비의 공정별 배치와 제품별 배치의 차이는 무엇인가?

3. 스마트시대에 공급사슬관리를 운영하는 체계는 무엇인가?

4. 할인마트에서 고객이 가격을 지불하는 과정을 대기행렬 모형으로 설명하시오.

5. 통계적 품질관리에서 표본추출검사와 공정관리도를 설명하시오.

6. POS 시스템의 바코드와 QR 코드의 차이를 토의하시오.

## 참고문헌과 인터넷

구기동, 김홍유, 심기준(2018), 경영학의 이해, 신구문화사.

박용태(2016), 산업경영공학, 생능출판사.

제 11 장

# 마케팅 · 광고관리

## 학습목표

1. 전반적인 마케팅 활동을 설명할 수 있다.
2. 마케팅 믹스를 통하여 마케팅을 실행할 수 있다.
3. 인터넷 시대의 유통물류관리를 구축할 수 있다.

## 학습내용

1. 마케팅 활용
2. 마케팅 믹스와 글로벌 전략
3. CRM관리

## 대우자동차 판매왕의 '세일즈전략'

쉐보레 동서울대리점 박노진(62 · 남) 대표는 1980년 대우자동차(현 · 한국GM)에 입사한 이후 1997년부터 2008년까지 12년 연속 판매량 1위 자리를 굳건히 지켰다. 최초의 고졸영업사원 출신 이사라는 타이틀을 거머쥐기도 했다. 박 대표는 고등학교 졸업 후 대우자동차(한국GM) 경리 사원으로 입사했다. 그 후 주위의 만류에도 불구하고 과감하게 영업에 도전했지만 시작은 어려웠다. 영업에 대해 아는 것이 전무했고 고객을 만났을 땐 말을 제대로 하지 못했다. 그는 무려 세 달 동안이나 단 한 대의 자동차도 팔지 못했다. 그러나 노력의 결과로 IMF외환위기로 내수경기가 바닥을 쳤던 1997년 '판매량 1위'라는 대기록을 썼다. 박 대표는 취업을 준비하는 학생들이나 청년들, 그리고 자동차 영업을 시작하는 후배들에게 자신의 걸어온 길을 이야기하며 희망을 전하기 위해 애쓴다.

"처음부터 타고나는 비범함은 사실상 없다. 사실 평범한 행동 하나 하나가 모여 비범함을 만드는 거에요. 꾸준히 한 가지에 몰두하고 노력하다 보면 틀림없이 보상을 받게 돼 있어요. 요행을 바라지 말고 꾸준하게 한 우물 파면 언젠가는 반드시 성공한다는 믿음을 가져야 하죠."

차 판매 TIP으로 1) 좌우지간 만나라 실수나 실패를 두려워할 필요는 없다. 좌우지간 가서, 좌우지간 만나서, 좌우지간 얘기하라. 특히 중요한 고객이라면 악천후 때 찾아라. 결정권을 쥔 고객이 외출하지 않았을 확률이 높은 데다, 특별한 날씨가 사람을 감성에 젖어들게 만들어 쉽게 공감을 이끌어 낼 수 있다.

2) 참고 인내하는 습관을 갖자. 경기가 좋을 때는 구매거절 의사를 3번 정도 들어야 진짜 안 사는 것이다. 최근에는 4번 정도 물어보았을 때 안 사겠다는 말을 해야 진짜 구매의사가 없다고 본다.

3) 많이 웃어라. 화술이 중요하지만 꽉 닫힌 고객 마음을 여는 데는 웃음이 최고다. 연습하면 누구나 웃을 수 있다. "영업체질이 아니다"는 소리를 듣던 본인도 6개월간 거울을 보며 연습했다.

4) 나를 이탈한 고객에게 더욱 충실히 하라. 나의 의사와 상관 있든 없든 간에 나를 등지고 경쟁사의 차량을 구입한 고객, 우편물이 반송되어 돌아오는 고객, 전화번호가 바뀌어 연락이 안 되는 고객 등을 지금 찾아서 연락을 해보자.

5) 신규고객과 점심식사를 하라. 단골에만 안주하다간 이내 밑천이 바닥난다. 첫 만남이라면 점심을 함께 먹어라. 이런 저런 얘기 나누다보면 금세 친해지는 데다, 그 사람의 입을 통해 '누가 대박을 맞았다', '누군 부도가 났다' 등 각종 정보를 들을 수 있다.

6) 최고의 영업사원은 고객을 따라간다. 고객이 몰려있는 곳을 찾아내라. 불황의 시기에도 호황 업종은 있다. 신문에 '철근이 없어서 못 판다'고 하면 철강업계를, '배추가 금값'이란 기사가 나면 가락동 시장으로 달려가라.

7) 이제는 취미가 같은 사람을 만나라. 과거에 해왔던 학연·지연·혈연에 의한 영업은 잊어라. 대신 취미가 같거나 본인과 연관된 업종에 종사하는 사람들의 모임에 자주 가라. 취미가 비슷하다는 것은 그만큼 통하는 게 많다는 것이며 내가 판매할 확률이 많다.

8) 자신을 브랜드화하라. '잘 부탁합니다' 등 읍소전략은 더 이상 통하지 않는다. '자동차=박노진'이란 이미지가 고객들의 머리에서 저절로 떠오르게 만들어야 한다.

# 1. 마케팅 활동

## 1.1 마케팅 관리

마케팅 관리는 기업의 목표를 결정하고 시장을 세분화, 목표시장 선정, 마케팅 믹스를 구성한 후 마케팅 활동을 조정하고 통제하는 과정이다. 소비자 분석은 소비자 개개인의 개별적, 내면적 특성과 경향을 분석한다. 소비자 행동의 유형은 배분행동(allocation behavior), 구매행동(buying behavior), 사용행동(use behavior)이다. 배분행동은 전체 매출액과 제품 라인별 매출 규모 예측을 한다. 구매행동은 상품별, 시기별, 지역별 차별적 전략을 수립한다. 사용행동은 사후 관리 전략 및 시장 확대 전략을 수립한다. 소비자들의 구매행동에 영향을 미치는 요인으로

1) 상품의 질로 내구성, 신뢰성, 정확성, 작동 편의성, 수선 용이성, 상표의 신뢰성, 가격 등과 같은 여러 가지 제품 속성의 결합으로 결정된다. 이것은 상품 디자인, 원자재와 부품, 제조기술, 품질 측정도구, 경영철학 등 많은 요인에 의해 영향을 받는다.

2) 상품의 특성으로 타상품과 구별되는 기본적인 기능이며, 상품의 포지셔닝을 결정한다.

3) 상품 스타일로 상품의 색, 크기, 모양, 성분, 무게, 만들어진 방법, 상품의 경향, 유행 등을 총칭한다. 소비자들이 구매하는 상품의 스타일로 제공한다.

4) 브랜드명이다. 브랜드명은 상품의 특성, 표적 소비자에게 제공해야 할 효익, 마케팅 전략 등을 함께 고려해서 결정한다.

[그림 11-1] 마케팅 관리

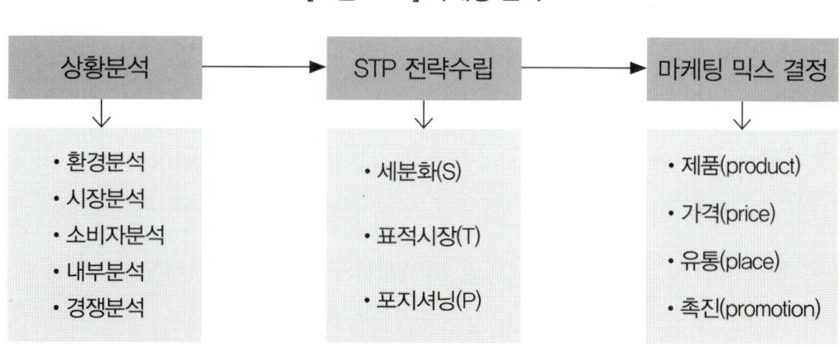


마케팅 전략은 시장세분화(Segmentation), 표적시장 선정(Targeting), 그리고 포지셔닝(Positioning)이 필요하다. 1단계 시장세분화는 마케팅 대상이 될 정도의 규모를 형성하는 다양한 소그룹을 찾는다. 고객행동 변수는 브랜드 선호도, 구매빈도이고 상품속성 변수는 품질, 가격, 디자인이

다. 2단계 표적시장 선정은 시장의 매력도와 기업 제품의 적합도를 비교하여 가장 높은 연관성을 지닌 시장을 선정한다. 시장의 매력도는 시장규모, 성장성, 경쟁 정도, 시장 반응 정도 등이다. 기업 제품의 적합도는 기술의 적합성, 마케팅의 적합성, 원가의 적합성 등이다. 3단계 포지셔닝은 기업과 제품의 위상을 확보하는 작업이다. 잠재고객 인식 속에 기업 브랜드로 기업의 차별적 위상을 알려주는 작업이다.

**[그림 11-2] 마케팅 전략의 수립과정**

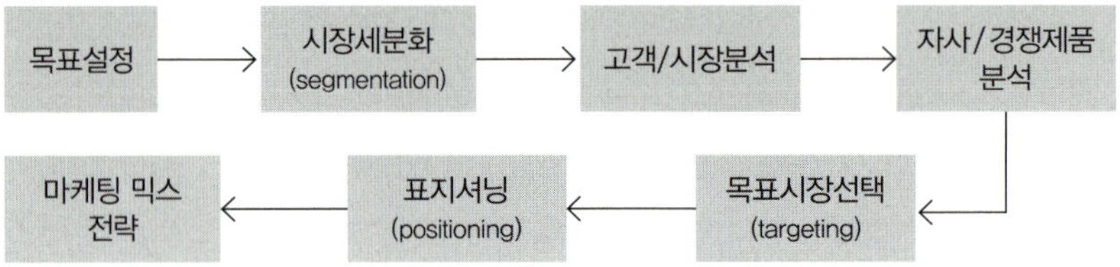

목표설정 → 시장세분화 (segmentation) → 고객/시장분석 → 자사/경쟁제품 분석 → 목표시장선택 (targeting) → 표지셔닝 (positioning) → 마케팅 믹스 전략

마케팅 믹스는 목표시장에서 마케팅 목표를 달성하기 위해 사용하는 수단으로 보통 4P라고도 일컫는다. 마케팅 믹스는 제품, 가격, 유통경로, 촉진의 4가지로 구성되어 있는데 이를 어떻게 잘 조합하느냐가 결국 마케팅 전략의 최종단계이며 마케팅 관리의 핵심이라고 할 수 있다. 제품(Product)은 고객의 필요와 욕구를 만족시키는 재화, 서비스 혹은 아이디어, 가격(Price)은 제품을 얻기 위해 지불하는 것이고, 촉진(Promotion)은 기업과 소비자간의 커뮤니케이션 수단이며, 그리고 유통(Place)은 소비자가 제품을 구매하는 장소이다.

### 1.2 마케팅 조사

마케팅 조사는 시장 환경의 불확실한 상황을 명확하게 이해하여 내재된 불확실성을 줄이거나 제거하기 위하여 실시한다. 마케팅이 직면하고 있는 문제를 명확히 정의하고 이와 관련된 자료를 수집하고 분석하여 적절한 의사결정을 할 수 있도록 해주는 과정이다. 마케팅 담당자는 조사를 의뢰할 때 조사의 범위나 내용 등 과업 지시서를 명확하게 규정하고, 조사에 필요한 기초정보, 시간과 비용은 마케팅 조사 업체와 서로 협의한다. 마케팅 조사 업체는 이해하기 쉬운 용어와 단순한 수식으로 조사 내용을 이해하는데 어려움이 없도록 해야 한다.

시장조사는 시장의 특성과 현황을 설명하는 정보를 수집, 분석, 및 보고하는 활동이다. 시장 가능성 평가, 시장 점유율 분석, 시장 특성의 분석 등을 실시한다. 첫째, 설문조사(survey)는 대규모의 일반 소비자들을 대상으로 설문지를 통해 정보를 수집하는데 정보수집변수로 제품과 인구

통계학 등을 대상을 한다.

둘째, 면접조사(interview)는 핵심적인 정보에 대한 심층적인 조사와 분석이 가능하고 설문조사에서 얻을 수 없는 심리적, 개인적 정보의 획득이 가능하다. 그러나 조사 범위가 한정적이고 결과의 객관성 확보가 어렵다.

셋째, 패널조사(panel research)는 기업과 일종의 계약을 맺은 후, 정기적, 지속적으로 시장 정보를 제공하는 소비자 집단, 즉 패널을 대상으로 하는 조사이다. 일관성을 유지하기 쉽고 시간에 따른 변화 과정과 추세 파악이 가능하다.

넷째, CLT(Central Location Test)는 정해진 공간에 면접 장소를 설치한 후 선별된 소비자들을 대상으로 직접 면접을 실시한다. 설문조사와 면접조사의 장점을 적절히 결합할 수 있다.

**[그림 11-3] 설문조사의 과정**

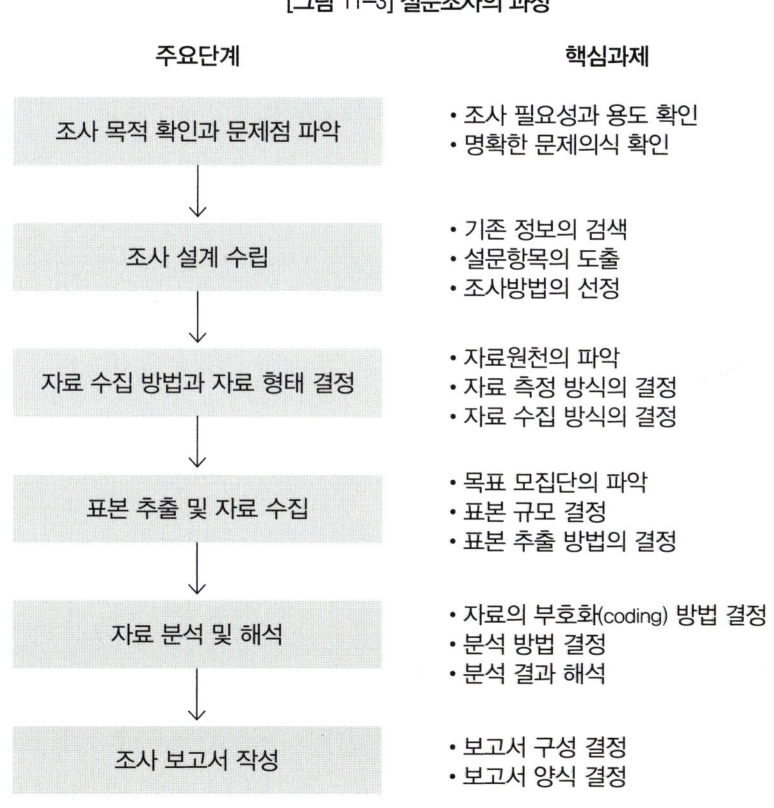


## 1.3 마케팅 분석

일반적으로 마케팅 성과는 매출액이나 이익률로 측정한다. 목표차질 분석은 목표와 실적간에 발생한 차이를 세분하여 판매관리에 반영하려고 한다. 영업활동에 참고로 하는 것이 목적이다.

혁신의 상징인 3M은 혁신적인 신제품이 매출이나 수익에 얼마나 기여했는지를 마케팅 성과평가에 중요하게 고려하고 있다. 혁신 제품의 기여도 이외에 명성(브랜드 자산), 매출, 이익, 가격 프리미엄, 효율성(종업원수 대비 매출, 이익) 등을 주요 성과 지표로 관리한다. 맥도날드(McDonald's)는 브랜드 자산의 관점에서 고객 만족도와 충성도, 상대적인 가격 프리미엄, 구매 의도, 지각된 품질, 유통점수 등의 다섯 가지 차원으로 마케팅 성과를 평가한다.

성과평가의 방법으로 의류전문점이 여름 3개월 동안 남성용 바지 1만 원에 4,000벌을 팔아서 매출액 4천만 원을 목표로 세웠다. 3개월 후에 1벌당 8천 원에 3,000벌을 팔아서 매출액이 2천4백만 원이었다. 매출액 목표 달성률은 60%로 차액 1천 6백만 원은 가격인하와 판매수량 부족 때문으로 구분할 수 있다. 목표 차질의 62/5%는 판매수량의 부족 때문이다.

[그림 11-4] 다양한 마케팅 성과지표

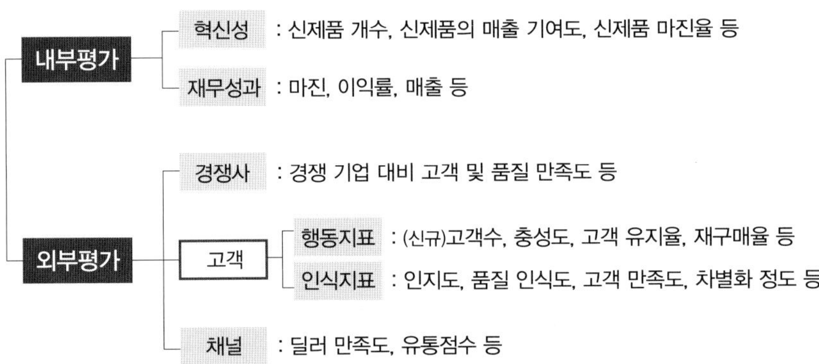


가격인하 요인 = (1만 원 − 8천 원)×(3,000) = 6백만 원 (37.5%)

판매량미달 요인 = (1만 원)×(4,000 − 3,000) = 1천만 원 (62.5%)

기업 자체의 매출 분석만으로 시장의 전반적인 상황을 정확하게 파악하지 못할 수 있다. 경쟁이 치열지면서 시장점유율이 매출액 목표만큼이나 중요한 의미를 갖는다. 시장점유율(market share)은 전체 시장규모에 대한 자기회사 제품의 판매비중을 말한다.

시장점유율 = 판매액 / 전체 시장규모

마케팅 비용 분석은 매출액 목표를 달성하더라도 마케팅 비용이 매출액 증가율보다 증가하였거나 경쟁업체에 비해 과다할 때 대책을 마련해야 한다. 다양한 품목을 취급하는 소매점은 상품별로 판매효율을 계산하여 적정 재고수준, 진열면적을 계산하여 통제할 필요가 있다. 재고수준을 통제하기 위해서 일반적으로 재고자산대비 이익률을 계산한다. 소매업계에서 교차비율이라고도 한다. 이것은 판매이익률과 재고회전율로 나누어서 분석할 수 있다. 할인점은 품목별 판매이익률보다 재고회전율을 중시한다.

재고자산대비 이익률 = 총이익 / 재고액

= (총이익 / 판매액) × (판매액 / 재고액)

= 판매이익률 × 재고회전율

성과지표는 마케팅 성과 평가 목적 및 기업의 상황을 종합적으로 고려하여 적절한 범주화를 통해 평가 지표를 선택해야 한다. 기업 실정에 맞는 수준에 평가 시스템을 만든 후 환경변화에 맞추어 평가 시스템을 개선하는 것이 바람직하다.

## 2. 마케팅 믹스와 글로벌 전략

### 2.1 상품과 가격

마케팅 믹스(marketing mix)는 마케팅의 전략과 방법을 결정하는 핵심요소들의 최적 조합이다. 마케팅 믹스의 개발은 전체적인 목표를 달성하기 위해 내부적으로 일관성 있고 상호 보완적인 계획을 마련하는데 목표를 둔 개선 과정이다. 마케팅 믹스 중에서 어느 한 요소를 변경하면 마케팅 믹스는 나머지 요소들도 수정해야 한다. 마케팅 믹스의 과정은 1단계 마케팅 믹스를 구성하는 핵심 요소를 결정한다. 2단계 각 요소에 대한 정량화를 통해 가능한 대안을 설정한다. 3단계 목적함수를 극대화하는 각 요소의 최적값이나 방식을 결정한다. 마지막 4단계에서 요소간 상호관계를 고려하여 전체적인 믹스를 조정한다.

상품 믹스(product mix)는 소매기관이 고객들에게 제공할 수 있는 적절한 상품의 조합으로 상품 구색이라 한다. 상품 관리의 핵심은 소비자가 원하는 상품을 얼마나 많이 갖출 것인가이다. 고려해야 할 요인은 상품의 매출, 수익성, 경쟁력을 분석한 후 새로운 상품의 추가, 포지셔닝 전략의 수

[표 11-1] 마케팅 믹스의 구성요인

| 4P | 분석요소 |
|---|---|
| Product(제품) | 제품특성, 수명주기, 제품계열, 상표 |
| Price(가격) | 가격설정, 가격조정/변경 |
| Place(유통) | 유통형태, 유통경로, 물류관리 |
| Promotion(촉진) | 광고/홍보, 판매원관리 |

립, 기존상품의 수정 또는 변경, 수익성 없는 상품의 철수 등으로 종합적으로 판단해야 한다.

상품 믹스의 넓이는 동일한 성능, 동일한 고객층·용도를 가지거나 동일한 가격대에 속하는 형식으로 서로 관련성이 있는 상품군을 말한다. 예를 들면 생활용품회사의 생활화학 세제류, 샴푸류, 화장품류, 구강 상품류 등이다. 상품 믹스의 길이는 상품 계열 내의 상품 수(세제류를 구성하는 상품 즉 비트, 뉴브, 참그린, 향포린스, 후레쉬 싱키 등)을 말한다. 그리고 상품 믹스의 깊이는 상품 계열 내의 상품이 갖는 가지 수(비트라는 상품의 종류 즉, 바르는 비트, 액체 비트, 분말 비트 등)를 말한다.

전형적인 제품수명주기는 도입기, 성장기, 성숙기, 쇠퇴기로 구분되며 이윤은 도입기에 적자였다가 성장기에 극대에 도달하고 점차 적어진다. 제품수명주기는 패션, 패드, 재주기형, 연속성장형 등 여러 가지 변형이 있다. 상품수명주기의 성장단계는 상품 특성이 중요하지만 성숙 단계에서 브랜드의 중요성이 높아진다.

가격(price)은 제품이나 서비스를 소유 또는 사용하는 대가로 지불해야 하는 금전적 가치이다. 가격은 제품의 품질에 대한 정보를 제공하며 가격은 수익을 결정하는 유일한 변수이며 쉽게 변경할 수 있어 경쟁 전략적 도구로 사용하기 쉽다는 특징이 있다.

[표 11-2] 제품수명주기에 따른 마케팅 전략

| 전략 | 도입기 | 성장기 | 성숙기 | 쇠퇴기 |
|---|---|---|---|---|
| 마케팅 목표 | 인지도 재고 및 판매증가 | 시장 점유율 확대 | 기존 점유율 유지 | 수확 또는 철수 |
| 제품 | 기본형태 | 품질개선, 서비스 향상 | 상표, 모델의 다양화 | 기여도 낮은 품목 철수 |
| 가격 | 고가격 혹은 저가격 | 경쟁고려 저가격 | 경쟁고려 방어적 가격 | 저가격 |
| 유통 | 선택적 유통 | 집약적 유통 | 유통망 방어 | 우량중간상만 유지 |
| 광고 | 조기 구매자 대상의 제품인지도 구축 | 일반소비자 대상의 인지도 관심도 구축 | 상표간 차이 및 제품 편익 강조 | 최소한의 광고 |
| 판매촉진 | 사용을 유도하기 위한 판매촉진 | 판매촉진 감소 | 고객을 빼앗기 위한 판매촉진 | 최저수준 유지 |

### 2.2 유통과 촉진

유통경로는 특정제품이나 서비스가 생산자로부터 최종소비자에게 전달하는 방법으로 제조업자→도매상→소매상→소비자로 이어지는 수직적 연계를 설계·관리한다. 산업혁명에 의해 야기된 초기산업사회에서 대량생산이 가능해지면서 생산과 소비가 분리되는 초보적인 유통기능이 발생하였다. 후기산업사회로 넘어가면서 제조업체가 생산기능을 수행하고, 유통업체는 유통기능을 수행하면서 경영의 분업화가 이루어졌다.

직접 유통경로는 도·소매상이 개입되지 않는 형태이다. 예를 들어 방문판매(야쿠르트, 학습교재, 화장품), 제조업자 운영 인터넷 상점(DELL) 등이 해당된다. 그리고 간접 유통경로는 제조업자와 소비자 사이에 관여하는 중간상인의 수에 따라 나누어진다. 소매상만 개입하는 형태(가전제품, 가구, 의류 등), 도매상이 개입하는 형태(식품, 의약품 등), 그리고 몇 개의 도매상이 개입하는 형태 등으로 구분할 수 있다.

인터넷 유통에서 제조업자 직영은 제조업자가 유통을 직접 경영하는 형태로 DELL컴퓨터가 대표적이었다. 인터넷 중간상은 제조업자와 소비자를 연결시켜주는 형태의 중간상으로 아마존, G마켓과 인터파크 등이 있다. 인터넷 브로커는 주문을 받아 제조업자나 유통상에 전달하는 역할을 하거나 또는 탐색과정을 도와주는 중간상이다. 인터넷 소매상은 독립 상점, 인터넷 쇼핑몰, 경매사이트, 포털사이트 내의 쇼핑몰, 오프라인을 지원하는 인터넷 사이트 등으로 구분할 수 있다.

한편, 홈쇼핑은 TV 광고를 통해 상품구매를 유도하는 소매방식이다. 유형은 직접 반응광고를 이용한 주문 방식과 홈쇼핑 채널을 이용한 주문 방식으로 구분한다. 홈쇼핑은 일반 오프라인 점포 쇼핑에 비해 편리성과 지리적 한계를 극복할 수 있다. 그렇지만 실제 확인하고 구매하는 것이 아니기 때문에 점포 내 쇼핑에 비해 인지된 위험이 증가한다.

촉진관리(promotion)는 고객에게 알리고, 구매하도록 설득하고, 구매를 유도하는 인센티브를 제공하여 판매를 촉진하는 마케팅 활동이다. 구매 의사 결정에 다양한 요소들이 영향을 미치기 때문에 소비자의 행동을 예측하기 매우 어렵다. 촉진은 상품을 소비자에게 알리고 경쟁 상품보다 선호하게 만들어 궁극적으로 구매하도록 유도하도록 마케팅 계획의 모든 광고 및 판매 노력을 포함한다.

촉진 믹스는 촉진목표 및 마케팅 목표 달성에 효과적일 수 있도록 촉진방법들간의 적절한 믹스를 구성해야 한다. 첫째, 광고(advertising)는 기업의 아이디어, 제품 또는 서비스에 대한 메시지를 비인적 매체를 통해 소비자에게 제시하는 모든 활동이다. 효과적인 메시지는 주의를 끌어서 흥미를 유발하고, 욕구를 자극하여 구매행동을 이끌어낼 수 있어야 한다. 메시지 전략은 메시지의 결론을 제시할 것인가 아니면 그냥 청중에게 맡기는가에 대한 선택을 해야 한다. 도달률(reach)은 일정 기간 동안 광고에 노출된 표적소비자의 비율이다. 그리고 도달빈도는 표적시장의 소비자들이 광고에 평균적으로 몇 회 노출되었는가이다.

총 노출점수(gross rating points) = 도달률 × 도달빈도

둘째, 인적판매(personal selling)는 판매원이 예상고객과 직접 접촉하여 서로 대화를 나누면서 판매를 일으키는 활동이다. 보상 및 동기부여가 필요한데 판매원은 안정적인 수입, 노력에 대한 인정, 경험과 근속 연수에 따른 공정한 보상을 요구한다. 기업은 감독과 통제, 비용절감 등을 이룰 수 있다. 그렇지만 고정급이나 성과급은 판매원과 회사의 이해 관계가 충돌할 수 있으므로 혼합형이 유리하다.

셋째, 홍보활동(PR)은 기업이나 특정 단체가 언론 등 매체와의 커뮤니케이션 활동으로 기업의 아이디어나 계획, 활동, 업적 등을 널리 알리는 활동이다. 기업이 실행하는 대언론 활동, 사내외 커뮤니케이션, 국회의원들에 대한 입법활동이나 정부관료들의 규제에 대한 합법적 설득활동, 경영층에게 사회적 이슈나 기업이미지의 조언 등을 포함한다. 주로 광고주가 대금을 지급하지 않으면서도 라디오, TV, 신문 등과 같은 대중매체를 통하여 제품이나 서비스 또는 기업체에 관해 뉴스 또는 기사로 보도하여 수요를 자극한다. 홍보는 PR의 한 수단으로 자사의 비용을 들이지 않고 기업이나 제품을 매체의 기사나 뉴스로 소비자에게 알리는 것이다.

넷째, 판매촉진은 광고, 인적판매, 홍보활동 들을 제외한 촉진활동이다. 소비자의 판매와 자사제품을 취급하는 상품전시나 진열 또는 전람회 등과 같은 활동이다.

**[표 11-3] 촉진관리의 형태별 특징**

| | 범위 | 비용 | 장점 | 단점 |
|---|---|---|---|---|
| **광고** | 대중 | 고가 | 메시지 통제 가능<br>다수 대중에 전달 | 효과측정 어렵다<br>정보의 양이 제한 |
| **인적판매** | 개별고객 | 고가 | 정보의 양과 질<br>즉각적 피드백 | 높은 비용<br>오랜 시간 |
| **판촉** | 대중 | 보통 | 즉각효과, 측정용이, 시행용이 | 모방이 쉽다<br>단기적 효과 |
| **PR** | 대중 | 무료 | 신뢰도가 높다 | 통제가 어렵다<br>간접적 효과 |

## 2.3 글로벌 전략

글로벌화(globalization)는 전세계 시장을 하나로 보고 통합된 전략을 수립하는 것을 의미한다. 제품, 기술, 서비스, 인적자원, 자본 등이 자유롭게 이동한다. 글로벌화의 요인은 수요의 동질화(인터넷, 소득증대), 규모의 경제(자본집약적 생산방식), 기술진보(높은 연구개발비), 무역장벽의 감소(GATT, WTO, FTA), 자유로운 자본이동 등이다.

수출은 간접수출, 직접수출, 계약수출(OEM: Original Equipment Manufacturing)로 구분한다. 현지진출은 다국적 기업(MNC: Multi-National Corporation), 해외간접투자, 해외직접투자, 기술이전(licensing과 management), 해외건설로 구성한다. 글로벌기업인 무국적/초국적 기업의 경영전략은 본국 중심(ethnocentrism), 현지국 중심(polycentrism), 지역별 중심(regiocentrism), 글로벌 중심(geocentrism) 등을 지향한다.

지난 1973년 브레튼우즈 체제의 붕괴로 국제 결제의 중심이 금에서 달러로 완전히 이동하였고 달러의 유통량과 교환비율에 의하여 국제 경제는 영향을 받고 있다. 이후 신용중심의 국제사회 정착을 위하여 국제통화기금(IMF)과 세계무역기구(WTO)가 각종 규정을 만들어 자본거래와 실물거래(무역)의 자유화를 주도하고 있다. 특히 기존 관세 및 무역에 관한 일반협정(GATT)체제를 대체한 세계무역기구는 작은 조직에도 불구하고 국제연합 다음으로 국제거래에서 막대한 영향력을 행사한다.

각 국가는 그 영향력을 상쇄하기 위하여 가장 강력한 국가연합으로 블록경제를 구축하거나 일반적인 특혜 무역 협정, 자유 무역 협정(NAFTA), 관세동맹 및 공동 시장(EEC) 등으로 공동대응하고 있다. 만일 세계 경제의 3대축인 극동아시아 국가들이 단일 경제권을 형성할 수 있다면, 지역의 평화와 경제발전을 안정적으로 유지할 수 있다. 그러나 오랜 역사적인 갈등과 지정학적인 특성은 현실적으로 블록경제의 형성을 지연시키고 있다.

따라서 국내 주변국가의 패권주의에 대한 대응방안으로 다양한 전세계 국가와 자유무역협정(FTA)을 체결하여 교역시장을 확대하고 있다. 협정의 잠재 대상국 중에서 아세안(ASEAN)은 동남아시아 10개국의 정치, 경제 및 문화 공동체이면서 한반도 면적의 20배, 인구 7억의 거대한 시장이다. 이들 회원 국가들은 사회인프라의 지속적인 확충과 급속한 경제성장으로 저부가가치 단순 제조업 중심에서 국가별 잠재자원을 바탕으로 서비스산업을 확대하고 있다.

과거 동남 아시아 국가들은 풍부한 천연자원이나 열대농업을 중심으로 발전하면서 지리적인 여건을 활용한 유통과 관광 서비스로 국가발전을 견인하였다. 그러나 2000년대 이후 고부가가치 지식서비스 산업인 금융, 의료 및 교육 분야를 주력 부분으로 하면서 성장하고 있다. 이러한 서비스 산업의 발전은 국가 자체의 정책적인 노력과 글로벌 네트워크를 가진 다국적 기업을 기반으로 한다. 이미 동남아 국가는 국제수준의 의료 및 교육서비스 기관을 유치하였고 세계적인 전시회나 국제회의를 개최하고 있다.

동남아 국가의 경제성장에서 기회를 엿보고 있는 우리나라도 아세안+3국(한국, 중국과 일본) 회의에 참여하면서 자유로운 교역을 위한 시장 진출의 기회를 찾고 있다. 지난 해 12월 한국과 아세안 국가간 정상회담은 자유무역협정을 위한 정책의 연장선에서 이루어졌다. 한류열풍으로 국내 제품에 대한 선호가 높아지면서 상품 수출뿐 아니라 유통, 프랜차이즈, 금융 등 서비스업종도 적극적으로 진출을 시도하고 있다. 향후 대표적인 신흥시장인 아세안이 우리나라와 자유무역협정을 체결하여 인적·물적 교류를 확대할 것이다.

## 3. CRM관리

### 3.1 CRM마케팅 전략

고객관계관리(customer relationship management, CRM)는 고객에 대한 정보를 수집하여 분석한 후 고객을 적극적으로 관리하고 유지하려는 활동이다. 기업들은 마케팅 조사를 통하여 데이터를 수집하고 수집된 데이터를 보관하고 분석하여 고객의 요구를 즉시 파악하고 대응한다. CRM의 특징은 시장 점유율보다 고객 점유율에 비중을 두고, 고객획득보다 고객유지에 중점을 둔다.

**[표 11-4] 마케팅 과정**

| 단 계 | 목 적 | 기 능 |
|---|---|---|
| 초기단계 | 기업 서비스에 대한 관심 | 전통 마케팅 |
| 구매과정 | 일반적인 관심을 판매로 변경 | 전통 마케팅과 상호 마케팅 |
| 소비과정 | 재판매, 일괄판매, 고객관계 | 상호 마케팅 |

고객관리는 일반적으로 고객확보, 고객유지, 전략적인 고객관리 등의 3단계로 발전한다. 고객확보 단계에서 기업들은 고객 유치 및 확보에 관심을 기울일 뿐 고객을 어떻게 지켜나갈지 별 관심이 없다. 백화점이 고객을 유치하기 위해 카드를 대량으로 발행하는 경우이다. 고객 유지 단계는 고객확보에서 한걸음 나아가 고객과의 관계형성 그리고 고객을 어떻게 대하고 고객들과

의 비지니스를 어떻게 할 것인지 관심을 기울인다. 백화점이 이용실적이 많은 카드회원을 대상으로 한 음악회를 개최한다. 그리고 전략적 고객 관리는 고객을 자산으로 보고 전략을 수립하여 시행한다. 고객을 세분화시키고 그에 맞는 차별화된 상품과 서비스를 제공한다.

CRM마케팅은 제품 및 브랜드 관리, 웹 마케팅, 원투원 마케팅, 텔레 마케팅, 마케팅 분석, 마케팅 관리 등을 진행한다. 고객의 유치(attraction)는 관계마케팅을 수행하는 기업에게 구전효과에 의한 신규고객의 유치가 용이하고 장기고객이 될 가능성이 높다. 고객의 유지(retention)는 일단 기업과 관계를 맺으면 고객들은 기본적으로 정직한 제품이나 서비스, 가치를 제공하는 기업과 관계를 유지하려 한다. 관계의 고양(enhancement)으로 충성고객이 보다 많은 제품이나 서비스를 구매하는 바람직한 고객이다. 이러한 충성고객은 기업에게 사업의 확고한 토대가 될 뿐만 아니라 향후 성장의 잠재력을 나타내준다.

CRM시스템에서 목표그룹 생성은 고객 데이터를 통해 제품 특성별 프로파일로 생성한다. 세그먼트 빌더(Segment Builder)툴을 이용하여 조건에 맞는 샘플 비지니스 파트너(Sample Business Partner)를 추출한다. 트랜잭션 데이터(Transaction Data)는 분석 CRM에 축적되고 통합된다.

**[그림 11-5] 고객관계관리 이벤트**

### 3.2 CRM영업과 보상관리

CRM영업은 모바일 세일즈, 영업 관리, 인터넷 세일즈, 주요 고객 관리, 영업 지원 등으로 구성된다. 영업계획 수립은 경쟁사에 대한 정보, 주된 판매 제품, 추진 팀의 설정, 파트너 및 접촉 고객 등에 대한 전반적인 계획 수립한다. 고객정보관리는 고객과 관련된 데이터를 관리한다. 영업조직의 자동화(Sales Force Automation)는 기존고객 및 잠재고객의 요청 사항, 구매정보, 취향 등의 고객에 관한 전보 및 대 고객 영업전략 등을 전사적으로 관리한다. 영업조직은 매일 자세한 영업 정보를 입력하고, 이들 정보를 종합해서 현재 영업 상태를 파악한다. 달력(calender)기능을 사용하여 영업활동을 계획한다. 영업 사원의 성과급 측정에 있어서 근거를 제공한다. 영업활동 모니터링을 통해 향후 계획 수립 시 참고 가능하다.

[그림 11-6] CRM영업관리

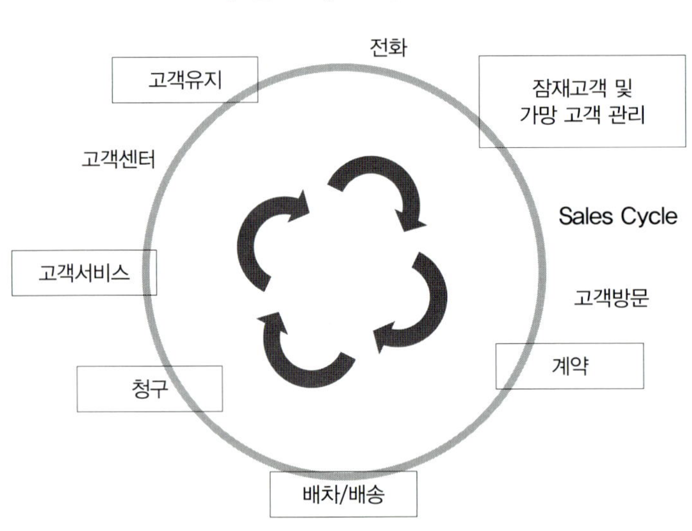


그리고 콜센터에 고객의 문의가 오면 고객의 발신 전화 번호를 추적하여 회사의 데이터 베이스에서 고객에 관한 각종 정보를 추출한다. 상담원은 컴퓨터 화면에 표시되어 있는 정보를 이용하여 신속하게 대응할 수 있다. CRM 콜센터는 Contact center의 효율성 증대, 대리인 교육에 대한 요구사항의 축소, 이직률 감소로 관리비용 절감, 고객에 대한 일관된 서비스 대응체계 수립 및 매출 증대 등에 활용한다. 또한 CTI(Computer Telephony Integration)는 컴퓨터와 전화를 통합하여 전화업무와 컴퓨터 업무를 하나로 처리한다. 최근 CTI가 수백 회선의 전화를 한꺼번에 받거나 자동으로 고객에게 전화하는 것이 가능하다.

[그림 11-7] 스마트가 펼치는 세상

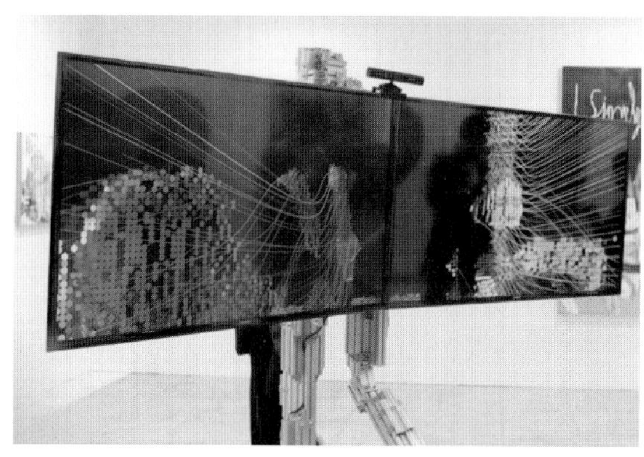

보상서비스는 여러 가지 서비스에 의한 특전을 제공하여 구매활동을 유도하는 방법이다. 구매에 동반한 특전은 무형의 점검이나 무료 배달이라는 서비스도 포함한다. 제품이 성숙기에 들면서 차별성이 사라져서 서비스에 대한 다양한 특전을 제공해야 한다. 그리고 공급 과잉의 성숙기에 제품간의 품질의 차이가 발생하기 않기 때문에 서비스에 의한 차별화가 중요하다.

통합적 고객관리는 포인트 적립제를 통합하여 분산되었던 고객 데이터를 일괄적으로 관리하고 분석할 수 있다. 통합 데이터베이스 관리로 개별 고객의 인구통계학적 정보, 거래 기록 및 다양한 소비 형태와 선호를 파악할 수 있다. 이를 바탕으로 다각적인 기준에서 우량 고객들을 선별하고 관리할 수 있다.

우량 고객 세분화는 우량 고객들이 기업성과에 미치는 영향이 크기 때문에 거래의 지속성을 유지해야 한다. 이를 위하여 고객을 세분화하고, 세분화된 그룹별로 차별화된 고객충성 전략을 구사한다. 기업이 상대하는 모든 고객들을 대상으로 고객충성의 수준을 평가할 수 있는 지표를 구축하여 고객이 원하는 바를 파악할 수 있다. 우량 고객을 정확히 선별하면서 다른 고객과의 형평성을 깨뜨리지 않도록 해야 한다.

다양한 보상서비스가 고객관계관리의 관점에서 실행되고 있다. 우선 서비스 보증은 고객충성의 강화, 시장점유율의 확대, 서비스품질 개선의 측면에서 이루어진다. 소비자는 서비스 보증을 통하여 구매 비용에 대한 부담을 극복시켜서 서비스 구매에 따르는 위험을 감소시킨다.

둘째, 스탬프 제도는 일정 구입 금액에 상당하는 스탬프를 모아서 규정된 종이에 부착하여 제시하거나 송부하면 준비된 경품을 받을 수 있다. 스탬프 카드를 이용하여 구매액에 다라 보너스 점수를 매겨 재방문 수요를 창출하는 방법으로 충성도가 높은 우수고객인 단골 손님의 증가를 지향하는 충성도 프로그램이다.

[표 11-5] 우량고객 세분화

| 세분집단 | 특성 | 대응방안 |
|---|---|---|
| 이방인 그룹 | 수익에 미치는 영향도 미미하고 가끔 거래하는 비우량고객 | 고객 관리의 대상에서 제외 |
| 나비 그룹 | 거래 규모가 커서 수익에 기여하지만 일시적 거래의 비우량 고객 | 거래 규모에 현혹되지 말아야 함 |
| 진정한 친구 그룹 | 수익 창출에 크게 기여하며 잦은 거래 실적의 우량 고객 | 지속적인 관계 유지 |
| 옹고집 그룹 | 거래 금액이 작아서 수익에 기여하지 않는 잦은 거래 고객 | 구매력이 작은 경우와 구매 빈도가 적은 경우를 차별적으로 관리 |

셋째, 회원제도는 상품구입자를 대상으로 여러 가지 특전을 얻을 수 있는 회원조직 및 제도에 가입시켜서 고객의 고정화를 촉진한다. 치열한 시장 세분화 시대에서 실적이 우수한 고객을 확보하여 자사의 고객으로 유지 및 관리할 수 있는 전략이다.

넷째, 포인트 적립은 이용실적에 일정률을 적용하여 적립하는 방법이다. 이 방법은 모든 가맹점에서 동일한 비율로 적립되기 때문에 고객이 쉽게 계산할 수 있다. 이와 동시에 가맹점 업종에 따라 포인트 적립률을 달리하는 방법도 등장하였다.

### 3.3 고객서비스 평가

서비스는 자동차나 컴퓨터처럼 만질 수 있는 유형제품과는 차이가 있다. 그 자체가 정량적 측정이 어렵고, 서비스 형태, 시간, 공간 차이 등에 따라 품질이 변화될 수 있다. 서비스-고객간 상호작용(interaction)이 발생하면서 고객에 따라 서비스가 변화한다. 서비스 품질의 기준과 평가는 서비스의 성격, 서비스 시스템의 목적에 따라 적합한 기준과 지표를 사용해야 한다. 따라서 평가지표는 고객의 기대나 요구를 만족시키는 사용 적합성과 서비스가 시간이나 공간에 관계없이 안정적으로 제공되는 일관성이 있어야 한다.

서비스 측정의 기법으로 제공자 중심의 기법은 제공자가 실제로 하고 있는 서비스의 품질을 직접 평가한다. 지표 선정은 품질관리의 핵심적 항목을 확인하고 그 수준을 측정할 수 있어야 한다. 측정 지표의 상대적 중요도인 가중치(weight)를 결정하여 측정하고, 지표별 실제값에 가중치를 곱하여 가중합을 계산한다. 평가결과를 토대로 가중치가 높은 지표에 우선순위를 두고 문제점을 파악한 후 시간에 따른 동태적 변화(개선)를 관리한다. 고객 중심의 기법은 고객의 기대

[그림 11-8] SERVQUAL 모형의 서비스 품질평가

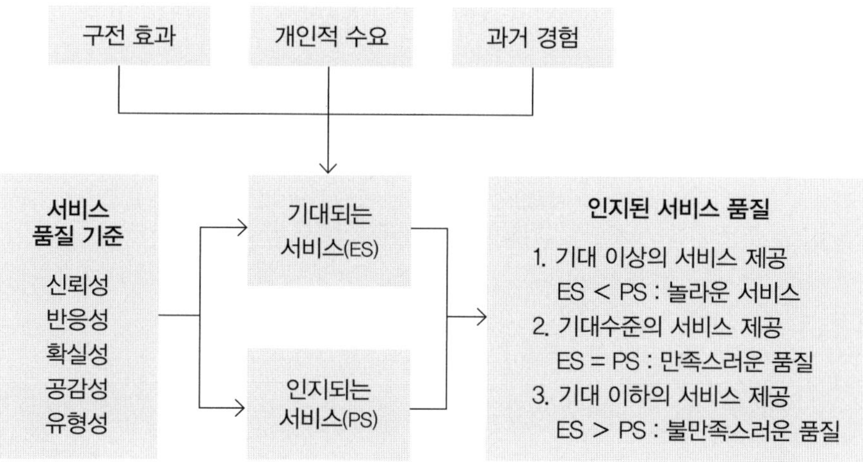


와 요구를 중심으로 서비스의 품질 수준을 평가한다. 고객 입장에서 지표를 개발하고 고객 참여로 평가하여 결과를 도출한다.

SERVQUAL 기법은 고객의 기대품질과 인식품질 간의 차이(gap)를 측정한다. 품질 측정은 고객의 기대 서비스 품질(ES)과 인지된 서비스 품질(PS)의 차이로 계산한다. 사전에 기대 서비스 품질이 주어지고 설문을 통하여 인지된 서비스 품질을 조사한다.

SERVQUAL 점수 = 고객의 인지점수(PS) − 고객의 기대점수(ES)

평가결과는 문제의 발생 원천, 문제의 성격과 원인, 강점과 약점, 해결방안을 모색하는데 활용한다. 평가는 주기적 반복측정하여 품질 수준 및 방향을 동태적으로 분석한다. 그리고 조직간, 경쟁사간 서비스 품질을 비교하여 벤치마킹 대상과 수준을 결정한다.

국가고객만족도(National Customer Satisfaction Index: NCSI)는 국내의 최종소비자에게 판매되는 제품 및 서비스를 직접 사용한 경험이 있는 고객에게 직접 평가한 만족수준을 측정하여 계량화한 지표이다. NCSI의 최소 측정단위는 개별기업이 생산하는 제품 또는 제품군(Product Line)이며, 측정결과는 개별기업(Company Level), 산업별(Industry Level), 경제부문별(Economic Sector Level) 그리고 국가(Nation Level) 단위로 발표한다. NCSI 모델은 제품 및 서비스에 대한 고객의 기대수준, 인지품질수준, 인지가치수준, 종합만족수준, 고객불만수준, 고객충성도, 고객유지율로 구성되며, 모델 구성 요소간 인과관계를 종합적으로 분석할 수 있다.

미국 미시간대학(University of Michigan) 경영대학원 산하 국가품질연구센터(National Quality Research Center)에서 개발하여 1994년도부터 발표하는 ACSI 측정방법론과 모델을 기반으로 한다. 국가고객만족도 지수는 전세계적으로 동일한 방법을 사용하여 활용되기 때문에 국내외 기업간 제품과 서비스 만족도를 비교하여 볼 수 있다.

[그림 11-9] 국가고객만족도 모델

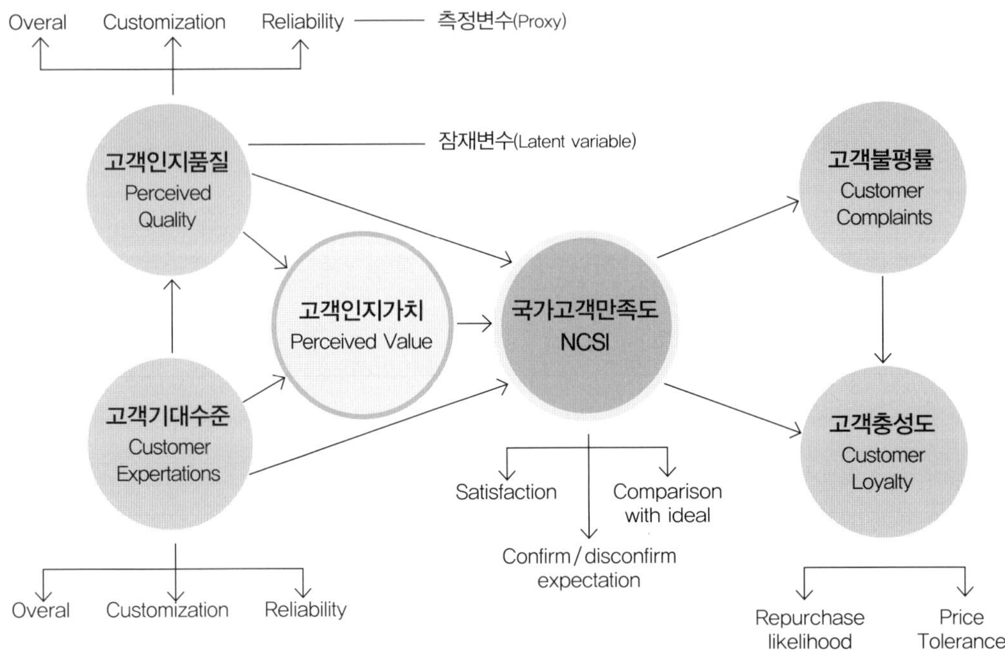


자료 : 한국생산성본부

# 요약정리

- 마케팅 관리는 기업의 목표를 결정하고 시장을 세분화, 목표시장 선정, 마케팅 믹스를 구성한 후 마케팅 활동을 조정하고 통제하는 과정이다. 마케팅 전략은 시장세분화, 표적시장 선정, 그리고 포지셔닝이 필요하다. 마케팅 조사는 시장 환경의 불확실한 상황을 명확하게 이해하여 내재된 불확실성을 줄이거나 제거하기 위하여 실시한다. 마케팅이 직면하고 있는 문제를 명확히 정의하고 이와 관련된 자료를 수집하고 분석하여 적절한 의사결정을 할 수 있도록 해주는 과정이다. 일반적으로 마케팅 성과는 매출액이나 이익률로 측정한다. 성과지표는 마케팅 성과 평가 목적 및 기업의 상황을 종합적으로 고려하여 적절한 범주화를 통해 평가 지표를 선택해야 한다.

- 마케팅 믹스는 마케팅의 전략과 방법을 결정하는 핵심요소들의 최적 조합이다. 상품 믹스는 소매기관이 고객들에게 제공할 수 있는 적절한 상품의 조합으로 상품 구색이라 한다. 가격은 제품이나 서비스를 소유 또는 사용하는 대가로 지불해야 하는 금전적 가치이다. 가격은 쉽게 변경할 수 있어 경쟁 전략적 도구로 사용하기 쉽다. 유통경로는 특정제품이나 서비스가 생산자로부터 최종소비자에게 전달하는 방법이다. 촉진관리(promotion)는 고객에게 알리고, 구매하도록 설득하고, 구매를 유도하는 인센티브를 제공하여 판매를 촉진하는 마케팅 활동이다. 상품을 소비자에게 알리고 경쟁 상품보다 선호하게 만들어 궁극적으로 구매하도록 유도한다.

- 고객관계관리는 고객에 대해 수집한 정보를 분석한 후 효과적으로 활용 고객을 적극적으로 관리하고 유지, 결과적으로 고객의 가치를 극대화시키는 활동이다. CRM마케팅은 제품 및 브랜드 관리, 웹 마케팅, 원투원 마케팅, 텔레 마케팅, 마케팅 분석, 마케팅 관리 등을 진행한다. CRM영업은 모바일 세일즈, 영업 관리, 인터넷 세일즈, 주요 고객 관리, 영업 지원 등으로 구성된다. 인터넷 세일즈는 콜 센터의 기능을 활용하여 다양한 텔레 세일즈 활동을 수행하며, 인터넷 세일즈와의 통합적인 제품 카달로그 관리 및 기능을 공유한다. 서비스제도는 여러 가지 서비스에 의한 특전을 제공하여 구매활동을 유도하는 방법이다.

# 토론과 연습문제

1. 마케팅 전략을 수립할 때 고려해야 할 사항은 무엇인가?

2. 마케팅 분석에서 시장점유율을 사용할 경우 발생할 수 있는 문제는 무엇인가?

3. 당신은 페이스북 또는 블로그에 사업계획서를 작성하여 QR 코드로 정보를 홍보하고 있습니다. 향후 사업을 추진하려는 제품이나 서비스가 제품수명주기상 도입기라면 어떤 가격정책을 선택할 것인가?

4. 글로벌 전략에서 환율이 수익에 미치는 영향을 무엇인가?

5. 빅데이터가 CRM에 미치는 영향은 무엇인가?

6. 국가고객만족도 평가가 제품의 구매에 미치는 영향을 논하시오.

## 참고문헌과 인터넷

구기동, 김홍유, 심기준(2018), 경영학의 이해, 신구문화사.

James A. Fitzsimmons, Mona J. Fitzsimmons(2003), Service Management, Irwin/McGraw-Hill.

http://www.ncsi.or.kr

제 12 장

# 재무 · 회계관리

### 학습목표

1. 기업의 회계작성과 재무관리를 이해할 수 있다.
2. 재무제표를 분석하여 기업을 평가할 수 있다.
3. 자금의 조달과 운용을 위한 금융시장을 이해할 수 있다.

### 학습내용

1. 회계재무 활동
2. 재무제표 분석
3. 금융회사와 금융시장

### 기업의 투명성을 위한 회계제도

독일 프랑크푸르트에서 근무할 때 고객으로 국내기업이 있었다. 1997년 당시 프랑크푸르트 회사는 한국의 은행에서 발행한 수표를 받지 말라고 통보하였다. 나중에 보니 우리나라에 외환위기가 왔었다. 해외에서 이미 한국의 회계기준이 안 좋은 사실을 알고 있었다. 분식회계가 많아서 기업의 경영투명성이 선진국보다 현저히 떨어진다는 것도 알았다.

과거 은행들은 손실이 나면 안된다고 생각하였다. 예를 들면 1990년대 중반까지 재경부나 금융감독원이 100억 원의 평가손실이 발생하면 전체를 기록하지 않고 평가손실을 30억으로 기록하였다. 그런 부실이 내부에 쌓였고 해외에서 이런 사실을 알게 되자 수표를 안 받는 원인이 되었다. 미국의 경우 월드콤과 엔론 사태 이후 사베인스 악슬리 법 등의 강력한 법안을 발의하였고, 이런 대외환경이 우리나라 회계환경에 대한 변화를 초래하였다.

기업회계의 투명성이 제고될 때 기업가치가 올라가고 내부 회계관리나 통제제도가 건전화되어 기업가치를 상승시킨다. 반면에 내부회계 관리제도, 공시가 잘못될 경우 외부 감사인, 규제당국의 제제를 받을 위험이 커지고, 기업가치가 하락하면서 주주들에게 집단소송을 제기당하게 된다.

내부회계관리제도가 효과적으로 운용되면 기업을 믿고 신뢰할 수 있다. 통상 내부회계관리제도는 4단계로 나눈다.

레벨 1은 내부회계관리제도가 이루어지지 않는다.

레벨 2는 인지는 되어 있으나 구축화가 안 되었고 임·직원들의 권한과 책임, 의무를 명확하게 이해하지 못한다.

레벨 3은 내부통제를 적절히 문서화하여 임·직원들에게 책임과 권한을 인식시키고, 모니터링을 통하여 관리제도를 유지하면서 외부감사법이 요구하는 최소 수준을 충족한다.

레벨 4는 레벨 3은 기본이고 추가로 통합적 내부통제 평가 및 이용관리 프로세스가 존재해야 한다. 또한 상시 감시 및 모니터링을 위하여 IT시스템을 구축해야 한다.

내부회계관리제도는 기업운영의 효과성을 확보하고, 재무적 신뢰성의 획득과 관련법규를 준수하는 데 있다. 재무상태표와 손익계산서의 계정 금액을 확인하고 산출되는 과정을 역추적하여 이 금액이 어떤 과정으로 산출되었는지 확인해야 한다.

국제회계기준(IFRS)은 EU를 통합하면서 국가간 회계기준의 차이로 이를 통합하는 과정에서 시작된 개념이다. 우리나라나 미국은 기준 중심의 회계로 유형자산의 감가상각(정률법, 정액법)을 할 때 매기 계속 적용한다고 명시하지만, 국제회계기준은 회사의 감가상각을 합리적인 방법으로 해야 한다고만 되어 있다.

회사가 감가상각방법으로 정률법을 채택했으면 왜 선택하였는지 회사가 합리적 확신을 갖도록 입증해야 한다. 또한 국제회계기준은 전년도에 정률법이 합리적이지 않았다고 판단하면 차년도에 정액법으로 바꿀 수 있다. 회사가 적용하고 해석할 때 상당히 높은 수준의 판단으로 합리적인 방법을 찾아야 한다. 예를 들어 법률적으로 스포츠 웨어를 백화점에 납품하는 순간에 수익이 발생하지만, 경제적으로 실질수익은 백화점에서 소비자에게 판매하는 순간에 발생한다.

# 1. 회계·재무활동

## 1.1 재무활동 : 자본조달

재무활동은 재무상태표의 자본 및 부채계정에서 차입이나 증자 등의 유입활동과 차입금 상환이나 현금배당금 지급 등의 유출활동이다. 부채는 어느 정도 사용하는 것이 좋은가? 부채를 전혀 사용하지 않는 것보다는 적정수준의 부채사용이 기업가치 증대에 도움이 될 수 있다. 노벨 경제학상을 수상한 모딜리아니와 밀러(Modigliani and Miller)는 이자 비용의 법인세 감면효과로 부채를 많이 사용하는 것이 기업가치를 극대화시킨다고 주장하였다. 부채사용이 증가되면 도산위험이 증가하는데 MM의 주장은 이같은 현실을 반영하지 못하고 있다.

현실적으로 기업은 법인세 납부 의무가 있고, 부채가 증가하면 도산위험이 증가하는 경향이 있다. 도산위험이 미미한 상황은 부채비율이 클수록 가중평균자본비용을 하락시킨다. 그러나, 부채비율이 높아지면 도산비용의 영향으로 가중평균자본비용의 하락세는 반전되어 증가세로 전환된다. 즉, 부채비중이 높아지면 타인자본비용과 도산비용의 합계가 증가하면서 무한정 부채를 사용하는 것도 바람직하지 않다. 타인자본비용과 도산비용의 합이 최저가 되는 최적부채비율이 기업가치를 극대화시킨다.

**[그림 12-1] 법인세 및 도산비용의 존재와 최적부채비율**

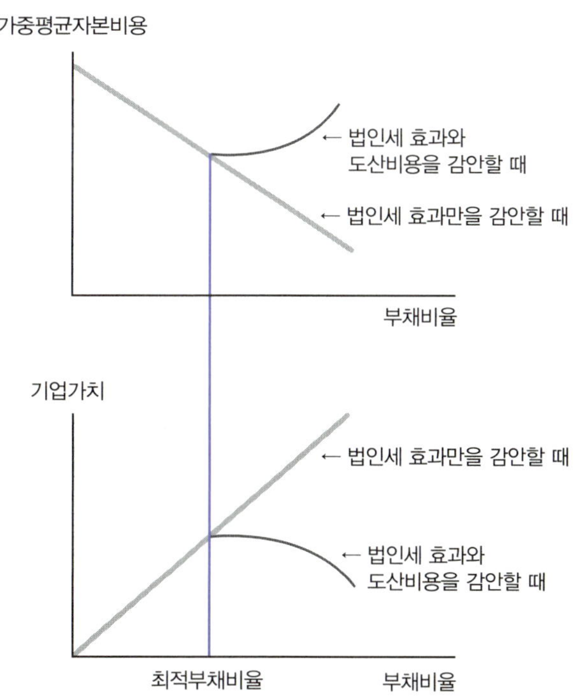


도산위험은 기업의 특성에 따라 또는 경기변동에 따라 달라진다. 예를 들어 중소기업은 대기업에 비하여 도산위험이 높으며, 불황이 되면 대부분 기업의 도산위험은 높아진다. 이것은 최적부채비율 역시 기업의 특성 및 경기변동에 따라 다르다는 것이다. 그러나, 대체로 100~200%의 부채비율이 적정하다는 견해가 지배적이다.

자본비용은 기업은 영업활동에 필요한 자금 및 신규투자 자금을 조달해야 하는데 이때 부채나 자기자본 등 자금조달의 원천을 불문하고 자금사용에 대한 대가를 지불해야 한다. 자본제공자의 요구수익률은 비슷한 조건의 다른 곳에 투자할 경우 얻을 수 있는 기회비용으로 기업의 자본비용과 투자자의 요구수익률은 동일하다. 기업의 투자안평가시 투자에서 발생하는 미래의 현금흐름을 현가로 환산하는데 적용되는 적정할인율이 자본환원율이다.

타인자본비용은 채권자의 요구수익률로 부채만을 대상으로 한다. 대차대조표의 부채항목 중에서 외상매입금처럼 영업활동에서 발생하는 부채는 실제 측정이 곤란하여 자본비용에서 제외한다. 반면에 리스를 이용하면 타인자본조달의 효과로 인하여 자본비용으로 계산한다. 자기자본비용은 주주가 특정기업의 주식에 투자할 때 기대되는 수익률로 보통주의 자본비용이다. 미래의 현금흐름이 타인자본의 이자처럼 미리 정해져 있지 않기 때문에 타인자본에 비해서 측정하기 어렵다.

자기자본비용의 측정방법으로 배당성장모형은 미래 배당수입의 현가로 보통주를 평가하는 방법이다.

$$P_0 = \frac{D_0(1+g)}{k-g}$$

여기서, D = 최근년도 배당액, P = 주식가치, g = 성장률

또한 주식의 기대수익률은 주주가 부담하는 위험보상으로 증권시장선(security market line, SML)으로 측정할 수 있다.

$$k = R_f + \beta_e [E(R_m) - R_f]$$

여기서, $E(R_m)$ = 기대수익률 or 시장수익률, $R_f$ = 국채수익률, $\beta_e$ = 주식의 체계적 위험

재무레버리지 분석은 자금조달계획으로 상업화에 필요한 자본 중 타인자본의 증감이 매출과 이익에 미치는 영향을 분석한다. 부채를 증가시키는 재무레버리지는 투자수익성과 위험도간의 교환관계를 볼 때 위험이 증가하면 투자수익성도 증가한다. 따라서 높은 영업이익이 예상되면 자기자본과 타인자본을 함께 사용하고, 낮은 영업이익이 예상되면 자기자본만 사용한다. 재무레버리지는 금융비용이 당기순이익에 미치는 영향을 분석한다.

$$\text{재무레버리지도(DFL)} = \text{당기순이익 변화율} / \text{영업이익 변화율}$$
$$= \text{영업이익} / (\text{영업이익} - \text{지급이자})$$
$$= \text{영업이익} / \text{세전이익}$$

자본분기점(Financial Break-Even Point: FBEP) 분석은 다양한 자본 조달 방식에서 주당순이익(Earnings Per Share: EPS)를 동일하게 하는 영업이익의 수준을 계산한다.

$$\frac{(\text{자본분기점} - I_1)(1 - T_1)}{N_1} = \frac{(\text{자본분기점} - I_2)(1 - T_2)}{N_2}$$

여기서, I : 고정재무비용, T : 법인세율, N : 발행주식수

### 1.2 투자활동: 자금운용

투자활동은 자산에서 각종 자산에 대한 매각이나 취득에 따른 현금유출입에 대한 활동이다. 기업은 조달된 자금으로 생산설비시장 및 원재료시장에서 필요한 설비나 원자재를 조달한다. 미래수익과 미래현금흐름을 창출하는데 필요한 자원의 확보를 위하여 지출한다.

투자결정에 활용되는 투자안 평가는 회수기간법, 순현가법, 내부수익률법, 그리고 수익성지수 등이 있다. 회수기간법은 초기의 투자를 회수하는데 걸리는 시간으로 회수기간이 짧을수록 바람직하다. 최초 투자금액을 회수하는데 기간이 투자결정의 기준이다. 이해 및 사용의 용이성, 정교한 기법의 적용에 앞서 일차적인 기준으로 자주 사용된다. 그렇지만 회수기간 동안 발생하는 현금흐름의 내용을 고려하지 않고 회수기간 이후의 현금흐름을 고려하지 못한다.

**[표 12-1] 투자 평가기법의 비교**

| 종 류 | 정 의 | 투자안 채택 | 기 타 |
|---|---|---|---|
| 순현재가치법 | 미래현금흐름의 현재가치 | 순현재가치가 0보다 클 때 투자 | 주요 평가수단 |
| 내부수익률법 | 미래현금흐름의 현재가치와 최초 투자액을 동일하게 하는 할인율 | 내부수익률이 가중평균 자본비용보다 높을 때 투자 | 보조 평가수단 |
| 회수기간법 | 최초 투자금액을 회수하는데 걸리는 기간 | 회수기간이 짧을수록 투자 | 보조 평가수단 |

순현가법은 미래의 현금 유입의 현재가치 합에서 현금 유출의 현재가치를 뺀 값이다. 순현재가치(net present value, NPV)는 미래현금흐름의 현재가치에서 최초 투자예상액을 뺀 것이다. 순현재가치는 새로운 투자에서 기대되는 기업가치의 증가분이다. 순현재가치의 크기가 가장 큰 대안이 투자대상이다.

내부수익률법(internal rate of return, IRR)은 현금 유입의 현재가치와 현금 유출의 현재가치를 같게 만드는 할인율이다. 즉, 투자에서 얻을 수 있는 미래현금흐름의 현재가치와 최초 투자금액을 동일하게 하는 할인율이다. 투자수익률로 IRR이 클수록 바람직한 대안이다.

수익성지수(Profitability Index: PI)는 현금 유입의 순현가를 현금 유출의 순현가로 나누어 계산한다. 비율로 표시되기 때문에 상대적인 크기의 차이를 알 수 있다. 수익성지수가 1보다 크면 순현재가치는 +의 값으로 경제성이 있고, 1보다 작으면 순현재가치가 −값으로 경제성이 없다.

PI = 현금 유입의 순현가 합계 / 현금 유출의 순현가 합계

결합레버리지는 매출액의 변동이 주당이익에 미치는 변화율을 의미한다. 결합레버리지는 영업레버리지와 재무레버리지를 결합하여 매출액->영업이익->주당이익의 관계를 동시에 고려한다. 결합레버리지는 매출액 변동으로 고정비용 및 금융비용이 세후 순이익에 미치는 영향을 분석한다.

결합레버리지도(DCL) = 당기순이익 변화율 / 매출액 변화율

= (매출액 − 변동비)/(매출액 − 변동비 − 고정비 − 지급이자)

= 공헌이익/세전이익

### 1.3 영업활동: 수익·비용

영업활동은 기업의 주요 수익창출활동에서 당기순이익의 결정에 영향을 미치는 거래나 그 밖의 사건이다. 영업활동의 현금흐름은 손익계산서의 순이익을 발생주의에서 현금주의로 수정하여 영업활동의 현금유출입액을 계산한다. 회계기준은 현금이 유출입되는 시점과 관계없이 매출과 비용이 발생하는 시점에 그 내용을 기록하는 발생주의 회계를 따른다. 이에 손익계산서상의 이익과 비용은 실제 현금의 유·출입과 차이가 있다. 감가상각비는 실제로 현금유출이 없지만 손익계산서상에서 비용으로 인식한다. 영업이익은 감가상각비를 차감한다. 따라서 실제 영

업을 통한 이익보다도 당기순이익은 감가상각비만큼 더 적게 계산된다. 현금흐름이 (-)라면 현금 유출이 많아서 자금사정이 악화된 것이다.

영업레버리지는 매출액 변화에 따라서 고정비용이 영업이익에 미치는 영향을 분석한다. 기업이 변동비보다 고정비를 많이 사용할 경우에 높은 영업레버리지를 갖는다. 영업레버리지가 높으면 매출액이 변할 때 영업이익은 매출액의 변화율보다 높다. 영업레버리지 효과는 매출액의 변화가 영업이익에 미치는 영향으로 매출액과 영업이익의 관계는 고정비의 크기에 영향을 받는다.

영업레버리지도(DOL) = 영업이익 변화율 / 매출액 변화율
= (매출액 – 변동비) / (매출액 – 변동비 – 고정비)
= 공헌이익 / 영업이익

손익분기점(Break–Even Point) 분석은 변동비는 선형적(linear)으로 변화되고 기초재고나 기말재고는 없다는 가정에서 출발한다. 민감도 분석은 손익분기점을 넘는 목표 이익을 설정할 때의 매출량, 고정비나 변동비의 변화가 있을 때 매출량, 그리고 판매가격을 변화시킬 때 매출량을 분석한다.

총비용(TC) = 고정비(FC) + 변동비(VC)

예를 들어 고정비 900,000원, 단위당 변동비 1,200원, 단위당 가격 1,800원일 때 손익분기점은 900,000 / (1,800 – 1,200) = 1,500(개)이다.

**[그림 12–2] 손익분기점 분석**

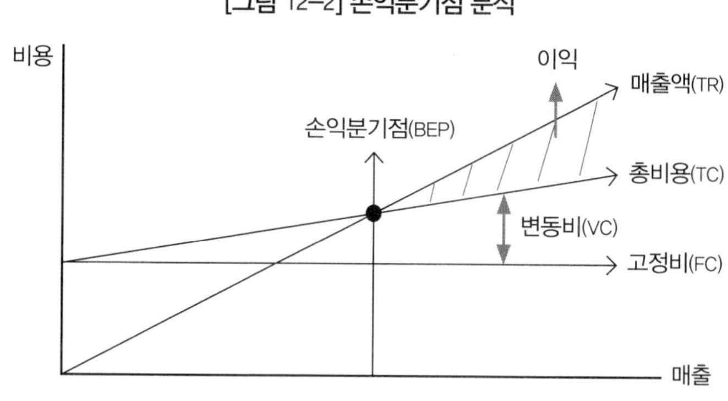

## 2. 재무제표 분석

### 2.1 상거래와 회계관리

기업 외부의 이해관계자들은 기업경영에 관한 정보를 기업의 재무보고와 외부공시에 의하여 파악해야 한다. 이해관계자가 기업과 관련된 경제적 의사결정을 내리는데 가장 중심이 되는 정보는 회계정보이다. 회계는 기업이 재무적 성격과 목적으로 행한 거래를 화폐 가치로 측정하여 표준화된 기준과 방식으로 정리하는 작업이다. 회계시스템은 외부보고 목적의 재무회계, 내부관리 목적의 관리회계, 그리고 재무회계와 관리회계에 필요한 기본정보를 획득하는 원가회계로 구분한다.

회계기준은 재무보고서를 작성하고 해석하는 기준을 법률에 의해서 강제적, 의무적으로 규정한 것으로 대차대조표 작성기준, 손익계산서 작성기준 등이 명시된다. 회계공준은 회계기준의 철학적이고 원칙적인 근거와 배경으로 기업실체(business entity)의 공준, 계속기업(going concern)의 공준, 화폐단위(monetary unit)의 공준, 회계기간(fiscal period)의 공준이다.

회계기록의 과정으로 거래는 재무상태의 변화이다. 분개장은 발생순서에 따라 거래 내용을 기입한 장부이다. 총계정원장은 모든 계정을 모아 놓은 장부이다. 시산표는 "차변의 합=대변의 합"의 여부를 확인하기 위해 작성하는 일람표이다. 정산표는 정리분개한 결과를 결산이 용이한 형식으로 표현한 일람표이다. 마지막으로 재무제표는 대차대조표와 손익계산서 중심의 결산보고서이다.

[그림 12-3] 회계활동의 절차

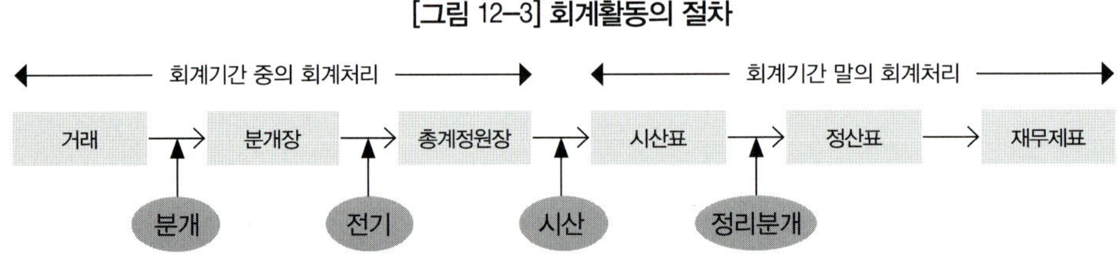


자산(Assets)은 기업이 경영활동을 위해 보유하고 있는 재산으로 미래의 경제적 효익이 인정되어야 하고 경제적 효익의 크기를 화폐가치로 계산할 수 있어야 한다. 재산과 자원에 대한 소유권이 분명해야 한다. 부채(liabilities)는 기업이 미래에 다른 경제 주체에게 이전해 주어야 하는 자산이나 제공해야 할 용역이다. 자본(capital)은 자산에서 부채를 빼고 남은 순재산으로 기업의 소유주나 주주들이 보유하고 청구할 수 있는 재산이다.

수익(revenues)은 기업의 경영활동을 통해 자산이 늘어나거나 부채가 줄어드는 금액이다. 비용(expenses)은 수익을 얻기 위하여 자산이 줄어들거나 부채가 늘어나는 금액이다. 손익(profit/loss)은 일정 기간 동안 발생한 모든 수익에서 모든 비용을 뺀 차액(손익법) 또는 기말의 순자산에서 기초의 순자산을 뺀 차액(재산법)이다.

원가는 제품이나 서비스를 만들어내는데 들어가는 비용이다. 원가회계(cost accounting)는 외부 보고용 재무제표의 작성, 내부 관리용 경영분석 자료 작성에 필요한 원가정보를 획득한다. 제조원가(manufacturing cost)는 직접비와 간접비로 구분한다. 직접비는 상품 또는 서비스를 생산하는데 직접적으로 들어간 원가로 원재료의 생산이나 구입 비용인 재료비와 종업원들에게 지급된 노무비로 구분할 수 있다. 간접비는 제품 전체를 제조하는 과정에 투입된 경비이다.

회계의 투명성은 국제 회계기준과 기업 회계기준의 준수, 외부감사인의 외부감사, 자율 규제, 회계정보의 공시와 외부감사제도 등의 다양한 제도를 통하하여 확보하고 있다. 정부는 회계 투명성을 위한 각종 제도가 작동하도록 법률과 제도를 설계하고 공정한 감시자의 역할을 담당한다. 장기적으로 회계 투명성은 기업회계기준 제정과 회계감사기준을 제정하고 감시하는 한국공인회계사회가 독립성과 전문성 및 윤리성을 확보하여 신뢰할 수 있도록 해야 한다.

### 2.2 재무제표

재무제표는 일정 시점의 재무상태, 일정 기간 동안의 경영성과와 현금흐름 등을 토대로 미래의 현금흐름을 예측하여 기업의 가치와 장래의 지급능력을 예측한다. 재무제표는 회계활동의 마지막 단계에서 작성되는 최종 산출물로 기업의 재무상태나 경영실적을 보여주는 다양한 자료나 보고서이다. 구성은 대차대조표, 손익계산서, 현금흐름표, 이익잉여처분계산서 등으로 구성된다. 연결재무제표는 법률적으로 독립이지만 실제로는 경제적 집합체인 2개 이상 기업들의 재무제표를 결합하여 작성한 재무제표이다. 그 목적은 대기업 집단의 전체적인 재무상황 파악, 국제화 추세 및 자본의 자유화 추세, 독과점을 방지하고 공정거래를 유도, 여신관리나 주가관리에 참고할 목적으로 작성한다.

근대 경제학에서 중농주의는 유동자산(circulating capital)과 고정자산(fixed capital)의 구분을 명확히 하였다. 주요 재무제표는 재무상태표(financial statement), 손익계산서(income statement), 현금흐름표(statement of cash flows), 자본변동표(statement of shareholders' equity) 등이다. 감가상각법이나 재고자산 평가방법 등에 대한 회계기준의 변경은 재무제표에 주석으로 공시한다.

[표 12-2] 감사인의 의견

| 의 견 | 내 용 |
|---|---|
| 적정의견 | 재무제표가 회계기준에 따라 회계처리를 적정하게 작성 |
| 한정의견 | 회계기준에 맞추었지만 일부 항목이 회계기준에 위배됨 |
| 부적정의견 | 회계기준에 맞지 않게 작성되어 재무제표를 신뢰할 수 없음 |
| 의견거절 | 감사인이 의견을 표명하지 않음 |

자료: 이병권(2010)

재무제표분석은 6단계 과정으로 나누어 볼 수 있다. 1단계 감사의견의 확인이다. 공인회계사의 감사의견(자산총액 70억 이상인 기업)은 적정의견, 한정의견, 부적정의견, 의견거절로 구분할 수 있다.

2단계 손익계산서(Income Statement)는 일정 기간 경영성과의 요약으로 매출 또는 실현 수익에서 비용을 공제하여 계산한다. 비용은 영업비용(제조원가, 판매비와 관리비), 영업외 비용, 법인세 비용으로 구성된다. 손익계산서의 이익은 매출총이익, 영업이익, 법인세 차감전 순이익, 당기순이익으로 구분한다. 1주당 순이익(EPS: earning per share)은 기업규모가 서로 다를 경우 기업의 상대적 수익력을 비교할 수 있다.

주당 순이익(EPS) = 당기순이익/발행주식수

3단계 재무상태표(Financial Statement)는 일정 시점의 자산, 부채, 그리고 자기자본에 대한 보고서이다. 자산은 기업의 자원으로 1년 이내에 현금화할 수 있는 유동자산과 내용연수가 1년 이상인 고정자산으로 구분한다. 부채와 자본은 기업의 자금 조달을 어디서 얼마나 했는지 표시한다. 1주당 순자산(BPS: book value per share)은 청산 시 1주당 회사재산에 대한 분배권이다.

주당 순자산(BPS) = 순자산(자산 - 부채)/발행주식수

4단계 이익잉여금 처분계산서는 당기순이익을 포함한 미처분 이익잉여금의 처분내역을 보여준다. 이익잉여금은 당기 처분이 반영되지 않은 상태로 주주총회에서 확정된 경우 회계장부에 반영한다. 그리고, 자본변동표는 자기자본 가치의 변동 이유를 알아 볼 수 있다. 그 사유가 순이

익에 의한 것인지 자본거래에 의한 것인지 파악할 필요가 있다.

5단계 현금흐름표(statement of cash flows)는 현금 및 현금성 자산의 회계기간 동안 현금의 유입과 유출을 일목요연하게 나타낸다. 현금흐름표는 현금주의로 수익과 비용을 인식하여 발생주의 회계의 단점을 보완한다.

주당 현금흐름(ECF) = 순현금흐름 / 발행주식수

현금흐름 분석은 일정 기간 현금의 유입과 유출액, 그 변동 요인을 파악하여 기업의 현금창출 능력 및 부채상환 능력을 확인한다.

**[표 12-3] 재무제표 분석 단계와 제공하는 정보**

| 단 계 | 재무제표 | 주요 내용 | 주요 분석내용 |
|---|---|---|---|
| 1단계 | 감사의견 | 감사의견 확인 | 적정의견 여부 |
| 2단계 | 손익계산서 | 회계기간동안의 경영성과 | 매출총이익률, 총자산이익률, 자기자본이익률 |
| 3단계 | 재무상태표 | 결산익 현재의 재무상태<br>(자산, 부채, 자본 잔액) | 유동비율, 부채비율, 이자보상비율 |
| 4단계 | 이익잉여금<br>처분계산서 | 이익잉여금의 처분내역 | 배당성향과 유보율 |
| | 자본변동표 | 자기자본의 변동내역 | 자본, 감자, 배당 등 |
| 5단계 | 현금흐름표 | 회계기간 현금의 증감내역 | 영업현금흐름, 투자현금흐름, 재무현금흐름 |
| 6단계 | 주 석 | 회계처리 기준, 담보 및 보증 등 | 주주현황, 회계방침, 회계변경 여부 등 |

자료: 이병권(2010)

## 2.3 재무분석

재무분석은 바람직한 재무제표의 모습이 어느 범위와 수준 안에 있어야 하는가를 분석하여 재무제표가 제공하지 못하는 정보를 추가적으로 제공한다. 재무비율은 재무상태표와 손익계산서를 중심으로 수익성, 안정성, 활동성, 성장성, 생산성 등을 측정한다. 초기에 기업의 재무적 안정성과 유동성을 분석하여 기업의 신용상태나 채무상환 능력을 파악하였다. 그러나 점차 기업이 안정화되면서 계속기업(going concern)으로서 미래현금흐름을 예측하여 신규투자 계획의 사업성 검토, 자금의 조달, 운용 계획의 수립 및 통제 등에 활용하고 있다. 경영자의 경우 경영성과지표인 수익성과 활동성, 주주들의 경우 기업의 수익성과 성장성, 미래의 원금

상환능력을 중시하는 채권자는 안정성을 중시한다. 그리고 기업내부활동인 생산성은 임직원과 관련된 지표이다.

[표 12-4] 재무비율의 유형

| 지 표 | 재무비율 | 산출식 |
|---|---|---|
| 수익성 | 매출액영업이익률(%) | 영업이익 / 매출액 |
| | 매출액순이익률(%) | 당기순이익 / 매출액 |
| | 자기자본이익률(%) | 당기순이익 / [(기초자기자본 + 기말자기자본) / 2] |
| | 총자산이익률(%) | 당기순이익 / [(기초총자산 + 기말총자산) / 2] |
| 안정성 | 유동비율(%) | 유동자산 / 유동부채 |
| | 부채비율(%) | 부채 / 자기자본 |
| | 이자보상비율(배) | 영업이익 / 이자비용 |
| | 자기자본비율(%) | 자기자본 / 총자본 |
| 활동성 | 재고자산회전율(회) | 매출원가 / [(기초재고자산 + 기말재고자산) / 2] |
| | 매출채권회전율(회) | 매출액 / [(기초매출채권 + 기말매출채권) / 2] |
| | 총자산회전율(회) | 매출액 / [(기초총자산 + 기말총자산) / 2] |
| 성장성 | 매출액증가율(%) | (당기매출액 – 전기매출액) / 전기매출액 |
| | 총자산증가율(%) | (당기말총자산 – 전기말총자산) / 전기말총자산 |
| | 순이익증가율(%) | (당기순이익 – 전기순이익) / 전기순이익 |

자기자본이익률(return on equity)은 기업의 수익력과 자본구조, 주주관점에서 미래의 수익성을 나타낸다. 자기자본이익률은 기업의 성과를 결정짓는 매출액순이익률(순이익/매출액), 자산회전율(매출액/총자산) 및 부채비율(총자산/자기자본)로 분해할 경우 기업의 건전성을 파악할 수 있다.

$$ROE = \frac{\text{순이익}}{\text{자기자본}}$$

$$= \frac{\text{순이익}}{\text{매출액}} \times \frac{\text{매출액}}{\text{총자산}} \times \frac{\text{총자산}}{\text{자기자본}}$$

$$= \frac{\text{순이익}}{\text{납세전 순이익}} \times \frac{\text{납세전 순이익}}{\text{영업이익}} \times \frac{\text{영업이익}}{\text{매출액}} \times \frac{\text{매출액}}{\text{총자산}} \times \frac{\text{총자산}}{\text{자기자본}}$$

$$= (1 - \text{세율}) \times (1 - \text{지급이자율}) \times \frac{\text{영업이익}}{\text{매출액}} \times \frac{\text{매출액}}{\text{총자산}} \times (1 + \text{부채비율})$$

[그림 12-4] 자기자본이익률에 의한 기업분석

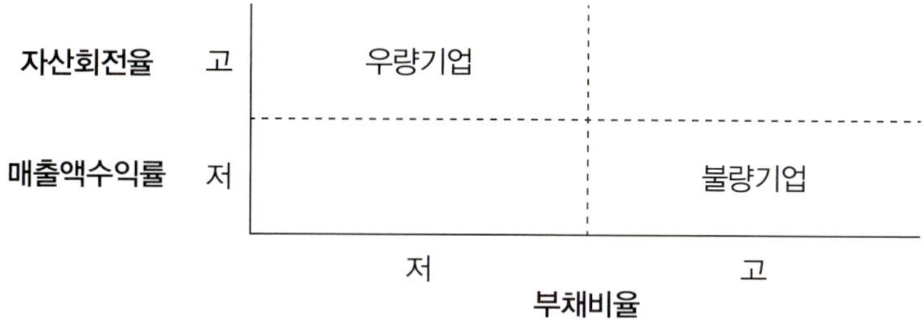


# 3. 금융회사와 금융시장

## 3.1 화폐시장과 증권시장

중앙은행(central bank)은 화폐의 발행, 기준이자율의 결정, 금융회사의 지불준비금 등으로 통화의 공급과 조절을 담당한다. 중앙은행은 발권은행으로 현금통화를 발행하면서 지급준비율을 결정하여 지불준비예금을 쌓도록 상업은행을 규제하여 예금통화를 규제한다. 경제를 성장시키기 위하여 통화량을 공급하고 인플레이션이 발생하면 통화량을 회수한다. 이자율(기준이자율)을 조정하여 통화량을 증가시키거나 이자율을 높여서 통화량을 감소시킨다. 또한 은행도 중앙은행에서 이자율이 낮을 경우 더 많이 빌린다. 또한 관리통화제도에서 중앙은행은 현금통화를 발행하여 유통시키고, 일반은행은 예금에서 일정비율의 지불준비금을 중앙은행에 적립한 후 예금통화를 창출한다.

1694년 영국 국왕이 상인에게 120만 파운드를 대부할 때 영란은행(Bank of England)을 설립하였다. 영란은행은 출자액만큼 은행권을 발행하여 대부하고 은행권 발행을 영란은행(중앙은행)으로 제한하였다. 1913년 창설된 미국의 연방준비제도(Board of Governors of Federal Reserve System)는 12개 준비은행에서 은행권 독점 발행, 법정지급준비금의 집중 보관, 가맹은행의 어음재할인, 공개시장조작 등의 역할을 담당한다. 한국은행(Bank of Korea)은 무자본의 특수법인으로 효율적 통화신용정책으로 물가안정을 도모한다. 주요업무는 화폐 발행, 통화신용정책, 금융시스템의 안정, 은행대출, 국고 수납과 지급, 지급결제제도 운영, 외국환업무 및 외환관리, 경제조사 및 통계작성 등을 한다.

상업은행(commercial banks)은 주로 일반대중에게 예금, 유가증권 또는 기타 채무증서 발행 등으로 획득한 자금을 대출하는 업무(여신)를 수행한다. 은행의 기본 역할은 결제기능이며 은행간 대차거래는 건별로 결제하지 않고 1일 거래를 종합하여 그 차액만을 결제하는 네트(net)방식을 사용한다. 은행의 주요 수익은 예대이자율차로 결정된다. 예대이자율차는 원화대출금 수익률에서 원화예수금 비용률을 차감하여 대출운용의 적정 수익력 및 저비용성 자금조달(Low Cost Funding) 능력을 측정하는 기준으로 사용된다.

은행에서 뱅크런(bank run)은 대량 예금인출에 따라서 보유자산을 저가에 매도하여 막대한 투자손실과 은행 부실화로 연결된다. 한 은행이 부실화되면 은행상호간의 거래관계와 고객의 동요로 관련 은행도 부실화되기 싶다. 따라서 이러한 위험에 대처하기 위하여 예금의 일정 부분을 중앙은행에 예치하거나 현금으로 보유하는 지급준비금제도(reserve requirement), 예금자에게 일정 금액을 지급보장하는 예금보험제도(deposit insurance), 그리고 은행 순자산의 잠식을 방지하는 자기자본규제제도(BIS capital requirement)를 마련하고 있다.

투자은행(investment bank)은 기업이 주식이나 채권을 발행하여 자금을 조달하도록 자본시장에서 기업과 투자자를 연결하여 준다. 또한 발행된 증권이 유통시장(거래소 또는 장외시장)에서 거래될 때 적극적으로 증권이 거래될 수 있도록 유동성을 제공하는 트레이딩(trading)을 실시한다. 투자은행의 목표로 균형가격으로 자원이 효율적으로 분배하고 사회적 후생의 극대화를 달성한다.

**[표 12-5] 투자은행의 업무**

| 구 분 | 세 부 업 무 |
|---|---|
| 자기매매 | - 주식 : 상장·비상장주식<br>- 채권 : 국공채, 회사채, ABS 등<br>- 파생상품 : 선물, 옵션, 스왑, 신용파생<br>- 부동산 : 리츠, 직접투자 |
| 위탁매매 | - 증권중개업무 |
| 자산관리 | - 투자자재산 운영, 펀드 판매<br>- 자기자본투자(Principal investment) |
| 프라이빗뱅킹 | - 개인 자산종합관리 서비스 |
| 기 타 | - 벤처캐피털, 프로젝트파이낸싱, 리서치 등, PEF |

### 3.2 발행시장과 유통시장

금융시장은 증권이 발행되고 유통되는 시장으로 발행시장과 유통시장으로 구분할 수 있다.

발행시장(primary market)은 자금을 차입하는 발행자가 발행 증권을 최초 투자자에게 매매하는 곳이다. 직접발행은 발행회사가 발행에 관한 모든 업무를 주관한다. 주식을 전량 매도하지 못한 경우 발행회사가 잔존 주식을 모두 인수한다. 그리고, 간접발행은 발행회사가 전문적 지식과 조직을 갖춘 금융회사를 통하여 증권을 발행한다. 이 경우 발행 업무를 대행하는 금융투자회사가 발행기관(인수기관)이 되어서 발행위험의 책임분담 정도에 따라 모집주선(best-effort basis), 잔액인수(stand-byagreement), 총액인수(firm commitment)의 방법으로 실시한다. 대부분의 발행 업무는 금융투자회사에 의한 간접발행을 선택한다.

**[그림 12-5] 인수주선 업무의 구조**

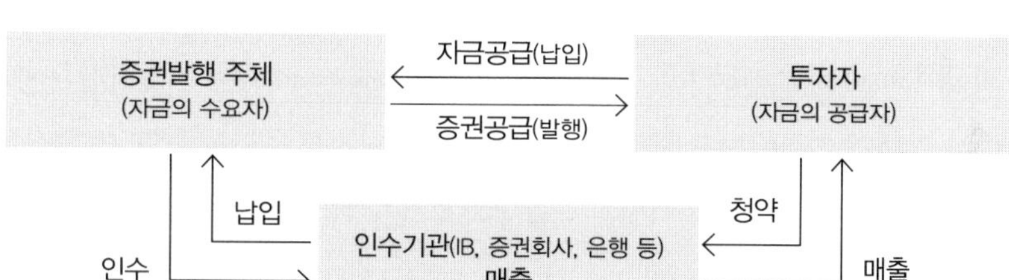


자료: 예금보험공사(2007)

주식 발행은 투자자를 우선 결정하고 공모발행과 사모발행 여부를 결정한다. 공모발행은 신주 발행 시 발행주식을 회사와 관련이 없는 투자자에게 동일한 가격과 조건으로 모집하거나 매출한다. 사모발행은 발행주체인 회사가 특정인을 대상으로 유가증권을 발행한다.

유통시장(secondary market)은 증권을 거래하는 시장으로 금융상품의 유동성을 부여한다. 그리고 증권의 적정가격형성을 통하여 발행조건을 조정한다. 구체적 장소에서 거래하는 거래소시장(exchange)과 전화나 전산망으로 거래하는 장외시장(over-the counter market)으로 나눌 수 있다. 거래소는 증권의 매입자와 매도자가 거래를 수행하기 위하여 지정된 장소에서 거래를 형성한다. 그리고 장외시장은 거래소 이외에서 상대매매하는 시장이다.

금융결제원은 1986년에 설립되어 금융공동망, 어음교환, 지로 등 지급결제시스템 구축·운영과 금융회사 공동전산업무를 수행한다. 금융공동망은 금융결제원과 금융회사의 전산시스템을 상호 연결하여 금융회사 간에 각종 정보를 주고받는 금융회사 간 네트워크이다.

자본시장에서 증권 거래는 물리적 장소인 거래소 시장과 물리적 장소가 없는 장외시장에서 실시한다. 기업공개(IPO: initial public offering)는 최초로 투자자에게 신규발행 주식을 공모하거나 기존 발행 주식을 매출하는 것이다. 공개기업은 거래소에 증권을 상장(listing)하여 거래하고, 비공개기업은 상장하지 않아서 장외시장에서 거래가 이루어진다.

거래소시장(exchange)은 시장참가자의 특정 금융상품에 대한 매매주문(bid-ask order)을 거래소로 집중시켜서 표준 거래규칙으로 처리한다. 세계 최초의 주식거래소는 1602년 네덜란드 암스테르담에 설립되었다. 그 후 런던거래소(LSE)는 대영제국을 모태로 제2차 대전 전까지 세계 금융의 중심이었다. 주요 글로벌 거래소는 뉴욕증권거래소(NYSE), 런던증권거래소(LSE) 및 홍콩증권거래소(HKEX) 등이다. 한국거래소(KRX)는 금융투자업을 영위하는 회사들을 회원으로 주식, 채권, 선물 및 옵션 등의 상품을 거래하고 있다.

장외시장은 투자자와 금융투자회사, 금융투자회사간 또는 투자자간의 개별 접촉으로 이루어지는 비조직적이고 추상적 시장이다. 직접거래시장(no broker market)은 투자자간의 개별 접촉과 협상에 의하여 거래가 이루어지고, 점두시장(over the counter market)은 중개기관인 금융투자회사의 창구에서 이루어진다. 협의의 장외시장은 금융투자회사가 하나의 독립 시장을 형성하면서 전국 각 지점을 장외거래 장소로 사용한다. 한편 프리보드시장은 증권시장(유가증권, 코스닥)에 상장되지 않은 주권의 장외매매를 위하여 운영한다.

한편 외환시장은 은행간 시장 환율을 결정하며, 현물환은 계약 후 2 영업일 이내에 외환의 인수도와 결제가 이루어진다.

**[그림 12-6] 현물환율의 결정**

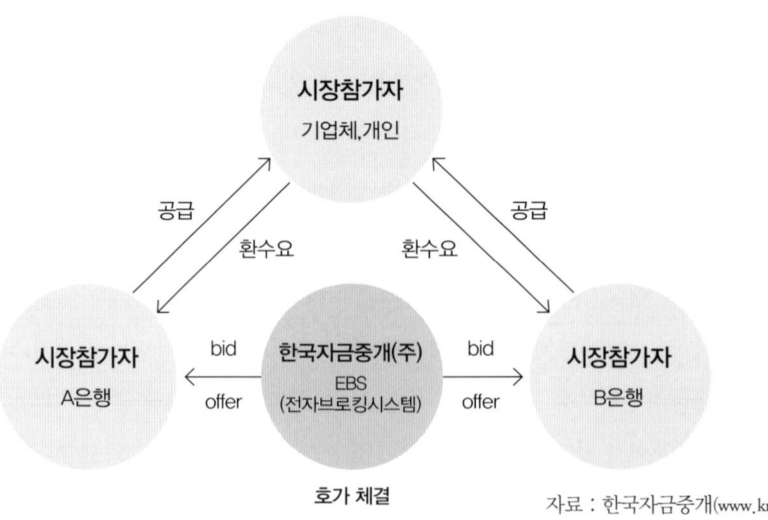


자료 : 한국자금중개(www.kmbco.com)

자금중개시장에서 신용콜 시장은 금융회사간 일시적 자금 과부족을 조절하는 1일물에서 최장 90일물까지 거래되며, 한국은행 기준이자율을 중심으로 시장의 자금수급에 따라서 거래이자율을 결정한다. 환매조권부채권(Repo)은 유가증권을 보유한 기관이 일정한 시점에 해지할 것을 전제로 보유한 채권을 매도하면서 자금을 조달하거나(Repo 매도), 반대로 유가증권을 환매도할 것을 전제로 상대방의 채권을 매수하고 자금을 빌려주는(Repo 매수) 거래이다. 기업어음(Commercial Paper)은 신용상태가 양호한 기업이 발행한 융통어음으로 자본시장법상 '기업어음증권'이다.

공시제도는 기업 내용을 투자자 및 이해관계자들에게 공개하여 공정한 거래가 이루어질 수 있도록 한다. 자본시장은 내부자 거래나 투기세력 등에 의하여 부당이 이득이 발생할 수 있으므로 회계제도와 공시제도를 통하여 통제한다. 공시는 발행시장 공시와 유통시장 공시로 구분할 수 있다. 첫째, 발행시장 공시는 발행인이 주가에 영향을 미칠 수 있는 모든 중요한 정보를 공시하여 투자자의 판단과 책임하에 투자의사결정을 하도록 한다. 증권신고서는 증권의 공모 발행 시 제출을 의무화하고 있다. 유가증권신고서는 모집 및 매출의 내용 및 당해 법인의 내용을 일반투자자들에게 공시한다. 유가증권신고서 제출대상은 공모금액이 20억 원(상장을 위한 주식공모시 10억 원) 이상인 기업이다.

유통시장 공시는 사업보고서 등의 정기 공시와 주요 사항 보고를 포함하는 수시 공시로 구분한다. 정기 공시는 기업의 과거 실적을 알리고, 수시 공시는 과거의 실적뿐만 아니라 현재 및 미래 정보를 알리는 기능을 한다. 정기 공시는 감사보고서, 사업보고서의 공시사항으로 결산 종료 후 90일 이내(또는 분기 및 반기 종료 후 45일 이내)에 한다. 제출 방법은 한국금융투자협회(서류) 및 금융감독원 전자공시시스템(전자문서)으로 한다. 주요경영사항 신고는 부도, 영업정지, 증자 등의 16가지로 협회에 제출하여 협회가 호가중개시스템에 입력한다.

수시 공시는 공시의무사항 이외의 자신 신고에 의한 자율 공시, 거래소 요구의 조회공시, 및 특정인에게 정보를 제공하기 전 거래소에 제시하는 공정 공시로 구분한다. 그리고 지정신청 서류 등은 한국금융투자협회 투자정보 자료실에 3년간 비치 공시한다. 기업의 인수합병 시 공개매수제도, 주식 등의 대량보유상황 공시(5%rule), 의결권 대리행사 권유의 제한, 합병 등도 신고한다. 신고·공시 의무 위반의 불성실 공시는 사전에 정한 범위에서 벌점 및 과징금을 부과하고 지정 사실을 공표한다. 해당회사의 공시담당자는 재발방지를 위한 교육과 개선계획서를 제출해야 한다.

## 3.3 스마트 결제시스템

M-Payment는 온라인, 오프라인상의 각종 상거래에서 이루어지는 지급관련 요청을 이동전화 단말기 등을 이용하여 대금 처리하는 서비스이다. 이동 통신망을 통해 실시간 인증과 전자결제 시스템을 연동하는 소프트웨어 방식과 이동전화 단말기에 IC칩을 내장한 하드웨어방식으로 구분한다. 모바일 쇼핑의 성장은 결제가 편리하기 때문에 기존 웹쇼핑과 큰차별화를 보여주고 있다. 야식배달 업체 정보를 제공하는 배달의 민족은 상가수첩, 전단지 등을 대체하고 있다. 배달의 민족은 결제시스템 때문에 사업의 성장 가능성을 높게 평가받고 있다.

M-Banking은 무선인터넷에서 제공하는 각 은행의 온라인 뱅킹 서비스 메뉴에 접속한 후 금융기관이 제공하는 금융서비스를 이용할 수 있다. 무선인터넷망을 접속하여 이용하는 것을 제외하면 유선인터넷을 이용한 서비스와 유사하다. 이동통신사는 통신사용에 따른 수수료를 확보한다. 이용자의 거래정보, 거래에 대한 책임은 계좌를 보유한 금융기관의 책임이다.

국제송금 서비스인 트랜스퍼와이즈는 기존 은행의 해외 송금수수료에 비해 10분의 1 정도 싼 서비스를 제공(약 0.5%)한다. 한국에 거주하는 A가 미국에 사는 B에게 100달러를 송금할 때, 미국에 사는 D가 한국에 사는 C에게 같은 금액인 11만 원을 송금한다면 굳이 A가 B에게 은행을 거쳐 환전할 필요없이 A가 C에게 11만 원을 주고, B가 D에게 같은 금액에 해당되는 달러를 이체하면 된다. 실제 한국과 미국을 거치지 않아도 외환거래가 해당 국가 내에서 이루어질 수 있다. 이러한 네팅(netting)과정은 환전 수수료와 거래 수수료를 제거한다.

**[표 12-6] 스마트 결제시스템의 유형**

| 구 분 | 종 류 | 내 용 |
|---|---|---|
| IC칩 내장 | 카드기반 (H/W식) | IC칩에 결제정보를 담아 인증 및 결제 서비스 |
| | | 싱글슬롯, 듀얼슬롯, 듀얼 칩 등 |
| | 미카드방식 (S/W식) | 무선망을 통해 실시간 인증 및 결제(폰빌 장식) |
| | | 휴대폰 메모리에 결제정보를 저장(인터넷 지갑) |
| | | 바코드 방식 |
| 무선 이용 | 온라인 방식 | 무선인터넷에 접속하여 모바일 뱅킹 또는 무선PG(Payment Gateway)를 이용한 대금결제 |
| | | 폰빌, 원격 지불 |
| | 오프라인 방식 | 휴대폰과 이동단말기, ATM간 근거리 통신 기술(RF, 블루투스, 바코드 등)을 이용하여 대금결제 |
| | | 통화요금을 부담하지 않음 |

| 구 분 | 종 류 | 내 용 |
|---|---|---|
| 이동 통신 사업자 | 직접결제 방식 | 이동통신업자가 직접 지급결제 서비스 제공 |
| | | 자금결제 과정을 이동통신업체가 관리, 책임 |
| | | 폰빌(휴대폰 통합과금), SKT의 네모 등 |
| | 간접결제 방식 | 금융기관과 제휴하여 간접 서비스 |
| | | 선불, 직불, 신용카드, 계좌이체 등 |

# 요약정리

■ 영업활동의 현금흐름은 손익계산서의 순이익을 발생주의에서 현금주의로 수정하여 영업활동의 현금유출입액을 계산한다. 현금흐름이 (−)라면 현금유출이 많아서 자금사정이 악화된 것이다. 투자활동의 현금흐름은 재무상태표의 자산계정에서 각종 자산에 대한 매각이나 취득에 따른 현금유출입을 계산한다. 그리고 재무활동의 현금흐름은 재무상태표의 자본 및 부채계정에서 차입이나 증자 등의 유입활동과 차입금 상환이나 현금배당금 지급 등의 유출활동을 계산한다.

■ 회계는 기업이 재무적 성격과 목적으로 행한 거래를 화폐 가치로 측정하여 표준화된 기준과 방식으로 정리하는 작업이다. 재무제표는 일정 시점의 재무상태, 일정 기간 동안의 경영성과와 현금흐름 등을 토대로 미래의 현금흐름을 예측하여 기업의 가치와 장래의 지급능력을 예측한다. 재무분석은 바람직한 재무제표의 모습이 어느 범위와 수준 안에 있어야 하는가를 분석하여 재무제표가 제공하지 못하는 정보를 추가적으로 제공한다. 재무비율은 재무상태표와 손익계산서를 중심으로 수익성, 안정성, 활동성, 성장성, 생산성 등을 측정한다.

■ 중앙은행은 화폐의 발행, 기준이자율의 결정, 금융회사의 지불준비금 등으로 통화의 공급과 조절을 담당한다. 상업은행은 주로 일반대중에게 예금, 유가증권 또는 기타 채무증서 발행 등으로 획득한 자금을 대출하는 업무(여신)를 수행한다. 투자은행은 기업이 주식이나 채권을 발행하여 자금을 조달하도록 자본시장에서 기업과 투자자를 연결하여 준다. 금융시장은 증권이 발행되고 유통되는 시장으로 발행시장과 유통시장으로 구분할 수 있다. M−Payment는 온라인, 오프라인상의 각종 상거래에서 이루어지는 지급관련 요청을 이동전화 단말기 등을 이용하여 대금을 처리한다.

# 토론과 연습문제

1. 기업을 설립하여 자금조달과 자금운용의 과정을 설명하시오.

2. 수익이 비용을 초과하여 자본잠식이 발생할 경우 대응방안을 논하시오.

3. 재무제표의 분석과정을 설명하시오.

4. 우수한 기업으로 판단할 수 있는 재무비율의 특징은 무엇인가?

5. 화폐시장과 증권시장의 차이는 무엇인가?

6. 증권시장에서 발행시장과 유통시장의 차이는 무엇인가?

## 참고문헌과 인터넷

구기동, 김홍유, 심기준(2018), 경영학의 이해, 신구문화사.
구기동, 신용인, 조철희(2016), 금융자산관리론, 청람.
이병권(2010), 재무무제표분석, 새로운 제안.

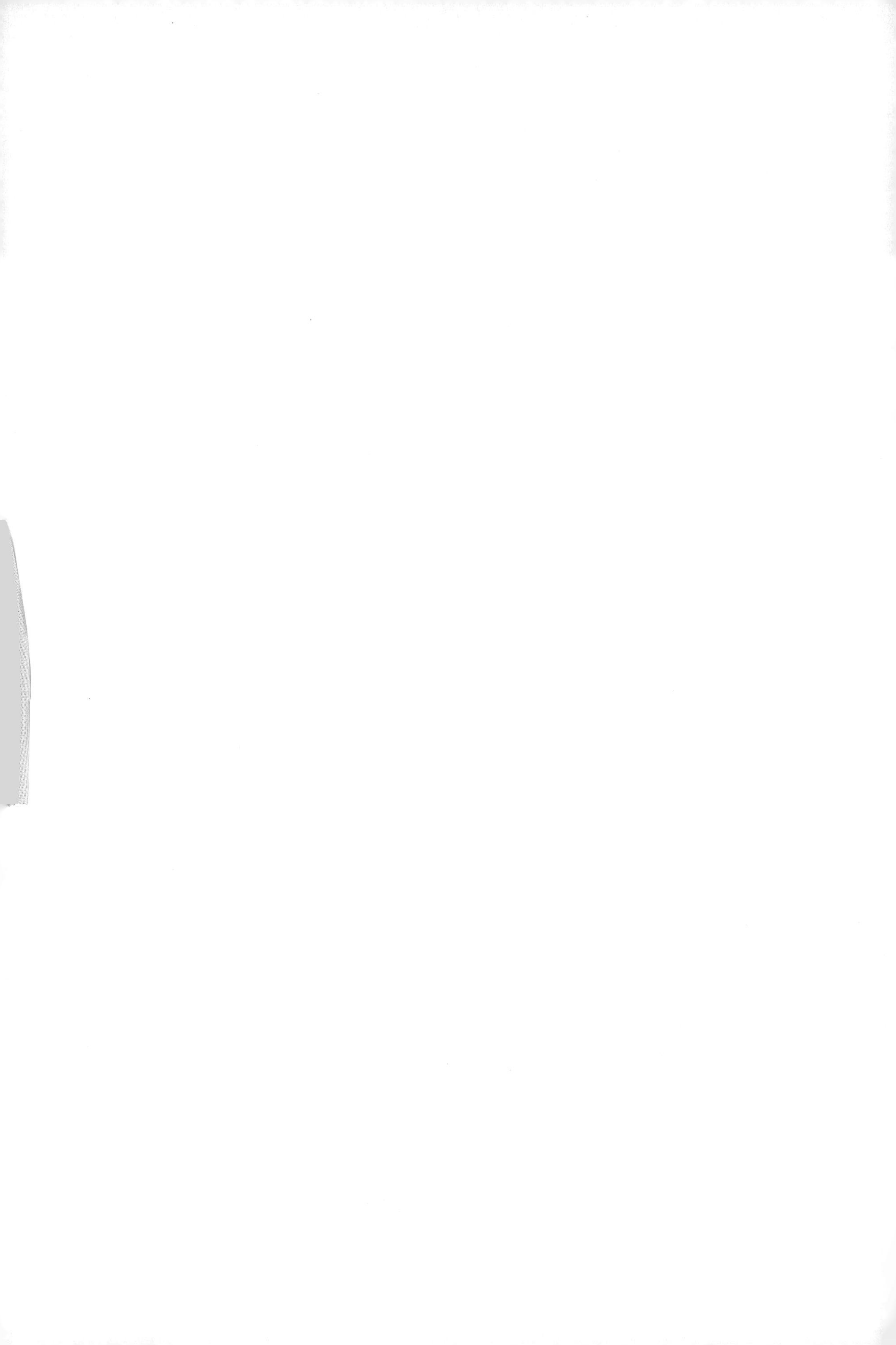

제 13 장

# 경영정보와 기술관리

## 학습목표

1. 정보관리의 방법을 실행할 수 있다.
2. 기업 내 기술재산을 구축할 수 있다.
3. 빅데이터를 활용하여 지식관리를 할 수 있다.

## 학습내용

1. 정보관리
2. 기술관리
3. 지식관리

## 디지털시대의 정보미디어

디지털문화는 그림을 키보드와 마우스로 그린다. 우리가 보는 그림을 문자로도 볼 수 있다. 예술작품은 복잡성과 질서의 균형이 가장 중요하다. 예술은 시기별로 어떤 조류가 있는데 쉽게 생각하면 프로그래밍이다. 몬드리안의 그림은 테두리는 둥글고 막대의 배치는 비교적 분산되어 있고 위로 갈수록 짧아지는 프로그래밍이다. 아직도 그림을 이해하기 어려운 이유는 제대로 된 프로그래밍을 이해하지 못했기 때문이다.

지난 30년 동안 프로그래밍으로 만든 작품은 서브루틴을 모아서 메인 프로그램으로 어떻게 그릴 것인가라는 문제에서 시작한다. 예를 들어 "만약 눈과 같다면 눈을 그려라, 아니면 코를 그려라" 등의 다양한 if문으로 작품을 만들었다. 인간이 판단하는 것이 아니라 컴퓨터가 판단한다. 예전에 붓과 종이로 그림을 그렸지만 최근에 키보드, 마우스, 알파벳과 숫자를 조합하여 이미지를 그린다.

인류의 역사를 보면 인간은 자연에서 떨어져 나왔다. 인간은 자연 밖에 존재하면서 자연과 싸우면서 존재하였고 그 과정에서 인간의 특성이 만들어졌다. 구석기 시대의 매체인 비너스 상은 여인의 조각상을 만들수록 더 많은 아이를 나을 수 있다고 생각했기 때문이다. 문자가 등장하여 역사시대를 만들었고, 역사시대 이전을 선사시대라고 했다. 기본적인 유비쿼터스인 문자가 지식과 협업하면 문명의 축적도 가능하다. 문자가 주술시대에서 과학시대로 변화되는 시기를 구분한다. 모든 문자문화의 핵심은 문자 알파벳으로 볼 수 있다. 그 후 17세기부터 숫자를 기록하면서 오늘날 과학자들은 자연을 방정식의 총합으로 생각한다.

자연을 수로 바꾸면 예측하여 대응할 수 있고, 기술을 도입하면 개입할 수도 있다. 특히 17세기 뉴턴과 라이프니찌와 같은 학자들에게 자연은 연속적이지만 숫자는 불연속적으로 모순이 발생하였다. 그 모순을 해결하기 위하여 만든 것이 미분과 적분이다. 그러나 미적분은 학자들의 유희였을 뿐 실용적이지 못했다.

일반적으로 자연과학자들이 그리는 세계가 현실적으로 존재하지 않을 수도 있다. 사람들이 뉴턴의 물리학을 이해하지 못하면서도 정설이라고 믿었다. 후에 그 이론이 깨지면서 뉴턴의 물리학은 세계의 모습이 아니라 세계에 대한 생각이었다고 판단한다. 아인슈타인의 세계관도 사실이 아닐 수 있다. 따라서 책을 읽어도 세계의 모습이 아니라 세계의 모형으로 생각하기도 한다.

디지털 이미지는 점, 즉 픽셀로 되어 있다. 예술에서 조각 3차원, 벽화 2차원, 책 1차원, 그리고 점 0차원의 변화로 구분한다. 현재의 이미지는 문자에 의한 매체라고 한다. 문자로 이미지를 만들기 때문에 이것을 상형문자능력으로 판단한다. 미래의 문맹자는 글자를 못 읽는 것이 아니라 영상을 못 읽는 사람이다. 우리가 사진을 보면서 실제라고 생각한다. 그것은 실제로 존재하는 사물 이전에 사진사가 찍은 관념의 세계이다. 자세히 보면 사진은 시간의 흐름 중 한가지 부분만 찍을 수 있다. 모든 디지털 사진은 그 밑에 코드가 존재한다. 그것은 다른 사람의 프로그래밍을 내 관념으로 착각한다.

산업사회에서 정보사회로 넘어가는 기준은 공장에서 일하는 사람보다 모니터 앞에서 일하는 사람이 50%가 넘을 때이다. 물질적 가치보다 비물질적 가치가 더 중요시 되면 그것이 바로 경영이다. 프로젝트형 인간은 예술적 인간, 창의적인 사람이다. 우리나라도 프로젝트형 인간을 양성해야 한다.

# 1. 정보관리

## 1.1 빅데이터 분석

빅데이터(big data) 시대의 도래로 정보자원은 양적/질적 측면에서 변화하였다. 조직과 개인이 사용할 수 있는 정보량이 폭발적으로 증가하고 있다. 기업 내부에서 만들어지고 저장되는 정보 또한 기하급수적 증가한다. 방대하고 다양한 정보들의 효율적 관리와 전략적 활용이 경영시스템 관리의 새로운 과제로 대두되고 있다. 빅데이터는 모든 분야에서 가치 있는 정보를 제공하고 환경의 변화에 능동적으로 대응할 수 있는 정보를 제공한다. 초기 데이터의 수집과 저장에서 내부 데이터는 자체 보유한 내부 파일 시스템, 데이터베이스 관리 시스템, 센서 등에서 정형화된 형태로 수집된다. 그렇지만 외부 데이터는 인터넷이나 네트워크를 활용하여 비정형화된 형태로 저장된다.

빅데이터 분석은 데이터의 크기, 데이터의 생성 속도, 데이터 종류 등을 종합하여 처리한다. 2000년대 데이터 마이닝은 값비싼 통계프로그램을 활용했지만 최근 빅데이터는 다양한 그래픽 기능과 텍스트마이닝을 지원하면서 무료인 R언어나 Phython을 활용한다. 처리된 결과는 정형화된 데이터나 비정형화된 데이터에 관계없이 사용자들이 쉽게 이해할 수 있도록 그림이나 그래프 등으로 표현한다.

컴퓨터는 개인 컴퓨터시대의 디지털화(PC), 인터넷시대의 온라인화(WEB)에 의한 정보화, 그리고 모바일시대의 소셜화(SNS)와 지능화(IoT)를 거치면서 우리 삶의 패러다임도 변화시키고 있다. 1991년 월드 와이드 웹 발표, 1993년 AOL의 인터넷 직접 접속, 그리고 1998년 구글의 탄생과 2001년 위키피디아 서비스가 빅데이터 시대를 열었다. 다양한 분야에서 생성되어 유통되는 정보기 폭발적으로 증가하는 '빅데이터화' 현상이 나타나고 있다. 스마트 모바일 장치와 멀티미디어를 활용하면서 구글·네이버의 Portal정보, 트위터·페이스북의 SNS정보, 그리고 기업이 구축한 ERP정보 등이 기하급수적으로 증가하였다. 이렇게 생성된 정보는 실시간으로 분석하여 트렌드 분석, 마케팅 전략, 경영 의사결정 등에 활용되고 있다.

초기 상거래에서 빅데이터는 바코드와 POS시스템으로 수집하고 분석하여 재고관리나 자동주문 등의 경영관리에 활용하였다. 월마트는 소비자 행동에 대한 데이터로 소비 패턴을 분석하여 점포 운영에 반영하였다. 지금은 수많은 유통회사와 프랜차이즈 업체들이 홈페이지와 SNS 플랫폼을 구축하여 전자상거래를 하면서 대규모 데이터를 수집하고 있다. 획득한 거래정보는 핵심상품 선정, 점포입지 전략과 고객관리 등의 경영활동에 사용한다. 포스코는 철광석 가격에 영향을 미치는 광산의 상황과 전세계 선물거래소의 선물 가격을 실시간으로 분석한다. 여기에 고객사의 수요 데이터와 판매가격 데이터를 조합하여 철광석의 구매시점과 구매가격을 결정한다.

인공지능의 발전으로 빅데이터는 모든 분야의 기초 인프라로 활용되고, 대부분의 유망한 직업도 빅데이터를 사용한다. 예를 들어 데이터 전문가는 사업과 서비스 등에 활용할 수 있도록 데이터를 수집·가공하고 분석하여 정보에 숨겨진 의미를 찾는다. AI전문가는 대규모 데이터 분석을 위한 알고리즘를 개발하여 인간의 학습능력, 추론능력 등을 소프트웨어로 구현한다. 또한 노동력에 의존하여 컴퓨터와 무관한 농업조차도 빅데이터를 활용한 스마트팜으로 발전하고 있다. 예를 들어 스마트팜은 스마트폰, 개인 단말기, 네트워크 등으로 농작물의 환경을 원격 제어하면서 빅데이터를 축적하여 사용한다.

시대적인 변화와 기술의 진보는 우리의 의식을 변화시키고 있다. 첫째, 수평적 확장인 복제와 수직적 확장인 혁신을 구별할 줄 알아야 한다. 개업은 기존의 것을 답습하는 수평적인 복제에 불과한 반면에 창업은 상상력, 창의성, 논리성, 실패를 인정하면서 탄생한 혁신의 결과이다. 둘째, 자원을 활용하여 제품을 만들던 하드웨어의 시대가 지나고, 스마트시대는 아이디어를 서비스하는 소프트웨어의 시대이다. 애플이나 구글은 하나의 플랫폼에 전세계를 묶어서 서비스를 제공하고, 에스토니아는 모두에게 전자 시민권을 발행하여 사이버 영역을 확장하고 있다. 셋째, 노키아나 코닥 같이 기술을 폐쇄한 경우 몰락하였고, R언어나 Phython 같이 기술을 개방한 경우 성장하였다. 그 이유는 소프트웨어로 축적된 빅데이터를 고부가 가치의 정보로 바꿀 때 더 많은 생산성과 수익을 창출할 수 있기 때문이다.

인터넷은행인 카카오뱅크와 케이뱅크의 경우도 빅데이터와 인공지능을 기반으로 금융을 활성화시켜 나가고 있다. 보험사들은 고객의 빅데이터를 주로 보험료를 차등화하고 손해율(보험금 지급율)을 개선하고 있다. 증권 및 금융투자 업계는 로봇 어드바이저와 주가종목 예측 서비스 등에 빅데이터를 활용하며, 로봇 애널리스트가 주요 종목에서 제외되어 분석이 어려운 중소기업의 종목을 분석한다.

### 1.2 ERP와 데이터베이스

전사적 자원 관리(Enterprise Resource Planning: ERP)는 기업활동을 위한 기업 내의 모든 인적, 물적 자원을 효율적으로 관리하여 궁극적으로 기업의 경쟁력을 강화시키기 위한 통합정보시스템이다. 기업 정보시스템은 1970년대의 부 품가공/구매활동 지원을 위한 MRP(Material Requirements

Planning), 1980년대 생산+영업, 회계에 적용된 MRP II(Manufacturing Resource Planning), 1990년 재무·원가관리, 마케팅·판매관리, 생산·운영관리, 인적자원관리를 위한 ERP, 그리고 2000년대 ERP와 통합시스템을 연계한 Post-ERP에 접어 들었다.

[그림 13-1] 정보시스템의 변화

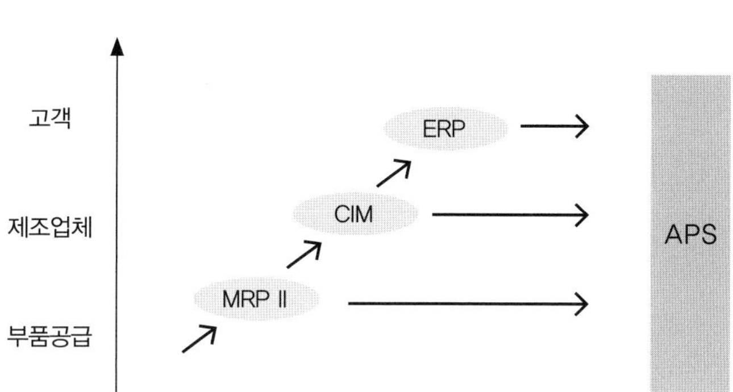


정보자원의 활용으로 재무 부서는 정보기술을 통해 기업의 자산을 관리, 기업의 투자현황 분석, 자금 유형을 결정한다. 회계 부서는 정보기술을 이용하여 재무제표에 필요한 원가정보 수집, 분류, 계산, 회계자료 감시한다. 마케팅 부서는 신제품 유통망 설계, 광고 전략과 가격 전략을 수립한다. 생산 부서는 정보시스템을 통해 수요 예측, 생산량 일정 계획, 재고수준 관리, 제품 품질 측정한다. 그리고 인사 부서는 인력 채용 및 관리의 모든 활동을 데이터베이스로 수행한다.

데이터베이스(Database)는 이러한 자료파일을 통합하여 자료 항목의 중복을 없애고 자료를 구조화하여 기억시켜 놓은 자료의 집합체이다. 컴퓨터로 하는 대부분의 정렬과 탐색은 데이터베이스를 활용하여 처리한다. 데이터베이스 설계는 요구 조건 분석, 개념적 설계, 논리적 설계, 물리적 설계, 구현, 운영 및 개선 단계로 이루어져 있다.

관계 데이터모델(relational datamodel)은 IBM 연구소에서 근무하던 코드(E. F. Codd)가 1970년에 제안한 모델로 테이블 관계를 사용하였다. 개체 관계형 데이터베이스를 지원하기 위해 1974년 IBM 연구소에서 만든 SQL(Structured Query Language)은 수학적 관계 대수와 관계 논리에 기반을 두고 있다. 관계형(Relational)은 데이터를 컬럼(Column)과 로우(Row)라는 일종의 표 형태로 저장한다. 데이터의 종속성은 관계(Relation)로 표현한다. 한 테이블에 있는 모든 로우는 같은 길이의 컬

럼을 가지며 이 컬럼의 구조와 데이터의 관계가 테이블 스키마(Schema)로 정의한다.

마이크로소프트의 Access프로그램은 테이블, 폼, 보고서, 쿼리, 매크로, 모듈로 구성되어 있다. 테이블은 각 행을 레코드라고 하고 레코드에 개별 정보가 저장된다. 폼은 데이터를 입력 및 편집할 수 있는 사용자 인터페이스로 다양한 작업을 수행하는 명령 단추와 기타 컨트롤이 포함된다. 보고서는 데이터를 서식으로 지정하고 요약하여 표시한다. 보고서는 "올해 고객별 매출액은 얼마인가?" 또는 "고객이 거주하는 도시는 어디인가?"와 같은 특정 질문에 대한 대답을 제공한다. 쿼리는 테이블에서 특정 데이터를 검색한다. 매크로는 데이터베이스에 기능을 추가하는데 사용할 수 있다. 또한 모듈은 하나의 단위로 함께 저장되는 선언, 문 및 프로시저의 모음이다. 클래스 모듈은 폼이나 보고서에 연결되고 일반적으로 연결되는 폼 또는 보고서와 관련된 프로시저를 포함한다. 표준 모듈은 다른 개체와 연결되지 않는 일반적인 프로시저를 포함한다.

**[표 13-1] 금융빅데이터의 활용**

| 원천데이터 | 데이터베이스 | 활용분야 |
|---|---|---|
| 금융거래기록(전자기록) | 금융거래 내역 | 상품기획 |
| 온라인뱅킹 로그<br>(모바일뱅킹, 인터넷뱅킹) | 온라인뱅킹 검색<br>클릭활동 내역 | 고객맞춤형 상품과 서비스 추천 |
| 영업점/콜센터 상담 내역 | 고객반응 정보, 상담내역 정보 | 고객관계관리 |
| 소셜미디어<br>(블로그, 카페, 게시판, SNS 등) | 금융회사 및 상품 평판도,<br>트렌드, 뉴스정보 | 보이스피싱 방지, 사기금융거래 탐지,<br>보안관리 |
| 외부 공공 빅데이터 | 거시정보, 미시정보, 뉴스정보 | 시장동향 파악, 미래추세 |

자료 : LGCNS

미래의 경영은 내부의 빅데이터로 고객의 거래 패턴을 파악하고, 또한 SNS 등 외부 빅데이터로 최신 금융 트렌드와 고객의 관심사를 빠르게 파악한다. 인공지능(AI)은 빅데이터로 분석한 정보를 롯봇어드바이저나 롯봇애널리스트를 활용하여 제공한다. 이것은 확장성 있는 대용량 처리 능력, 비정형 데이터 수집 및 통합 처리 능력, 빠른 데이터 접근 및 처리 능력, 대량의 데이터를 저장하여 관리할 수 있어야 한다. 2006년 1월 28일에 공식 발표된 하둡(Hadoop)은 분산저장(HDFS)기술과 분산 처리기술(MapReduce)를 활용하여 대용량의 데이터를 분산 처리하는 플랫폼이다. 그리고 비주얼 애널리틱스(VA)는 실시간으로 빅데이터를 시각화하여 일반인들도 빅데이터를 쉽게 활용할 수 있다.

### 1.3 네트워크와 블록체인

전자상거래 업체들이 빅데이터를 이용하여 만드는 네트워크 효과는 페이스북과 아마존을 통하여 확인되었다. 페이스북은 사용자간에 네트워크가 형성되고 아마존은 판매자와 구매자간에 네트워크가 형성된다. 페이스북은 사용자가 하나의 그룹이고 그 그룹 내에서 연결(친구관계)이 이루어진다. 반면에 아마존은 사용자가 판매자와 구매자 두 그룹으로 이루어져 있고 그룹간에 연결(거래관계)이 이루어진다.

단면 네트워크(One-sided Network)는 동질의 사용자로 이루어진 하나의 그룹 내에서 연결이 이루어지는 네트워크이고 양면 네트워크(Two-sided Network)는 서로를 필요로 하는 두 사용자 그룹간의 연결로 이루어지는 네트워크이다.

단면 네트워크와 직접 네트워크 효과는 사용자 그룹이 하나이고 연결이 그룹 내에서 일어난다. 이러한 네트워크를 단면 네트워크(one-sided network)라 한다. 예를 들어, 페이스북/트위터/인스타그램과 같은 소셜네트워크 서비스, 메신저/이메일/전화와 같은 커뮤니케이션 서비스 등이 해당된다. 이러한 단면 네트워크에서 나타나는 네트워크 효과를 직접 네트워크 효과(direct or same-side network effect)라고 한다. 이것은 사용자의 수가 증가하면 같은 그룹 내의 사용자간의 연결 가능성이 높아져서 네트워크의 가치가 높아지기 때문이다. 카카오톡에 친구가 가입하면 카톡 네트워크의 가치가 높아진다.

**[그림 13-2] 단면 네트워크와 양면 네트워크**

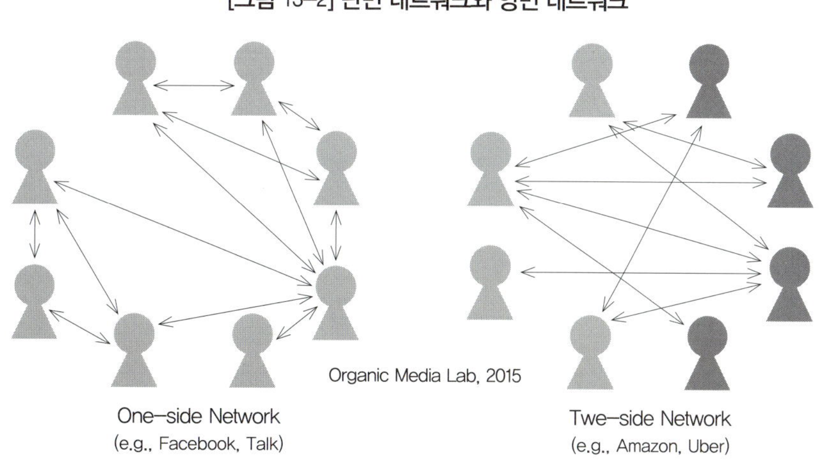


아마존은 판매자와 구매자간의 양면 네트워크로 이루어진 것으로 보이지만 실제로 제3의 그룹이 존재한다. 바로 아마존의 상거래 웹서비스를 이용하는 외부 개발자(3rd party developer) 그룹

이다. 아마존은 2002년 이커머스 서비스(e-commerce service)라는 제품 정보와 고객 리뷰에 접근할 수 있는 웹서비스를 공개했다. 이를 통해 개발자를 아마존 네트워크의 한 축으로 추가하였다. 이들은 아마존의 웹서비스를 기반으로 판매자에게는 판매관리 서비스를 제공하고 구매자에게 다양한 구매 페이지를 제공한다. 즉 아마존은 판매자, 구매자, 개발자의 3 그룹이 만드는 3면 네트워크(3-sided network)이다. 아마존의 네트워크는 판매자, 구매자, 개발자로 이루어져 있다. 이들간의 네트워크 효과를 화살표로 나타낼 경우 긍정적 효과는 +, 부정적 효과는 -로 표시할 수 있다.

[그림 13-3] 아마존의 네트워크 효과

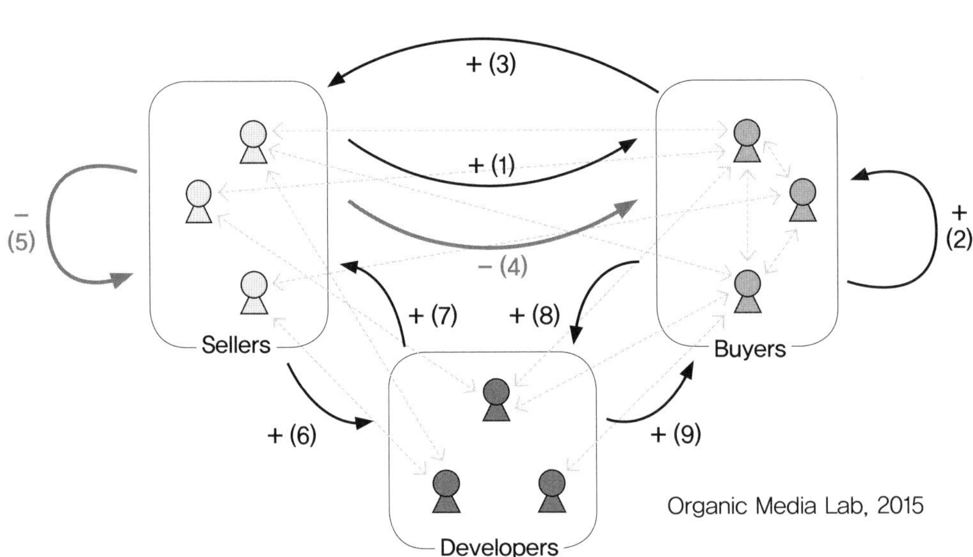


1-2-3은 이어지는 판매자-구매자-구매자-판매자로 이어지는 선순환 구조를 형성한다. 아마존은 출판사의 모든 책을 구비함(판매자의 증가와 같은 효과)으로써 닭과 달걀의 문제를 해결하고 구매자를 확보하였다(1). 구매자의 증가는 더 공정하고 풍부한 제품에 대한 리뷰, 평가, 및 추천을 가능하게 하고 이는 더 많은 구매자를 끌어오는 유인이 된다(2). 구매자의 증가는 구매자의 증가뿐 아니라 아마존이 새로운 제품 카테고리(음반이나 DVD)로 확장하고 판매자(3rd party sellers)를 끌어오는데 매우 중요한 역할을 했다(3). 판매자의 증가는 더 다양하고 저렴한 제품의 공급을 가능케 했고 이는 다시 구매자의 증가(1)를 가져오는 선순환을 이루었다.

4-5는 판매자의 증가가 가져오는 악순환 고리를 제거한다. 판매자의 증가는 다양한 제품을

저렴한 가격에 구매할 수 있는 가능성을 열지만 너무 많은 제품과 판매자는 구매자의 구매의사 결정을 어렵게 만든다(4). 아마존은 기존의 다른 오픈마켓과는 달리 제품 한 개 당 한 개의 제품 페이지(single detail page)가 존재한다. 판매자 입장에서 저렴한 가격뿐 아니라 제품 페이지의 차별화, 빠른 배송 등이 필요하다. 새로운 판매자의 유입이 매우 쉽게 하였다(5).

6-7-8-9는 개발자들의 참여가 만드는 두 번째 선순환 구조의 형성이다. 2002년 아마존은 데이터와 도구를 외부 개발자들에게 공개하여 수많은 개발자들이 구매자들을 도울 수 있는 다양한 어플리케이션과 웹사이트를 개발했다(6). 이러한 크고 작은 혁신적인 서비스는 결국 아마존으로 더 많은 구매자가 모이도록 하였다(7). 물론 더 많은 구매자는 더 많은 개발자들을 불러 모았다(6). 마찬가지로 개발자들은 판매자를 도울 수 있는 다양한 어플리케이션을 개발했다(8). 이러한 어플리케이션들은 더 많은 판매자들이 모이도록 하였고(9) 이는 다시 더 많은 개발자들을 모이도록 하였다(8). 이러한 외부 개발자들은 수많은 구매자와 판매자들이 있기 때문에 아마존 네트워크에 참여하였고 이들은 다시 구매자와 판매자의 증가를 가져오는 선순환을 이뤘다.

블록(Block)은 거래 정보가 들어 있는 장부의 조각으로 하나의 블록은 10분 단위의 거래 정보를 담는다. 그리고 거래 기록이 사슬(Chain) 형태로 보관되면서 개인간(P2P) 네트워크로 정보를 상호 공유하고 있다. 따라서 블록체인은 거래를 기록한 원장을 개인간 네트워크에 분산하여 참가자가 공동으로 기록하고 관리한다.

예를 들어 은행의 정보시스템은 고객이 은행에 돈을 맡기면 거래가 발생할 때마다 중앙의 거래장부에 그 내용을 기록한다. 블록체인이 개인간 네트워크를 통해 동일한 거래 장부를 여러 사용자들이 나눠서 보관하고 거래마다 이를 대조한다. 거래는 갑이 을에게 돈을 보내려면 온라인에서 이 거래 내용을 담은 블록을 형성한다. 이 블록은 네트워크상의 모든 참여자에게 전송되고 네트워크에 있는 모든 참여자가 해당 거래의 타당성을 확인한다. 승인된 블록은 기존 블록체인에 연결되며 실제 송금이 완성된다.

비트코인은 중앙은행과 같은 거래를 보증할 수 있는 결제기관이 존재하지 않기 때문에 신뢰성이 떨어진다. 분산형 시스템의 익명성으로 자금세탁과 같은 불법거래가 발생할 수 있다. 무엇보다 비트코인 자체가 국가 운영의 가장 중요한 특권인 통화정책과 충돌할 수밖에 없다. 그러나 블록체인은 개인간(P2P)기반으로 모든 장부 기록이 누구에게나 투명하게 공개되고, 분산 처리된 장부의 데이터를 항상 최신 버전으로 유지할 수 있는 장점도 있다. 인터넷을 통하여 누구나 장부를 확인할 수 있지만 데이터 조작은 어렵다.

고객에 대한 캐시백, 적립 포인트 등의 우대제도는 블록체인처럼 발행주체간(P2P) 분산시스템을 구축하고 포인트를 표준화하면, 비트코인과 같이 상호 교환하여 기업의 능력을 확대하면서 경제의 활성화에 유익할 수 있다. 따라서 비트코인은 기존 화폐의 대체수단이라기 보다 거래의 교환이나 결제에 활용될 수 있는 진보된 방법이다. VISA나 MASTER는 현지법인을 활용하여 자체 분산시스템을 구축하고, 국가별로 이전금액을 매칭(matching)시켜서 차액만 결제하는 방법을 활용하고 있다.

## 2. 기술관리

### 2.1 기술획득

기술자원은 기술력이 곧 경쟁력으로 경영활동의 보조수단이 아니라 핵심자산(assets)이다. 기술예측(technology forecasting)은 기술이 어느 방향으로, 어떠한 속도로 변할 것인가를 미리 추측하는 활동이다. 선도기업과 비교한 현재의 기술수준, 적절한 기술획득 방법, 기술개발 문제점, 효과적인 지원정책 등이 필요하다. 기술획득 방식의 유형은 자체개발(in-house development), 외부조달(outsourcing), 공동개발(joint venture), 위탁개발(R&D contract) 등이다. 외부기술 조달 방식의 유형은 기술교류 협약, 사용자-공급자 협약, 위탁연구, 공동개발 또는 컨소시엄, 라이센싱, 2차 소싱, 지분 보유 및 직접 투자이다.

기술기획(technology planning)은 신기술과 신제품의 개발과 출시에 관련된 활동(activity)과 시점(time)을 정하는 작업이다. 기술기획의 1단계는 시장계층 작성으로 시장환경과 경쟁전략 분석 결과 목표시장을 선정한다. 2단계는 제품계층을 작성하고 고객 니즈와 관련된 제품의 특성을 파악한다. 3단계는 기술계층 작성으로 목표 특성을 구현하기 위한 기술 대안을 선정하고 기술별 개발(도입)완료 시점을 제시한다.

**[표 13-2] 기술개발 방법**

| 방 식 | 기술적위상 | 시간적긴급도 | 투자규모/수준 | 수명주기단계 | 기술적중요도 |
|---|---|---|---|---|---|
| 내부개발 | 높음 | 낮음 | 큼 | 초기 | 핵심 |
| 공동개발 | | | | | |
| 위탁개발 | | | | | |
| 외부조달 | 낮음 | 높음 | 작음 | 후기 | 주변 |

경영활동은 비용을 동반하기 때문에, 그 효과성과 효율성을 극대화할 수 있도록 해야 한다. 따라서 먼저 외부 기술 확보를 통해 무엇을 얻으려 하는지 기업의 전략적 목적을 명확히 한다. 외부 원천에 의한 기술 확보 과정에서 기업이 고려할 수 있는 전략적 목적으로

1) 기술의 범위를 확대할 수 있다. 선도기업들은 추가적인 기술 확보를 위해 더욱 다양한 기술에 대한 정보를 모니터링하고, 외부 원천으로부터 기술을 확보함으로써 차별화된 신제품 및 신사업 개발을 가능하게 한다.

2) 기술 확보를 위한 비용 및 위험을 감소시킬 수 있다. 외부 협력을 통해 기업은 R&D를 위한 인력과 설비 비용뿐만 아니라 그 결과에 대한 위험을 분산시킬 수 있다.

3) 제품 개발 및 기술의 상업화 기간을 단축시킬 수 있다. 제품 및 기술 개발프로세스를 파트너와 공유함으로써 개발프로세스를 단순화하고, 필요에 따라 개발 자체를 아웃소싱하여 상업화까지의 기간을 단축할 수 있다.

4) 기술 역량을 강화하고 시장에서 기술 리더십을 확보할 수 있다. 산업 표준과 규제가 강한 산업에서 제대로 이해하는 파트너와 협력하여 기술 확보 방향을 설정하고, 그렇지 않은 산업에서 기술 표준을 창출하여 시장 지위를 강화시킬 수 있다.

기술획득전략으로 기술확보 비용이 높지만 기술난이도가 낮을 경우 단순히 기술을 확보하는 것만이 아니라 장기적이고 광범위한 사업기반을 확보하고자 할 때에는 합작기업(Joint Venture) 형태를 선호한다. 특히, 저급기술 산업에서 합작기업(J/V)은 경영 참가와 공동사업 전개가, 첨단기술을 활용하는 산업에서는 기술확보 및 위험 분산을 통한 고수익 창출이 그 목적이 될 수 있다. 제휴는 조기에 기술을 획득하거나 비관련 시장에의 접근과 제휴 기업 주도의 산업표준 확립을 용이하게 해준다.

기술확보비용과 기술난이도가 모두 높은 경우 M&A나 지분인수를 통한 자본투자를 하면 해당 기업 내의 기술에 접근할 수 있다. M&A를 통해 기업을 인수하는 것은 단지 기술을 확보한다기보다 시장점유율, 생산능력 등의 여러 가지 전략적 요인도 고려한다. 대기업이 공동연구개발 활동에 참가하는 경우, 소규모 첨단기술 기업에 대해 일부 지분 투자를 하면 소기업에 의해 개발된 기술에 보다 쉽게 접근할 수 있다.

기술확보비용과 기술난이도가 모두 낮은 경우 자체 기술 개발력이 있음에도 R&D 아웃소싱이나 기술 구매가 더 효율적이다. 기술 개발에 따른 불확실성을 회피하고 개발에 따른 비용 절감 측면에서 유리하지만, 차별화된 핵심기술 확보가 어렵고 상대 기업에 대한 의존이 불가피하다.

기술확보비용이 낮지만 기술난이도가 높을 경우 미래에 수확될 혁신적인 기술을 기대하며

장기적 안목에서 투자한다. 기술확보를 위해 투자되는 비용이 상대적으로 적은 반면, 실질적으로 활용할 수 있는 기술확보 가능성에 대한 불확실성도 높은 편이다.

[표 13-3] 기술획득전략

| 구 분 | | 기술확보 난이도 | |
|---|---|---|---|
| | | 낮음 | 높음 |
| 기술 확보 비용 | 높음 | – 합작기업(J/V)<br>– 제휴 및 파트너십 | – M&A<br>– R&D |
| | 낮음 | – 라이센싱<br>– R&D 아웃소싱 | – 벤처캐피탈<br>– 산학연 협력 |

자료 : 윤여중(2006)

## 2.2 기술확산

기술확산(technology diffusion)은 신기술에 의한 신제품이 출시 후 시장에서 채택(adoption), 확산되는 패턴이다. 기술은 예측 → 기획 → 확산의 단계를 거쳐 진화한다. 기술의 확산과정을 예측하여 마케팅 전략, 차세대 개발시점 결정에 활용한다. 기술수용 수명주기(technology adoption lifecycle)는 종 모양의 곡선(bell-shaped curve) 형태이다.

[그림 13-4] 기술의 수명주기

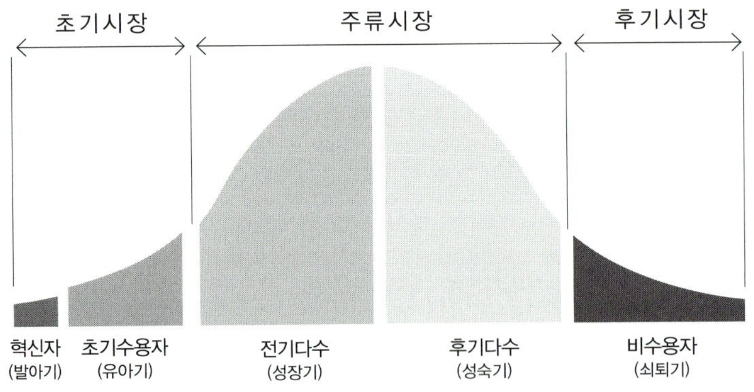


고객집단(customer group)은 기술의 수용 시점과 성향에 따라 다섯 그룹으로 분류기술의 초기수용자는 조직의 변화를 위한 급진적 혁신 도구로써 신제품을 수용한다. 전기다수는 생산성과 효율성을 올리기 위한 점진적 혁신의 도구로써 신제품을 수용한다.

신기술 수용의 수명주기상에 세 개의 틈(crack)이 존재한다. 틈의 발생이유로 첫 번째 틈은 신기술의 잠재적 가치와 용도가 실질적인 효용으로 나타나지 않기 때문이다. 신기술의 유일하고도 확실한 활용도를 제시해야 한다. 세 번째 틈은 표준화 제품을 저가격으로 제공할 수 있는 공정비용, 유통비용의 절감을 실현하지 못했기 때문이다. 패키지화된 상품 제공하거나 유통망을 정비한다. 두 번째 틈(캐즘)은 초기수용자와 전기다수 사이의 신제품 수용의 목적과 성격에 근본적인 차이가 존재하기 때문이다. 시장확대의 틈새(application niche)나 주제개발의 틈새(thematic niche)를 목표로 한다.

[그림 13–5] 기술수용 수명주기상의 GAP 발생

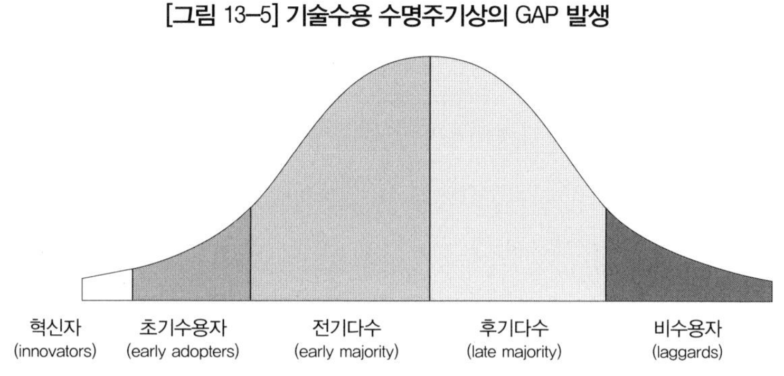


커뮤니케이션 채널은 신기술과 신제품의 확산의 주요 채널로 외부의 매스미디어 채널과 내부의 대인 채널을 이용할 수 있다. 커뮤니케이션 채널을 토대로 정량적인 함수모형을 설계하고 분석하여, 미래에 얼마나 많은 사람들이 그 제품을 받아들일 것인가를 예측한다.

기술확산의 세 가지 모형으로 기술확산이 외부채널만을 통해 일어나는 지수함수의 형태는 광고나 인터넷으로 얻은 정보만으로 구매결정을 한다. 기술확산이 내부채널만을 통해 일어나는 로지스틱 모형, Gompertz 모형은 이미 사용하고 있는 사람들의 입소문을 통해서만 구매결정을 한다. 로지스틱 모형은 기술확산이 내부 채널만을 통해 일어난다고 가정한다. S자 곡선은 구매자 수가 초기에는 완만하게 증가, 입소문을 타면서 점점 빨리 증가, 최고점 이후에는 서서히 줄어들면서 멈춘다.

그리고 기술확산이 두 채널 모두를 통해 일어난다는 Bass 모형은 자신이 얻은 내외부의 모든 정보를 통해서 구매결정을 한다. Bass 모형은 신기술 채택자의 두 가지 유형으로 혁신자(innovator)는 외부채널을 통해서 독자적인 구매결정을 하는 그룹이고, 모방자(imitator)는 내부채널에 영향을 받아 구매결정을 하는 그룹이다.

## 2.3 지적자산

지적재산권(Intellectual Property Right: IPR)은 지적 활동을 통해 얻어진 결과물에 대해 배타적인 소유권을 인정하는 법적, 제도적 장치이다. 전통적 지적재산권은 산업재산권과 저작권만을 의미했다. 특허는 발명에 대해 일정 기간 동안 독점적, 배타적인 권리 보호를 받는다. 실용신안은 기능 및 용도의 개선에 이루어진 실용신안에 대한 권리를 부여한다. 의장권은 물품의 형상, 모양, 색채 등을 바탕으로 시각을 통해 미감을 일으키게 하는 공업적 고안을 보호한다. 상표권은 자사의 상품을 식별하기 위한 상표를 보호한다. 그리고 저작권은 학문적 혹은 예술적 저작물의 저작자를 보호한다. 저작인접권은 원 저작물에 대한 추가적인 작업에서 발생한 부가가치에 대한 권리를 보호한다.

[그림 13-6] 지적재산권의 체계

신지적재산권에서 산업저작권은 컴퓨터 프로그램, 소프트웨어, 데이터베이스 등의 저작권과 특허를 동시에 보호한다. 첨단 산업재산권은 신기술 분야에서 창출되는 산업재산권을 보호한다. 정보재산권(영업비밀)은 특허로 등록하기는 어렵지만 권리의 보호가 필요한 주제를 보호한다. 별도의 등록 절차가 필요하지 않고 출원 및 보호 범위가 매우 넓으며, 보호기간의 제한이 없다. 지식재산은 인간의 지적 창작물 중에서 법으로 보호할만한 가치가 있는 것들이다.

특허의 출원과 등록 절차의 평균 소요 시간은 2~3년이다. 표준 특허는 기술표준임과 동시에 특허로 등록된 기술, 즉 표준에 사용되는 특허를 의미한다. 표준특허는 표준과 특허의 상충적 문제를 보완하면서 특허의 사유화를 막고 넓은 범위로 신속하게 확산되고 보급된다. 특허권자가 수익을 얻을 수 있는 시장을 확대할 수 있다.

**[그림 13-7] 특허절차**

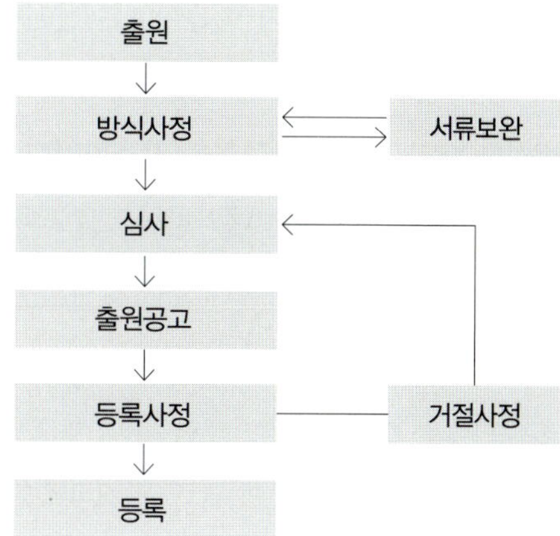


## 3. 지식관리

### 3.1 지식창출

학습조직은 체계적인 문제해결, 새로운 접근방법을 활용한 실험, 자기경험과 과거자료로부터 학습(생산적 실패), 벤치마킹과 고객의 소리를 통한 학습, 그리고 지식의 신속하고 효과적인 내부화 등의 활동에 숙달되어 있다. 학습에 도움이 되는 환경을 조성한 뒤 부문간 경계를 터서 아이디어의 교환을 자극하고 전략적 검토, 시스템 감사, 사내벤치마킹 보고, 연구사절, 관련자 심포지움 등의 활동을 통하여 학습을 성취한다.

**[표 13-4] 개인학습과 학습조직의 차이**

| 구분 | 개인학습 | 학습조직 |
|---|---|---|
| 학습주체 | 개인 | 단체, 조직 |
| 배경학문 | 심리학, 사회 심리학 | 경제학, 사회학 |
| 특　징 | - 인간의 뇌만이 정신을 가지고, 생각하고 행동하며 학습<br>- 조직에서 실제로 행동하고 학습하는 개인 | - 신지식을 저장메커니즘(문서, 데이터베이스)으로 학습<br>- 개인의 단순종합 이상으로 개인이 떠나도 조직에 남음 |

사회학습이론(social learning theory)은 보상이나 처벌과 같은 강화가 없어도 다른 사람의 행동을 관찰하고 모방함으로써 학습이 일어날 수 있다. 반두라(Bandura)에 따르면 인간의 학습은 사회적 상호작용 속에서 타인의 행동을 모방하고 관찰함으로 가능하다. 타인의 행동을 관찰하고 모방하는 데서 오는 행동변화를 강조하였다. 영화, TV, 소설 등에서도 관찰을 통해 모방학습이 이루어지고, 간접적 혹은 대리경험으로도 행동에 영향을 받는다. 가정에서 부모의 행동은 관찰학습이 이루어진다. 가정폭력 등은 자녀가 폭력하는 장면을 관찰하게 되고, 모방학습이 되어 후에 폭력을 하는 행동을 한다.

[그림 13-8] 학습모형의 원리

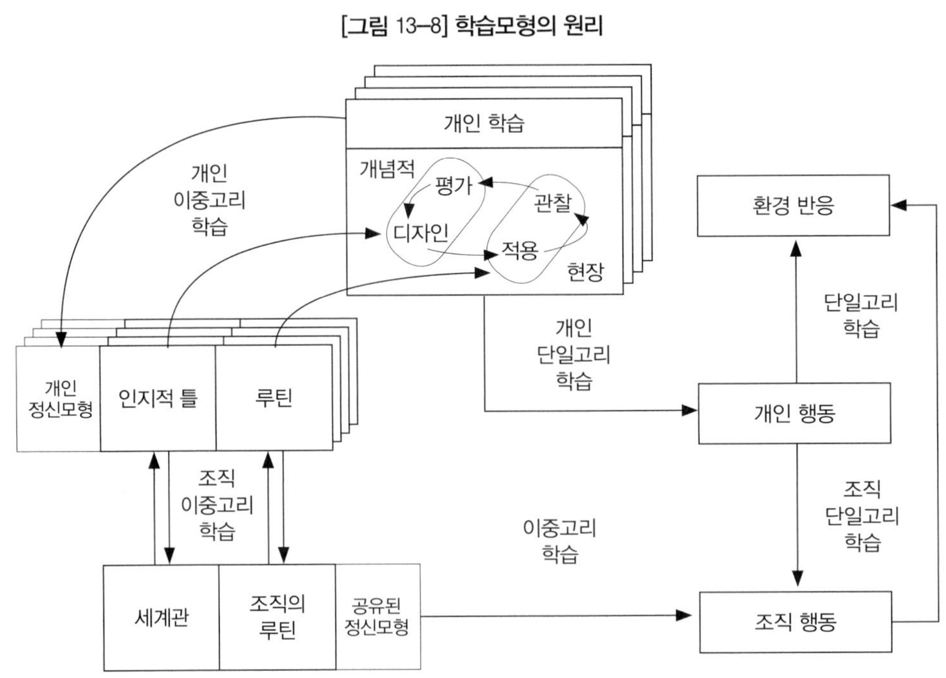


학습은 모델의 행동을 보면서 모방학습(modeling)을 할 수 있다. 내가 직접 해 볼 필요가 없어 시간의 절약, 위험 부담을 감소시킨다. 물론 나쁜 행동도 학습할 수 있다. 예를 들어 위대하다고 생각하는 사람, 사회경제적 지위 높은 사람, 비슷한 연령대, 칭찬 받는 사람, 그리고 동성 등을 대상으로 모방학습을 한다. 만일 모델이 어떤 행동을 한 후에 처벌을 받으면, 관찰자는 그 행동을 모방하지 않는다. 다른 사람이 하는 자신이 하고 싶었으나 억제해 왔던 행동을 관찰하여 그 행동을 모방한다. 또한 이미 알고 있는 행동이었지만 잘 하지 않고 있던 행동이, 타인의 행동을 관찰함으로써 따라한다.

[표 13-5] 관찰학습의 단계

| 학 습 단 계 | 내 용 |
| --- | --- |
| 주의집중단계 | 어떤 행동을 관찰을 통해 학습하려면 그 행동이 관찰자의 주의를 끔 |
| 파지단계 | 모델을 관찰한 후 일정 기간 동안 모델의 행동을 상징적인 형태로 기억 |
| 재생단계 | 새로 획득한 행동을 실제로 재연하는 과정에서 관찰자의 기억 속에 담긴 심상이나 언어적 부호들은 중요한 기능을 발휘 |
| 동기화단계 | 학습된 행동을 강화하면 그 행동이 지속되지만 처벌받으면 그 행동이 일어나는 비율이 감소 |

지식창출은 개인에서 시작되고 그 개인의 지식이 조직전체에 있어서 귀중한 지식으로 변환하는 것을 말한다. 지식창출은 개인에서 시작되고 그 개인의 지식이 조직 전체에 있어서 귀중한 지식으로 변환된다. 기업의 지식은 다른 기업과 차별화된 장점을 가져다 주는 조직 내 역량이다. 자본, 토지, 노동의 생산요소는 자유로운 이동이 가능하여 핵심 경쟁요소로서의 중요도 축소되고 있다. 개인의 두뇌나 기업 내에 내재한 지식은 쉽게 이전이 불가능한 요소이며, 기업이나 국가가 가진 이 지식의 격차가 앞으로는 경쟁력의 차이를 좌우한다. 국가나 개별 기업의 경쟁력을 결정하는 가장 중요한 핵심요소로 국가 또는 기업이 지식을 창조하고, 축적하고, 공유하고, 활용하기 위한 전략이 더 중요해졌다.

경쟁력은 교육제도의 혁신과 국가 및 기업 차원의 지식 인프라 구축에서 시작된다. 미국은 1995년부터 범국가적인 '국가정보기반(NII)' 사업을 시작하였고 영국은 1998년에 '지식주도 경제 구축 전략'을 마련하였다. 싱가포르도 1991년에 '국가정보화 계획, IT2000'을 작성하였다.

더 새롭고, 더 높은 가치를 창출하는 기업만이 이 시대의 진정한 승자로 최고경영자부터 사원에 이르기까지 조직 내의 구성원들에게 '가치 추구'를 지향하도록 요구하고 있다. 제너럴일렉트릭(GE)은 1878년 발명왕 에디슨이 실용적인 백열 전구 개발을 위해 '에디슨 전광회사'를 설립하면서 시작하였다. TV수상기, 비행기 엔진, 초기형 컴퓨터, 토스터, 빨래건조기, 냉장고, 에어컨 등의 혁신제품들은 인류 생활양식의 변화와 그 궤도를 같이하고 있다. 지금도 녹슬지 않는 청년정신으로 자신의 가치를 꾸준히 확대, 재생산하고 있다. 지적자산(기술과 지식)은 과거의 경쟁 우위들을 대체하며 현대 기업들의 경제적 성공 또는 실패를 결정한다.

표절은 원작자보다도 더 낮은 원가 수준을 갖게 되고 더 낮은 시장 불확실성과 위험을 가지게 된다. 특허법과 저작권법이 기술을 따라가지 못할 때 발생한다. 물론 선두를 따라잡으려고 모방하는 것은 선두를 따라잡기 위한 유일한 길이 될 수 있다. 미국은 영국 면방직공업을 복사했고, 일본은 미국의 산업을 복사했다. 기업간 경쟁은 선두를 지키는 게임이 아니라 특정 게임을 하는 기업이 경제시스템에서 성공할 권리를 가지는 것이다. 현재 어떤 시스템이든 다양성을 허용하고 공개하여 공유하는 보편적인 시스템을 지향하고 있다.

조직이 가진 능력을 재발견하고 여기서 창조력을 창출해야 한다. 개인의 독창적인 지식을 자유롭게 공유하며 이를 서로간에 융합시켜 또한 각 개인은 새로운 지식을 서로간에 제시하여 이를 또 다른 차원의 지식으로 승화할 수 있다. 조직이 창조적일 때 창조력이 발생한다.

과거 정보의 접근과 이용이 각 개인마다 다르게 작용하는 정보불평등이 나타나는 지식격차가 발생하였다. 지식격차 가설에 따르면 사회경제적 지위, 교육의 정도, 대인간의 접촉 정도, 축적된 정보의 양, 매스미디어의 매체에 따라 정보를 획득하고 받아들이는 차이가 존재한다. 기업의 지식은 조직 내에 지식이 존재하고 있고 알고 있는 지식, 조직 내에 지식이 존재하지 않고 있음을 알고 있는 지식, 조직 내에 지식이 지식이 존재함에도 불구하고 알지 못하는 지식, 그리고 조직 내에 지식이 존재하지 않는다는 것 자체를 모르는 지식으로 구분할 수 있다.

**[표 13-6] 조직 내 지식의 구분**

| 구분 | | 지식 | |
|---|---|---|---|
| | | 존재 | 미존재 |
| 필요성 | 파악 | 명백한 지식<br>(지식존재 인지) | 명백한 격차<br>(지식부존 인지) |
| | 미인지 | 불명백한 지식<br>(지식존재 미인지) | 불명백한 격차<br>(지식부존 미인지) |

## 3.2 지식전이

지식의 전이는 만들어진 지식이 다른 부서로 타부분 또는 조직의 밖으로 이전되는 과정이다. 지식의 공급자가 의도한 대로 지식의 수요자가 이용할 수 있어야 한다. 노나카는 지식을 암묵지식(Implicit Knowledge)과 형식지식(Explicit Knowledge)으로 구분하였다. 조직 내 역동적인 상호작용이 지식 창조의 기본이라는 가정하에서 개인 수준에서 집단 수준, 조직 수준에 이르는 조직 전체의 지식을 창조할 프로세스를 제시하였다. 그의 SECI 모델의 지식창조 과정은 생각 ⇒ 언어, 언어 ⇒ 형태, 형태 ⇒ 자신의 기능의 나선형 프로세스(spiral process)로 설명한다.

첫째, 사회화는 암묵지가 또 다른 암묵지로 변하는 과정으로 공급자와 고객과의 공동체험(직접경험)을 통해 자신의 몸으로 지식과 정보를 획득한다. 판매와 제조의 현장, 사내 각 부문에 파견되어 공동체험으로 지식과 정보를 획득한다. 획득한 지식과 정보를 자신의 생각에 관련시켜 두는 프로세스이다. 언어화되지 않은 아이디어와 이미지를 사내외 사람에게 직접 이전된다.

[그림 13-9] 노나카의 지식공유

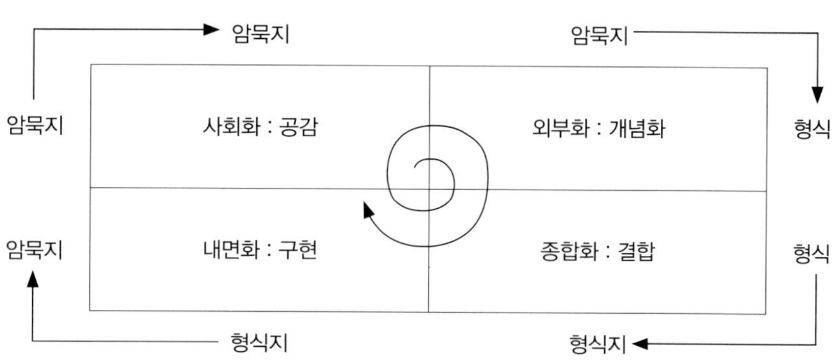


둘째, 외부화는 암묵지가 형식지로 변환하는 과정으로 언어화되지 않은 자신의 아이디어와 이미지를 언어, 개념, 도형, 형태화이다. 고객과 전문가 등의 암묵지를 촉발시켜 이해하기 쉬운 형태로 번역된다.

셋째, 종합화는 형식지가 또 다른 형식지로 변하는 과정으로 형식지화된 지식 혹은 공표된 데이터 등을 사내외로부터 수집, 결합한다. 프리젠테이션과 회의 등의 형식지를 형식지 그 자체로 전달 및 보급한다. 형식지를 이용 가능한 특정형식(다큐멘트 등)으로 편집 및 가공한다.

넷째, 내면화는 형식지가 암묵지로 변환하는 과정으로 전략, 전술, 혁신, 개선에 관한 개념과 기법을 구체적으로 실현하기 위서 직무교육 등을 통해 개인에게 체득된다. 가상의 상태에서 새로운 개념과 기법을 실험적으로 의사체험 및 학습한다.

지식의 코드화는 암묵지를 형식지로 전환하는 과정으로 조직의 지식을 쉽게 접근 가능한 형태로 전환하는 것이다. 코드화 방법은 후에 분류하기 쉽도록 카탈로그화, 지식지도(Knowledge Map)의 작성, 지식을 갖고 있는 조직원에 대한 지식원천의 코드화, 문제를 해결하면서 코드화하는 점진적 방식을 채용할 수 있다.

인간은 학습과정을 통하여 기술과 경험을 축적하여 발전시키며, 인간은 단순한 노동력 이상의 자원으로서 부가가치를 창출한다. 인간에 의하여 축적된 기술과 경험이 곧 그 기업 노하우의 기초를 구성하는 경영자원이다. 학습은 지식을 개인이나 조직이 체계적인 방법으로 축적하고

이를 실행하여 행동의 변화를 초래하는 과정이다. 학습의 전제조건으로

제1단계 : 기업의 경영/사업목표 설정

제2단계 : 부서/기능의 목표를 기업의 목표에 연계

제3단계 : 개인의 목표 설정

제4단계 : 현재의 지식평가

제5단계 : 학습계약 작성(학습목표와 자기계발 계획서 작성)

### 3.3 지식축적

기업의 지식축적은 형식적으로 데이베이스를 통하여 이루어진다. 그룹웨어(Groupware)는 기업이나 기관, 단체의 구성원들이 컴퓨터로 연결된 작업장에서 서로 협력하여 업무효율을 높이기 위해 사용하는 소프트웨어이다. 이 소프트웨어는 소규모 집단의 사람들이 같은 작업을 하거나 스케줄에 맞춰 공동 작업을 하는 데 적합하도록 설계한다.

전자결재와 문서관리는 종이 서류를 직접 들고 찾아가 결재를 하는 데 필요한 시간을 최소화하고, 문서 작성 및 정보 관리의 효율성을 증대할 목적으로 기존의 직접적인 결재 방법 대신 전산망을 이용해 결재를 처리할 수 있도록 한 새로운 개념의 결재 방식이다. 구조는 크게 사용자 환경과 서버로 이루어진 흐름관리 부분, 문서 정보를 관리하는 부분, 결재 경로를 관리하는 폼네트(form net) 등 세 부분으로 구성된다.

[그림 13-10] 지식정보시스템

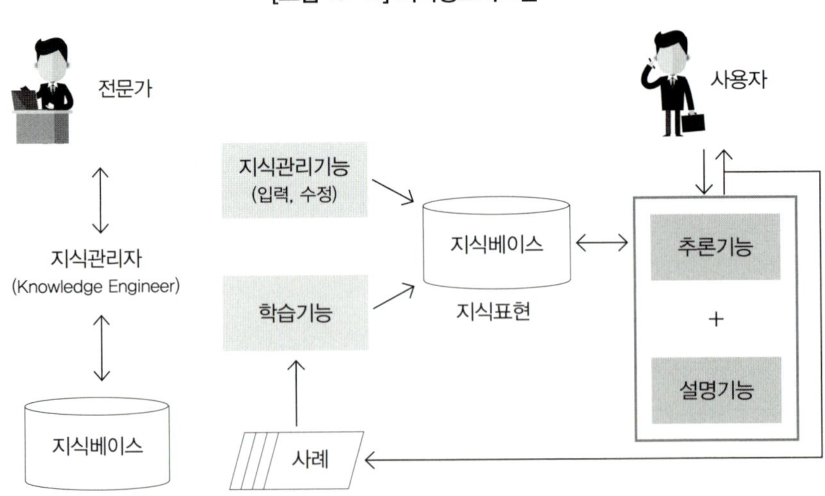

워크플로우(Workflow)는 고객의 비지니스 프로세스를 객체지향적으로 표현해서 프로세스, 액티비티(activity), 워크아이템(work item)으로 프로세스를 세분화하고 세분화된 각 객체가 행동할 수 있는 로직을 심을 수 있도록 하는 것이다. 데이터베이스 제작자는 데이터베이스의 제작 또는 그 소재의 갱신, 검증 또는 보충에 인적 또는 물적으로 상당한 투자를 한 사람이다. 제작자가 데이터베이스의 전부 또는 상당한 부분을 복제, 배포, 방송 또는 전송할 권리를 가진다.

저작권법은 데이터베이스 제작자의 권리를 일종의 독자적인 권리로서 보호하고 있다. 이를 통하여 구성이나 배열에 창작성이 없는 데이터베이스도 저작권법의 보호를 받는다. 보호기간은 데이터베이스 제작자의 권리는 데이터베이스의 제작을 완료한 때부터 5년간 존속하며 데이터베이스의 갱신, 검증 또는 보충을 위하여 인적 또는 물적으로 상당한 투자가 이루어진 경우에 당해 부분에 대한 데이터베이스 제작자의 권리는 그 갱신 등을 한때부터 발생한다.

개인학습은 한 개인이 반복적인 경험을 통하여 현재 행동이 변화하거나 잠재적 행동상의 변화가 이루어진 상태이다. 조직학습은 집단 혹은 조직이 서로 공유하고 있는 지식, 통찰력, 정신모델을 통하여 조직 내에 체화된 새로운 경험과 지식을 축적하는 과정이다. 학습조직은 지식을 창출, 획득, 공유, 확산하는데 능숙한 조직이다. 새로운 지식과 통찰력을 발휘하여 행동을 수정하고 잘못된 지식을 폐기하는데 능숙한 조직이다.

**[표 13-7] 지식의 변천과정**

| | 산업경제 | 정보경제 | 지식경제 | 생물경제 |
|---|---|---|---|---|
| 과학적 특성 | 뉴톤법칙 | 컴퓨터, 메거트로닉스 | 인공두뇌 | 생명공학 |
| 성과 발전 | 대량생산, 운송수단 | 컴퓨터화, 미소분자 | 지식상품/기술/서비스 | Bio 상품/기술/복제 |
| 초기 인프라 | 스팀엔진, 기차 | 컴퓨터(정보) | 컴퓨터(지식) | 신경망/생명컴퓨터 |
| 말기 인프라 | 철강, 자동차, 항공 | CN, CIS, GII | KMS, AI | 신경망/우주 Net |
| 기업 | 대기업/재벌 | Local+Global | Virtual | Holonic |
| 생산 | 대량생산→MPS | 린생산 | CMS+FMS | MCPS |
| 고객 | 회사>고객 | 회사>=고객 | 회사=고객 | 회사=<고객 |
| 교육 | 집단/기술교육 | 학습조직 | 지식공유학습 | 평생교육, 고객교육 |
| 지식판단 | IQ | EQ→CQ | KQ | BQ |
| 경영목표 | 이윤극대화 | 이윤+가치 | 가치창출 | 공존가치 |
| 경영전략 | 대량생산-대량판매 | 품질경영 | 고객경영 | 협력경영, 공존공생 |

### 최고의 학습조직, 역사의 라이벌! 옥스퍼드대학교와 캠브리지대학교

그리스 문명은 인간과 자연의 상호작용을 연구하여 신학, 철학과 과학의 토대를 마련하였다. 이후 오랜 기간 인류의 문화와 성과가 문자와 유물로 축적되었고 대학이 설립되면서 대중화되었다. 서양은 문명의 기원을 이집트 문명에 두면서 그리스문명과 로마문명을 토대로 발전하여 왔다. 그러나 이러한 고전적인 사상과 사고는 대학이 형성되면서 더욱 체계화되었다.

옥스퍼드대와 캠브리지대는 대학 자체의 기능뿐만 아니라 인류의 역사 발전에서 큰 공헌을 하였다. 옥스퍼드대가 설립되고 100년쯤 후에 일단의 옥스퍼드대 교수진이 캠브리지대를 설립하였다. 윌리엄 새커리는 1849년에 발표한 "펜더니스"에서 이 두 도시를 통합한 지명으로 '옥스브리지'를 사용하였다. 이 두 대학은 중세의 수도원 시절에 라틴어로 그리스 철학과 기독교 윤리를 전파하였다. 이 두 대학은 교회와 국가에 필요한 관리자와 성직자, 교육자를 양성했다. 이곳 출신들은 스스로 국가와 사회에 대한 의무감과 자신감을 가진 엘리트로 왕국이나 제국을 통치하는 집단이 되었다. 급진적인 좌파였던 '버트런드 러셀'조차 옥스브리지의 엘리트주의를 옹호하였다.

설립 이후 옥스퍼드와 캠브리지는 정치, 경제, 학문, 스포츠, 예술 등의 모든 영역에서 라이벌 경쟁하였다. 각 학교가 모든 분야에서 탁월한 성과를 기록하였지만 옥스퍼드대는 인문학과 예술 분야, 캠브리지는 자연과학과 공학 분야에 강하다. 이들 대학의 라이벌 관계와 학문적인 특성은 전 세계 모든 나라의 대학제도에 영향을 미치고 있다. 오랜 학교의 역사 속에서 옥스퍼드대는 가톨릭의 유산으로 자유롭지만 캠브리지대는 청교도주의의 엄격한 규율을 추구한다.

초기에 학생들은 칼리지의 전신으로 사설기숙사인 '홀(Hall)'에서 거주하였다. 12세기말에 대학(University)은 교수와 학생의 연합체가 되었다. 옥스퍼드대는 연방주의적인 시스템(University)과 반중앙집권적인 대학시스템(College)으로 구성되었다. 헨리 8세는 옥스퍼드에 크라이스트 처지칼리지와 캠브리지에 트리니티 칼리지를 비슷한 시기에 세워서 두 대학의 시스템을 확립하였다. 두 대학과 칼리지를 모태로 현대 대학의 기본적인 모습이 형성되었고 세계에서 가장 모범적으로 학문과 연구의 빅데이터를 쌓아왔다.

# 요약정리

- 빅데이터로 조직과 개인이 사용할 수 있는 정보량이 폭발적으로 증가하고 있다. 기업 내부에서 만들어지고 저장되는 정보 또한 기하급수적으로 증가한다. 모든 분야에서 가치있는 정보를 제공하고 환경의 변화에 능동적으로 대응할 수 있는 정보를 제공한다. 전사적 자원 관리는 기업활동을 위한 기업 내의 모든 인적, 물적 자원을 효율적으로 관리하여 궁극적으로 기업의 경쟁력을 강화시키기 위한 통합정보시스템이다. 데이터베이스는 이러한 자료파일을 통합하여 자료 항목의 중복을 없애고 자료를 구조화하여 기억시켜 놓은 자료의 집합체이다. 전자상거래 업체들이 빅데이터를 이용하여 만드는 네트워크 효과는 페이스북과 아마존을 통하여 확인되었다. 그리고 따라서 블록체인은 거래를 기록한 원장을 개인간 네트워크에 분산하여 참가자가 공동으로 기록하고 관리한다.

- 기술기획은 신기술과 신제품의 개발과 출시에 관련된 활동(activity)과 시점(time)을 정하는 작업이다. 기술확산은 신기술에 의한 신제품이 출시 후 시장에서 채택(adoption), 확산되는 패턴이다. 기술은 예측 → 기획 → 확산의 단계를 거쳐 진화한다. 기술의 확산과정을 예측하여 마케팅 전략, 차세대 개발시점 결정에 활용한다. 최종 결과물인 지적재산권은 지적 활동을 통해 얻어진 결과물에 대해 배타적인 소유권을 인정하는 법적, 제도적 장치이다.

- 지식창출은 개인에서 시작되고 그 개인의 지식이 조직 전체에 있어서 귀중한 지식으로 변환하는 것을 말한다. 개인에서 시작되고 그 개인의 지식이 조직 전체에 있어서 귀중한 지식으로 변환된다. 지식의 전이는 만들어진 지식이 다른 부서로 타부분 또는 조직의 밖으로 이전되는 과정이다. 지식의 공급자가 의도한 대로 지식의 수요자가 이용할 수 있어야 한다. 기업의 지식축적은 형식적으로 데이베이스를 통하여 이루어진다. 그룹웨어는 기업이나 기관, 단체의 구성원들이 컴퓨터로 연결된 작업장에서 서로 협력하여 업무효율을 높이기 위해 사용한다.

# 토론과 연습문제

1. 빅데이터의 특징은 무엇인가?

2. 블록체인을 활용한 개인간 네트워크의 특징을 설명하시오.

3. 기술획득전략을 논하시오.

4. 지적재산권의 체계를 설명하시오.

5. 암묵지와 형식지로 전환되는 지식의 창출과정을 설명하시오.

6. 지식을 창출하기 위하여 학습조직이 필요하다. 거대한 학습조직으로 옥스퍼드대학과 캠브리지대학이 성공할 수 있었던 비결은 무엇인가?

## 참고문헌과 인터넷

구기동, 김홍유, 심기준(2018), 경영학의 이해, 신구문화사.

윤여중(2006), 선진기업들의 첨단기술 확보 전략, LG주간경제 2006 10 4 · 11.

## 제 14 장
# 한국경영학의 과제

## 1. 노블레스 오블리주

명문가의 기준은 기와집, 고택이 남아 있는지 여부로 판단할 수 있다. 고택이 남아 있다는 것은 후손들이 잘 되어서 집을 팔지 않아도 된다는 의미이다. 그런 큰 기와집은 수십 칸의 방을 청소해야 하고 기와를 수리해야 하는 많은 노력과 시간이 필요하다. 고택은 돈이 많다고 아무나 지을 수 있는 것이 아니고 이름이 널리 알려지거나 높은 위치에 있어야 가능했다. 고택이 유지되고 있다는 것은 동학, 6.25처럼 역사의 전환기 때 집이 공격받지 않아 불이 안났다는 것이다. 동학 농민혁명이나 한국전쟁을 겪은 충청도 및 전라도와 달리 경상도는 집이 잘 보존되었다.

명문가를 다녀보면 그 후손의 특징이 몇 가지 있다.

1) 점잖고 돈과 관련하여 인색하지 않다. 양반들은 얻어먹는 것을 집안의 수치라고 생각해서 빚을 내서라도 대접하려 한다.

2) 말을 극단적으로 사용하지 않는다. 상대방을 비판할 때도 육두문자를 사용하지 않으며 '절대로'라는 말도 사용하지 않는다. 표정은 유순하여 아무리 화가 나더라도 온화함을 잃지 않는다. 또한 양반가의 사람들은 관대한 경향이 있어 사소한 실수는 넘어간다.

3) 약속을 잡을 때 매우 신중하다. 약속을 하고 지키지 않으면 안 되기 때문에 그 자리에서 정하지 않고 일정을 확인한 후 알려준다. 그리고 양반가의 후손들은 벼슬을 하게 되더라도 자랑하지 않는다. 평소 하던대로 담담하게 맡은 임무를 수행한다.

양반 집안은 주변의 평판과 인심을 얻어야 한다. 자신의 집안만 챙기는 사람은 졸부이고 다른 사람을 챙기는 사람이 양반이다. 결국 노블레스는 배려심이다.

우리 속담에 "부자 3대 못간다"는 말이 있듯이 동서고금을 통해 300년간 부를 유지한 사례는 매우 드물다. 중세 이탈리아의 메디치 가문이 200여 년간 부를 유지하였다. 일찍이 당태종 이세민이 중국을 통일한 후 대신들에게 창업과 수성 중 어느 것이 더 어렵느냐고 물었다. 방현령은 창업이 더 어렵다고 하고 위징은 수성이 더 어렵다고 했다. 가족기업의 경우 1세대에서 2세대까지 존속하는 기업은 1/3이고, 생존기업 중 3세대까지 존속하는 기업은 12%(전체의 3.9%)이고, 3세대에서 4세대까지 넘어가는 기업은 4%(전체의 0.15%)이다.

경주 최부자를 300년간 유지하도록 만들었는가? 이 집안만의 독특한 6가지의 비결이 오랜동안 부를 유지한 중요한 요인이 되었다.

1) 과거를 보되 진사 이상은 하지 마라(정치적중립). 부를 유지하기 위한 최소한의 지위만을 갖는다(정치적 중립성 유지, 옳게 지키다). 조선시대에 양반의 지위를 유지해야 사람 대접을 받고 재산을 온전히 지킬 수 있었다. 지식이 없는 부자는 천박하며 또한 오래 재물을 지킬 능력이 없게 된다. 높은 벼슬을 하지 말라고 한 이유는 벼슬을 하면 정파에 휩쓸리고 그렇게 되면 가문을 오래 지킬 수 없다.

2) 재산은 만 석 이상 지니지 마라(적정이윤추구). 이 당시의 재산 개념은 '1년간 수입' 개념이다. '재산 만 석'은 소작료 수입이 1만 석임을 말한다. 최부자가 땅을 더 많이 살수록 소작인의 소작료 부담은 낮아진다. 극대이윤보다 적정이윤을 추구한다. 이렇게 할 때 오히려 부가 모이고 오래 유지된다.

3) 과객을 후하게 대접하라(정보활용과 PR). 주변에 사람들이 끊이지 않고 항상 후하게 대접한다. 정보를 잘 활용한다. 매일 40~50명의 손님이 끊어지지 않고 있었다. 매년 천 석 정도를 접대에 사용한다.

4) 흉년에 땅을 사지 마라(재산축적의 정당성). 재산 증식의 사회적 정당성을 부여하였다. 조선시대에는 평균 4년마다 흉년이 들었다. 흉년기에 땅을 많이 살 수 있지만, 남에게 피해를 주지 않아야 한다.

5) 며느리들은 시집온 후 3년 동안 무명옷을 입어라(근검절약정신의 생활화). 만석꾼 부잣집 며느리가 무명옷을 입도록 하여 주위의 모범이 되고, 근검절약정신을 실천하고 생활화한다(옳게 지켰다). 최 부잣집의 곳간 열쇠는 맏며느리가 가지고 있었으며, 가정경제의 주축이 며느리로 근검절약정신을 가르쳤다.

6) 사방 백 리 안에 굶어 죽는 사람이 없게 하라(노블레스 오블리주). 가진 자의 사회적 책임정신(노블리스 오블리제)의 실천이다. 공동체 정신을 발휘했다. 사방 백 리(최씨 가문의 논밭이 분포된 범위) 안에 있는 사람은 '생활공동체'라고 생각한다.

경주 최 부잣집의 마지막은 최준(1884~1970)이다. 그는 면암 최익현, 신돌석, 박상진 등의 영향을 받았고, 백산 안희제, 인촌 김성수와 교류하였다. 독립운동을 재정적으로 지원하기 위하여 소유인 백산상회를 주식회사로 바꾸고 사장에 취임하였다. 상해 임시정부에 자금을 대며 120만 원의 부채를 떠안고 파산하였다. 그는 기미육영회(해외유학 장학회)에 자금을 대고 최남선이 편집한 동경통지(경주에 관한 역사적 기록)를 재발간하였다. 가치 있는 일을 위해서 모든 것을 기쁘게 사용하였다.

경주 최부자가 300년 동안 모은 재산으로 학교를 세웠다. 해방되던 해(1945)에 대구대학을 설립하였다. 영남대학교의 전신인 대구대학과 영남이공대학의 전신인 계림대학에 전 재산을 투입하고 300년 부를 마감하였다.

## 2. 실크로드와 자본조달

실크로드는 고대에 아시아, 아프리카 및 유럽을 서로 잇는 동서 교통로를 말한다. 인류의 역사는 식량을 찾아서 유목과 정착 생활을 하였고, 그 후 의식주에서 중요한 비단(육상실크로드)과 후추(해상실크로도)를 찾아서 실크로드를 개척했다. 리흐트호펜(F. Richthofen)이 19세기 후반에 중국의 각지를 탐사하고 쓴 '중국'이란 책에서 중국에서 중앙아시아와 아무강 사이를 경유하여 인도로 수출되던 비단의 교역로를 '자이덴슈트라센(비단)'이라고 하면서 시작되었다. 그 후 지중해의 시리아에서도 중국의 견직물이 다량 발굴되면서 헤르만(Hermann)이 1910년에 이 길을 시리아까지 연장하였다.

실크로드는 중앙아시아의 오아시스를 연결하여 이루어졌기 때문에 오아시스길이라고도 한다. 이 길은 동서문명교류에 대한 연구로 이스탄불과 로마까지 연장되었다. 그 후 유라시아 대륙의 초원지대를 지나는 초원길(Steppe Road)과 지중해에서 홍해, 인도양을 지나 중국에 이르는 해양길(Sea Road)을 포함시켰다.

후추(pepper)는 인도 남부가 원산지로 열대지방에서 향신료로 가꾼다. 열매는 둥글고 지름이 5~6밀리미터로 성숙하기 전의 열매를 건조시키면 검은 후추이고, 성숙한 열매의 껍질을 벗겨서 건조시키면 흰 후추이다. 신안 앞바다의 유물 중에 후추가 많았다. 인도에서 실크로드를 따라 전해진 후추는 그리스, 로마시대부터 유럽 귀족의 입맛을 사로잡았다. 세금이나 관세의 지불이나 관료의 급여, 땅의 매매나 임대, 결혼 지참금 등에 쓰였다. 일확천금을 꿈꾸는 유럽 사람들이 막대한 투자와 목숨을 걸고 후추를 찾아서 모험을 했다. 마침내 영국, 포르투갈, 스페인, 네덜란드 등이 향료를 얻기 위해 쟁탈전으로 식민지 개척이 이루어졌다.

14세기부터 18세기에 걸쳐 인도양 세계에 인도, 동남아시아, 중국, 유럽의 이른바 삼각무역이 존재하였다. 유럽인들이 희망봉 주변의 인도 항로를 발견할 때까지 주로 이슬람 상인들이 중계를 담당하였다. 유럽인들이 이익이 많은 향신료를 이슬람에서 빼앗고 15세기 말부터 16세기 초에 걸쳐 스페인과 포르투갈이 먼 해양로를 개척했다. 해양실크로드는 중국의 화남지방에서 동남아시아, 스리랑카, 인도를 거쳐 페르시아만이나 홍해에 이르는 길이다.

말라카는 해양실크로드의 동방거점이었다. 중계무역을 위한 교역항인 동시에 각종 생산품을 모아서 판매하는 상업도시였다. 말라카해협을 중심으로 인도와 페르시아 그리고 아랍 세계의 중심부를 거쳐서 아프리카 동부와 지중해까지 연결되었다. 또한 이들의 무역망은 북으로 시암, 그리고 동으로 중국과 한반도, 일본열도에 이르는 장대한 연결망을 가지고 있었다.

### 시베리아 횡단철도

초원길과 비단길로 연결되었던 고대의 실크로드는 시베리아 횡단철도의 개통으로 새로운 전기를 맞이하였다. 1837년 러시아는 철도를 도입하였고, 1851년에 상트페테부르크와 모스크바 간 철도를 개통하였다. 이후 철도를 계속하여 확장하면서 1881~1894년까지 약 40% 성장하였다. 그리고 1895~1905년 사이에 시베리아 횡단철도를 완성하였다. 카스피해 연안의 중앙아시아 철도가 1881~1894년에 완공되어 중앙아시아 경제를 활성화시켰다. 이 길을 따라서 러시아의 극동 지역에 대한 식민지화에 큰 기여를 하면서 물자뿐만 아니라 인구이동의 수단으로 활용되었다.

그리고 1998년 9월 아제르바이젠의 수도 바쿠에서 유럽연합과 그루지아, 카자흐스탄, 키르기스스탄 등 12개 국가가 모여서 아시아와 유럽을 연결하는 트라체카(Traceca)로 알려진 도로망 건설에 합의하였다. 그리고 2000년 10월 서울 아셈(ASEM) 총회에서 아시아와 유럽에 구축된 연구기관용 전용망을 연결하여 첨단과학의 정보교류와 공동연구를 위한 'Trans Eurasia Network' 프로젝트를 채택하면서 사이버 실크로드 시대를 알렸다.

경의선과 경원선이 복원되면 한반도종단철도(TKR)가 완성되고, 이 노선이 시베리아 횡단철도(TSR), 중국횡단철도(TCR) 등에 연결되면 유럽까지 연결될 수 있다. 그 옛날 화려하고 번영을 이끌었던 실크로드의 종착지인 한반도가 다시 역사 무대에서 중심으로 서는 순간이 될 것이다.

### 자본의 조달

해외 개척에 필요한 자금조달은 금융기관이나 해당 지역에 신설된 특성화된 금융기관을 중심으로 이루어졌다. 프랑스의 소시에떼 제너랄은행은 1864년에 설립하여 1870년 파리에 15개 지점과 프랑스 전역에 32개 지점을 설치하였고, 1871년에 프랑크푸르트 조약에 따라서 프랑스의 전쟁 배상을 위한 국채발행 기관이 되었다. 19세기 말 남동 유럽에 진출하여 이 지역 국가들의 국채발행을 통한 자금조달에 가장 큰 영향을 발휘하였으며, 1920년대 프랑스의 대표 은행으로 성장하였다. 그리고 1930년대 프랑스와 그 식민지에 공공대출을 시작하면서 미국과 북아프리카에 대한 진출을 확대하였고, 1945년 은행의 국유화와 식민지들의 독립으로 은행도 신생 독립국가의 법을 따라서 그 시스템을 바꿨다.

영국의 식민지 개발에 특화된 스탠다드은행(Standard Bank of South Africa)과 차터드은행 (Chartered Bank of India, Australia and China)은 식민지시대의 소산으로 비슷한 구조와 경로를 걸으면서 발전하였다. 두 은행은 연관된 지역에서 축적한 고유한 지식과 경험, 현지 정부와 기업의 유대 관계 등을 바탕으로 차별화된 경쟁력을 확보하였다. 그리고 같은 지역에서 영국계인 Oriental Bank Corporation, Hong Kong & Shanghai Bank, 그리고 Mercantile Bank of India, London and China 등과 경쟁하였다.

스탠다드은행은 1862년에 사우스 아프리카에 설립되었다. 1863년 Port Elizabeth에서 영업을 시작하였고 다이아몬드 광산에 자금을 조달하기 위하여 1867년 킴벌리 지점을 개설하였다. 또한 금광의 발견으로 1886년 윗트워터스랜드 지점, 1901년 요하네스버그 지점을 열었다. 주로 스탠다드은행은 프랑스의 지배하에 있던 북아프리카를 제외한 영국령의 중앙아프리카, 동부아프리카, 남부아프리카 지역의 자원개발에 필요한 자금을 지원하였다.

한편, 초기부터 아시아 지역에 특화된 차터드은행은 1853년 영국 런던에 설립하여 1858년에 인디아 캘커타, 붐바이, 그리고 중국 상하이에 개점하였다. 그 후 은행은 1859년 홍콩과 싱가포르, 1863년 카라치로 지점을 확장하였다. 초기에 아편과 면화 거래에서 발행된 어음 할인이 주로 이루어졌다. 그리고 1869년 수에즈운하의 건설과 면방직 공업의 활성화로 막대한 이득을 얻었다. 중국의 아편 수입이 증가하면서 이익도 더욱 증가하였고 상하이와 홍콩에서 은행권 발행을 허가 받았다. 현재도 스탠다드 차터드은행은 홍콩에서 중국은행, 홍콩상하이은행과 함께 은행권을 발행하고 있다.

스탠다드은행과 차터드은행은 식민지 국가들의 독립과 국유화 등의 환경변화, 국제화에 따른 규모의 경제의 필요성으로 1969년에 스탠다드 차터드은행으로 합병하였다. 합병 은행도 유로시장에서 자금을 조달하여 아시아와 아프리카 지역의 프로젝트에 투자하고 있다. 영업지역이 주로 정치적으로 불안정한 제3세계에 위치하기 때문에 항상 많은 위험에 직면하고 있다. 그럼에도 불구하고 가장 수익성이 높은 지역이기 때문에 지역특성화 전략과 시장을 확장하는 글로벌 전략으로 위험을 분산시키고 있다.

## 3. 한국 경제의 문제

### 저성장과 공급과잉

국내 산업구조는 국내 총생산에서 고용효과가 낮은 제조업의 비중은 증가하고 고용효과가 높은 서비스업의 비중은 감소하고 있다. 경제가 성숙단계에서 제조업이 계속 큰 비중을 차지하면 정상적 경제성장을 이룩할 수 없다. 또한 국내 자본시장도 재벌들의 시장지배력이 높고 지배구조가 비효율적으로 해외투기자본의 목표가 되고 있다. 기업은 법인세율 인하와 세금감면 혜택으로 명목세율보다 실질세율이 훨씬 낮은 상황이다. 따라서 기업경영을 투명하고 책임있게 할 수 있도록 지배구조 개선과 소액주주의 권리를 강화할 필요가 있다.

비상장회사의 배당은 소수의 주주들에게 제한되기 때문에 소득분배 효과가 제한적이면서 소득불평등을 야기한다. 그러나 한국 기업들은 상장 전 과도한 배당으로 소수의 대주주에게 이익을 돌려주고, 상장 후 배당에 인색하거나 축소한다. 국내 기업은 배당 성향이 낮고 사내유보의 비중이 높아서 소득 불평등이나 노동분배율의 하락이 심하다. 그럼에도 주주는 배당에 만족하지 않아도 소액주주권과 주식 매도 이외에 회사나 경영진에 요구할 수 있는 사항이 없다. 따라서 내부 자금의 축적은 높은 자본비용의 부담으로 도덕적 해이의 문제를 증가시킬 수 있다.

국가는 소득향상 및 자산형성을 지원하여 삶의 질을 향상할 수 있는 토대를 마련해야 한다. 또한 여유로운 생활을 즐길 수 있도록 사교육비 및 주거비 부담을 완화하고, 다양한 문화·스포츠 인프라를 구축해야 한다. 한편 사회적 약자를 위한 사회봉사 활동과 기부후원에 대해 인센티브를 제공해야 한다. 고용창출이 가능하고 파급효과 높은 분야와 공공부분에 대한 지출을 증가시키고, 노동시간을 단축시켜서 고용기회의 평등을 확보해야 한다. 사유재산은 개인의 권리이며 자기표현 방법이지만 노동자의 경우 기업가의 부와 권력에서 배제될 수 있다. 임금은 기업의 생산비용이지만 노동자들에겐 소득이다. 임금이 올라가면 구매력의 증가로 소비수요도 증가시킨다. 임금인상의 효과가 비용상승의 효과보다 크다면 임금인상은 경제성장을 촉진한다.

과잉 공급과 경쟁 격화로 인한 사업 부진, 소득 저하, 부채 증가, 폐업 및 도산, 실업의 악순환이 반복되고 있다. 그리고 서비스업도 음식업, 운수업, 소매업 등에서 심각한 공급과잉 상태이고, 의사·변호사 등의 전문직 서비스도 넘쳐나고 있다. 2005년부터 높은 경제성장을 이룩한 중국이 조선, 철강 등의 생산을 증가시켜서 공급과잉을 초래하고 있다.

기업실적 하락은 고용창출 악화로 이어지고, 감소한 가계소득은 소비심리를 위축시킨다. 가계가 소비를 하지 않으니 내수 기업과 자영업자들은 수입 감소가 발생한다. 공급과잉인 상태에서 베이비부머(1955~1963년생) 남성이 은퇴 후 1년 안에 자영업자가 될 확률은 11%였다.

### 인구감소

맬더스(Malthus)는 인구의 증가 속도보다 식량의 증가 속도가 느린 수확체감의 법칙을 따라서 부의 증가가 대규모 기아를 일으킬 것으로 예측하였다. 1700년대 말 인구의 증가로 식량과 자원이 부족하자 가난의 해결책으로 산아제한도 주장하였다. 경제발전의 초기에 우등한 토지에 대한 투자가 이루어지면서 이윤과 임금을 발생시키고, 부가 형성되면서 열등한 토지에도 자본을 투입하면서 인구가 증가한다. 그 결과 이윤과 임금이 하락하고 생산비용도 줄지만 생산물의 가격은 오히려 증가한다. 이때 지대가 별도의 독립된 존재가 되고, 이윤율하락보다 임금의 하락이 더 커진다. 즉, 기술발전으로 대량생산 시스템을 갖추지만 유효수요의 부족으로 판매의 어려움을 겪는다. 전반적인 유효수요부족은 매출 하락으로 이어져 고용도 감소하고, 다시 수요부족을 더욱 확대시켜서 매출과 고용 감소의 악순환이 발생한다. 수요부족에 따른 전반적 과잉생산이 유효수요의 부족과 기업의 이윤을 감소시킨다.

만일 노동자와 농부가 자신의 모든 소득을 소비하고, 자본가는 일부만 소비한다면 수요격차의 발생으로 경기침체에 빠져들 수 있다. 기업이 이윤을 창출하고 투자활동을 하지 않는다면, 수요격차가 발생하여 유효수요의 부족으로 경제가 침체된다. 맬더스는 유효수요를 창출하기 위하여 생산하지 않으면서 소비하는 계급이나 계층의 역할을 강조하였다. 한 국가의 유효수요가 부족할 경우 시장을 개방하여 외부수요를 창출해야 한다.

근대사회의 인구는 과거와 비교할 수 없을 정도로 급속히 증가하였다. 인구동태는 1650년, 200년, 100년, 40년의 간격으로 두 배씩 증가하였다. 인구의 증가는 인간과 인간, 그리고 인간과 자연의 대립으로 전체를 파멸에 이르게 할 수 있다. 선진국은 인구 증가 속도의 감소와 노령화로 경제성장의 동력을 잃고 있으며, 반면에 신흥국은 빠른 속도의 인구 증가로 빈곤과 사회불안에 시달리는 지구의 이중문제(Earth's Double Dilema)를 가지고 있다. 인구정책은 장기적 관점에서 이성적으로 대응해야 한다. 인구의 감소가 여성의 교육을 신장시키면서 경제활동을 강화시켰고 또한 소수의 자녀에 대한 집중으로 인재양성에 기여하였다.

### 감가상각

감가상각(Depreciation)은 시간의 흐름에 따른 감모성자산의 가치가 감소하여 취득한 자산의 원가를 사용기간에 걸쳐서 비용으로 배분하는 과정(allocation)이다. 감가상각은 비용으로 소득세를 감면시키면서도 기업의 현금흐름상에서 수익으로 남는다. 영국과 미국은 유형고정자산을 감가상각과 광산·유전·삼림 등의 고갈성 자산에 대한 감모상각으로 구별한다. 그 차이로 ① 감가상각은 자산용역 잠재력의 감소이며 감모상각은 수량의 소진이다. ② 감가상각은 감가한 부분을 전부 제품의 원가로 인식하지 않지만 감모상각은 모두 원가로 인식한다. ③ 감가상각 자산은 대체가능하지만 감모상각 자산은 대체불가능하다.

감가상각에서 ① 실질 감가상각(Economic Depreciation)은 설비처분, 자산평가 시 물리적 가치 감소, 기능적 가치 감소, 진부화로 인한 상대적 가치 감소, 필요성의 감소 등으로 나타난다. ② 회계적 감가상각(Accounting Depreciation)은 세금을 부과하기 위하여 감가상각의 크기를 인위적으로 결정한다. ③ 경제적 감가상각은 특정 시점에서 동 자산의 수명감소에 따른 가치 감소로 중고자산을 매각하고 새로운 자산으로 대체하는 순비용이다.

국민경제에서 경제적 감가상각에 대응되는 물리적 감모, 일상적 진부화 또는 통상적 불의의 손실(damage)은 회계 기간 중에 생산자가 소유하거나 사용한 고정자산의 가치가 저하된 부분이다. 국내 경제는 산업의 성숙단계 진입으로 인프라의 구축이나 성장보다는 기존 자산을 유지하거나 감가상각 단계에 접어들고 있다. 따라서 성장비용보다 유지비용이 더 커지고 있다.

# 부록

## 회계시스템
## KcLep사용법

제 1 장

# 케이렙의 개요와 회사등록

## 1. 처음 케이렙프로그램 로그인하기

PC의 바탕화면에 있는 케이렙(KcLep)교육용 아이콘 을 더블클릭하면 다음의 왼쪽 그림과 같은 로그인화면을 나타난다. 급수선택을 전산세무2급으로 하고 드라이브는 C:₩KcLepDB 그대로 둔다. 앞으로 작업할 모든 데이터가 여기서 설정한 폴더내부(C:₩KcLepDB ₩KcLep)에 저장된다.

회사코드란에서 우측 말풍선 을 클릭해보면 등록된 다음의 오른쪽 그림처럼 회사리스트가 나온다. 이 회사들 중 작업하기 원하는 회사를 클릭한다. 프로그램을 설치한 후 처음 로그인하는 경우에는 회사리스트에 회사가 전혀 없다. 이때에는 왼쪽 로그인화면에서 오른쪽 하단의 회사등록 버튼을 클릭하면 된다.

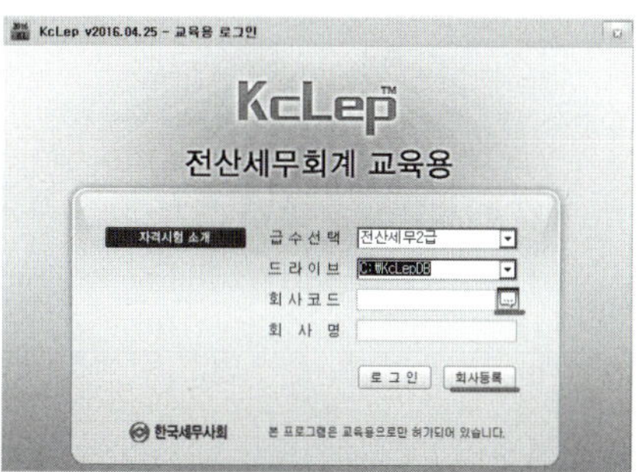


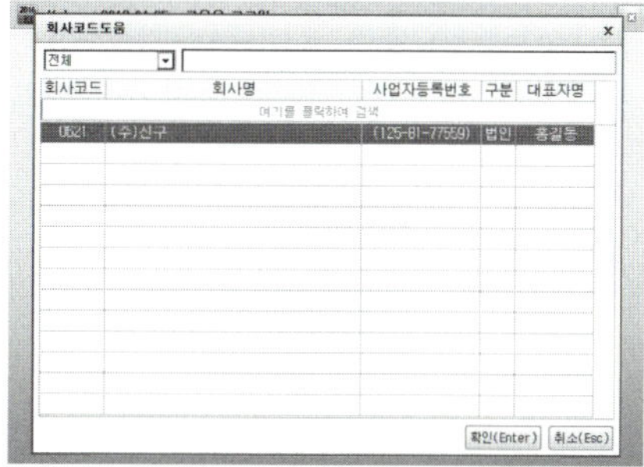


## 2. 회사등록

다음과 같은 내용을 처음 입력하여 회사등록을 해보자.

입력

① 코드란의 맨 처음 만나는 빈칸에 621번을 입력하고 회사명에 ㈜신구를 입력한다. 구분은 '1.법인', 미사용란엔 '0.사용'으로 설정해 준다.

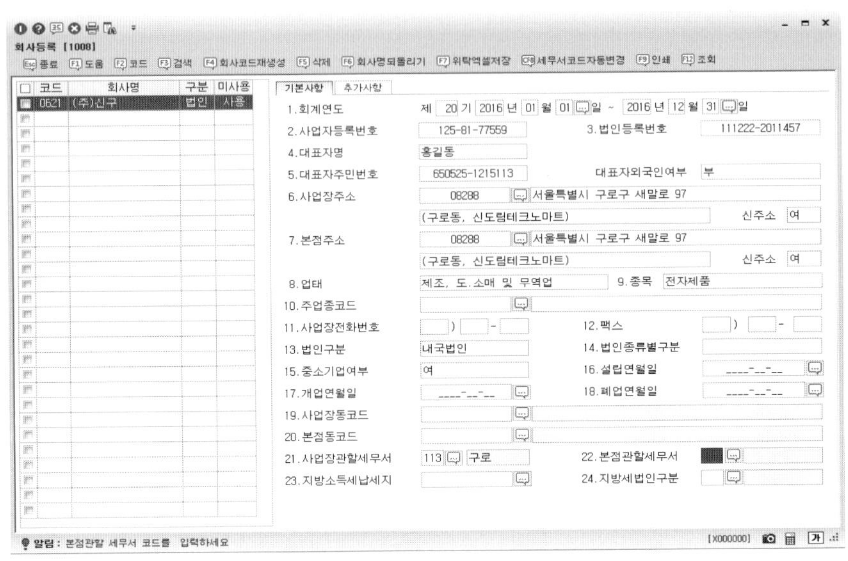


② 오른편 기본사항 탭의 1.회계연도에 20기 2019년 1월 1일~2019년 12월 31일을 입력한다.

③ 2.사업자등록번호, 3.법인등록번호, 4.대표자명, 5.대표자주민번호, 6.사업장주소, 7.본점주소, 8.업태, 9.종목, 21.사업장관할세무서 등 사업자등록증에 기재된 사항(여기서는 위 화면의 내용)을 보고 그대로 입력한다.

④ 6.사업장과 7.본점주소입력은 우편번호 도움 창을 이용한다. 우편번호란 옆의 말풍선 모양을 클릭하거나 키보드 F2키를 이용하면 우편번호코드도움창을 이용할 수 있다. 케이렙프로그램에서는 신 주소 입력이 가능하다. 아래 그림과 같은 우편번호 검색창이 뜨면 도로명 또는 지번으로 주소를 검색할 수 있다. 인터넷이 연결되어 있지 않은 경우라면 화면 하단의 인터넷이 안 되는 경우 이 버튼을 눌러주세요 버튼을 클릭하여 윗줄 오른쪽 구 주소(지번)나 신 주소(도로명)를 선택하고 검색란에 해당 동명이나 거리명 2자리를 입력하면 나타나는 검색결과에서 선택한다. 다음 줄에서 나머지 주소를 마저 입력한다.

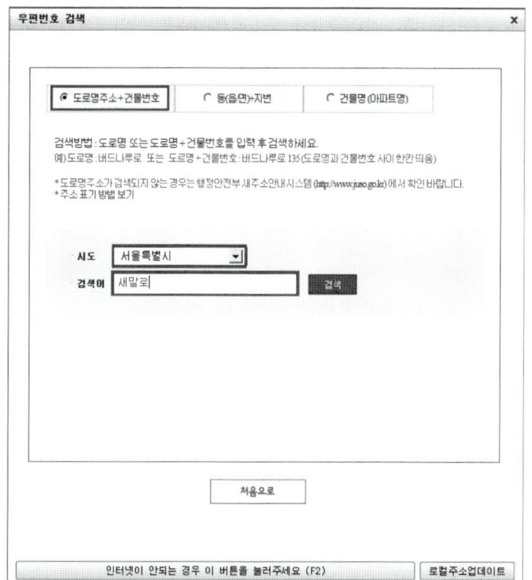


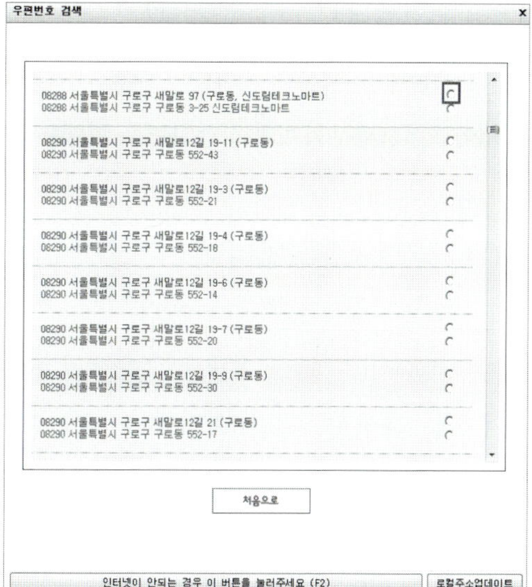


회사등록을 마쳤으면 메뉴를 완전히 종료한다. 메뉴 종료를 원하면 ESC를 이용하거나 메뉴 우측 상단에 있는 - ▪ ☒ 버튼을 사용하면 된다.

우리 회사에 추가되는 사업장을 입력하거나 기존 회사등록내용 수정 등 이유로 추가 작업할 때는 회계관리 탭 중 기초정보등록 그룹의 회사등록을 클릭하여 작업하면 된다.

## 3. 다시 KcLep프로그램 로그인

회사등록메뉴를 종료한 후 로그인화면의 회사코드란 옆의 말풍선 ▭을 다시 클릭하여 새로 등록된 0621번 ㈜신구를 선택하고 확인(Enter) 버튼을 클릭하여 프로그램에 다시 로그인한다.

## 4. 작업메뉴 실행방법

케이렙전산세무회계의 작업화면은 회계관리, 부가가치, 원천징수 3개의 탭으로 이루어졌다.

### (1) 케이렙의 회계관리 탭

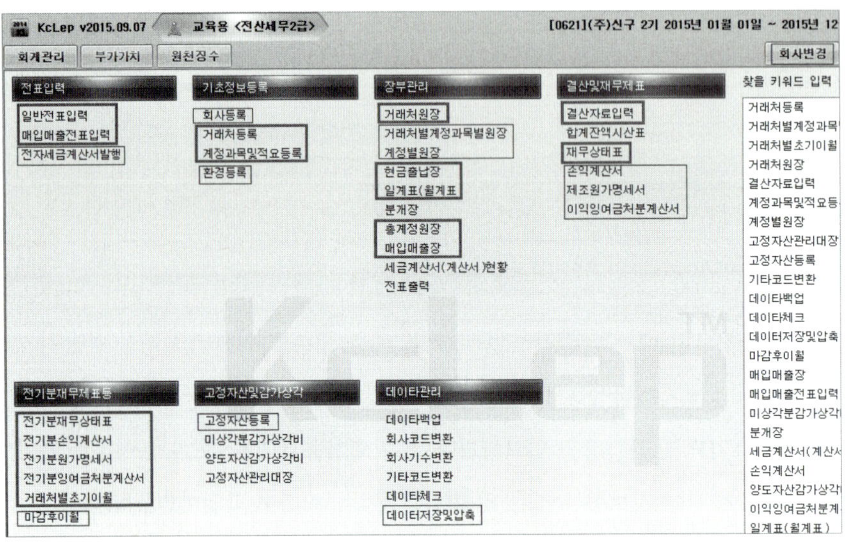

#### 1) 전표입력

기업의 영업활동 결과 발생한 거래내용을 입력한다. 부가가치세와 관련된 거래가 아닌지, 인지에 따라 '일반전표입력'과 '매입매출전표입력'으로 구분하여 입력한다. 매출전표를 이용해 국세청 전송 등 전자세금계산서 발행 작업은 '전자세금계산서 발행'을 이용한다.

#### 2) 기초정보등록

이 그룹은 회계자료의 전산처리를 위해 제일 먼저 수행된다. 우선 작업할 회사를 등록한다. 이 회사와 관련된 거래처를 등록할 수 있다. 계정과목 및 적요등록에서는 회사의 특성에 맞게 계정 및 적요를 추가 및 삭제하거나 변경할 수 있다.

#### 3) 장부관리

전표입력 그룹에서 입력된 자료를 기초로 회계정보를 조회할 수 있다. 전표를 출력하거나 분개장, 거래처원장, 거래처별계정과목별원장, 계정별원장, 현금출납장, 일계표(월계표), 총계정원장, 매입매출장, 등의 장부를 조회할 수 있다.

#### 4) 결산 및 재무제표

이 그룹에서는 재무제표 작성 작업을 수행

할 수 있다. 결산작업은 기업의 결산정리사항을 결산자료입력 메뉴에서 금액을 입력하거나 일반전표입력에서 결산일자에 결산분개를 입력하는 방식으로 수행할 수 있다. 이 메뉴에서는 합계잔액시산표, 재무상태표, 손익계산서, 제조원가명세서, 이익잉여금처분계산서 등도 정해진 작성순서에 따라 쉽게 작성할 수 있다.

### 5) 전기분재무제표 등

전산회계 프로그램을 처음 사용하는 경우 전기분의 재무상태표, 손익계산서, 원가명세서와 잉여금처분계산서 자료를 입력한다. 이 작업은 최초 한 번만 입력하면 된다. 그 이후부터는 마감후이월 메뉴를 이용하여 차기로 회계자료를 이월시키면 전기분 자료가 자동생성된다. 특히 외상매출금, 외상매입금 등의 채권, 채무는 거래처별로 관리해야 하므로 거래처별초기이월 메뉴에서 해당 과목별로 거래처별 전년도 잔액을 입력해야 한다.

### 6) 고정자산 및 감가상각

이 그룹에서는 기업의 고정자산을 등록 및 관리하고, 고정자산에 대한 감가상각비를 계산할 수 있다. 본 프로그램에서는 취득원가, 전기말상각누계액, 내용연수, 상각방법 등 감가상각 계산에 필요한 내용들만 입력해 주면 감가상각비를 자동으로 산출해 준다. 미상각분 및 양도자산에 대한 감가상각계산과 공장 및 본사 등 경비 구분별로도 감가상가비를 조회할 수 있다.

### 7) 자금관리

2018년 3월 9일 버전부터 추가된 기능으로 받을어음, 지급어음현황, 일일자금명세와 예적금현황이 있으며, 자금관리는 기업생존에 필수적인 작업이지만 아직 출제되지 않았다.

### 8) 데이터관리

전산 입력한 회계자료는 컴퓨터의 치명적인 에러 및 사용자의 실수 등으로 인해 입력한 자료들이 소실될 수 있다. 따라서 자료의 수시체크 및 파일백업 등 데이터관리 작업은 중요하다. 특히, 하드디스크에 저장된 내용은 만일의 위험에 대비하여 별도의 저장장치에 백업저장할 필요가 있다. 이 메뉴에서는 데이터백업 이외에도 회사코드, 회사기수 및 기타 코드 변환이 가능하며 데이터오류 여부 확인을 위한 데이터체크 기능도 제공하고 있다.

### 9) 부가가치세 I, II

[부가가치]탭을 클릭하면 '부가가치세 I, II' 그룹메뉴를 볼 수 있다. 전산회계1급에서는 부가가치세신고서와 세금계산서합계표 작성방법만이 출제된다. 이 부분은 특히 전표입력 그룹의 매입매출전표 입력 내용들이 반영되기 때문에 매입매출전표가 정확히 입력될 때 부가가치세신고서 등도 정확히 작성될 수 있다.

### (2) 케이렙의 부가가치탭

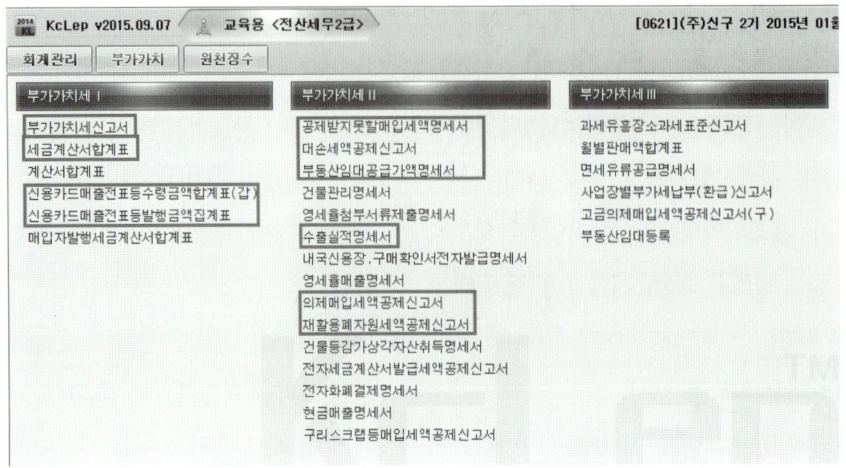


## 5. 백데이터 활용방법

### (1) 백데이터 설치방법과 회사코드재생성

전산세무회계실무를 연습하려면 본 교재에서 제공한 백데이터를 설치해야 한다. 실제 실무시험의 경우에는 백데이터가 시험용 프로그램과 함께 설치되므로 이 메뉴를 고려할 필요가 없다. 교재에서 사용할 백데이터는 구입한 교재의 출판사사이트의 자료실에 올려져 있거나 실습실의 컴퓨터에 미리 저장되어 있다.

실습실 이외의 장소에서 작업하려면 먼저 백데이터 파일을 컴퓨터에 다운받는다. 다운받은 압축파일을 더블클릭하면 백데이터 압축이 저절로 풀린다. 압축이 풀어진 각 회사데이터는 '컴퓨터－로컬 디스크(C:)₩KcLepDB₩KcLep' 폴더 안에 회사코드를 의미하는 4자리 숫자 폴더 안에 저장된다.

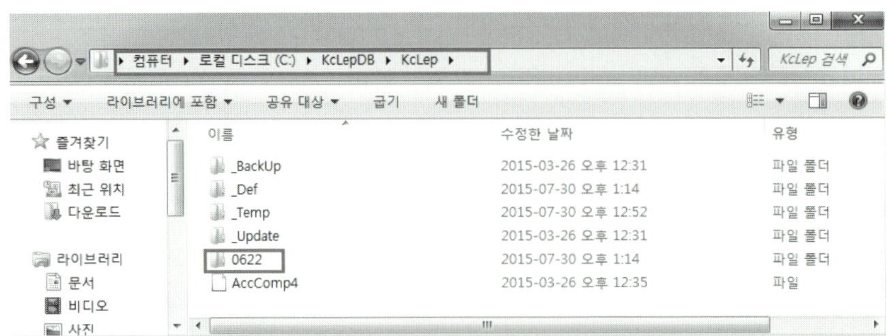

백데이터 압축을 풀었으면 케이렙프로그램의 로그인화면에서 회사등록을 클릭하여 연다. 메뉴의 상단에 있는 기능키 중에서 F4 회사코드재생성 버튼을 클릭한다. 회사코드 재생성이 끝나면 회사등록화면 왼쪽에 회사 리스트들이 추가로 생성되고 앞으로 계속하여 사용할 수 있게 된다.

## (2) 데이터의 저장 및 제출

실무 작업 결과물을 저장하여 제출하거나 다른 컴퓨터에 옮겨 작업하게 될 때 사용한다. 즉, 실무 작업 후 저장된 백데이터를 과제물로 제출하거나, 실무시험의 작업결과물을 제출할 수 있다.

또한 컴퓨터를 바꿔 작업할 때 기존에 사용했던 작업내용을 이어서 작업할 때도 활용할 수 있다.

### 1) 데이터저장

데이터저장은 회계관리 탭 – 데이터관리 그룹 – 데이터저장및압축 메뉴를 클릭하면 아래와 같이 보조창이 나타난다.

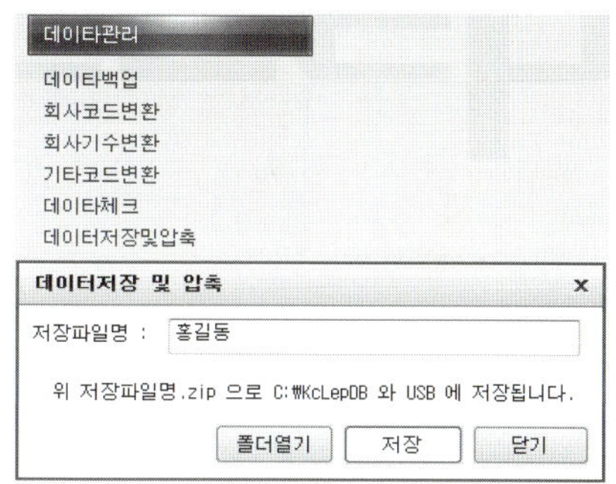


여기에 저장파일명을 입력하고 저장 버튼을 클릭하면 C드라이브(컴퓨터 – 로컬 디스크(C:) – KcLepDB폴더)와 USB메모리에 저장파일명으로 된 ZIP 압축파일이 동시에 저장된다. USB메모리가 꽂혀있지 않으면 로컬 디스크에만 저장된다.

다음에 컴퓨터 – 로컬 디스크(C:) – KcLepDB폴더에 검색해 보면 예를 들어, 홍길동.ZIP파일을 확인할 수 있다. 또 홍길동.ZIP파일을 클릭하면 0621번 폴더에 ㈜신구의 데이터가 저장되어 있음을 알 수 있다.

### 2) 데이터 사용

홍길동 ZIP파일을 풀고 나서 0621폴더를 잘라 붙여놓기 방식으로 C드라이브의 KcLepDB ₩KcLep폴더 안에 이동시킨 다음, 회사등록 메뉴에서 회사코드재생성을 클릭하면 데이터저장 및압축메뉴를 사용하여 저장하기 직전의 데이터를 불러와서 추가 작업을 할 수 있다. 실무작업 시험 등을 치를 때나 실무작업 결과 과제물 등을 작성하여 교수님, 선생님께 백데이터 형태로 제출할 때나 다른 컴퓨터로 이동하여 작업할 때 저장할 USB메모리가 없다면 위에서 만든 ZIP파일을 이메일에 첨부해서 보낼 수도 있다.

## 6. 작업할 회사변경 방법

### (1) 케이렙 실행 중 변경 방법

이미 케이렙교육용프로그램에 로그인 중이라면 메인화면 상단의 오른쪽에 있는 회사변경 버튼을 클릭하여 다른 회사를 선택하여 작업 중인 회사를 변경할 수 있다. 이 방법은 이미 선택된 급수에서의 회사변경만 가능하다.

우측 상단의 회사변경을 클릭하면 회사코드, 회사명, 사업자번호, 구분, 대표자명이 있는 선택창이 나타난다. 선택할 회사정보가 있는 난에 커서를 위치시킨 후 더블클릭하면 변경이 된다.

### (2) 프로그램 종료 후 변경 방법

실행 중인 케이렙교육용프로그램을 완전히 종료한 후 케이렙교육용 아이콘 2016 KcLep교육용 을 클릭하여 회사코드를 바꿔서 다시 로그인하면 된다. 이 방법에서는 '급수선택'과 '드라이브'를 포함하여 회사변경을 할 수 있다.

제 2 장
# 기초정보 등록

## 1. 거래처등록

기업의 채권, 채무와 관련된 거래를 입력할 때는 반드시 거래처별로 입력과 관리가 필요하다. 즉 외상매출금이나 외상매입금 등은 하나의 통제계정으로 되어 있으나, 거래처별로 채권, 채무의 증감액이나 잔액을 별도로 조회하려면 거래처별로 구분해야 한다. 이를 위해 거래처등록 메뉴에서 거래처의 기본사항을 미리 등록해 둘 필요가 있다.

거래처등록은 회계관리탭－기초정보등록그룹－거래처등록 메뉴를 클릭하여 입력한다. 거래처는 일반거래처와 금융기관, 신용카드로 구분하여 입력한다.

새로 등록할 수 있을 뿐만 아니라 입력한 내용 중 수정하면 덮어 쓸 수 있으며, 삭제할 거래처가 있으면 클릭하고 F5 삭제를 누르거나 화면 2단의 네 번째의 ⊗를 클릭하면 삭제된다.

### (1) 일반거래처등록하기

코드란에는 화면하단의 TIP에서 지시한 것처럼 101~97999까지 입력한다. 코드, 거래처명, 사업자등록번호, 거래유형(매출거래처, 매입거래처, 매출매입동시거래처)을 입력하고 화면 오른쪽으로 이동하여 거래처관리에 필요한 필수적인 사항을 추가 입력한다.

입력

코드번호 2015 ㈜신구전자(대표자:김전자, 사업자등록번호:129－81－44444(에러 메세지가나와도 무시하고 입력할 것), 사업장주소:그림 참조, 업태:제조, 종목:전자제품)의 거래처등록화면은 다음과 같다. 주소 바로 아래 상세입력안함 체크박스를 풀면 하단의 거래처 세부사항(연락처, 담당자 등)을 추가로 등록할 수 있다.

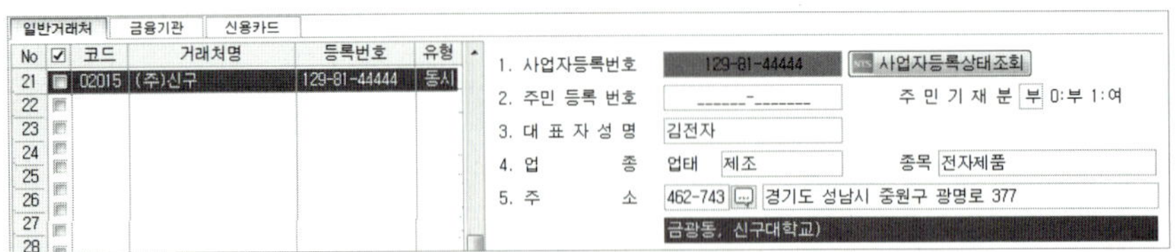


재고자산의 외상거래나 기타 채권 및 채무에 관련된 거래가 발생하면 매출채권, 매입채무나 기타 채권, 채무에 대한 보조장부가 거래처별로 만들어지게 된다. 따라서 아래 표의 채권, 채무는 분개를 입력할 때 반드시 거래처를 입력한다. 또한 문제에서 특별히 요구될 경우에도 거래처 등록이 필요하다. 실무에서는 분개 입력 시 거래처등록은 간편등록방법을 사용했다가 추후 수정 보완하는 것이 일반적인 방법이다.

| 구 분 | 반드시 거래처코드를 입력해야 하는 계정과목 |
|---|---|
| 채 권 | 외상매출금, 받을어음, 미수금, 선급금, 장단기대여금, 가지급금, 선급비용, 미수수익, 임차보증금 |
| 채 무 | 외상매입금, 지급어음, 미지급금, 선수금, 장단기차입금, 가수금, 선수수익, 미지급수익, 임대보증금, 유동성장기부채 |

### (2) 금융기관 등록하기

금융기관거래처는 98000부터 99599까지 입력가능하며 보통예금, 당좌예금, 정기예금, 정기적금유형으로 나누어 입력한다.

**입력**

코드번호 98004 IBK기업은행 성남지점(계좌번호 003－22－123456, 보통예금)의 거래처등록화면은 다음과 같다.

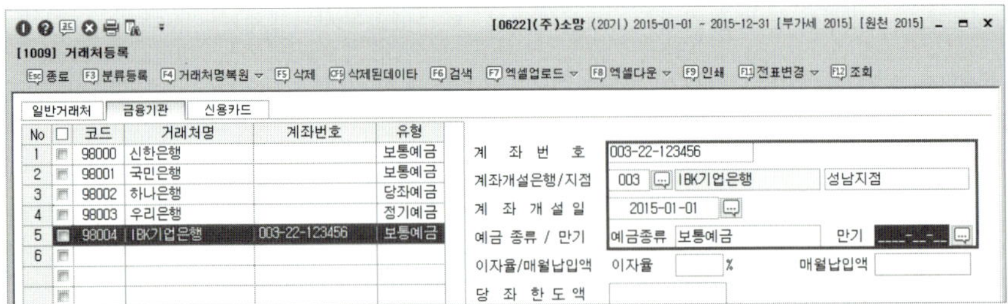


### (3) 신용카드 등록하기

신용카드거래처는 99600부터 99999까지 등록 가능하다. 매출은 가맹점번호, 매입은 카드번호로 입력한다. 같은 카드사에서 매출도 발생하고 매입도 발생할 경우 매출 카드사와 매입카드사를 따로 분류하여 입력한다.

입력

코드번호 99700 신한카드 (매출카드, 가맹점번호 111111) 의 거래처등록화면은 다음과 같다. 또한 코드번호 99800 법인카드 (매입카드-사업용카드, 카드번호 1234-5678-9012-3456)의 거래처등록화면은 다음 그림과 같다.

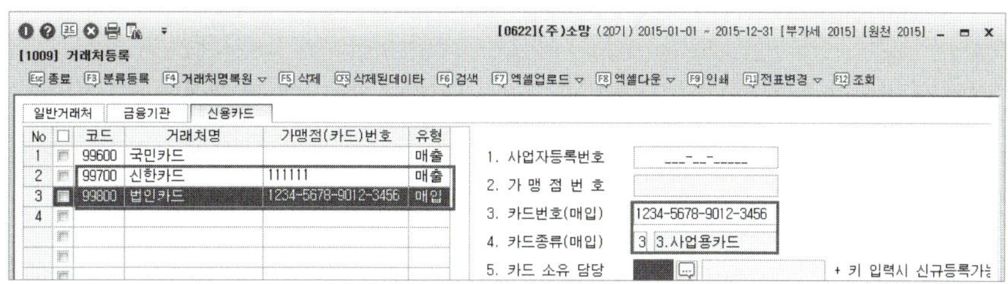


## (4) 거래처명 수정하기

기중에 거래처명이 바뀌어서 수정을 하거나 등록되어 있는 거래처의 이름 등이 잘못 입력되어 있을 때는 거래처명을 수정해 준다. 예를 들어 ㈜신구전자를 거래처로 등록 후 3월까지 전표입력을 하던 중 ㈜신구전자가 아닌 신구전자㈜로 그 명칭을 바꿔야 한다면 해당 거래처명을 수정하고 체크로 선택한 후 화면상단의 전표변경버튼까지 클릭해주어야 3월까지 입력한 전표에까지 수정된 거래처명이 반영된다. 전표변경버튼을 클릭하지 않으면 1월부터 3월까지 발생된 전표에서 ㈜신구전자로, 3월 이후부터 발생되는 전표에서 신구전자㈜로 거래처에 반영된다.

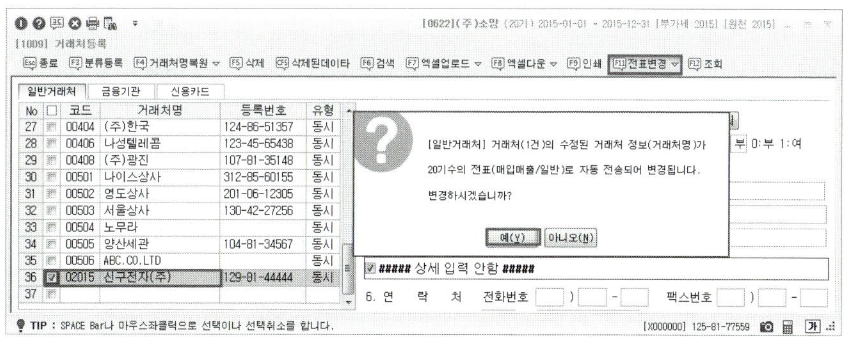


## (5) 거래처코드 입력방법

※ 유의사항: 거래처코드는 거래처상호(실무시험에서는 상호 중 1~2글자를 입력하여 조회·선택

함)나 사업자등록번호를 이용하여 조회할 수 있으나 실무상으로는 사업자등록번호로만 조회하여 업무하여야 한다. 상호는 유사상호 및 변경 등으로 조회가 어려울 수 있다. 따라서 사업자등록번호로만 조회하는 내용만 설명하고자 한다.

### 1) 기존거래처등록을 이용하는 경우

① 방법 1: 거래처 「코드」란에 커서를 위치하고 툴바의 「코드」란나 「F2」키를 클릭하면 화면중앙에 이미 등록되어 있는 거래처명과 코드가 나타나므로 「거래처도움」보조화면에서 해당 거래처에 커서를 위치시키고 Enter키를 치거나, 현재 거래처코드란에서 코드를 입력한다.

② 방법 2: 다른 방법으로 현재 거래처 「코드」란에 커서가 위치했을 때 (+)키를 누르거나 (0000)을 입력한 후 거래처명란에 사업자등록번호를 입력하고 Enter키를 누르면 동일 사업자등록번호로 기록된 거래처코드와 거래처명, 사업자등록번호가 자동으로 표시된다.

### 2) 신규거래처의 등록(거래처등록메뉴를 이용하지 않고 직접 등록)

① 거래처코드란에 커서가 위치했을 때 (+)키를 누르거나 (0000)을 입력한다.

② 사업자등록번호를 입력하고 Enter키를 치면 화면 하단 '거래처등록' 또는 '공급처등록정보'로 이동하여 거래처 내용을 추가로 등록한다.

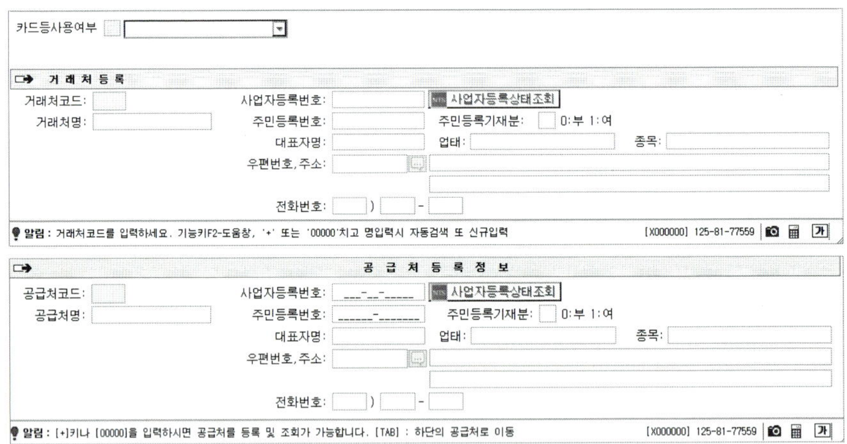


③ 만약 주민등록기재발행분의 세금계산서의 경우에는 주민등록번호를 사업자등록번호 대신 입력하면 자동으로 주민등록기재분으로 인식한다.

④ 사업자등록번호나 주민등록번호 입력시 숫자만 입력하거나 숫자사이 (–)를 포함하여 입력하여도 동일하게 인식된다.

## 2. 계정과목 및 적요등록 메뉴

계정과목과 적요등록은 회계관리탭－기초정보등록그룹－계정과목및적요등록메뉴를 클릭하여 입력하거나 수정한다.

### (1) 계정체계

계정코드는 4자리이며 다음과 같이 분류된다. 케이렙은 자산, 부채, 자본, 수익, 비용 순서를 구성하였고 완전한 유동성배열원칙에 따른다.

이들 중에서 당좌자산 중 현금은 101번(원래 0101이나 앞의 0은 생략 가능함), 당좌예금 102, 보통예금 103, 외상매출금 108(대손충당금 109), 받을어음 110(대손충당금 111), 재고자산 중 상품은 146, 제품은 150, 유형자산 중 토지 201, 건물 202(감가상각누계액 203), 유동부채 중 외상매입금 251, 지급어음 252, 미지급금 253, 예수금 254 정도는 외어 둘 필요가 있다.

| 구분 | | 코드 | 구분 | | 코드 |
|---|---|---|---|---|---|
| 당좌자산 | : | 0101-0145 | 매출 | : | 0401-0430 |
| 재고자산 | : | 0146-0175 | 매출원가 | : | 0451-0470 |
| 투자자산 | : | 0176-0194 | 제조원가 | : | 0501-0600 |
| 유형자산 | : | 0195-0217 | 도급원가 | : | 0601-0650 |
| 무형자산 | : | 0218-0230 | 보관원가 | : | 0651-0700 |
| 기타비유동자산 | : | 0231-0250 | 분양원가 | : | 0701-0750 |
| 유동부채 | : | 0251-0290 | 운송원가 | : | 0751-0800 |
| 비유동부채 | : | 0291-0330 | 판매관리비 | : | 0801-0900 |
| 자본금 | : | 0331-0340 | 영업외수익 | : | 0901-0950 |
| 자본잉여금 | : | 0341-0350 | 영업외비용 | : | 0951-0997 |
| 자본조정 | : | 0381-0391 | 법인(소득) | : | 0998~0999 |
| 기타포괄손익 | : | 0392-0399 | 특수 계정 과목 | : | 1000~1010 |
| 이익잉여금 | : | 0351-0380 | | | |

### (2) 계정과목 및 적요의 검색 및 변경방법

기초정보관리의 [계정과목 및 적요등록] 메뉴에 들어가면 이미 등록되어 있는 계정과목과 해당 과목의 적요들을 확인할 수 있다. 기업에서 일반적으로 사용하는 계정과목과, 해당 계정과목의 특성에 따른 성격을 규정하고 전표 입력 시 입력의 편의와 능률을 도모하기 위해 거래가 빈번한 현금과 대체전표의 적요들을 내장해 두고 있다. 그러나 기업의 업종 및 특성에 따라서는 계정과목 및 적요의 추가등록과 등록사항의 변경이 요구될 수 있다.

### 1) 계정과목의 검색

계정과목 및 적요등록메뉴에 계정과목과 적요 등을 추가로 등록하거나 수정하여 사용할 수 있다. 입력할 계정을 검색하려면 F2기능키, Ctrl+F 또는 마우스 오른쪽을 클릭하여 찾기를 선택한다. 찾기에서 계정명 2글자를 입력하고 엔터키를 누르면 원가별로 계정이 검색된다. 그러나 계정과목입력란에서 계정명 중 아무 부분이나 1~2글자를 입력하는 방식이 가장 편리하다.

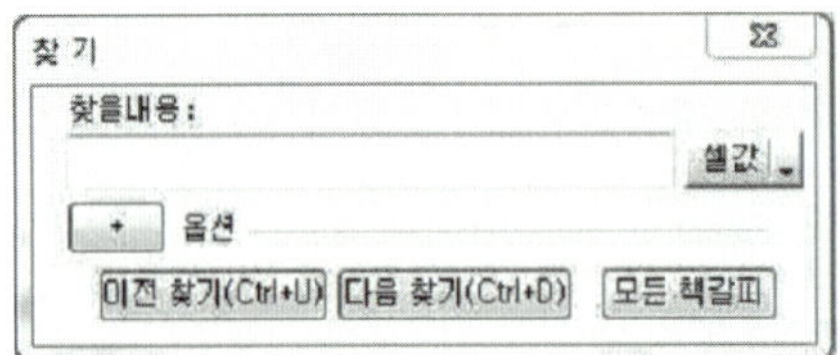


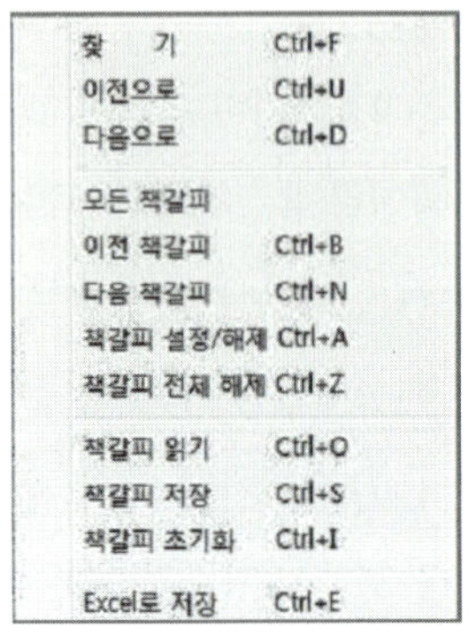


### 2) 계정과목의 수정: 적색계정과목과 흑색계정과목

계정과목은 적색 계정과목과 흑색 계정과목으로 표시되어 있다. 계정과목은 회사의 특성에 맞게 수정하여 사용할 수 있다.

흑색계정과목은 회사가 원하는 대로 손쉽게 수정할 수 있다. 즉, 수정하고자 하는 계정과목에 커서를 위치시킨 후 수정할 계정과목의 명칭을 입력하면 된다.

적색계정과목은 계정과목이 갖고 있는 특수한 성격 때문에 바로 수정할 수 없다. 부득이 수정이 필요한 경우는 수정하고자 하는 계정과목에 커서를 둔 상태에서 'Ctrl+F2'키를 동시에 누른 후 수정할 계정과목의 명칭을 계정과목(명)에 입력해야 된다.

### 3) 적요의 수정 및 추가: 현금적요와 대체적요

적요등록사항은 현금적요와 대체적요로 구분되어 있다.

현금적요는 현금의 입금과 출금을 기록하기 위한 적요이다. 주주임직원단기대여금에 대한 현금적요를 보면 현금을 대여하나 현금으로 회수한 경우의 적요가 입력되어 있다.

대체적요는 현금이 수반되지 않는 거래에 대한 적요이다. 주주임직원단기대여금에 대한 대체적요를 보면 대여금이 당좌예금으로 입금되어 회수된 거래나 보통예금으로 입금되어 회수된 경우의 거래에 대한 적요가 있다.

적요의 수정 및 추가는 작업을 원하는 계정과목에 커서를 두고 현금적요와 대체적요 중 거래 내용에 적합한 적요의 적요코드를 선택하여 수정 및 추가 작업을 하면 된다. 적요의 수정 및 추가는 이밖에도 '전표입력' 메뉴에서도 작업할 수 있다.

### 4) 계정과목의 추가: 사용자설정계정과목과 계정체계

새로운 계정과목을 추가하여 사용하고자 할 때는 사용자설정계정과목에 등록할 수 있다. 전산 세무회계 프로그램에서는 계정과목의 활용을 편리하게 하기 위해서 사용자설정계정과목을 제공하고 있다. 새로운 계정과목을 추가하고 한다면, "127.사용자설정계정과목"에 커서를 두고 추가할 계정과목을 다음과 같은 방법으로 새로 입력하면 된다.

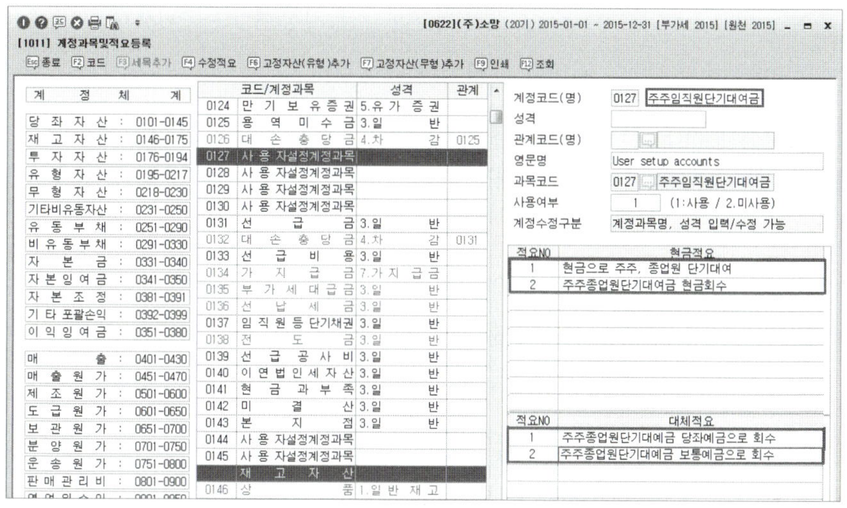


계정과목을 새로 추가할 때는 특히 계정체계에 유의하여 작업해야 한다. 계정과목은 101부터 999번까지의 코드로 구성되어 있는데, 그 계정체계는 재무상태표와 손익계산서의 계정과목들이 계정과목 그룹별로 그 코드범위가 지정되어 있다. 따라서 계정체계의 범위를 벗어나서 사용하는 경우는 재무제표 등의 그룹간 수치가 틀려지므로 정확한 회계처리 작업을 할 수 없다. 예를 들면 당좌자산에 해당되는 계정과목인 "주주임직원단기대여금"을 재고자산의 코드범위인 173~175의 사용자설정계정과목을 선택하여 입력하는 경우는 주주임직원단기대여금은 당좌자산이 아니라 재고자산에 속하는 오류를 범하게 된다. 또한 정확한 제품원가의 산정을 위해서 제조원가(500번대)와 판매관리비(800번대)의 코드범위 선택은 매우 중요하다.

계정코드 127번 사용자설정계정과목에 새로운 계정(주주임직원단기대여금)을 추가하려 하면 화면 오른쪽상단의 계정코드명에 추가할 계정명칭과 성격을 입력한다. 성격은 3.일반을 선택하며 상황에 따라 달라질 수 있다. 관계코드는 차감계정 등에 사용한다. 현금전표용 적요와 대체전표용 적요도 등록한다. 각각 100개까지 입력할 수 있다.

## 3. 환경등록메뉴

### (1) 분개유형 설정

제조업의 경우는 원재료를 매입하여 제조공정을 통해 완성된 제품을 판매하는 것이므로 매출 시는 "제품매출"계정이, 매입 시는 "원재료"계정이 빈번히 발생한다. 따라서 기본계정을 제조업의 특성에 맞게 기본계정(매출)은 "제품매출"로 기본계정(매입)은 "원재료"로 수정해 두면, 나중에 매입매출전표를 입력할 때 편하게 작업할 수 있다.

그리고 회사의 유형에 따라 매출채권은 외상매출금, 매입채무는 외상매입금 등을 주된 계정과목으로 선택할 수 있으며, 신용카드매출채권은 미수금, 신용카드매입채무는 미지급금 등을 주된 계정과목으로 선택할 수 있다.

신용카드매출채권이 120.미수금, 신용카드매입채무가 253.미지급금으로 환경등록이 되어 있으면, [매입매출전표입력] 입력 시 분개유형을 4번(카드)로 선택하면 하단에 미수금(또는 미지급금)으로 분개된다. 그리고 신용카드매출채권이 108.외상매출금, 신용카드매입채무가 251.외상매입금으로 환경등록이 되어 있으면, [매입매출전표입력] 입력 시 분개유형은 4번(카드)로 선택하면 하단에 외상매출금(외상매입금)으로 분개된다.

### (2) 추가계정 설정

제조업과 도매업을 겸영하는 경우 겸업사업자가 매출과 매출채권의 구분이 필요할 경우 해당 계정을 추가 사용할 수 있다.

### (3) 부가세 포함 여부

카드 등의 입력방식으로 입력된 카과, 현과의 공급가액에 부가세 포함 여부, 건별 공급가액에 부가세 포함 여부, 과세 공급가액에 부가세 포함 여부를 선택하는 것이다.

### (4) 환경등록메뉴 따라하기

회계와 원천징수 등에 대한 기본값을 설정하는 화면이다. 이중 회계탭에서는 **2 분개유형 설정**이 중요하다. 만일 원재료 매입보다 상품 매입이 더 많은 입력이 필요하다면 **2 분개유형 설정**의 매입 오른쪽 말풍선 을 클릭하고 계정코드 146번 상품을 고르면 된다. **4 부가세 포함 여부**도 중요하다. 카과, 현과, 건별은 매입매출전표 입력시 공급가액(실제로 공급대가가 맞음)에 부가세가 포함되어 있어 금액을 입력하면 자동으로 그 금액의 100/110은 공급가액에, 10/110은 부가가치세에 입력된다.

[0622](주)소망 (207I) 2015-01-01 ~ 2015-12-31 [부가세 2015] [원천 2015]
[1015] 환경등록
Esc 종료

회계 | 원천 | 법인

1 부가세 소수점 관리

| | 자리수 | 끝전처리 |
|---|---|---|
| 수량 | 0 | |
| 단가 | 0 | 1.절사 |
| 금액 | | 2.올림 |

2 분개유형 설정

| | | |
|---|---|---|
| 매출 | 0404 | 제품매출 |
| 매출채권 | 0108 | 외상매출금 |
| 매입 | 0153 | 원재료 |
| 매입채무 | 0251 | 외상매입금 |
| 신용카드매출채권 | 0120 | 미수금 |
| 신용카드매입채무 | 0253 | 미지급금 |

3 추가계정 설정

| 구분 | 유형 | 계정과목추가 |
|---|---|---|
| 매출 | 매출 | |
| | 매출채권 | |
| 매입 | 매입 | |
| | 매입채무 | |

※ 추가계정 설정은 매출과 매입 모두 등록되어야 반영됩니다.

|  |  |
|---|---|
| 4 부가세 포함 여부 | |
| 카과, 현과의 공급가액에 부가세 포함 | 1.포함 |
| 건별 공급가액에 부가세 포함 | 1.포함 |
| 과세 공급가액에 부가세 포함 | 0.미포함 |
| 5 봉사료 사용 여부 | 0.사용안함 |
| 6 유형:불공(54)의 불공제 사유 | 2 |
| 유형:영세율매출(12.16) 구분 | |
| 7 단가 표시 | 1.사용 |
| 8 성실신고사업자 | 0.부 |
| 9 표준(법인세)용 재무제표 | 1.일반법인 |
| 10 건물외 유형고정자산 상각방법 | 1.정률법 |
| 11 고정자산 간편자동등록 사용 | 0.사용안함 |
| 12 현장코드 엔터키 자동복사 | 0.사용안함 |
| 13 부서사원코드 엔터키 자동복사 | 0.사용안함 |
| 14 프로젝트코드 엔터키 자동복사 | 0.사용안함 |
| 15 세금계산서 인쇄시 복수거래 정렬 방법 | 1.입력순 |
| 16 면세류 입력 설정 | |
| 의제류 자동 설정 | 0.없음 |
| 의제매입공제율 | 6 / 106 |
| 재활용매입공제율 | 6 / 106 |
| 구리 스크랩등 | 5 / 105 |

TIP :
[X000000] 125-81-77559

제 3 장

# 전기분재무제표등 등록

초기이월 작업은 회계프로그램을 이용하여 특정회사에 대한 전산회계 처리를 처음으로 수행하는 경우 필요하다. 전기분재무제표등 그룹메뉴에는 전기분재무상태표, 전기분손익계산서, 전기분원가명세서, 전기분잉여금처분계산서, 거래처별 초기이월 메뉴가 있다.

## 1. 전기분재무상태표 입력하기

케이렙 프로그램에서 전기에 회계처리를 한 경우 마감 후 이월메뉴에서 전기 장부를 마감하면 당기에 자동 반영되지만, 처음 이 프로그램을 사용한 경우에는 전기분재무상태표를 직접 입력해야 한다.

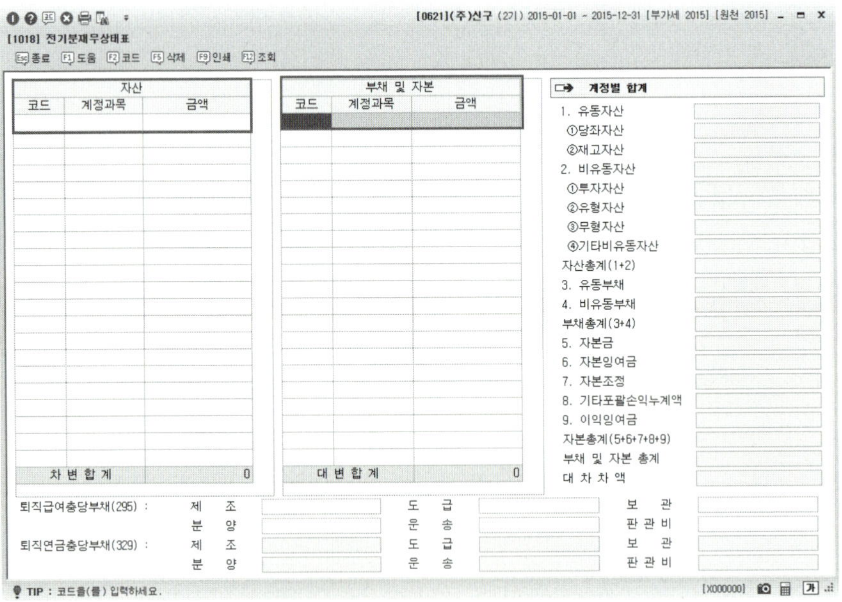

케이렙의 전기분재무상태표는 자산, 부채 및 자본을 구분하여 입력하도록 화면구성이 되어 있다. 차변에는 자산항목만 조회되며 대변에는 부채 및 자본항목만 검색되도록 되어 있다.

금액은 쉼표(,)없이 숫자만 입력한다. 회계프로그램에서는 구분 계정별로 자동합계가 계산되므로 구분항목은 별도로 입력할 필요가 없다. 따라서 예를 들어 당좌자산 구분항목에 속하는 현금, 당좌예금 등의 계정과목들만 입력하면 된다. 특히, 재무상태표상의 당기순이익 금액은 차기이월이익잉여금에 포함되어 있어 입력하지 않는다.

대손충당금이나 감가상각누계액과 같은 자산의 차감되는 평가계정도 왼편 자산란에서 (+)금액을 입력하면 (−)금액으로 합계된다. 이들 평가계정의 계정과목코드는 본 계정의 계정과목코드의 다음 번호 코드를 입력하면 된다. 예를 들어, 외상매출금 코드가 '108'이면 이에 대한 대손충당금 코드는 '109'이며, 차량운반구가 '208'면 이에 대한 감가상각누계액은 '209'를 입력하면 된다.

자기주식, 기타자본조정(주식할인발행차금, 자기주식처분손실, 감자차손)과 같은 (−)금액의 자본조정계정도 오른쪽 부채 및 자본란에서 역시 (+)금액으로 입력한다. 그 결과 차감계정의 경우는 자동으로 (−)금액으로 인식한다.

모든 계정과목의 입력이 끝났으면 입력이 정확히 되었는지 본 화면 좌측 하단의 대차차액 유무를 확인한다. 차변합계와 대변합계 금액에 차이가 있어 대차차액이 발생한 경우는 입력오류가 있는 것이므로 해당 항목을 찾아서 수정한다. 해당 항목을 찾을 때는 본 화면 우측의 계정별 합계액을 전기분 재무상태표의 구분 계정별로 대조하여 찾으면 편하다.

### (1) 계정과목코드 조회방법

① F2 도움키를 이용방법: F2 도움키를 눌러 계정코드도움창에서 검색란에 계정과목명을 입력하여 찾을 수 있다.

② 계정과목명칭 이용방법: F2 도움키를 이용하지 않고 계정코드란에서 바로 계정과목명 한 자리 이상을 입력해도 가능하다.

계정코드도움

| 코드 | 계정명 | 참고 |
|---|---|---|
| 0101 | 현금 | |
| 0102 | 당좌예금 | |
| 0103 | 보통예금 | |
| 0104 | 제예금 | |
| 0105 | 정기예금 | |
| 0106 | 정기적금 | |
| 0107 | 단기매매증권 | |
| 0108 | 외상매출금 | |
| 0109 | 대손충당금 | 외상매출금 |
| 0110 | 받을어음 | |
| 0111 | 대손충당금 | 받을어음 |
| 0112 | 공사미수금 | |

검 색

확인[Enter] 취소[Esc]

## (2) 정보입력 시 유의사항

① 가지급금과 가수금은 해당 임직원별로 지급과 회수의 적요번호를 달리하여 등록한다.

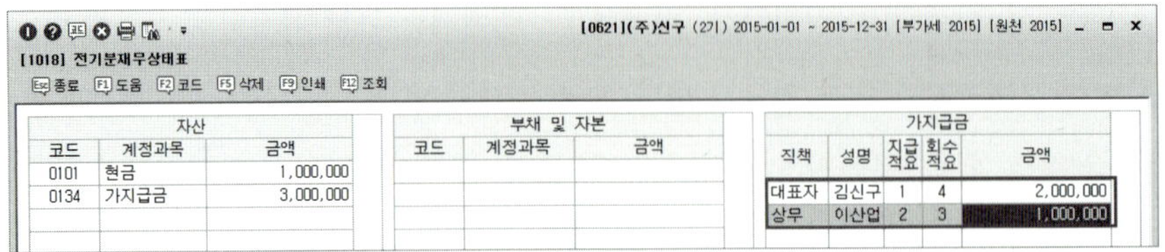


② 퇴직급여충당부채와 퇴직연금충당부채는 화면하단에서 원가별로 나누어 입력한다. 여기서는 제조와 판관비에 입력한다.

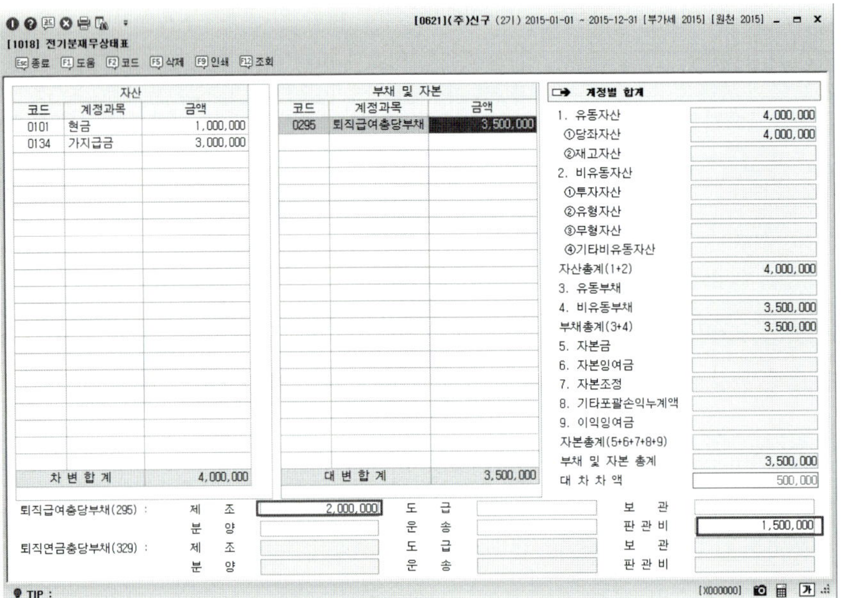


③ 대손충당금 등 동일 명칭의 계정과목: 대손충당금이나 감가상각누계액 등은 관련 자산에서 차감하는 형식으로 표현하고 있다. 따라서 대손충당금 등에 대한 자료를 입력할 때에는 관련 자산과 연계된 계정 과목 다음 항목을 찾아서 입력해야 한다. (케이렙은 대손충당금 등의 계정과 관련된 자산의 계정과목을 코드도움창의 참고에 제공되고 있다.) 모든 입력이 끝나면 차변과 대변의 합계금액이 맞는지 확인하고 대차차액은 뜨지 않는지 확인한다.

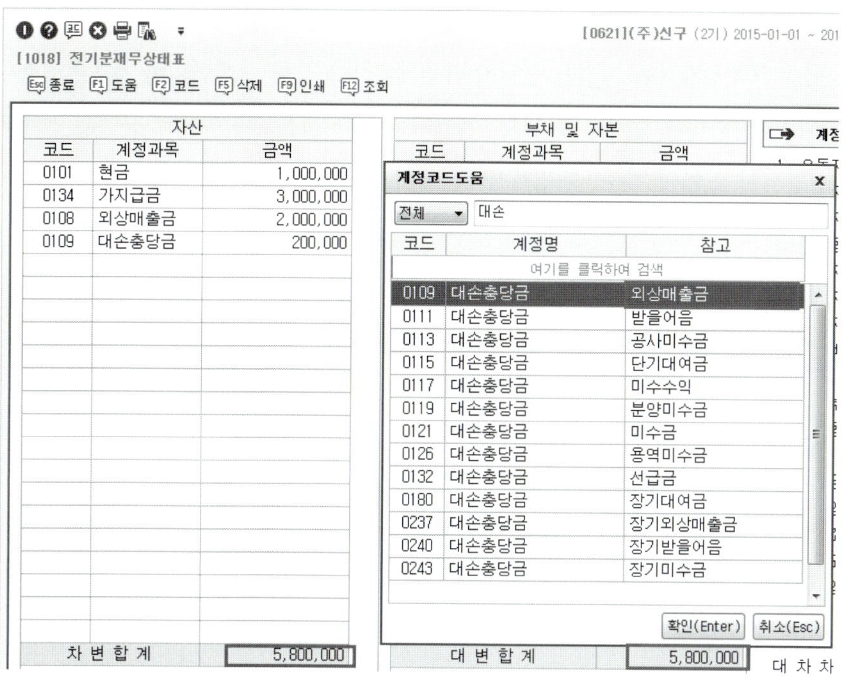


## 2. 전기분원가명세서 입력하기

전기분원가명세서메뉴를 실행하면 매출원가 및 경비선택 창이 열리는데 전산회계1급 이상 급수에서는 제조원가명세서를 작성해야 하므로 455제품매출원가의 사용여부를 '여'로 바꾸어 전기분제조원가명세서를 작성한다. 먼저 편집(Tab)을 클릭하고 사용여부를 '여'로 바꾼 후 확인(Enter)을 클릭한다.

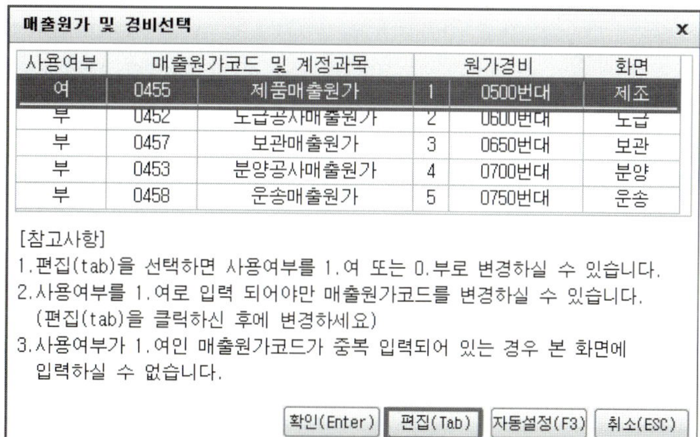

전기분원가명세서가 열렸으면 전년도 제조원가명세서를 보고 계정코드와 금액을 차례로 입력한다. 특히 501.원재료비 계정을 선택하면 원재료 보조창이 활성화되어 기초원재료재고액과 당기원재료 매입액 등을 입력할 수 있다. 여기서 주의할 점은 기말원재료 금액은 전기분재무상태표와 연결되어 있어 전기분원가명세서메뉴에서 직접 입력하거나 수정할 수 없다는 점이다. 따라서 기말원재료금액의 수정은 전기분재무상태표에서 해야 한다.

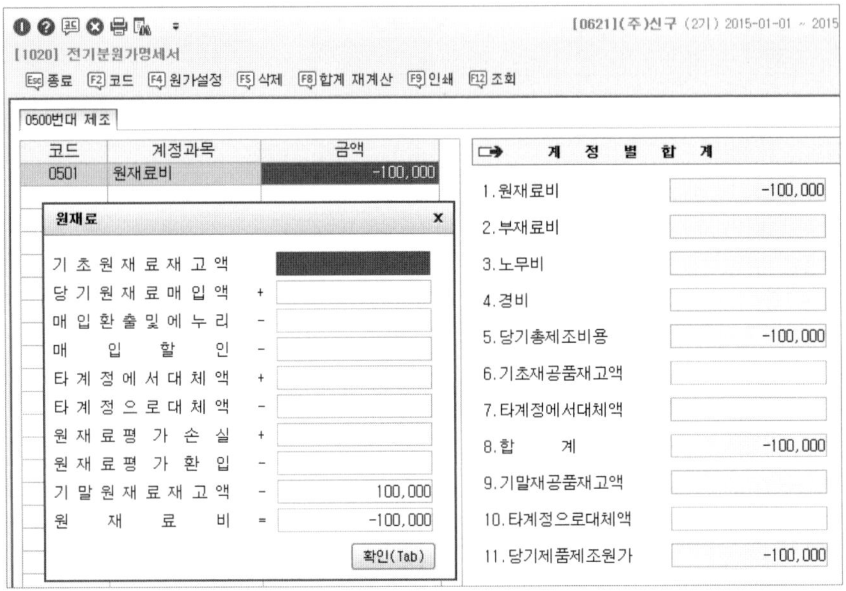


제조기업에서 작성하는 제조원가명세서에서는 제품생산에 소요된 재료비, 노무비, 제조경비 등을 집계하여 당기제품제조원가를 산출한다. 전기분 제조원가명세서의 당기제품제조원가는 전기분 손익계산서의 제품매출원가를 산출하는 데 반영된다. 따라서 전기분원가명세서의 당기제품제조원가 금액은 전기분손익계산서의 당기 제품제조원가 금액과 일치한다.

- 제품매출원가 = 기초제품재고액 + 당기제품제조원가 – 기말제품재고액
- 전기분원가명세서의 당기제품제조원가 = 전기분손익계산서의 당기제품제조원가

당기제품제조원가의 계산식은 아래와 같다. 당기총제조비용은 재료비, 노무비, 제조경비를 합한 금액이다.

- 당기제품제조원가 = 기초재공품재고액 + 당기총제조비용 – 기말재공품재고액

• 당기총제조비용 = 원재료비 + 노무비 + 제조경비

• 원재료비 = 기초원재료재고액 + 당기원재료매입액 − 기말원재료재고액

재무상태표에서 재공품 및 원재료가 이미 입력되어 있다면, 전기분 제조원가명세서에 자동 반영된다. 따라서 기말원재료 등의 금액은 전기분재무상태표와 연결되어 있어 전기분원가명세서메뉴에서 직접 입력하거나 수정할 수 없다. 기말원재료금액의 수정은 전기분재무상태표에서 해야 한다.

• 전기분재무상태표의 '재공품' = 전기분원가명세서의 '기말재공품재고액'

• 전기분재무상태표의 '원재료' = 전기분원가명세서의 '기말원재료재고액'

## 3. 전기분 손익계산서 입력하기

전기분손익계산서메뉴도 전기분원가명세서와 마찬가지로 전년도 손익계산서를 보면서 계정코드와 금액을 입력한다. 매출원가는 일반적으로 상품매출원가와 제품매출원가로 구분할 수 있다. 상품매출원가와 제품매출원가부분은 보조창을 통해 작성한다. 상품을 구매하여 판매하는 상기업에서는 상품매출원가를 계산한다. 그러나 직접 원재료를 구입하여 제품을 생산, 판매하는 제조기업에서는 전기분 원가명세서를 통해 당기제품제조원가를 구한 다음 이를 반영하여 제품매출원가를 계상한다. 그 계산방식은 아래와 같다.

• 상품매출원가 = 기초상품재고액 + 당기상품매입액 − 기말상품재고액

• 제품매출원가 = 기초제품재고액 + 당기제품제조원가 − 기말제품재고액

전기분재무상태표 메뉴에 상품 및 제품 등의 재고자산을 이미 입력했다면, 이 금액은 손익계산서의 기말상품재고액 및 기말제품재고액 금액으로 자동 반영된다.

• 전기분재무상태표의 '상품' = 전기분손익계산서의 '기말상품재고액'

• 전기분재무상태표의 '제품' = 전기분손익계산서의 '기말제품재고액'

전기분원가명세서의 경우와 비슷하게 기초제품재고액과 당기제품제조원가 등은 매출원가 보조창을 통해 입력할 수 있지만 기말제품재고액은 전기분재무상태표의 금액이 반영된 사항이므로 기말제품재고액을 수정하려면 전기분손익계산서가 아닌 전기분재무상태표를 수정해 반영시켜야 한다.

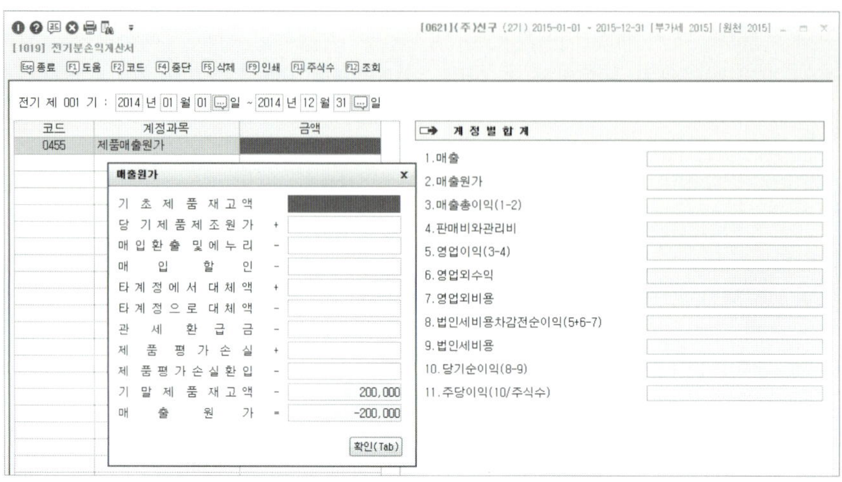


## 4. 전기분 이익잉여금처분계산서 입력하기

### (1) 전기분이익잉여금처분계산서 입력

미처분이익잉여금은 전기이월이익잉여금에 전기분손익계산서의 '당기순이익'을 합한 금액이다. 만일 당기의 손익계산서와는 무관하게 이익잉여금을 조정하는 항목(회계변경의 누적효과, 전기오류수정손익 등)이 있는 경우는 이를 포함한다. 전기분잉여금처분 계산서에서의 미처분이익잉여금은 전기분 재무상태표의 375.이월이익잉여금과 반드시 일치해야 하고, 재무상태표의 '미처분이익잉여금'으로 대체된다. 이익잉여금 처분 항목에 대해서는 처분이 확정된 후 당해연도 일반전표에서 처분에 대한 분개를 수행한다.

- 전기분손익계산서의 당기순이익 = 전기분잉여금처분계산서의 당기순이익
- 전기분잉여금처분계산서의 미처분이익잉여금 = 전기분재무상태표의 미처분이익여금

### (2) 추가과목의 삽입과 삭제

① 과목 삽입: 전기분 이익잉여금처분계산서 중 화면에 없는 과목이 있을 경우 새로운 과목을 삽입해야 한다. 과목삽입은 '당기순이익'이나 '차기이월이익잉여금'등에 커서가 위치해 있을 때 상단의 F4버튼이 활성화된 경우에만 가능하다.

② 과목 삭제: 라인을 삭제하고 싶을 때는 삭제를 원하는 과목에 커서를 두고 F5를 클릭하면 된다.

### (3) 전기분잉여금처분계산서 입력 따라하기

전기이월 미처분이익잉여금(여기서는 1,000,000)을 입력한다. 현금배당금 100,000과 주식배당금 50,000, 이익준비금 10,000(현금배당의 1/10)을 입력한다.

▸ TIP 1 전기분잉여금처분계산서의 당기말 미처분이익잉여금과 전기분 재무상태표의 375. 이월이익잉여금은 반드시 일치해야 한다.

▸ TIP 2 전기분잉여금처분계산서를 삭제하려면 Ctrl+F3 기본 과목으로 변경을 클릭하여 삭제한다.

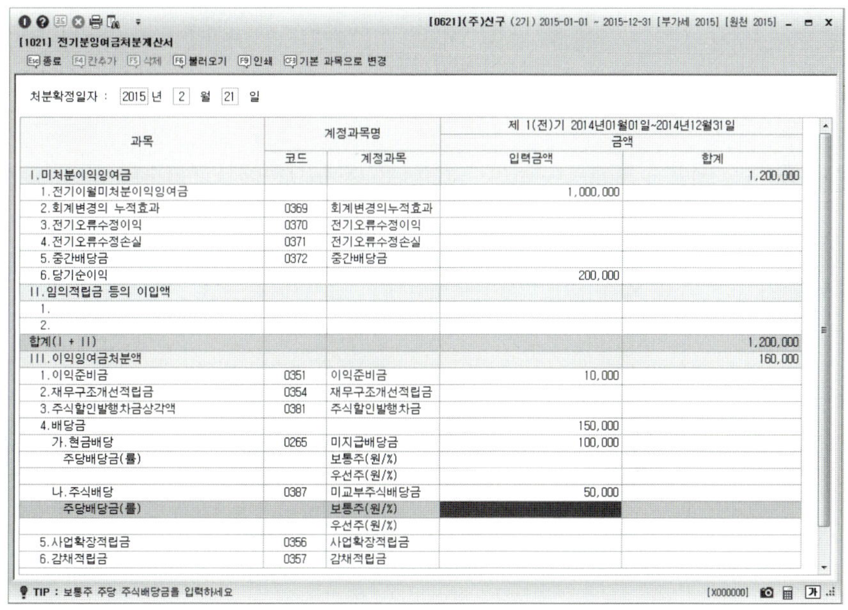


| 과목 | 계정과목명 | | 제 1(전)기 2014년01월01일~2014년12월31일 금액 | |
|---|---|---|---|---|
| | 코드 | 계정과목 | 입력금액 | 합계 |
| I.미처분이익잉여금 | | | | 1,200,000 |
| 1.전기이월미처분이익잉여금 | | | 1,000,000 | |
| 2.회계변경의 누적효과 | 0369 | 회계변경의누적효과 | | |
| 3.전기오류수정이익 | 0370 | 전기오류수정이익 | | |
| 4.전기오류수정손실 | 0371 | 전기오류수정손실 | | |
| 5.중간배당금 | 0372 | 중간배당금 | | |
| 6.당기순이익 | | | 200,000 | |
| II.임의적립금 등의 이입액 | | | | |
| 1. | | | | |
| 2. | | | | |
| 합계(I + II) | | | | 1,200,000 |
| III.이익잉여금처분액 | | | | 160,000 |
| 1.이익준비금 | 0351 | 이익준비금 | 10,000 | |
| 2.재무구조개선적립금 | 0354 | 재무구조개선적립금 | | |
| 3.주식할인발행차금상각액 | 0381 | 주식할인발행차금 | | |
| 4.배당금 | | | 150,000 | |
| 가.현금배당 | 0265 | 미지급배당금 | 100,000 | |
| 주당배당금(률) | | 보통주(원/%) | | |
| | | 우선주(원/%) | | |
| 나.주식배당 | 0387 | 미교부주식배당금 | 50,000 | |
| 주당배당금(률) | | 보통주(원/%) | | |
| | | 우선주(원/%) | | |
| 5.사업확장적립금 | 0356 | 사업확장적립금 | | |
| 6.감채적립금 | 0357 | 감채적립금 | | |

## 5. 거래처별 초기이월 입력하기

재무상태표상의 채권채무 또는 특정한 계정과목에 대하여 거래처별 장부를 만들고자 할 때 사용한다. 관리하고자 하는 계정과목을 선택적으로 불러오거나 전체를 불러온 후 세부내역을 작성한다. 따라서 거래처별 초기이월작업을 하기 위해서는 반드시 전기분재무상태표가 먼저 입력되어 있어야 한다.

① 전체 계정과목을 조회하여 작성하는 방법: 거래처별초기이월메뉴를 열어 화면상단의 'F4 불러오기' 버튼을 클릭하면 전기분 재무상태표에 입력된 모든 계정을 불러온다.

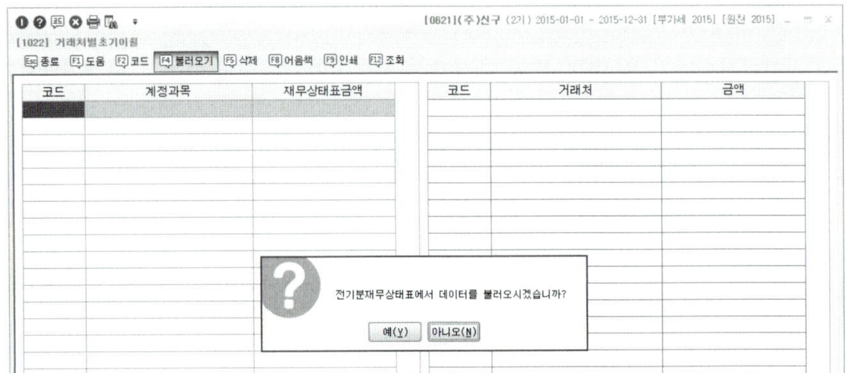


② 특정계정만 조회하여 작성하는 방법: 계정과목 코드에서 'F2코드'를 클릭하여 특정계정과목을 선택하여 작성할 수도 있다. 이 경우 '계정코드도움'에서 계정을 선택하면 재무상태표 금액이 표시되고 오른쪽화면에서 재무상태표 금액에 맞추어 거래처별 금액을 입력해준다.

③ 재무상태표에서 불러온 왼쪽금액과 오른쪽에 거래처세부내역의 합에 차액이 나지 않도록 거래처별 잔액을 입력해준다. 거래처코드조회는 F2기능키를 사용한다.

## 6. 마감후이월

전산세무회계시험에서는 따로 마감할 필요는 없지만 실무프로그램에서는 자료의 추가 입력을 방지하고 입력한 자료를 보존하고, 다음 회계연도로 재무상태표 계정정보의 이월이 가능하도록 마감을 한다. 마감 후 취소도 가능하다.

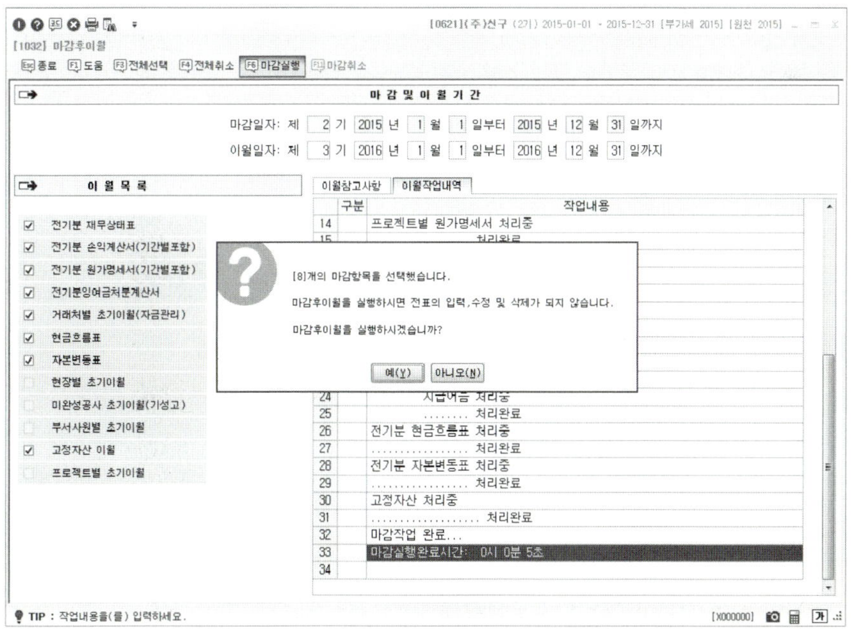

## 제 4 장
# 일반전표 입력

## 1. 일반전표 분개

일반전표입력 메뉴는 부가가치세신고와 관련된 매입매출거래(세금계산서, 계산서, 수입세금계산서, 신용카드 거래분 등) 이외의 모든 거래를 입력하는 메뉴다. 회계관리탭－전표입력그룹－일반전표입력 메뉴를 선택하면 다음과 같은 화면이 나타난다.

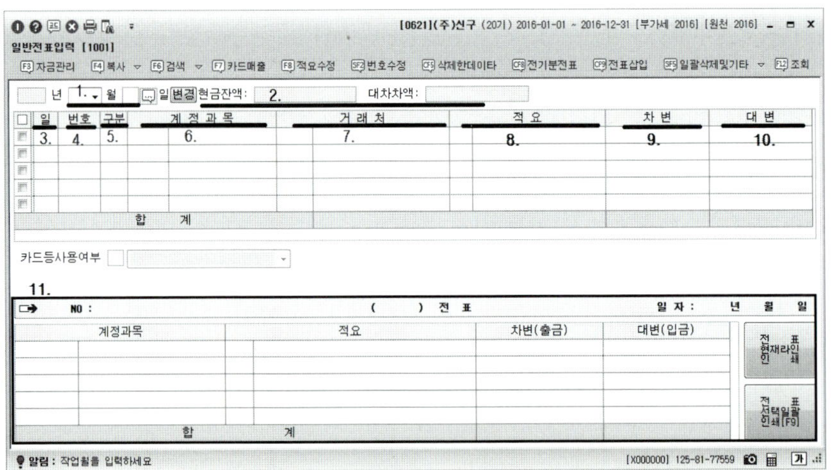


1. 전표일자를 입력할 월과 일을 선택한다. 월을 선택하면 자동으로 회계년도가 표시된다. 일을 입력하는 경우 전표입력창의 일(3.)이 그날로 자동으로 세팅되어 5. 구분란부터 입력하면 된다. 일을 입력하지 않으면 전표입력창에 여러 일자의 전표를 함께 입력할 수 있다. 나중 날자를 먼저 입력해도 일자순으로 정열된다.

2. 현금잔액은 현재 전표 입력내용을 반영한 현금시재액을 나타낸다.

3. 대차차액은 현재 대체전표 입력내용을 반영한 대차차액이다. 차변이 많은 경우 붉은 색 금액으로, 대변이 많은 경우 (－)붉은 색 금액으로 나타나며 대차가 맞는 경우 0으로 나온다.

4. 번호는 전표의 일련번호다. 일자별로 0001에서 시작하여 자동 부여된다. 대체전표는 동일한 번호가 부여되지만 대차차액이 맞게 입력되면 자동으로 다음 번호가 부여된다.

5. 출금전표는 1번, 입금전표는 2번, 대체전표 차변은 3번, 대변은 4번이다.

6. 계정과목 번호를 입력하거나 일부를 입력하여 검색하여 입력한다.

7. 거래처 번호를 입력하거나 일부를 입력하여 검색하여 입력한다.

8. 적요는 화면 아래 11번 영역이 변화하여 나타난 표준적요 중 번호로 선택할 수 있다. 번호를 입력하지 않으면 임시로 적요를 입력할 수 있다.

9. 입금전표에서 현금이 차변에 나오므로 금액 대신 차변에 (현금)이 표시되고, 대체전표나 출금전표에서 해당 계정과목의 금액을 입력한다.

10. 출금전표에서 현금이 대변에 오게 되므로 금액 대신 대변에 (현금)이 표시되고 대체전표나 입금전표에서 해당 계정과목의 금액을 입력한다.

11. 입력된 전표 중 커서가 있는 것의 분개내용이 나타나고 인쇄할 수 있다.

### (1) 구분란 입력(위 박스의 5번)

'구분'에는 숫자로 입력하며 그 내용은 다음 표와 같다. '구분'에 대한 정보를 화면 하단의 TIP를 참고해도 된다.

| | |
|---|---|
| 현금전표 | 1.출금, 2.입금 |
| 대체전표 | 3.대체차변, 4.대체대변 |
| 결산전표 | 5.결산차변, 6.결산대변 |

1.출금, 2.입금전표는 입력 편의를 위해 지정된 것이다.

출금전표 대신 3.대체전표차변으로 반대계정과 4.대체전표대변으로 현금을 사용하거나 입금전표 대신 3.대체전표차변으로 현금과 4.대체전표대변으로 반대계정을 이용해도 된다.

결산전표는 자동결산자료입력 후 전표추가를 하면 자동으로 입력되는 것이므로 일반전표 분개나 수동결산분개 시에는 사용하지 않는다.

현금이 포함된 대체전표(예를 들어 (차) 외상매출금 100 + 현금 100 (대) 제품매출 200의 경우) 하나의 전표번호의 대체전표로 입력이 가능하며, 나누어 입금전표를 사용하지 않는다.

### (2) 계정과목 입력하는 방법(위 박스의 6번)

① 계정과목 코드를 알고 있는 경우 세 자리 코드번호를 직접 입력한다.

② 계정과목 코드를 모를 경우

㉠ 「F2」를 클릭하여 「계정코드도움」 보조화면에서 조회 입력한다.

㉡ 한글에 의한 입력방법: 「계정과목」란에 커서가 위치할 때 입력하고자 하는 계정과목의 명칭 중 한 글자 이상 입력한 후 Enter키를 치면 관련계정과목이 「계정코드도움」 보조화면에 나타나며 필요한 계정과목을 클릭하면 입력이 된다.

③ 주의할 점: 원가 분류가 다르지만 이름이 같은 계정이 여러 개 존재하므로 계정코드 선택 시 주의한다.

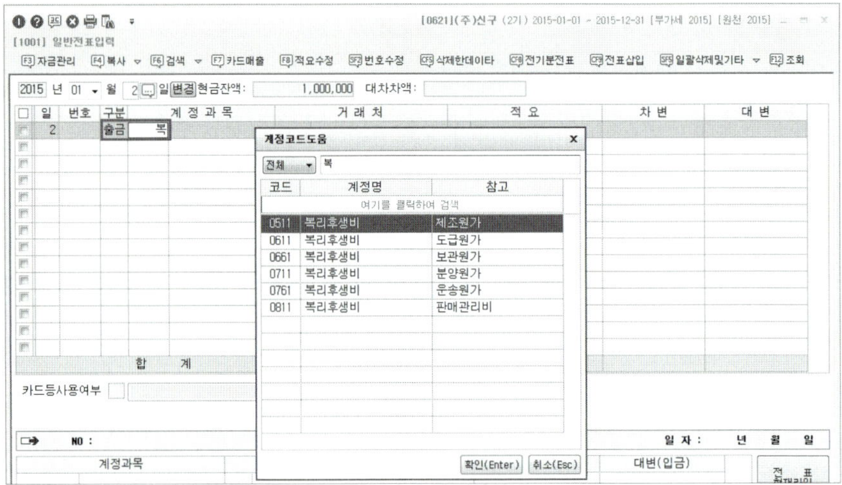


### (3) 거래처 코드 입력방법(위 박스의 7번)

외상매출금 등 채권/채무관련 계정 등의 거래처별 잔액 또는 거래내역을 관리하기 위해 거래처별 코드를 입력하는 란이다.

① 거래처코드를 알고 있는 경우: 해당 거래처코드를 입력한다. 코드를 입력하면 거래처명은 자동으로 입력된다.

② 거래처 코드를 모르는 경우

㉠ 「F2」를 누르면 이미 등록된 거래처코드와 거래처명이 있는 「거래처도움」 보조화면이 나타난다. 이때 커서를 이용하여 거래처를 선택한다.

㉡ 거래처코드란에서 "0"이나 거래처명의 일부를 입력하고 키를 치면 관련 거래처가 조회

되어 「거래처도움」 보조화면에 나타나며 해당 거래처를 선택하고 확인을 누른다.

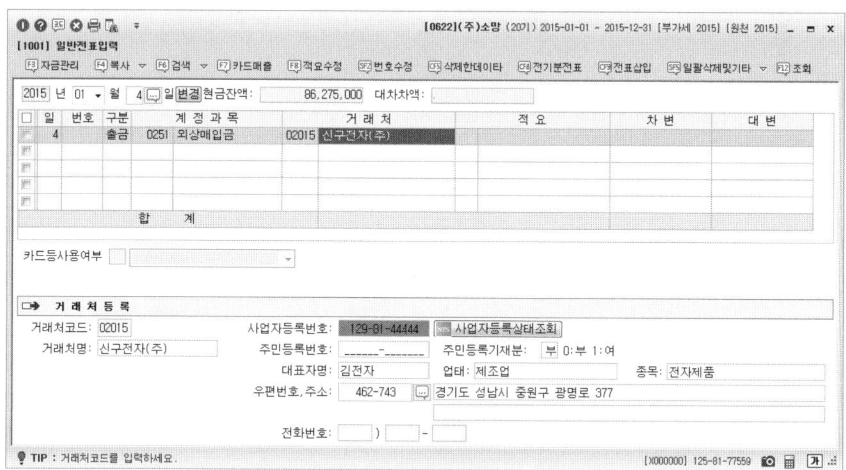

㉢ 거래처코드가 등록되어 있지 않은 경우: 거래처등록이 되어 있지 않는 신규거래처인 경우 거래처원장을 작성 관리하고자 한다면 반드시 거래처등록을 하여야 하고, 거래처 관리가 필요없는 거래처는 거래처명만 입력한다. 거래처등록은 앞서 본 바와 같이 「기초정보관리」에서 등록할 수 있으나 「일반전표입력」에서 입력 작업 중에도 등록할 수 있다.

거래처도움 메뉴에서 신규등록(F3)을 누르고 아래 그림과 같이 거래처등록 간편등록을 이용한다. 거래처명, 거래유형, 사업자등록번호(혹은 주민등록번호와 기재분 유무), 대표자성명을 입력한 후 확인(TAB)－확인(Enter)을 클릭하면 거래처의 신규등록과 거래처란 입력이 동시에 이루어진다. 거래처코드는 00101~97999의 범위에서 사용되지 않은 번호 중 빠른 번호로 자동 부여되며 수정도 가능하다.

또는 거래처의 첫째 칸에 「"+" 또는 "0000"을 누른 다음」 둘째 칸에서 등록하고자 하는 거래처명을 입력하고 「거래처등록」 보조화면이 나타나며(거래처코드는 비어있는 번호가 자동으로 매겨지며 바꿀 수 있음) 거래처내용의 세부적인 사항을 등록하고자할 경우 수정[tab]을 클릭하면 화면 하단에 거래처의 세부내용을 등록할 수 있도록 커서가 이동한다. 수정[tab]을 클릭하면, 화면 하단의 거래처등록란이 활성화되는데 사업자등록번호를 입력한 후, 분개중인 행을 클릭하여 분개 작업을 계속한다. 나머지 내용은 「기초정보관리」에서 등록할 수 있다.

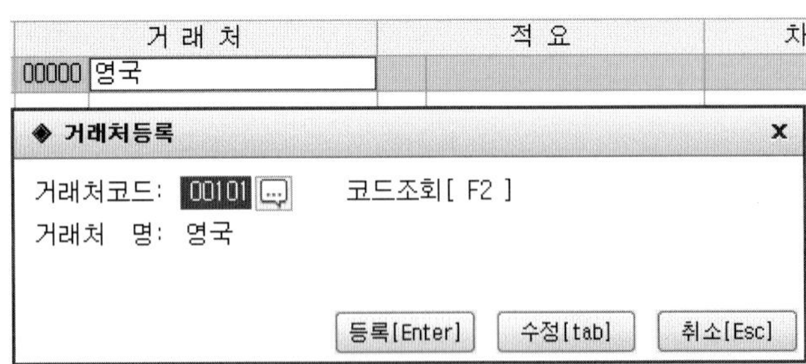

거 래 처 등 록

거래처코드: 00101　사업자등록번호: ___-__-_____　사업자등록상태조회

거래처명: 영국　주민등록번호: ______-_______　주민등록기재분: 부 0:부 1:여

대표자명:　업태:　종목:

우편번호, 주소:

전화번호: )　-

알림 : 사업자등록번호를 입력하세요. [ESC],[TAB]상단으로 이동　[X000000] 125-81-77559

### (4) 적요의 입력 방법(위 박스의 7번)

적요는 거래내역을 간단히 요약하여 전표에 표시해 주는 부분으로 적요를 입력하는 방법은 3가지가 있다.

① 저장된 코드의 이용: 반복되는 거래내역이 있을 때 건건이 내역을 입력하는 번거로움을 덜고 간단히 등록된 적요의 번호만을 선택함으로써 적요내용이 기록될 수 있도록 내장된 적요를 이용할 수 있다. 커서가 「적요」란에 있을 때 화면 하단을 보면 자주 사용되는 적요의 내용이 등록되어 있다. 이 내용은 「계정과목 및 적요등록」메뉴에 등록되어 있는 내용이다.

② 내장된 적요의 수정: 커서가 「적요」란에 위치할 때 「F8 적요수정」기능키 이용하여 「수정적요등록」보조창에서 등록된 적요내용을 삭제 및 수정, 신규등록을 하고 [확인(Tab)]키를 누르고 이전화면으로 돌아가면 자동저장된다.

③ 직접입력: [적요]란에서 Enter키를 이용하여 오른쪽으로 커서를 이동시킨 다음 한글 또는 영문으로 직접 적요를 입력한다. 직접 입력하는 경우는 고정적요나 계속 반복적으로 사용할 필요없는 경우에 사용하며 직접 입력하는 경우에는 관련된 세무신고나 조정에는 영향을 미치지 아니한다.

④ 적요입력 시 주의사항: 적요의 내용 중 결산이나 부가가치세 신고 및 법인/개인소득세 세무조정과 연결되는 적요의 경우에는 반드시 등록된 적요의 코드를 이용하여 입력하여야 한다.

다음은 각 계정의 적요내용과 세법과의 관계를 정리한 것이다.

| 계정과목 | 적요 및 코드 | 세무서식에 미치는 영향 |
|---|---|---|
| 134 가지급금<br>257 가수금 | 1: 대표이사가지급<br>4: 대표이사가지급금회수 | 인정이자계산시 인별가지급금 및 가수금<br>적수계산, 지급이자손금불산입세무조정 |

| 계정과목 | 적요 및 코드 | 세무서식에 미치는 영향 |
|---|---|---|
| 146 상 품<br>150 제 품<br>153 원재료 | 6: 의재매입세액공제신고서자동반영<br>7: 재활용폐자원매입세액공제자동<br>8: 타계정으로대체액 원가명세서 반영분<br>9: 타계정에서대체액 원가명세서 반영분<br>99: 구리스크랩등매입세액공제신고서자동 | 결산분개 및 부가가치세신고서식작성 |
| 513 접대비<br>613 접대비<br>713 접대비<br>813 접대비 | 1: 신용카드등사용일반접대비<br>3: 신용카드등사용해외접대비<br>5: 신용카드등사용경조사비<br>7: 신용카드등사용문화예술접대비<br>10: 거래처에 현물접대비<br>11: 증빙불비접대<br>12: 개인적인용도의업무무관비용 | 접대비한도액계산 |

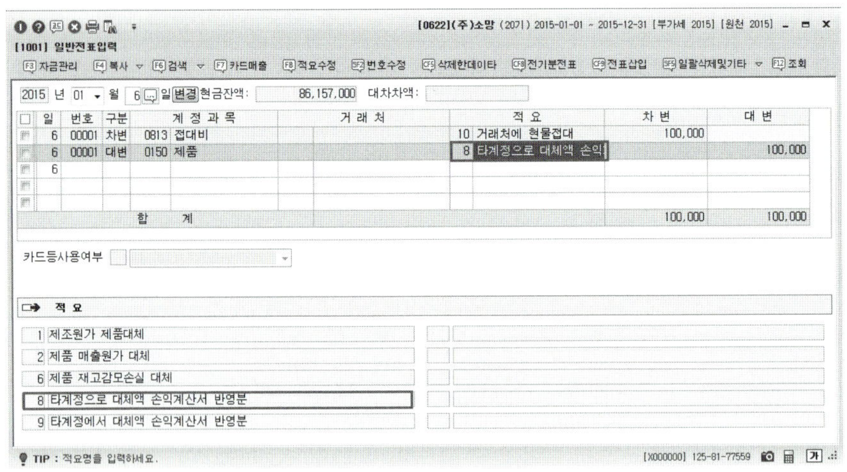


## ▶ 거래처 입력시 알아두어야 할 사항

① 화면 하단에 보이는 적요는 내장적요로서, 해당 번호 한, 두 자리로 선택 입력한다. 내장 적요에 없지만 향후에도 빈번하게 사용될 것으로 기대되는 경우 툴바의 F8적요수정을 클릭하여 내장적요의 적요를 수정하거나 새 적요번호로 신규 등록을 할 수도 있다.

② 원재료 등을 제조목적 이외로 사용하는 경우, 즉 소모품비나 수선비로 사용하는 경우와 제품, 상품을 판매목적 이외로 사용하는 경우, 즉 복리후생비, 접대비, 광고선전비로 사용하는 경우에는 타계정으로 대체라 하며 해당 재고자산의 적요란에 '8. 타계정으로 대체액'을 반드시 선택해야 한다.

반대로 타계정에서 해당 재고자산으로 이동한 경우 '9. 타계정에서 대체액'을 반드시 선택해야 한다.

### (5) 금액 입력

금액 입력 시 키보드 숫자 칸의 +키를 누르면 '000'이 생성된다.

### (6) 전표번호(위 박스의 4번)

금액을 입력하면 전표입력을 마쳐지며 전표번호가 자동 생성된다.

① 전표번호는 각 전표의 금액입력이 되면 각 일자별로 1부터 자동 부여되며, 한번 부여 후 삭제된 번호는 다시 부여되지 않는다.

② 대체분개 입력시에는 차변, 대변 합계가 일치할 때까지 1개의 전표로 인식되어 동일한 번호가 부여되며, 차변, 대변의 합계가 일치된 다음 입력되는 전표는 새로운 전표로 보아 다음 번호로 부여되므로 수정하기 원하는 경우 □+F5 번호수정을 눌러 수정한다.

### (7) 확인

거래내역을 입력한 후 대차차액이 발생하는지를 확인한다. 화면상단의 '대차차액'란에 금액이 없으면 대차오류가 없다는 것이며, 금액이 있다면 대차오류가 발생한 것으로서 '대차차액'란에 금액이 없도록 반드시 수정하여야 한다(양수 '+'는 차변금액이 더 크다는 의미, 음수 '−'는 대변금액이 더 크다는 의미다).

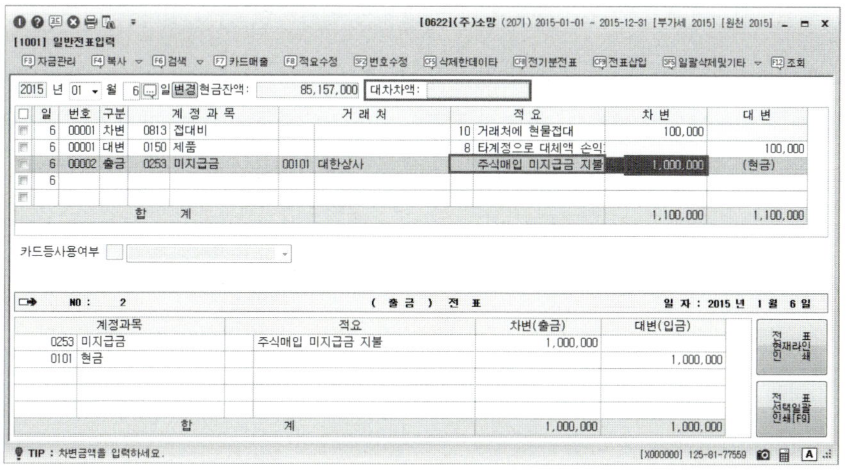

# 2. 일반전표 분개 수정

## (1) 전표삽입

케이렙프로그램은 동일전표사이에 계정을 추가할 수 있다. 예를 들어 아래 그림과 같이 외상매입금과 보통예금 사이에 은행수수료 계정을 추가하고 싶다면 계정을 추가하려는 자리 바로 아래 라인을 클릭하고 화면 상단의 Ctrl+F9전표삽입을 클릭한다. 원하는 만큼 계정을 더 추가할 수 있다.

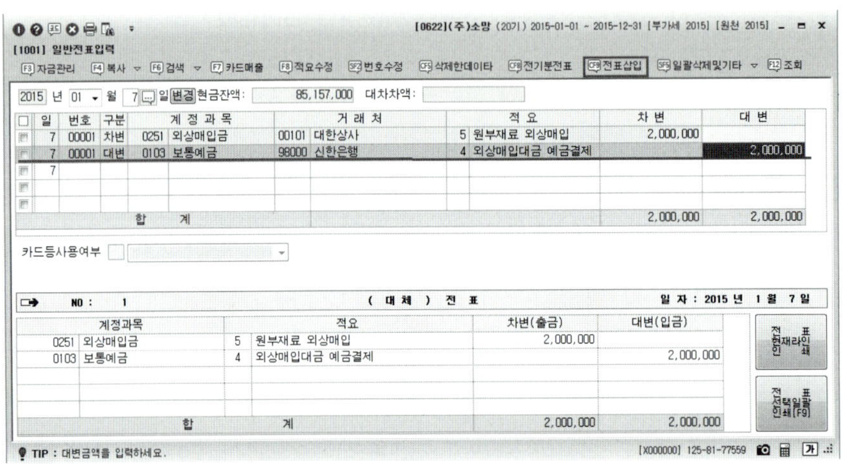

## (2) 전표수정

구분, 계정과목, 거래처, 적요, 금액에 다른 내용을 입력하면 먼저 입력된 내용을 수정하게 된다. 금액의 입력과 수정에 더 쉬운 방법이 있다. 케이렙프로그램에는 '대차차액자동입력' 기능이 있어서 차변금액을 입력하고 그에 상응하는 대변금액을 입력할 때 엔터키로 간단하게 금액을 자동 생성할 수 있다. (차) 외상매입금 2,000,000 (대) 보통예금 2,000,000에서 수수료비용 1,000원이 추가되었다고 가정한다. 먼저 전표삽입으로 (차) 수수료비용 1,000원을 입력하고 대변금액을 2,001,000원으로 수정해야 한다고 하면 아래 그림에서처럼 대변 금액란에 커서를 놓고 스페이스키를 입력하면 대차차액이 나던 1,000원 금액과 기존의 2,000,000원 금액을 합산한 2,001,000원을 자동으로 생성해준다.

대차차액이 발생된 화면은 다음과 같다.

[0622](주)소망 (20기) 2015-01-01 ~ 2015-12-31 [부가세 2015] [원천 2015]
[1001] 일반전표입력
F3 자금관리 F4 복사 F6 검색 F7 카드매출 F8 적요수정 SF2 번호수정 CF5 삭제한데이타 CF8 전기분전표 CF9 전표삽입 SF5 일괄삭제및기타 F11 조회

2015 년 01 월 7 일 변경 현금잔액: 85,157,000 대차차액: 1,000

| 일 | 번호 | 구분 | 계정과목 | | 거래처 | | 적요 | 차변 | 대변 |
|---|---|---|---|---|---|---|---|---|---|
| 7 | 00001 | 차변 | 0251 | 외상매입금 | 00101 | 대한상사 | 5 원부재료 외상매입 | 2,000,000 | |
| 7 | 00001 | 차변 | 0831 | 수수료비용 | 98000 | 신한은행 | 은행이체수수료 | 1,000 | |
| 7 | 00001 | 대변 | 0103 | 보통예금 | 98000 | 신한은행 | 4 외상매입대금 예금결제 | | 2,000,000 |
| 7 | | | | | | | | | |
| | | | 합 | 계 | | | [차액:1,000] | 2,001,000 | 2,000,000 |

카드등사용여부

NO : 1 (대체) 전표 일자 : 2015 년 1 월 7 일

| 계정과목 | | 적요 | | 차변(출금) | 대변(입금) |
|---|---|---|---|---|---|
| 0251 | 외상매입금 | 5 | 원부재료 외상매입 | 2,000,000 | |
| 0831 | 수수료비용(판) | | 은행이체수수료 | 1,000 | |
| 0103 | 보통예금 | 4 | 외상매입대금 예금결제 | | 2,000,000 |
| | 합 | | 계 | 2,001,000 | 2,000,000 |

TIP : 차변금액을 입력하세요.

대차차액이 조정된 후의 화면은 다음과 같다. 대차차액은 결산 후 재무상태표 조회에서 시산표와 재무제표 차변과 대변 상호간의 차액 발생의 원인이 되니, 반드시 정리하고 넘어가야 한다.

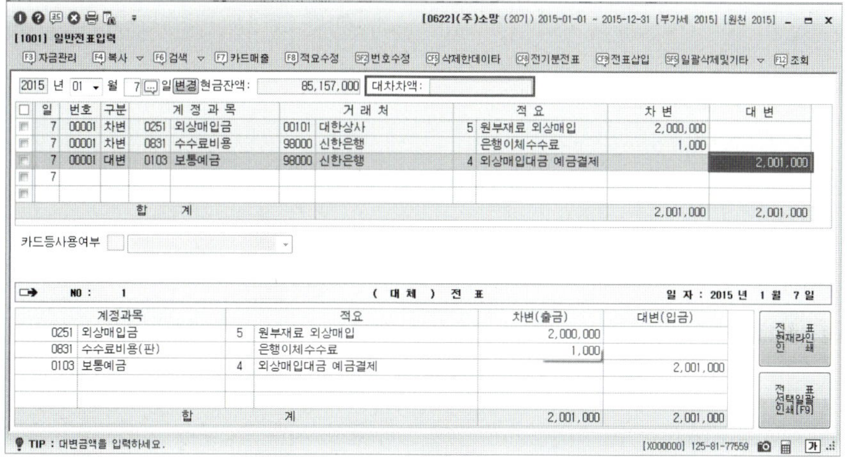
[0622](주)소망 (20기) 2015-01-01 ~ 2015-12-31 [부가세 2015] [원천 2015]
[1001] 일반전표입력

2015 년 01 월 7 일 변경 현금잔액: 85,157,000 대차차액:

| 일 | 번호 | 구분 | 계정과목 | | 거래처 | | 적요 | 차변 | 대변 |
|---|---|---|---|---|---|---|---|---|---|
| 7 | 00001 | 차변 | 0251 | 외상매입금 | 00101 | 대한상사 | 5 원부재료 외상매입 | 2,000,000 | |
| 7 | 00001 | 차변 | 0831 | 수수료비용 | 98000 | 신한은행 | 은행이체수수료 | 1,000 | |
| 7 | 00001 | 대변 | 0103 | 보통예금 | 98000 | 신한은행 | 4 외상매입대금 예금결제 | | 2,001,000 |
| 7 | | | | | | | | | |
| | | | 합 | 계 | | | | 2,001,000 | 2,001,000 |

NO : 1 (대체) 전표 일자 : 2015 년 1 월 7 일

| 계정과목 | | 적요 | | 차변(출금) | 대변(입금) |
|---|---|---|---|---|---|
| 0251 | 외상매입금 | 5 | 원부재료 외상매입 | 2,000,000 | |
| 0831 | 수수료비용(판) | | 은행이체수수료 | 1,000 | |
| 0103 | 보통예금 | 4 | 외상매입대금 예금결제 | | 2,001,000 |
| | 합 | | 계 | 2,001,000 | 2,001,000 |

TIP : 대변금액을 입력하세요.

### (3) 전표 번호수정

전표번호란 일자별로 전표입력 순서대로 부여하는 번호다. 한 개의 전표가 계정과목이 여러 개로 구성되더라도 동일한 전표번호를 가진다. 한 개의 전표를 입력하는 과정에 차·대변 분개가 정확하지 않을 경우 전표번호에 오류가 생겨 한 개의 전표로 인식하지 못하는 경우가 발생한다. 이 경우에는 수정을 원하는 행에 커서를 위치하고 번호수정을 클릭하고(다시 클릭하면 전표번호수정이 해제됨) 수정 입력한다.

아래 화면의 경우 전표번호를 0003에서 0002으로 변경한다. 그 다음에는 외상매출금 대변금

액에서 스페이스 키를 누르면 대차차액도 없앨 수 있다. 우측 상단에 번호수정이라고 표시된다.

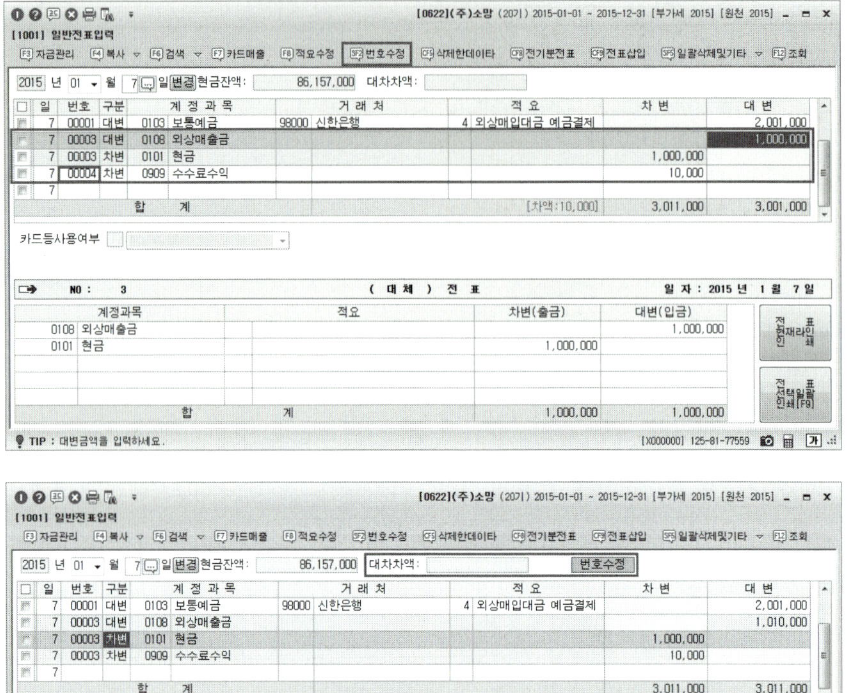


[0622](주)소망 (2기) 2015-01-01 ~ 2015-12-31 [부가세 2015] [원천 2015]

[1001] 일반전표입력

F3 자금관리 F4 복사 F6 검색 F7 카드매출 F8 적요수정 SF2 번호수정 CF5 삭제한데이타 CF8 전기분전표 CF9 전표삽입 SF5 일괄삭제및기타 F11 조회

2015 년 01 월 7 일 변경 현금잔액: 86,157,000 대차차액: 번호수정

| 일 | 번호 | 구분 | 계정과목 | 거래처 | 적요 | 차변 | 대변 |
|---|---|---|---|---|---|---|---|
| 7 | 00001 | 대변 | 0103 보통예금 | 98000 신한은행 | 4 외상매입대금 예금결제 | | 2,001,000 |
| 7 | 00003 | 대변 | 0108 외상매출금 | | | | 1,010,000 |
| 7 | 00003 | 차변 | 0101 현금 | | | 1,000,000 | |
| 7 | 00003 | 차변 | 0909 수수료수익 | | | 10,000 | |
| 7 | | | | | | | |
| | | | 합계 | | | 3,011,000 | 3,011,000 |

카드등사용여부

NO : 3 (대체) 전표 일자 : 2015 년 1 월 7 일

| 계정과목 | 적요 | 차변(출금) | 대변(입금) |
|---|---|---|---|
| 0108 외상매출금 | | | 1,010,000 |
| 0909 수수료수익 | | 10,000 | |
| 0101 현금 | | 1,000,000 | |
| 합계 | | 1,010,000 | 1,010,000 |

전표 현재라인 인쇄 / 전표 선택일괄 인쇄[F9]

TIP : 구분을 입력하세요. 1.출금, 2.입금, 3.차변, 4.대변, 5.결산차변, 6.결산대변 [X000000] 125-81-77559

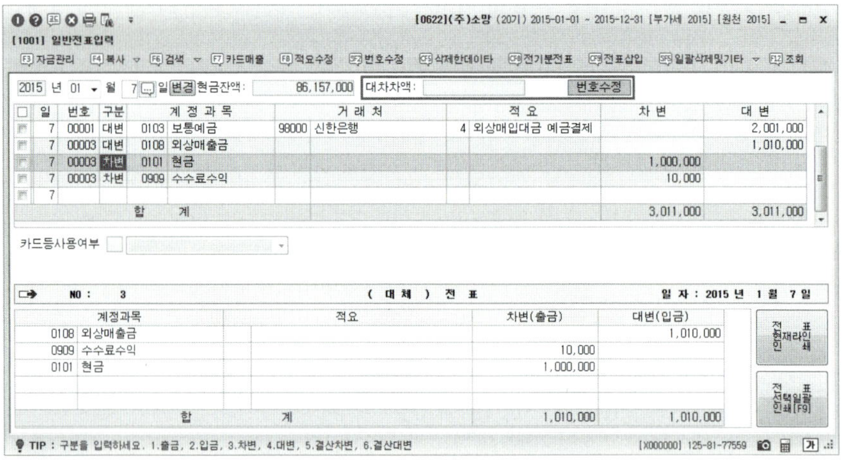

## (4) 기타 오류유형별 수정방법

### 1) 기장누락

처음부터 전표입력 자체를 누락하는 경우이다. 오류를 수정하는 방법은 일반전표나 매입매출전표입력의 해당일자에 추가로 입력해주면 된다. 전산회계 케이렙(KcLep)에서는 일자순에 관계없이 입력해주고 화면을 빠져 나갔다 다시 들어오면 자동으로 일자순으로 정렬이 된다.

### 2) 중복입력

전표입력을 할 때 집중을 하지 않으면 동일 전표를 두 번 입력하는 일이 발생할 수 있다. 이는 툴바의 「F6 검색」의 (▽)에 숨어 있는 「Shift+F1 중복검색」 기능의 조건을 입력하여 수시로 확인하여야 한다.

#### 3) 거래처 입력오류

매입이나 매출과 관련된 거래나 현금의 차입 및 대여는 거래처를 반드시 입력해 두어야 한다.

전산회계에서는 거래처가 모두 코드로 관리되기 때문에 거래처 코드를 정확히 입력하도록 하고 입력누락이 발생하지 않도록 한다. 오류를 수정하는 방법은 해당 「거래처 코드」란에서 커서를 두고 거래처 코드를 덧씌어 입력해 주면 된다.

#### 4) 거래일자 입력오류

전표를 여러 개 동시에 입력하다 보면 거래일자 입력에 오류를 범하는 경우가 발생한다. 오류를 수정하는 방법은 해당 날짜를 정확한 날짜로 수정해 주면 된다.

#### 5) 계정과목 코드 입력오류

제조원가는 500번, 600번, 700번대 계정과목이고, 판매비와 관리비는 800번대 코드번호를 부여하고 있다(600번대와 700번대는 건설업의 경우에 사용한다). 예를 들어 제조원가 「통신비」는 514번이고, 판매비와 관리비 「통신비」는 814번이다.

따라서 경비분야 전표입력 시에는 반드시 제조원가에 속하는 것인지 판매비와 관리비에 속하는 것인지를 구분하도록 한다. 이를 수정하는 방법은 500번대와 800번대를 바꾸어 주면 대체로 일치한다.

또한 수익적 지출을 자본적 지출로 오인하거나, 반대의 경우라든지 외상매입과 외상매출의 처리과정에서 외상, 현금, 어음거래가 동시에 일어날 수가 있는데 이에 대해 착오를 일으키는 일이 일어날 수 있다. 이 경우 계정과목 코드를 수정해 주거나, 해당 전표 자체를 삭제한 후 새로 입력하면 된다.

## 3. 일반전표입력 메뉴의 기타 기능

### (1) F3 자금관리

계정과목 성격이 받을어음, 지급어음, 차입금인 경우에 해당 계정 금액을 소멸시까지 관리하고자 하는 경우에 사용한다. 해당 계정과목에 커서 위치한 후 F3 자금관리를 클릭하면 도움박스가 나오며, 여기에 해당어음이나 차입금의 상세한 내역을 입력한다.

1. 적요란은 또한 자금관리 여부를 표시한다. 받을어음에 대한 자금관리가 있는 경우에는 '받

을', 지급어음인 경우에는 '지급', 차입금이 있는 경우에는 '차입'이 표시된다. 적요란도 어음상태, 만기일, 어음번호로 나타난다. 차입금의 적요는 차입, 만기일, 증서번호로 나타난다.

[0592](주)태양 (20기) 2014-01-01 ~ 2014-12-31 [부가세 2014] [원천 2014]
[1001] 일반전표입력
F3 자금관리 F4 복사 F6 검색 F7 카드매출 F8 적요수정 SF2 번호수정 CF5 삭제한데이타 CF8 전기분전표 CF9 전표삽입 SF5 일괄삭제및기타 F12 조회
2014 년 01 월 2 일 변경 현금잔액: 426,780,000 대차차액:

| 일 | 번호 | 구분 | 계정과목 | | 거래처 | | 적요 | 차변 | 대변 |
|---|---|---|---|---|---|---|---|---|---|
| 2 | | 차변 | 0110 | 받을어음 | 00104 | (주)강동 | | | |
| | | | 합계 | | | | | | |

카드등사용여부

받을어음

금액
어음상태 1 보관 · 어음종류 1 약속어음 · 어음번호 · 수취구분 1 자수어음
발행인 00104 (주)강동 · 발행일 2014-01-02 · 만기일 · 배서인
지급은행 · 지점명 · 할인기관 · 지점명
할인율(%) · 지급거래처(피배서인) · ※수령한 어음을 배서(대변)시 입력합니다.

TIP : 금액을 입력하세요. [X000000] 105-81-33130

## (2) F7 카드매출

카드매출은 세금계산서, 영세율세금계산서, 계산서 중 하나의 적격증빙을 발행했는데, 거래처가 결제수단으로 카드를 사용하였을 때, 증빙이 중복 발행됨을 표시해 주기 위한 기능이다. 이는 부가가치세 부속서류인 신용카드매출발행전표등 발행집계표의 '신용카드매출전표등 발행금액 중 세금계산서 교부내역'으로 자동 반영된다. 해당 계정과목이 채권계정이며, 차변일 때 입력 가능하다.

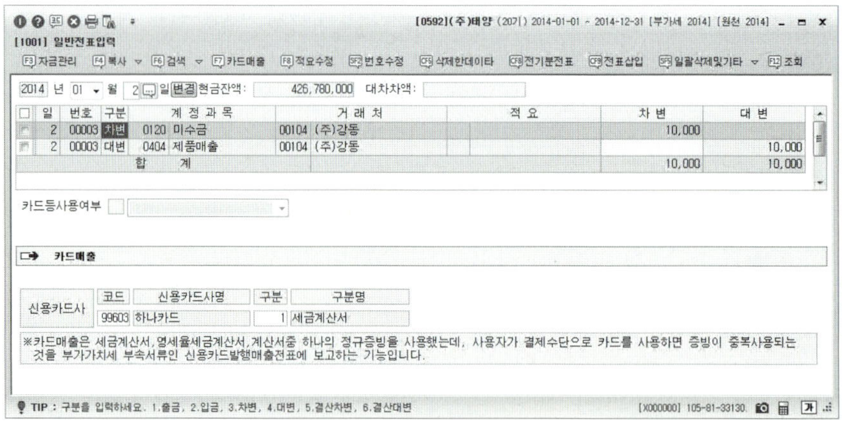

[0592](주)태양 (20기) 2014-01-01 ~ 2014-12-31 [부가세 2014] [원천 2014]
[1001] 일반전표입력
F3 자금관리 F4 복사 F6 검색 F7 카드매출 F8 적요수정 SF2 번호수정 CF5 삭제한데이타 CF8 전기분전표 CF9 전표삽입 SF5 일괄삭제및기타 F12 조회
2014 년 01 월 2 일 변경 현금잔액: 426,780,000 대차차액:

| 일 | 번호 | 구분 | 계정과목 | | 거래처 | | 적요 | 차변 | 대변 |
|---|---|---|---|---|---|---|---|---|---|
| 2 | 00003 | 차변 | 0120 | 미수금 | 00104 | (주)강동 | | 10,000 | |
| 2 | 00003 | 대변 | 0404 | 제품매출 | 00104 | (주)강동 | | | 10,000 |
| | | | 합계 | | | | | 10,000 | 10,000 |

카드등사용여부

카드매출

| 신용카드사 | 코드 | 신용카드사명 | 구분 | 구분명 |
|---|---|---|---|---|
| | 99603 | 하나카드 | 1 | 세금계산서 |

※카드매출은 세금계산서,영세율세금계산서,계산서중 하나의 정규증빙을 사용했는데, 사용자가 결제수단으로 카드를 사용하면 증빙이 중복사용되는 것을 부가가치세 부속서류인 신용카드발행매출전표에 보고하는 기능입니다.

TIP : 구분을 입력하세요. 1.출금, 2.입금, 3.차변, 4.대변, 5.결산차변, 6.결산대변 [X000000] 105-81-33130

## (3) Shift + F4 (일괄삭제 및 기타▼중) 어음책등록

은행에서 수령한 어음용지를 등록할 때 사용한다. 은행에서 교부받은 어음책을 수령일부터 매수까지 빠짐없이 입력하면 어음시작번호와 뒷 자리수에 의해 어음번호가 자동 표기된다.

〈어음책 등록〉

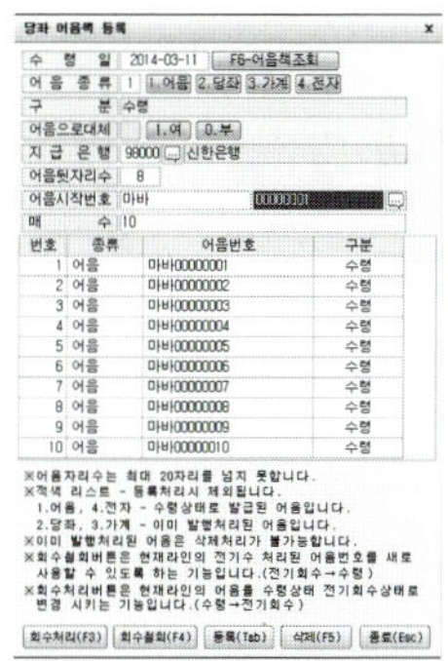

### (4) Ctrl + F11 (일괄삭제 및 기타▼중) 고정자산 간편등록

입력계정과목이 고정자산일 경우 아래 그림과 같은 고정자산 간편 등록 창이다. 사전 작업으로 환경등록의 회계탭 '11번 고정자산 간편자동등록 사용여부'가 '1.사용'으로 설정되어야 한다.

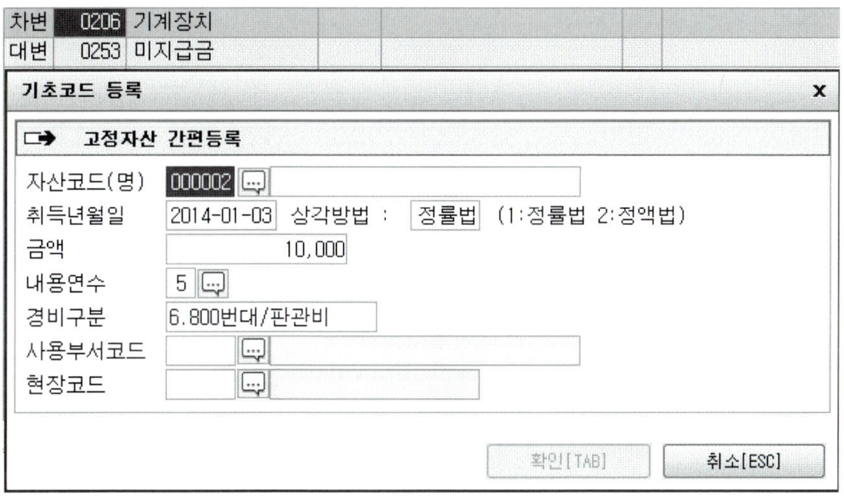

제 5 장

# 매입매출전표 입력

## 1. 매입매출전표 입력방법

케이렙 프로그램에서 부가가치세신고서를 작성하기 위해서는 「회계관리 – 전표입력 – 매입매출전표입력」 메뉴를 이용한다. 이 메뉴의 화면은 다음과 같다. 「매입매출전표입력」 메뉴는 화면 상단에 부가가치세 과세정보를 상세히 입력하도록 하고 있으며 하단에서 거래에 대한 분개를 입력하는 화면으로 구성되어 있다.

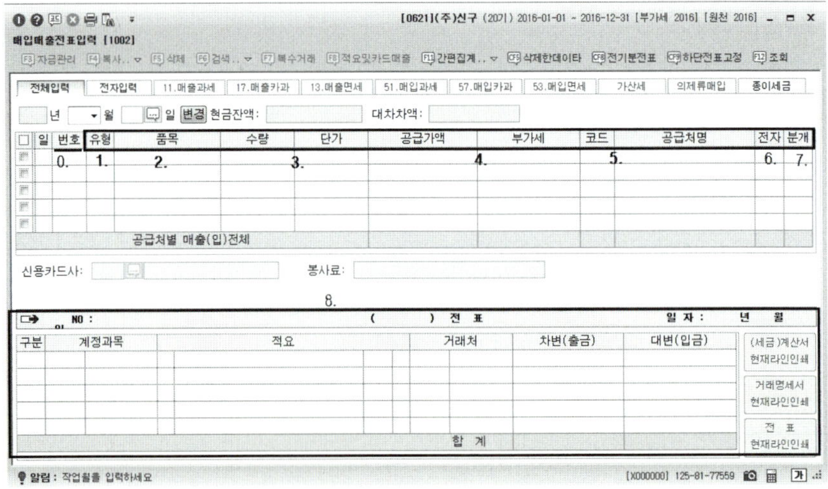


1. 번호는 매입매출전표의 번호로 일반전표와 유사하지만, 대체전표 차변, 대변이 아래 8.번에 함께 나타나므로 번호가 같은 경우가 없다.
2. 유형 : 부가세 유형을 말한다. 11~24번을 입력한 경우 매출전표, 51~62번을 입력한 경우 매입전표가 된다. 상세한 유형은 다음 쪽 표와 같다.
3. 품목 : 실무시험에서는 보통 제품이나 원재료가 나온다. 복수품목인 경우 [F7 복수거래]를

이용하고 결과는 ㅇㅇㅇ외와 같이 표시된다.

4. 수량과 단가를 입력하면 4.공급가액과 세액이 자동 계산된다. 시험에서는 보통 생략하고 복수품목인 경우에도 생략된다.
5. 면세, 영세관련 거래, 수출인 경우에는 세액은 비활성화되고 나머지는 공급가액의 10%가 부가세가 된다. 카과, 현과, 건별은 공급대가에 부가세가 포함되어 있다고 환경설정되었다면 공급가액란에 공급대가금액을 입력하면 자동으로 입력된 금액의 100/110은 공급가액에, 10/110은 부가가치세에 배분된다.
6. 공급처 코드와 공급처명은 일반전표와 동일하다. 매입매출거래에서는 반드시 입력해야 하며 개인고객과 같이 거래처관리와 등록이 필요없는 경우 바로 공급처명에만 입력한다.
7. 전자세금계산서와 전자계산서는 전자를 1.여로 한다.
8. 분개유형을 입력한다. 분개유형에 따라 8. 전표가 전부 또는 일부 입력되고 조금씩 화면에 달라진다.

### (1) 부가세 유형

부가세유형은 먼저 매출과 매입 그룹으로 구분하고 있으며 매출 및 매입에서 관련 자료의 증빙의 종류별로 구분하여 입력하도록 하고 있다. 부가세의 과세유형의 입력에 따라 모든 부가가치세의 신고서에 영향을 미치는 사항으로서 매우 중요하다.

| 부가세유형 | | | | | | | | | | | |
|---|---|---|---|---|---|---|---|---|---|---|---|
| 매출 | | | | | | 매입 | | | | | |
| 11.과세 | 과세매출 | 16.수출 | 수출 | 21.전자 | 전자화폐 | 51.과세 | 과세매입 | 56.금전 | 금전등록 | 61.현과 | 현금과세 |
| 12.영세 | 영세율 | 17.카과 | 카드과세 | 22.현과 | 현금과세 | 52.영세 | 영세율 | 57.카과 | 카드과세 | 62.현면 | 현금면세 |
| 13.면세 | 계산서 | 18.카면 | 카드면세 | 23.현면 | 현금면세 | 53.면세 | 계산서 | 58.카면 | 카드면세 | | |
| 14.건별 | 무증빙 | 19.카영 | 카드영세 | 24.현영 | 현금영세 | 54.불공 | 불공제 | 59.카영 | 카드영세 | | |
| 15.간이 | 간이과세 | 20.면건 | 무증빙 | | | 55.수입 | 수입분 | 60.면건 | 무증빙 | | |

#### 1) 매출관련 전표

전산세무회계 프로그램에서는 매입매출전표 거래 내용들을 반영하여 부가가치세신고서 및 신고관련 부속서류들을 자동으로 작성해 주거나 작성에 필요한 데이터를 제공한다.

#### 2) 매입관련 전표

전산세무회계 프로그램에서는 매입매출전표 거래 내용들을 반영하여 부가가치세신고서 및 신고관련 부속서류들을 자동으로 작성해 주거나 작성에 필요한 데이터를 제공한다.

### (2) 분개에 대한 설명

매입매출거래의 회계처리를 위한 란이다. 분개번호(0: 분개없음, 1: 현금, 2: 외상, 3: 혼합, 4: 카드, 5: 추가)를 선택하면 해당거래유형에 따라 분개의 일부가 자동 분개되어 표시되며, 해당되는 계정과목으로의 변경을 하던지, 혼합거래의 경우는 계정과목을 추가 입력하기도 한다.

이때 「회계관리－기초정보등록－환경등록」의 「회계」탭의 「분개유형설정」에 설정된 계정코드와 계정과목이 자동으로 반영되며, 「매입매출전표입력」에서도 수정할 수 있다.

① 분개없음: 실제로 분개가 필요없는 경우이거나 분개가 필요하지만 나중에 처리하고자 하는 경우에 사용한다.

② 현금: 전액 현금거래일 경우로 부가세대급금 및 부가세예수금은 자동 부여된다.

③ 외상: 전액 외상거래(외상매출금/외상매입금)일 경우로 부가세대급금 및 부가세예수금은 자동 부여된다. 단 외상이라 하더라도 미수금/미지급금, 일부 현금 또는 어음 등이 포함된 거래일 경우 "혼합"을 선택한다.

④ 혼합: ①, ②, ③, ⑤ 이외의 거래로서 부가세대급금, 부가세예수금 계정 이외의 다른 계정과목을 입력하고자 할 경우에만 사용된다.

⑤ 카드: 카드매출 및 매입의 특성을 반영하여 매출채권의 거래처를 카드사로 자동부여할 수 있도록 하는 경우 사용된다. 또한 세금계산서 발급분으로 대금을 카드로 수령한 경우 카드로 분개유형을 선택하면 「신용카드매출전표발행집계표」에 반영된다.

## 2. 매입매출전표 분개

### (1) 매입매출전표입력 방법

매입매출전표입력메뉴는 부가가치세 신고와 관련된 매입매출거래를 입력하는 곳이다. 화면구성 중 상단의 내역은 부가가치세 관련 신고자료(세금계산서/계산서 합계표, 부가가치세신고서, 매입매출장 등)의 데이터로 반영된다. 하단은 각 부분에 커서가 위치했을 때 도움박스로 나타나며, 제일 중요한 입력 화면은 분개부분으로써 재무회계자료(원장 및 재무제표 등)에 반영된다. 입력방법은 다음과 같다.

#### 1) 전표 입력할 월/일 선택

월과 일을 입력한다. 특정 일자를 지정하면 그 일자의 전표만, 월만 선택하면 한 달 전표를 입력할 수 있다. 매입매출전표의 번호는 50001번부터 시작하며 나머지는 일반전표와 동일하다.

[0621](주)신구 (2기) 2015-01-01 ~ 2015-12-31 [부가세 2015] [원천 2015]

[1002] 매입매출전표입력

F3 자금관리 F4 복사.. F5 삭제 F6 검색.. F7 복수거래 F8 과거데이타보기 F11 간편집계.. CF5 삭제한데이타 CF8 전기분전표 CF9 하단전표고정 F12 조회

전체입력 | 전자입력 | 11.매출과세 | 17.매출카과 | 13.매출면세 | 51.매입과세 | 57.매입카과 | 53.매입면세 | 가산세 | 의제류매입 | 종이세금

2015 년 01 월 일 변경 현금잔액: 1,000,000 대차차액:

| 일 | 번호 | 유형 | 품목 | 수량 | 단가 | 공급가액 | 부가세 | 코드 | 공급처명 | 사업자주민번호 | 전자 | 분개 |
|---|---|---|---|---|---|---|---|---|---|---|---|---|
| | | | | | | | | | | | | |

## 2) 유형선택

유형은 화면하단에 나타나는 부가세유형을 참고하여 2자리 숫자로 입력한다. 매출과 매입 유형을 잘 구분하여 입력하도록 한다.

부 가 세 유 형

| 매출 | | | | | | 매입 | | | | | |
|---|---|---|---|---|---|---|---|---|---|---|---|
| 11.과세 | 과세매출 | 16.수출 | 수출 | 21.전자 | 전자화폐 | 51.과세 | 과세매입 | 56.금전 | 금전등록 | 61.현과 | 현금과세 |
| 12.영세 | 영세율 | 17.카과 | 카드과세 | 22.현과 | 현금과세 | 52.영세 | 영세율 | 57.카과 | 카드과세 | 62.현면 | 현금면세 |
| 13.면세 | 계산서 | 18.카면 | 카드면세 | 23.현면 | 현금면세 | 53.면세 | 계산서 | 58.카면 | 카드면세 | | |
| 14.건별 | 무증빙 | 19.카영 | 카드영세 | 24.현영 | 현금영세 | 54.불공 | 불공제 | 59.카영 | 카드영세 | | |
| 15.간이 | 간이과세 | 20.면건 | 무증빙 | | | 55.수입 | 수입분 | 60.면건 | 무증빙 | | |

## 3) 거래내역 항목 입력

품목, 수량, 단가, 공급가액 등을 차례로 입력한다. 수량, 단가를 입력하면 공급가액(수량×단가)과 부가세(공급가액의 10%)가 자동 입력되고, 수량, 단가 입력을 생략하고 공급가액만 입력해도 부가세 금액이 자동으로 계산된다.

거래유형으로 14.건별, 17.카과, 22.현과를 선택했을 경우 공급가액에 부가세가 포함된 것으로 환경등록에서 이미 설정된 경우이므로 공급가액에 공급대가금액을 입력하면 그중 100/110을 공급가액으로 10/110은 부가세로 자동으로 안분한다. 자동으로 계산된 모든 금액은 잘못 입력되었을 경우에는 수정 가능하다.

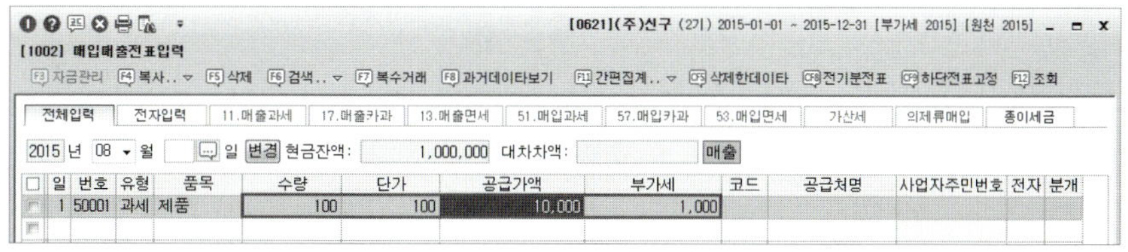

## 4) 공급처 입력방법

공급처 코드란에서 한글로 한, 두 글자 거래처명을 입력하거나 F2 도움키를 이용하여 공급처를 선택한다. 주민등록 기재분 해당거래처일 경우는 하단 간편등록입력 화면에서 주민등록번호

를 입력하면 자동으로 '1.여'로 체크되며 세금계산서합계표에 자동 반영된다.

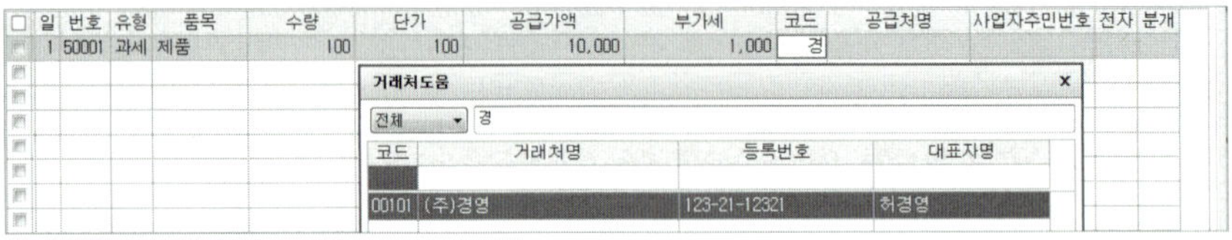

| 일 | 번호 | 유형 | 품목 | 수량 | 단가 | 공급가액 | 부가세 | 코드 | 공급처명 | 사업자주민번호 | 전자 | 분개 |
|---|---|---|---|---|---|---|---|---|---|---|---|---|
| 1 | 50001 | 과세 | 제품 | 100 | 100 | 10,000 | 1,000 | 경 | | | | |

거래처도움

전체 경

| 코드 | 거래처명 | 등록번호 | 대표자명 |
|---|---|---|---|
| | | | |
| 00101 | (주)경영 | 123-21-12321 | 허경영 |

### 5) 전자 선택

(매입유형도 포함하여) 전자세금계산서인 경우 1번, 아닌 경우 0번 또는 엔터를 누른다.

전자를 선택하거나 전자입력탭에서 입력한 경우 나중에 **전표입력**그룹의 전자세금계산서발행메뉴에서 발행을 할 수 없다. 이 경우 전자를 0.부로 고친 후에 가능하다.

### 6) 분개유형 선택

0번: 분개없음, 1번: 현금, 2번: 외상, 3번: 혼합, 4번: 카드 중 적절한 유형의 숫자를 입력한다.

⓪ 0번: 분개없이 세금계산서만 발행하는 경우에 사용

① 1번: 전액 입금전표, 출금전표로 처리하는 전액현금거래에 사용, 수정이나 전표추가 불가

매출: (차) 현금 (대) **제품매출** + 부가세예수금

매입: (차) **원재료**+부가세대급금 (대) 현금

② 2번: 차변에 외상매출금, 또는 대변에 외상매입금으로 기입하는 대체거래에 사용

매출: (차) 외상매출금 (대) 제품매출 + 부가세예수금

매입: (차) 원재료 + 부가세대급금 (대) 외상매입금

㉠ 외상매출금, 부가세예수금과 외상매입금, 부가세대급금은 수정이 불가능함

㉡ 기본계정(환경등록에 설정된 계정과목으로 **제품매출**이나 **원재료**)의 경우는 수정 및 추가입력이 가능함

③ 3번 : 기타 대체거래(미수금, 미지급금 기입이 가장 일반적이며 다양한 계정이 사용됨)에 사용

매출 : (차) ×××× (대) **제품매출** + 부가세예수금

매입 : (차) **원재료** + 부가세대급금 (대) ○○○

㉠ 기본계정(환경등록에 설정된 계정과목으로 **제품매출**이나 **원재료**)의 경우는 수정 및 추가입력이 가능함

㉡ 매출의 차변계정 ××××과 매입의 대변계정 ○○○은 사용자가 직접 입력해야 함

㉢ 전표 자동분개는 차변/대변의 금액이 일치시키므로 혼합으로 분개시 차/대변이 임시로 일치시키므로

추가적인 분개입력이 필요하면 금액에서 엔터를 사용하지 말고 방향키 (↓)를 사용하여 하단에 라인을 추가하는 방식으로 입력함

④ 4번: 일반적인 신용카드 매출 또는 매입 전표에 사용하는 경우. 거래유형에 17. 카과(매출). 57. 카과(매입)의 경우엔 화면 중간 부분에서 신용카드사를 반드시 선택해야 함

매출: (차) 미수금 (대) **제품매출** + 부가세예수금

매입: (차) **원재료** + 부가세대급금 (대) 미지급금

㉠ 각 거래처로 카드회사로 설정됨

㉡ 만일 거래유형을 2. 외상으로 한 경우 F8.적요및카드매출하단의 분개화면에서 (차)외상매출금의 거래처를 신용카드사로 반드시 수정해야 함

㉢ 적요란의 네 번째 칸에 '카'라고 표시됨

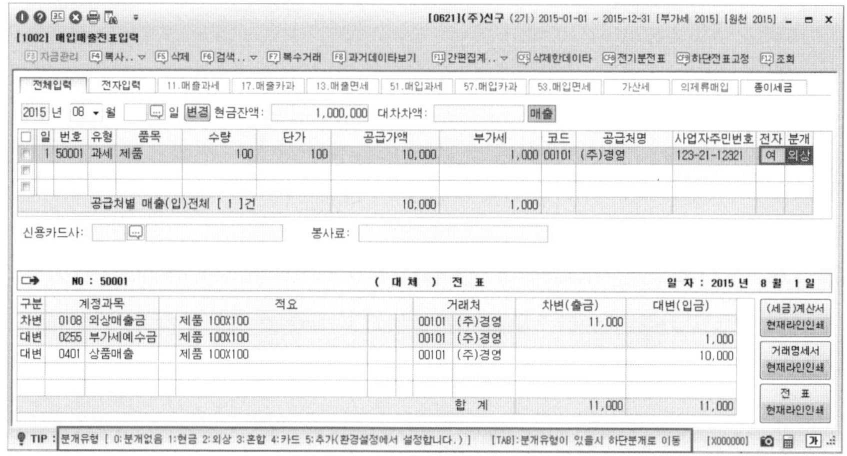

㉠ 적요는 기본적으로 '품명 수량단가'로 표시되며, 수정하고자 하는 경우에는 툴바의 F8.적요및 카드매출을 클릭하여 적요를 수정, 입력할 수 있다.

㉡ 거래처코드: 두 번째 칸은 상단부의 거래처코드로 자동 표기되며, 다른 경우에는 툴바의 F8.적요 및 카드매출을 클릭하여 수정 입력할 수 있다.

㉢ F3 자금관리: 적요란은 또한 자금관리 여부 표시란이다. 받을어음에 대한 자금관리가 있는 경우에는 '받을', 지급어음인 경우에는 '지급', 차입금이 있는 경우에는 '차입'이 표시된다. 적요란도 어음상태, 만기일, 어음번호로 나타난다. 차입금의 적요는 차입, 만기일, 증서번호로 나타난다.

분개유형을 설정했으면 화면 하단의 분개 입력 시 특히 원재료계정은 다음의 주의사항에 유의하여 완성한다. 면세매입 또는 재활용 폐자원 매입시 내장적요 6번 또는 7번 적요를 선택하면 부가세 관련 부속서류(의제매입세액공제신고서, 재활용폐자원세액공제신고서) 및 부가세신고서에 자동 반영된다. 생략하고 부가세 신고서 및 부속서류에서 직접 입력도 가능하다.

원재료나 제품 등을 다른 용도로 활용하는 타계정으로 대체 시는 적요8번을 사용한다.

| | |
|---|---|
| 원재료/제품의 타계정대체시 | 적요 8번 사용 |
| 의제매입세액공제시 | 적요 6번 사용 |
| 재활용폐자원매앱세액공제시 | 적요 7번 사용 |

### 7) 복수거래입력방법

복수거래 입력은 화면상단의 '복수거래' 버튼을 클릭한다.

전표의 월과 일을 입력하고 품목에 커서가 왔을 때 '복수거래'를 클릭하면 화면하단으로 커서가 이동해서 여러 품목을 등록할 수 있다(100개까지 입력 가능함).

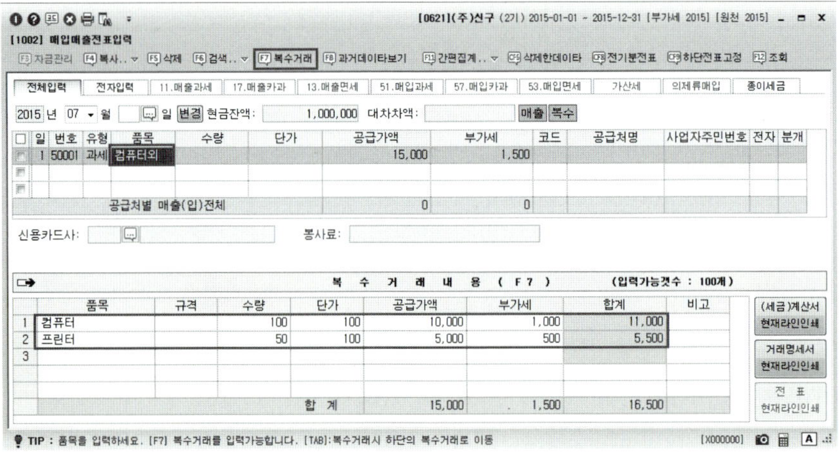


## (2) 기타 알아두어야 할 사항

### 1) 빠른 매입매출전표 입력방법

화면상단의 빠른 유형탭(전자입력, 11. 매출과세,...)을 이용하면 같은 유형의 매입매출전표를 입력할 때 편리하다.

① 두 번째 전자입력탭에 매입매출전표를 입력하면 모든 전표가 전자세금계산서로 입력된다.

② 세 번째 탭인 11. 매출과세 탭을 이용하면 11.과세 부가세유형을 선택하지 않고 바로 품목 등록부터 빠르게 입력할 수 있다.

### 2) 거래처등록

입력 중간에 거래처를 등록해야 할 경우에는 코드에 +(또는 00000)를 입력하고 공급처명을 입력하고 수정을 클릭하면 아랫부분에 공급자등록정보란이 뜬다. 팩스나 메일로 전송받은 사업자등록증 이미지를 보고 필요한 내용을 입력한다. 최소한 사업자등록번호를 입력해야 세금계산서를 발급할 수 있다.

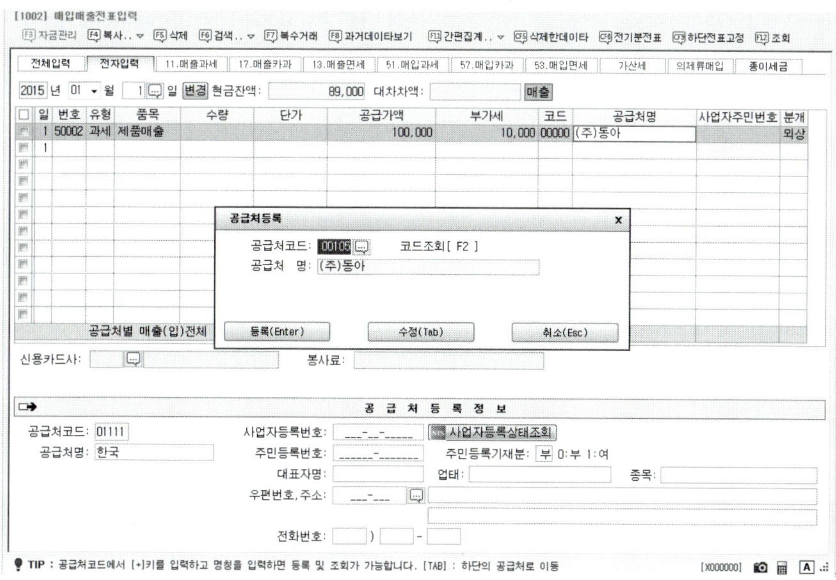


### 3) 예정신고누락분 입력방법

예정신고시 누락된 세금계산서 등을 확정신고 시에 반영하고자 할 경우에 SHIFT+F5 예정신고누락기능키를 이용하여 세금계산서합계표와 확정 부가가치세신고서에 반영시킨다. 이 경우 원래 매입매출전표에는 누락이라고 표시된다.

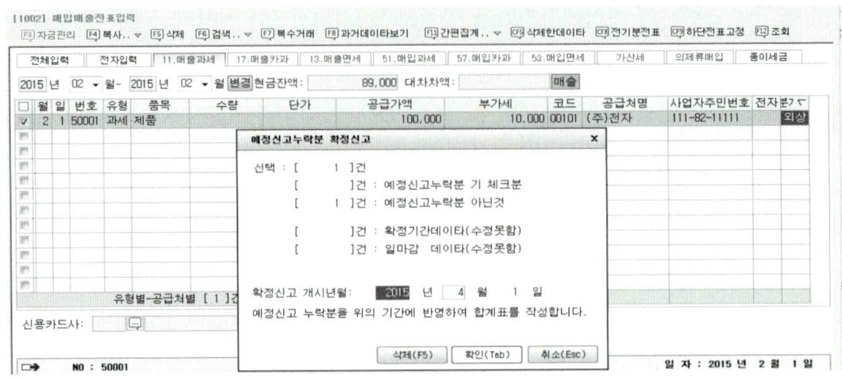


### 4) 수정세금계산서 발급방법

당초에 발행한 세금계산서가 환입, 계약의 해제, 내국신용장이 거래일로부터 20일내 발급, 공급가액의 증감, 필요적 기재사항의 누락 등의 사유가 발생한 경우에 수정세금계산서를 발급한다.

과세유형을 선택한 다음, 메뉴의 F11 간편집계 및 기타를 클릭하여 SF11수정세금계산을 선택한다. 수정세금계산서 사유를 선택하고 당초분 승인번호를 입력한다. 나머지 사항을 입력한다. 이 경우 원래 매입매출전표에는 수정이라고 표시된다.

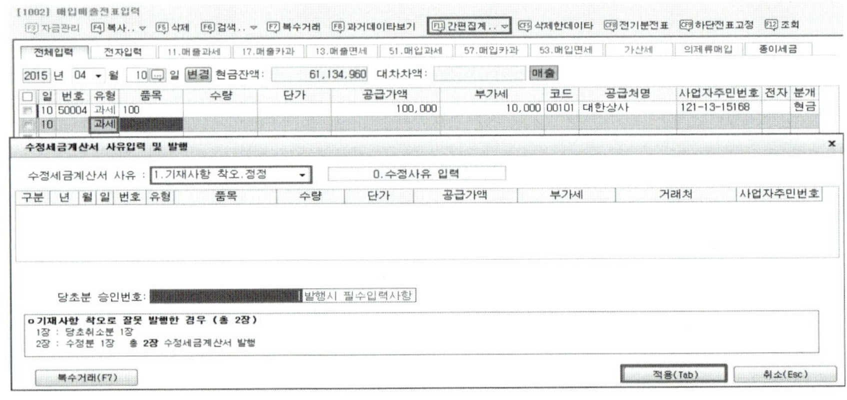


### 5) 매출세금계산서와 카드매출이 동시에 발생한 경우 입력방법

세금계산서와 신용카드매출전표는 정규증빙으로 인정되며, 그래서 동시발행을 인정하지 않지만 세금계산서발행 후 결제수단으로 사용 시는 발행을 인정한다. 단, 부속서류에 세금계산서와 신용카드 동시사용분이라는 것을 표기하여 신고하여야 한다. 표기방법은 분개에서 '4.카드' 선택 후 신용카드사를 입력하거나, 혼합으로 입력 후 하단 채권계정과목란에 커서 위치후 상단 툴바의 F8 적요및카드매출을 클릭하여 입력한다.

| 일 | 번호 | 유형 | 품목 | 수량 | 단가 | 공급가액 | 부가세 | 코드 | 공급처명 | 사업자주민번호 | 전자 | 분개 |
|---|---|---|---|---|---|---|---|---|---|---|---|---|
| 2 | 50001 | 과세 | 제품 | | | 10,000 | 1,000 | 00101 | 대한상사 | 121-13-15168 | | 혼합 |
| 2 | | | | | | | | | | | | |

적요,거래처등 및 카드매출 입력

거래처코드: 99600 국민카드
적요: 제품
카드구분: 1.세금계산서 교부분
신용카드사: 99600 국민카드

확인(Tab) 취소(Esc)

신용카드사:

NO : 50001 일 자 : 2015 년 1 월 2 일

| 구분 | 계정과목 | 적요 | 거래처 | 차변(출금) | 대변(입금) |
|---|---|---|---|---|---|
| 대변 | 0255 부가세예수금 | 제품 | 00101 대한상사 | | 1,000 |
| 대변 | 0404 제품매출 | 제품 | 00101 대한상사 | | 10,000 |
| 차변 | 0120 미수금 | 제품 | 00101 대한상사 | 11,000 | |

### 6) F11 간편집계 및 기타

'간편집계 및 기타'버튼을 클릭하면 매입매출간편집계표 보조창이 나타나는데 매입 매출의 유형별로(세금계산서, 계산서, 카드과세매출, 매입, 기타 등) 그 금액의 합계를 월별, 분기별로 비교하여 나타낸다.

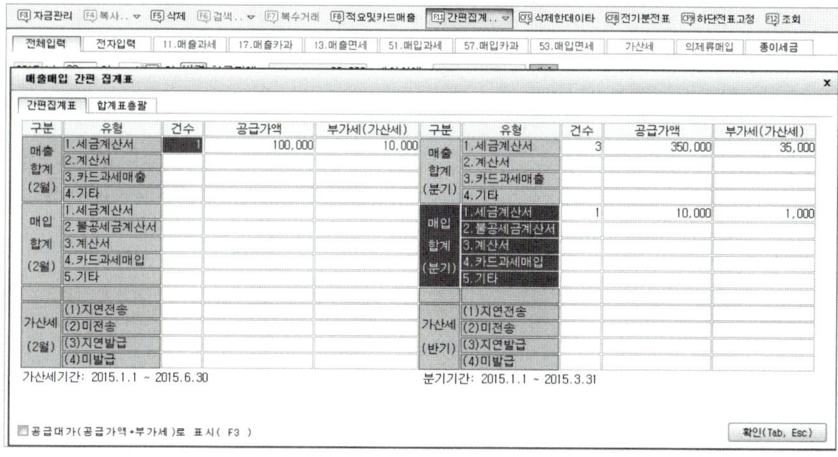

매출매입 간편 집계표

| 구분 | 유형 | 건수 | 공급가액 | 부가세(가산세) | 구분 | 유형 | 건수 | 공급가액 | 부가세(가산세) |
|---|---|---|---|---|---|---|---|---|---|
| 매출 합계 (2월) | 1.세금계산서 | 1 | 100,000 | 10,000 | 매출 합계 (분기) | 1.세금계산서 | 3 | 350,000 | 35,000 |
| | 2.계산서 | | | | | 2.계산서 | | | |
| | 3.카드과세매출 | | | | | 3.카드과세매출 | | | |
| | 4.기타 | | | | | 4.기타 | | | |
| 매입 합계 (2월) | 1.세금계산서 | | | | 매입 합계 (분기) | 1.세금계산서 | 1 | 10,000 | 1,000 |
| | 2.불공세금계산서 | | | | | 2.불공세금계산서 | | | |
| | 3.계산서 | | | | | 3.계산서 | | | |
| | 4.카드과세매입 | | | | | 4.카드과세매입 | | | |
| | 5.기타 | | | | | 5.기타 | | | |
| 가산세 (2월) | (1)지연전송 | | | | 가산세 (반기) | (1)지연전송 | | | |
| | (2)미전송 | | | | | (2)미전송 | | | |
| | (3)지연발급 | | | | | (3)지연발급 | | | |
| | (4)미발급 | | | | | (4)미발급 | | | |

가산세기간: 2015.1.1 ~ 2015.6.30 분기기간: 2015.1.1 ~ 2015.3.31

공급대가(공급가액+부가세)로 표시(F3) 확인(Tab, Esc)

## 3. 전자세금계산서 발행

전자세금계산서를 발행하기 위해선 먼저 매입매출전표입력메뉴에 매입매출전표를 입력한다.

입력 1월 2일 ㈜전자에 제품 1,000,000원, 제품 500,000원을 부가세별도로 외상과 카드매출로 납품하고 전자세금계산서를 발행하였다. 주의할 점은 매입매출전표입력메뉴에서는 아래 그

림과 같이 전자를 체크를 하지 않고 입력한다.

[0621](주)신구 (2기) 2015-01-01 ~ 2015-12-31 [부가세 2015] [원천 2015]

[1002] 매입매출전표입력

F3 자금관리 F4 복사.. F5 삭제 F6 검색.. F7 복수거래 F8 적요및카드매출 F11 간편집계.. CF5 삭제한데이타 CF8 전기분전표 CF9 하단전표고정 F12 조회

전체입력 | 전자입력 | 11.매출과세 | 17.매출카과 | 13.매출면세 | 51.매입과세 | 57.매입카과 | 53.매입면세 | 가산세 | 의제류매입 | 종이세금

2015 년 01 월 2 일 변경 현금잔액: 89,000 대차차액: 매출

| 일 | 번호 | 유형 | 품목 | 수량 | 단가 | 공급가액 | 부가세 | 코드 | 공급처명 | 사업자주민번호 | 전자 | 분개 |
|---|---|---|---|---|---|---|---|---|---|---|---|---|
| 2 | 50001 | 과세 | 제품 | | | 1,000,000 | 100,000 | 00101 | (주)전자 | 111-82-11111 | | 외상 |
| 2 | 50002 | 카과 | 제품 | | | 500,000 | 50,000 | 00101 | (주)전자 | 111-82-11111 | | 카드 |
| 2 | | | | | | | | | | | | |
| | | | 공급처별 매출(입)전체 [ 2 ]건 | | | 1,500,000 | 150,000 | | | | | |

신용카드사: 99600 신한카드 봉사료:

NO : 50002 ( 대 체 ) 전 표 일 자 : 2015 년 1 월 2 일

| 구분 | 계정과목 | | 적요 | 거래처 | | 차변(출금) | 대변(입금) |
|---|---|---|---|---|---|---|---|
| 차변 | 0120 | 미수금 | 제품 | 00101 | (주)전자 | 550,000 | |
| 대변 | 0255 | 부가세예수금 | 제품 | 00101 | (주)전자 | | 50,000 |
| 대변 | 0404 | 제품매출 | 제품 | 00101 | (주)전자 | | 500,000 |
| | | | | | 합 계 | 550,000 | 550,000 |

(세금)계산서 현재라인인쇄 / 거래명세서 현재라인인쇄 / 전 표 현재라인인쇄

TIP : 계정과목코드(F2-코드도움)를 입력하세요. 한글입력시 조회합니다. [ESC],[TAB] : 상단으로 이동합니다. [X000000] 123-45-67890

**회계관리**탭 – **전표입력**의 **전자세금계산서발행**메뉴를 실행한다. 세금계산서 발행기간을 입력하고 매입매출전표입력메뉴에 입력한 데이터를 불러온다.

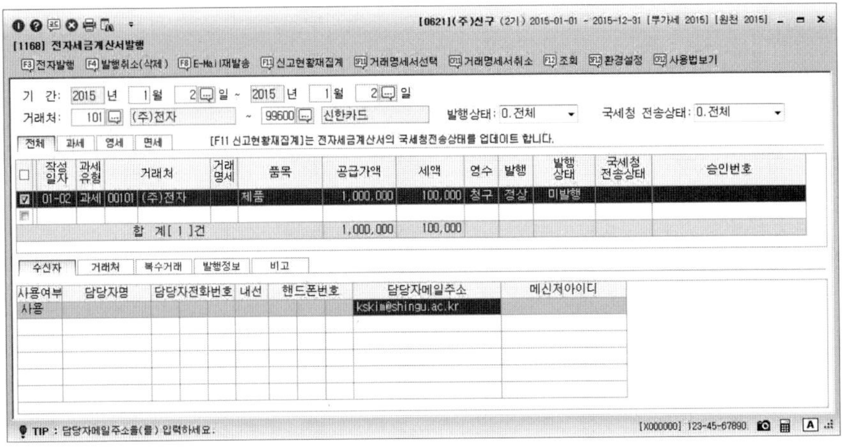


전자발행하려는 세금계산서를 선택하고 하단의 수신자 탭에 담당자의 이메일을 등록한다. 수신자가 입력되어있지 않으면 전자세금계산서가 발행되지 않는다.

전자발행하려는 세금계산서를 선택하고 화면상단의 전자발행 버튼을 클릭한다. 발행버튼을 클릭하면 다음과 같은 메시지가 뜬다.

전자세금계산서 발행

거래명세서 이외의 첨부파일이 있는 경우 자동압축되어 발행됩니다.

발행(Tab) 취소(Esc)

| □ | 일자 | 유형 | 코드 | 거래처명 | 품목 | 공급가액 | 세액 | 영수 | 발행 | 발행상태 | 첨부 | 성공 |
|---|---|---|---|---|---|---|---|---|---|---|---|---|
| ☑ | 01-02 | 과세 | 101 | (주)전자 | 제품 | 1,000,000 | 100,000 | 청구 | 정상 | 미발행 | | |

전자세금계산서 1건을 발행하시겠습니까?

※교육용 또는 시험용에서는
전자세금계산서 발행과 동시에 국세청 전송상태가 '전송성공'이 되며,
발행취소(삭제) 또한 가능합니다.

전자발행과 E-Mail재발송을 실행해도 국세청과 거래처에 전송되지 않습니다.

예(Y) 아니오(N)

공급업체:
발행일자: ____년__월__일
국세청 승인번호:
국세청 전송일자: ____년__월__일
국세청 전송상태:
국세청 처리결과:
베스트빌 메시지:
오류내용:

실무프로그램에서는 위와 같은 과정을 거쳐 실제 국세청에 데이터가 전송되나 교육용 프로그램에서는 전송되지 않는다.

화면의 예(Y)를 클릭하면 전자세금계산서발행사이트인 '베스트빌 로그인' 보조창이 나타난다. 교육용프로그램에서는 아이디와 비밀번호를 'kacpta'로 동일하게 입력한다.

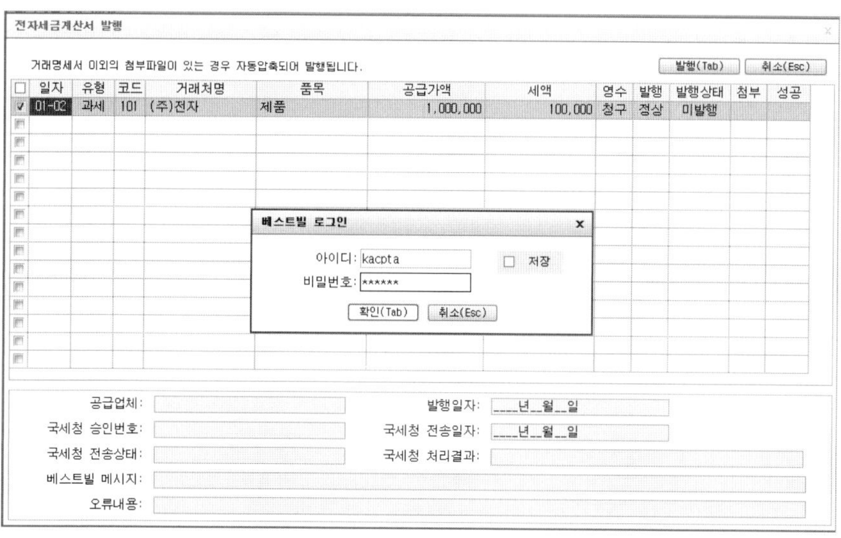


아이디와 비밀번호를 입력하고 확인(Tab)을 클릭하면 국세청에 전송하기 위한 e세로 인증서 화면이 나타난다. 교육용프로그램에서는 인증서암호가 미리 입력되어 있으므로 확인버튼만 클릭한다.

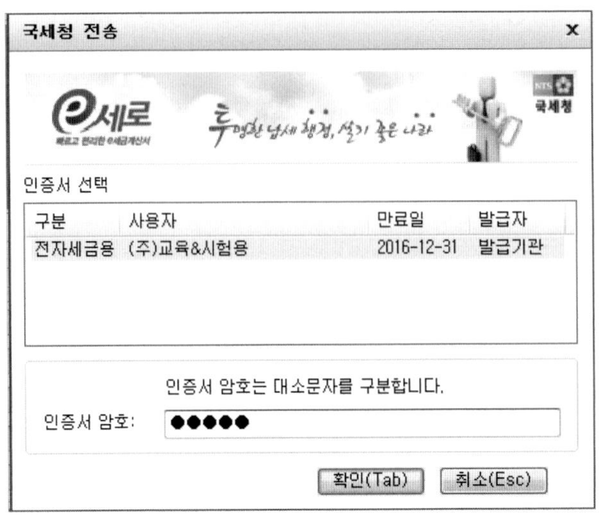


확인(Tab)을 클릭하면 전자세금계산서가 국세청에 전송되었다는 메시지가 보이고 아래 화면과 같이 발행상태가 '발행'으로 표시되고 성공에 'ㅇ'이 입력된다.

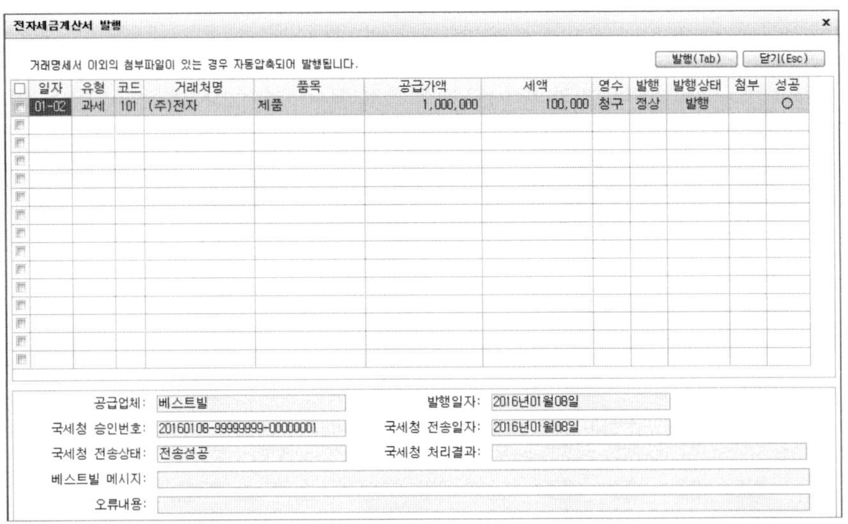


우측 상단의 닫기(Esc)를 클릭하고 전자세금계산서발행메뉴로 가서 국세청에 전송된 내역(승인번호 등)을 확인한다.

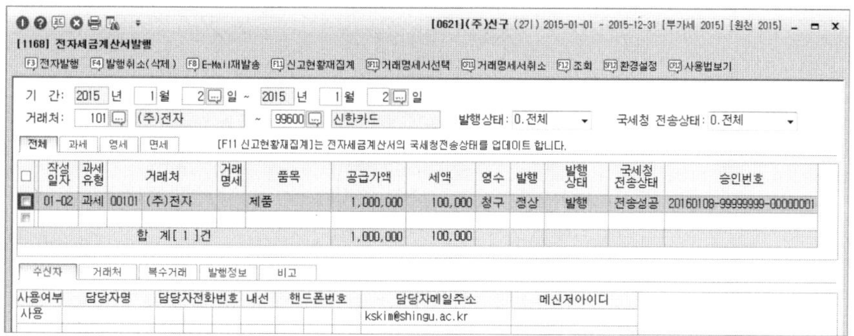


발행상태와 국세청전송상태를 확인한 후 전자세금계산서발행메뉴를 종료하고 매입매출전표입력메뉴를 가서 조회해보면 전자란이 '여'로 바뀌져 있는 것을 확인할 수 있다.

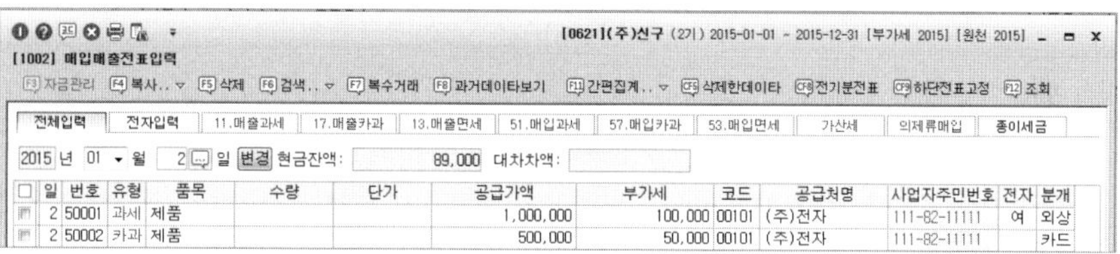

제4차 산업혁명시대

# 빅데이터 경영의 이해

초 판 1쇄 발행 2019년 3월 15일

지은이 구기동, 김경섭, 이기인
펴낸이 정재탁
펴낸곳 (학)신구학원신구문화사
디자인 은디자인

등 록 1968. 6. 10. 제1-205호
주 소 경기도 성남시 중원구 광명로 377 우촌학사 1층
전 화 031-741-3055~6
팩 스 031-741-3054
이메일 shingupub@naver.com
홈페이지 www.shingubook.com



ISBN 978-89-7668-247-5 93320